東ドイツ工業管理史論

Die Geschichte der sozialistischen Planwirtschaft in der DDR

-Formen und Inhalte der Betriebskonzentration und des staatlichen Systems der Planung und Leitung-

白川欽哉 著

北海道大学出版会

北海道大学は、学術的価値が高く、かつ、独創的な著作物の刊行を促進し、学術研究成果の社会への還元及び学術の国際交流の推進に資するため、ここに「北海道大学刊行助成」による著作物を刊行することとした。

二〇〇九年九月

目次

序章

第二次世界大戦後に誕生し、展開したドイツ民主共和国（以下、東ドイツ）は、一九九〇年に東西ドイツの統一によってその約四〇年間（占領期を含めて約四五年間）にわたる歴史の幕を閉じた。建国からドイツ連邦共和国（以下、西ドイツ。統一後のそれを統一ドイツとする）への統合に至る歩みのなかで東ドイツ国有企業、とくに工業企業の管理様式がどのように変遷してきたのかを、「国有化」や「計画化」、「国家管理」の思想とその実践として明らかにすることが本書の課題である。(1) 東ドイツの歴史を振り返りながら、本書が取り上げる論点やそれに関わる研究史について少し説明しよう。(2)

一　歴史的前提と制約条件

第二次世界大戦によって大きな破壊を被ったドイツは、敗戦直後、ナチズムを克服して新生ドイツを創出するという課題を負って再建・復興を進めることとなった。戦勝四ヵ国の占領政策と冷戦の影響下で東西が分断されるなか、一方では民主主義と市場経済を、他方ではプロレタリア独裁と計画経済を掲げる国づくりがなされたのである。とくに東ドイツにとっては、ソ連占領下に置かれたことが極めて大きな意味を持った。[3] したがって、国家建設期の東ドイツを理解するためには、まずもってソ連占領地域(Sowjetische Besatzungszone)の経済が戦前・戦中期にどのような特質を有していたのか、そして戦後いかなる出立条件の下に置かれたのか、が明らかにされねばならない。そのうえで、戦後復興の出立条件を明らかにするため、第二の論点として、戦争による生産設備・機械の破壊の規模が、そしてまた第三の論点として、対ソ賠償の「重荷」が東ドイツの戦後復興に与えた影響が検証されねばならない。これら三点と取り組んだ研究について概観し、問題点を確認しよう。

戦前・戦中の東ドイツの経済

戦前・戦中のソ連占領地域＝東ドイツを射程に、その産業構造や経済ポテンシャルと実績について分析を試みた代表的研究者はB・グライツェである。[4] 彼の著書では、一九三三〜四三年の旧ドイツ＝ライヒ領の人口・就業構造、工業生産、国内商業と外国貿易に関する経済データが、ソ連占領地域、西側占領地域、オーダー＝ナイセ以東に分類して集計されており、ソ連占領地域単独の分析と、三地域相互の比較が可能となっている。[5] また、R・ワーゲンフュアが一九三九〜四五年の戦時下のドイツ工業について著した研究は、戦中の重化学工業の立地の変遷を分析するうえで史料的な価値が高い。[6] さらに、戦前・戦中の東ドイツに関する統計資料として、アメリカ占領地域州評議会(Länderrat des Amerikanischen Besatzungsgebiets)が編纂した『ドイツ統計要覧　一九二八〜四四年』[7] があげられる。この資料も占領地域ごとの経済データを整理しており、上記のグライツェやワーゲンフュアのデータとの突き合わせや占領地域間の比較分析にとって有益である。

戦争破壊

第二の論点である、戦争による固定設備資産の破壊の規模に関する推計値には、東西ドイツの研究者の間で大きな隔たりが存在していた。東ドイツの歴史研究者の多くは「工業生産能力の約四〇％」と評価してきた[8]。これに対して、一九七二年には、西ベルリンのドイツ経済研究所のD・コーネルセンの研究グループから、「四〇％」説を疑問視する声があがった[9]。東ドイツのH・バルテル[10]はこのコーネルセンらの見解を批判し、それは八一年に刊行された東ドイツ史の教科書『ドイツ民主共和国の歴史』[11]にも反映された。しかし、その後八〇年代末までに、J・レースラーを中心とする東ドイツ科学アカデミーのメンバー、そしてイェーナ大学のW・ミュールフリーデルらの研究によってこの公式見解は覆された[12]。それに続いて、西ドイツのW・マチュケからも同様の結論が導き出された[13]。マチュケの推計は、西側の多くの研究者に支持され、ドイツ統一後は上記の東ドイツの歴史家の分析とともに当該テーマに関する研究で利用され続けている[14]。

対ソ賠償

第三の論点である、対ソ賠償の「重荷」が東ドイツの戦後復興に与えた影響の解明は、一九五〇年代初頭に西ドイツにおいて取り組まれたテーマであった。そこには、ソ連占領地域の経済の行方を展望する意図とならんで、ドイツ国民向けの反ソ宣伝を展開するという狙いもあったといわれているが[15]、占領統治機関の公式・非公式の情報を用いて客観的な状況を描こうという姿勢も見られた[16]。

他方で、ドイツ社会主義統一党(Sozialistische Einheitspartei Deutschlands：以下、SED)と政府がソ連との関係を深めていくなか、賠償問題は公式の場では言及されなくなった。とくに「ベルリンの壁」の構築により分断の固定化が決定的となった一九六〇年代には、賠償問題に関する研究は中断した[17]。ソ連への配慮、そして内政の混乱を回避するために賠償をテーマとする研究が否定されたのである。そのタブーが解かれたのは、水面下で東ドイツとソ連との関係が悪化し、反対に東西ドイツが「接近」[18]した七〇年代末頃から八〇年代後半にかけてであった。八七年から八九年までに、西ドイツのW・ツァンクや前出のマチュケ、東ドイツのレースラー、ミュールフリーデルが、彼らの著書において対ソ賠償の実態に言及した。

ドイツ統一後には、それまで入手困難であった資(史)料の公開が進むなかで戦後賠償史の東西比較に視点が移り、ソ連占領地域についてはL・バール、マチュケ、そしてR・カールシュらの共同研究[19]が、西側占領地域とソ連占領地域との比較についてはCh・ブーフハイム[20]やJ・フィッシュ[21]らの分析が、ドイツの戦後賠償の実態研究に貢献している。

これらの三つの分析の論点に関連する研究成果を吸収して、ソ連占領期＝東ドイツの戦後復興の出立条件の具体像を明らかにすることが、第一章の課題である。

二　計画経済化と経営統合

以上のような歴史的前提と条件の下で、東ドイツは社会主義建設を始めた。ＳＥＤは、ナチズムに対抗してきた社会主義運動、労働運動、反ファシズム抵抗運動を体制変革の拠り所として、未経験の人民民主主義・社会主義国家の建設を目指そうとした[22]。この方針は東ドイツの全歴史を通して基軸的な位置を占め続けた。そこでは、ソ連を後ろ盾にして、前衛政党と政府の指導の下に中央集権的な政治機構が構築され、計画経済と国有化を柱としてソ連型の政治・経済システムを創出することが志向されたが、その動きは単純ではなかった[23]。

公有化と経営統合の形態

冷戦の始まりともいえる一九四六年の春に、ソ連占領地域では州政府主導の公有化が始まったのだが、当時のソ連政府や在独ソビエト軍政部(Sowjetische Militäradministration in Deuschland：以下、SMAD)は、占領地域の社会主義化という方針をまだ明確にしていなかった。しかし、占領国間の対立が先鋭化し冷戦が深化していくなか、四八年から五〇年代初頭にかけて、対ソ賠償の一環として四六年に設立されたソビエト株式会社が東ドイツ政府に返還されたり、州有経営が人民所有経営(国有企業)に転換されたりする動きが見られた。この国有化に際しては、計画経済システムの構築に向けて、製品グループごとに経営統合された大規模生産単位を国家的工業管理システムの行政指導と監督の下に据えることが選択された。経済計画にもとづいて部門・業種別管理への適応性を高め、中小経営の水平統合(部門・業種別の集積)によって量産化を図るとともに、大経営によって中小経営を育成することが期待されたのである。この経営統合は「経営連合」という形式をとった。

同様の動きは、第二次世界大戦以後に誕生した中・東欧の社会主義諸国においても見られた。一九五〇年代に社会主義化を支えるべく推進された工業化は、戦後復興や農業国からの脱皮という経済的課題とともに、先進資本主義諸国に対する優位性を示すための政治課題をも担っていた。そのために、ユーゴスラヴィアを除き、ソ連を規範とする国有化や計画経済の創出が進められたのである。各国は国家機関が主導する集権的な工業管理システムを構築し、経営の大規模化を図った。

一九四九年の東ドイツの建国後、経営統合の方法については試行錯誤が続き、「経営連合」とならんで、工場・事業所の垂直統合によって生産効率の向上を図るべく「コンビナート」が形成された。後者は、部門・業種別の経営統合とは異なり、連続する工程間を結合することによって量産化やコスト削減を実現しようというものであった。「経営連合」と「コンビナート」は、東ドイツの経済復興と重化学工業化の中心的な担い手とされたが、SED・政府には、総じて大規模生産単位を創出しようとする強い関心があったことには注目しておきたい(24)。

このソ連占領下で始まった工業経営の公有化と公的統制の歴史については、西ドイツにおける代表的な東ドイツ政治史研究者であるヘルマン・ヴェーバーとナチス研究者のM・ブロスザートが編纂した『ソ連占領地域要覧』[25]およびJ・フォイトツィック、H・メラーらミュンヘン大学の現代史グループとロシア科学アカデミーのA・O・チュバルヤン、ドイツ連邦公文書館（コブレンツ）のハルトムート・ヴェーバーが編纂した『在独ソビエト軍政部要覧』[26]が主要文献である。いずれも政治・社会制度、統治組織などについて包括的にまとめており、細部まで行き届いた情報を提供している。

公有化や計画経済システムの構築に歩調を合わせるべく進められた一九四〇年代から五〇年代の経営統合の実態はこれまで十分に解明されたとは言い難い。先にあげたレースラーやミュールフリーデルらの「経営連合」と「コンビナート」の研究も、その実像には迫り切れていない。そうしたなかで近年では、このテーマを扱った学位論文（T・マーティン）[27]が発表され、また、整備が著しく進展した州立公文書館のウェブサイト（たとえばザクセン州立公文書館）からも「経営連合」やその傘下経営に関する史料がアクセス可能となった。さらに、業界団体の依頼で作成された文献（たとえば、H・キンネの鉄鋼企業史）[28]や、地方経済の産業史的な史料（たとえば、ボーフムのドイツ鉱山博物館の刊行物[29]、ブランデンブルク・アン・デア・ハーフェルの産業博物館の刊行物など）[30]からは、「経営連合」や「コンビナート」の傘下に統合されていた経営の前史をたどることもできるようになった。

なお、「経営連合」や「コンビナート」の形成に深く関与するソビエト株式会社の変遷については、前出の二つの『要覧』とともに、先に紹介したフィッシュや、古くからの東ドイツ経済研究者であるH・J・ブック[31]の研究が詳細に分析している。

私的経営と国家参加経営

いまひとつ、国有化論との関連で重要な意味を持つのは私的経営と国家参加経営である。前者は、SMADによる旧ドイツ＝ライヒの国有企業ならびに私的経営（手工業経営も含む）の強制接収後に、ソビエト株式会社に統合されなかった、あるいは州有化されずに残存した中小経営である。おもに地域供給の担い手として、工業部門

（とくに消費財部門）のみならず、建設業、商業、サービス業の分野で活動していた。建国後に社会主義建設の名の下で国有化圧力が強まるなか資金調達や税制面で冷遇されたが、一九五〇年代前半の国民の消費生活の悪化を背景に、重化学工業に偏った人民所有経営重視の政策が変更されると、徐々に私的経営の意義が認められるようになった。五〇年代半ばには、消費財供給の観点だけでなく、生産財部門、とりわけ機械工業（元請け）への部品・半製品供給（下請供給）の能力を増強する観点から、政府の出資を含む半官半民の、中小規模の国家参加経営が設立された。

このソ連占領下ならびに東ドイツ建国後の私的経営関連の政策の展開については、先述のミュールフリーデルやブックの研究がその全体像を明らかにしている[32]。一九五六年末に法制化され、その設立が認められた国家参加経営について、その問題に特化した研究書としてはH・ホフマンの研究が包括的である[33]。上述のミュールフリーデルやブックの研究は、それを補う形になっている。

第二章では、SMADからドイツ側の州政府および中央行政機関に向けて発せられた指令や、近年入手可能となった史料や文献を用いて、公有化の全体像を摑んでいきたい。また、その後展開する計画経済と国家的工業管理システムの構築と、それに合わせて変遷する経営統合の形態を分析し、一九五〇年代の生産と管理の組織化の到達点や問題点を検証したい。

三　労働者蜂起から経済改革へ

一九五三年労働者蜂起と改革派の排除

一九五〇年代は、一般市民のみならず、経済理論の専門家、ＳＥＤ内の改革派によるソ連型社会主義への疑念や批判が渦巻いていた時代でもあった。この不満は二つの事件を引き起こした。

一つ目の事件は、一九五三年にベルリンや東ドイツの主要都市で発生した労働者蜂起である。これは、消費生活の悪化や労働生産性向上運動の在り方への不満の発露と、ＳＥＤ主導の社会主義（とくに国有化、農業集団化、集権的意思決定と管理など）への体制批判という二面性を有する事件であった。二つ目の事件は、集権的計画経済モデル（トップ・ダウン型管理）を批判し、自主管理（ボトム・アップ型管理）を支持した党内の改革論者が更迭・左遷されたことである。

こうした動きは東ドイツに限られるものではなかった。ポズナン事件やハンガリー動乱でも、民主化や分権化の主張や要求が見られた。いずれも、一九五三年のスターリンの死、そして五六年のフルシチョフ秘密報告がきっかけとなってソ連型社会主義の修正を求める声が沸き起こったという点で共通している。

これらの問題に関しては、ヘルマン・ヴェーバーの研究[34]が、ＳＥＤ第一書記のＷ・ウルブリヒトと党内改革派の間の対立とその顚末を明らかにしている。また、Ａ・シュタイナー[35]の研究は、一九五〇年代の経済全般の動きや計画策定と国家的工業管理システムの変化を捉えている。わが国の研究では、石井聡と斎藤哲が労働者蜂起の経済的な背景や蜂起直前の経済・社会状況を、星乃治彦が労働者蜂起の内側から見た動きを詳細に分析している[36]。

経済改革の始動

力で抑え込まれたとはいえ、一九五〇年代半ばに生まれた改革の気運が布石となって、ベルリンの壁構築から二年後の六三年からは改革が遂行された。そのキーワードは、「市場原理をビルトインした計画経済」、「国家管理機構内部の分権化」、「国有企業の独立採算」などであった。この「市場社会主義」の試みは、国家と企業の関係において後者のイニシアティブを重視するものであり、当時の文化政策の規制緩和とならんで、社会の自由な空気（多様な価値観の承認）を醸成する背景になった。

この一九六〇年代改革期前半における計画策定と国家的管理の新しい制度の構想の意図を理解するためには、関連する法令の分析が不可欠である。とくに注目されるのは「国民経済の計画策定と管理の新システムのための指針」であり、そこではそれまでの集権的計画経済の運営上の問題点が指摘されると同時に、新しいシステムの構築の必要性が宣言されている。先述のシュタイナーは、その分析を踏まえた考察を通じて、「東ドイツの経済改革はソ連の改革に追随したもの」という従来の認識とは異なる歴史像を提示している。(37)

改革の見直しと生産力へのこだわり

満を持して発表されたこの「新経済システム」も、内外からの抵抗や圧力にあってわずか三年後には修正を余儀なくされた。(38)その底流には、ソ連と東ドイツ（ウルブリヒトを筆頭とする改革派）の社会主義構想の違い、市場化に関する党内の見解の相違、党中央の西ドイツへの接近、といった問題群が横たわっていたと考えられる。

とはいえ、当時のＳＥＤ・政府の政策には一貫していたものがあった。経済改革期前半には、西ドイツとの体制間競争に耐えられる生産力水準の創出に向けて、産業構造の高度化、それに対応した大規模生産単位の形成（「経営連合」）が図られた。また、素材型部門から加工組立型部門へ投資配分の重点を移して技術基盤を強化する政策が実施された。(39)

「市場社会主義」の試みは頓挫したものの、経済改革期の後半には、産業構造の高度化とそれに対応した産業組織の創出の課題は引き継がれた。そこには、生産力引き上げへの強い期待があったものと考えられる。「構造規定的部門」と呼ばれた電機・電子、光学・精密機器、工作機械を中心に重点投資が始まり、また長らく設立が中断していた「コンビナート」がそれらの部門で設立された。その数は、新たに鉱山・冶金、石油化学、重機・設備部門を加えて一九七〇年代初頭まで急増した。それは、東ドイツ工業の技術基盤となる機械製造部門や、その原燃料や素材を提供する部門における経営統合の在り方をめぐる試行錯誤の末の選択であった。R・ブロイアーと既出のレースラーの「経営連合」と「コンビナート」に関する論文[40]、西ベルリンのドイツ経済研究所の『経済研究四季報』に掲載されたA・シェルジンガーの論文[41]は、これらの問題の推移を追ううえで重要な文献である。

以上のような動きを視野のうちに収めて、第三章では、その前半で一九五〇年代の二つの事件を取り上げ、そこから六〇年代のベルリンの壁の構築や、東ドイツのネップとも呼ばれた経済改革に連動していく様子を、後半では、改革の背景となった計画経済とその管理機構の機能不全の問題と、その改善策として六三年に登場した「新経済システム」の内容と意義を明らかにする。また、六七年になかば外圧によって変更されたとも思われるシステムの軌道修正において、当時のウルブリヒト政権が終始堅持しようとした政策についても言及する。

四　資源危機とコンビナート改革

政権交代、強制国有化、国際化

東ドイツの一九七〇年代は、党第一書記の交代と強制国有化で幕を開けた。この時期では、以下のことがとくに注目される。

一九七〇年代には、東欧諸国では、「プラハの春」事件以後の再集権化が進むなかで、経済成長率の低下、賃金・価格・投資に関する国家統制の緩和を契機とするインフレ圧力の増大といった問題が噴出し、それまでの各国の経済改革は中断・挫折したといわれている。そうしたなかで、東ドイツでは、ウルブリヒト体制からホーネッカー体制への政権移行がなされ、六〇年代に試みられた分権化が後退し、強制国有化に象徴される再集権化が進んだ。[42]注目すべき第一のことはこれである。東欧諸国との違いは、東ドイツでは、六〇年代後半の数年間は比較的安定した経済成長が達成されており、政権交代があった七一年に経済成長率が急落した点である。そのことを考えると、ウルブリヒト退陣の背景と経緯についてはなお解明すべき点が残されている。

第二に注目されるのは、ソ連型社会主義への「回帰」ともいわれたこの政権交代とは裏腹に、東ドイツは西ドイツとともにその国家主権を承認されて国連に加盟し、また、全欧安全保障協力会議のヘルシンキ宣言に調印するなど、開かれた国づくりが進展したことである。経済改革期に国内の市場経済化を危惧していたSED・政府が、一九七〇年代に入って西側の市場経済の国々との外交と経済交流を深めていこうとする姿勢は、一見するとパラドキシカルであり、そこに潜む権力側の思惑については説明を必要とする。

第三に、一九七〇年代前半の、もう一つ目立った出来事は、先の政権交代後、「経済政策と社会政策の統一」というスローガンの下で各種の労働条件・生活条件の改善策が打ち出されたことである。その改善策の内容、および、それらの実現の基礎となる経済成長をSED・政府がどのように達成しようとしたのか、について明らかにされねばならない。

第一と第二の注目点については、一九六〇年代末から七〇年代初頭にかけてのSED・政府の公式見解と、[43]東西統一後に出版された東ドイツ史の文献が比較検討されねばならない。前者の文献としては、SED党史、自由ドイツ労働組合同盟史が、[44] 後者のそれとしては、旧西ドイツのT・ピルカーとR・レプシウス、R・ヴァイネルト、H-H・ヘルトゥレの共同研究[45]が重要である。この共同研究は、当該時期から東ドイツの体制転換まで長期に政権を担当していた政治家たち（G・ミッターク、K・クレムケ、G・シューラー、H・ティッシュなど）へのインタビュー記録を含む貴重な文献である。

第三の注目点である「経済政策と社会政策の統一」については、社会政策史のJ・フレーリッヒとM・フライの研究[46]と前出のシュタイナーの研究がある。邦語文献では、斎藤哲の研究がある。

資源危機と新型コンビナート

一九七〇年代の二度にわたる世界的な資源危機は、変更されたばかりのSED・政府の路線にも大きな影響を与えた。七〇年代半ばのソ連の燃料・資源供給削減が生み出したコメコン（経済相互援助会議）内部の不協和音、西側諸国への技術依存、そして外貨建て債務の増大は、各国における組織改革の契機となった。そうした改革では各国の独自性が強まった。大まかに分類すれば、経営の統合・大規模化路線を捨てず、経営連合体の維持・再編を選択した国（ソ連、チェコスロヴァキア）と、それらの部分的廃止や解体を志向した国（ハンガリー、ポーランド）に二分される。こうした流れのなかで、東ドイツでは、七〇年代半ばから八〇年代初頭にかけての経営連合の解体と、工業全体のコンビナート化を内容とする組織改革が推進された。それは、ソ連における二元的組織構造（部門・業種別の「工業連合」と異部門・異業種結合の「生産合同」）の維持・存続の動きとは異なるものであった[47]。また、市場経済化を模索するハンガリーにおける大企業の解体や中小経営活用の試みの対極にある動きでもあった。

一九七〇年代の「経営連合」と「コンビナート」の再編に関する議論は、SED中央委員会付属社会主義経済運営中央研究所の副所長であったG・フリードリッヒの多数の論文に見ることができる。彼の七〇年代の研究では、マルクス、レーニンの「生産の集積」と「資本の集中」論に関する言説や、SEDの経済政策の正当性を主張する文章に埋もれる形で、公式の経営統合構想や国家的工業管理システムの在り方に疑問を呈する見解が織り込まれている(48)。さらにフリードリッヒは、八〇年代に入ってから、機械工業の生産システムに精通したR・ゲーリッシュとの協同で、より明瞭な形で新型コンビナートへの一元化の問題点を提示し、それに対する見直し案を打ち出している。

同時代の西ドイツ側の研究では、M・メルツァー、K・エルトマン、C・シュヴァルタウの研究が先駆的なものである(49)。日本でこれらの研究にいち早く着目したのは犬飼欽也である(50)。犬飼は、新型コンビナートの形成が国家的工業管理システムに与えた影響を吟味しながら「集権化」と「分権化」を標榜する東ドイツの政策当局の姿を描き出している(51)。このほか、一九八三年と八四年に東ドイツ政府から市民権を剝奪され、亡命先の西ドイツで執筆されたG・シュナイダーとM・トレーダーのコンビナート研究(52)は、新型コンビナートの問題をインサイダーの視点から分析している。加えて、法律的視点から見たコンビナート改革の内容を批判的に扱ったW・グレスマン(53)の研究も見逃せない。

以上の問題関心と既存の研究を踏まえて、第四章では、その前半で一九七〇年代初頭の政権交代と、集権的計画経済システムの再構築、強制国有化について考察し、五〇年代、六〇年代からの質的変化を浮き彫りにする。後半では、危機打開に向けた工業のコンビナート一元化という、東ドイツの野心的な構想の内容を、構想の見直しを主張する学者たちの見解を交えながら検証する。

五　一九八〇年代経済計算制改革とその帰結

資源危機対策としての経済計算制改革

一九七〇年代のコンビナート改革は、資源危機に対する生産（企業）と管理（国家）の組織再編であったが、八〇年代初頭からは国有企業の経済計算制（独立採算制）の強化に向けた多数の制度改定がなされた。資源危機以後、財政負担を支える経済パフォーマンスの悪化によって、労働者懐柔策を生産性向上に結びつけようとした七〇年代の施策には新たな政策的梃入れが必要になっていたのである。八〇年代の改革は、企業と国家の関係をより分権的なものとし、国家財政への依存状態から企業を脱却させることを目的とした。それは、計画経済を市場経済に置きかえるというラジカルな改革ではなく、五ヵ年計画や年次計画の達成に向かって、生産性向上、コスト削減、品質向上による輸出拡大、そして収益性の増大を目指し、そのために国有企業とその従業員にインセンティブを与える試みであった。この仕組みを創出するという発想は、すでに五〇年代の労働生産性向上運動のなかにも見られたが、一九五三年労働者蜂起によって、六〇年代の改革時には党内守旧派によってブレーキがかけられていたのである。

この一九八〇年代初頭の経済計算制改革については、すでにその開始とともに、前出のメルツァー、エルトマン、シェルジンガー、そしてコーネルセン、さらにはオルドー学派の流れを汲むマールブルク大学の比較経済体制研究のH・ハメル、H・ライポルト、G・グートマン、A・バルテルの研究が続々と発表された(54)。日本でも青木國彦と谷江幸雄の研究が出されている(55)。これらの研究は、この改革が場当たり的な変更にとどまっているという問題点に鋭く切り込んだが、その具体的な成果については、当時の史料の制約もあって言及されていない。

独立採算制と「国家の温情主義」

一九八二年の経済計算制改革の焦点は、上述の独立採算制の徹底にあった。とりわけ、計画経済の国家管理という、いわば国家的統制の枠組みのなかで、どこまで独立採算の発想を国有企業に定着させることができるのかが課題となっていたのである。

独立採算制徹底の主要な目的は、収益を増大させ、それを投資活動や福利厚生活動に振り向けることにあった。一九八二年の経済計算制改革は、おもに固定資産税＝生産フォンド使用料と企業利潤税＝純利益控除から成る国庫納入金の制度改定を試みた。国庫納入金制度は、自己ファンドの形成の原資である税引き後の留保純利益の大きさに影響を与え、国庫収入の利害と企業の利害とがぶつかり合う場であったから、制度改定におけるSEDと政府の姿勢にはとくに注目しなければならない。

これは、「国家の温情主義《パターナリズム》」が赤字企業の救済に向かうことを指摘した、J・コルナイの「不足の経済」の理論(56)とも関わるが、その東ドイツの実態に関してこれまで十分な研究がなされてきたとは言い難い。そこで、重要と思われる論点だけでも確認しておけば、以下の三点があげられる。すなわち、①東ドイツの国有企業の投資ファンドの原資である留保純利益、固定設備投資向け国庫資金と国立銀行信用の全体に占める比率の変化、②留保純利益の大きさのベースとなる粗利益の獲得状況とそこから控除される国庫納入金の変化、③赤字企業救済のための国庫補塡金の動向、が明らかにされなければならない。その際、投資ファンドの分析が中心的な位置を占める。

それとならんで、企業の生産活動、労働生産性向上運動に物的刺激を与える報奨制度や福利厚生関連のファンドの形成もまた、国有企業の利益獲得の実績に左右されていた。この物的刺激ファンドに関連する制度改定が、果たして国有企業の活動にプラスの効果を与えることができたのかどうかという点についても、制度と実態の双方の分析が必要である。

第五章においては、改革による経済計算制の変更の内容を明らかにするとともに、コンビナート内の資金循環については、①一九七〇年代末から八〇年代初頭の経済危機下でコンビナートが自力で投資資金を調達できたのかという点（独立採算の視点）、②コンビナート内の福利厚生施設やサービスが維持できたのかという点（社会政策の視点）に注目して分析を行いたい。その制度変更と政策的意図の検証には、『ドイツ民主共和国法令集（*Gesetzblatt der Deutschen Demokratischen Republik*）』に収録されている一九七九年から八七年までの関連法令を、そして未解明の制度変更の効果を分析する史料としては、統一後にドイツ連邦統計局から独自に入手した元機密文書を用いたい。

以上の「一」から「五」の考察は、ドイツ統一やソ連邦崩壊とともに急速に縮小した社会主義経済研究が従来描いてきた社会主義経済像を、新たに入手可能となった文献・資（史）料を加えて再考・再構築しようとするものである。それと同時に、ベールに包まれていた東ドイツの実像が「もう一つの独裁の歴史」[57]あるいは「二つのドイツの歴史」[58]として注目を浴びているなか、活況を呈する社会史や政治・外交史研究の知見[59]に学びながら経済史・経営史の立場から一石を投じるところにも本書の狙いがある。

（1）　やや誇張していうならば、この分析は、「自由主義または社会民主主義と共産主義」、「福祉国家と社会主義国家」、「戦時統制経済と計画経済」、「民主主義と独裁制」といった個々の問題群を、それぞれの後者の立場から考察するための素材を提供するものになるだろう。また、二〇世紀をもって国家介入の思想が消失し、二一世紀は夜警国家的な体制への回帰の時代となるのか、それとも国家介入と市場経済の混合とその均衡が課題となる時代となるのか、といった疑問にアプローチするための準備的考察になると思われる。

（2）論点の性格や研究史の状況から叙述に若干のばらつきが生じるかもしれないが、論点と研究史の関係を明確にしつつ書き進めることとする。

（3）しばしば「ソ連占領地区」と訳されるが、分割されたベルリンの英米仏ソの各地区「セクター＝sector」のイメージと重なるため、あえて「地域」と訳した。ソ連占領地域には、当時約一七〇〇万人の住民が約一〇万三〇〇〇平方キロメートルの空間（アイスランドまたは大韓民国とほぼ同じ国土面積）に住んでいた。

（4）戦前に社会民主党員となっていたグライツェは、ソ連占領期にドイツ社会主義統一党員となり、臨時政府（ドイツ経済委員会）の中央統計局長を務めた。しかし、一九四八年には統計局長のみならずフンボルト大学での教員職（統計学）をも辞して西ベルリンに移住し、ドイツ社会民主党員に復帰するとともに、ドイツ経済研究所（Deutsches Institut für Wirtschaftsforschung: DIW）の所員となった。著書は、Gleitze, Bruno, *Ostdeutsche Wirtschaft: Industrielle Standorte und volkswirtschaftliche Kapazitäten des ungeteilten Deutschland*, Berlin (W) 1956.

（5）Gleitze, Bruno, *Wirtschafts- und sozialstatistisches Handbuch*, Köln 1960.　グライツェの研究については、H・バルテルが、一九七九年の自著において、「BRDのブルジョア的・修正主義的なDDR研究」のなかでも「事実に即したデータ紹介の出発点を提供している」と肯定的に評価している。一九七〇年代末の東ドイツの研究書のなかでなされたこの評価は異例のものであった。Barthel, Horst, *Die wirtschaftlichen Ausgangsbedingungen der DDR: Zur Wirtschaftsentwicklung auf dem Gebiet der DDR 1945–1949/50*, Berlin 1979, S. 16.

（6）Wagenführ, Rolf, *Die deutsche Industrie im Kriege 1939–1945*, Dritte Auflage, unveränderter Nachdruck der 1954 erschienenen 1. Auflage, Berlin 2006.

（7）Länderrat des Amerikanischen Besatzungsgebiets (Hrsg.), *Statistisches Handbuch von Deutschland 1928–1944*, München 1949.

（8）Müller, Hans/Rießig, Karl, *Wirtschaftswunder DDR: Ein Beitrag zur Geschichte der ökonomischen Politik der sozialistischen Einheitspartei Deutschlands (Institut für Gesellschaftswissenschaften beim ZK der SED)*, Berlin 1968, S. 15–16.

（9）Cornelsen, Doris/Ruban, Maria Elisabeth/Teichmann, Dieter, *Kriegsschäden und Nachkriegsbelastung in der Bundesrepublik Deutschland und in der DDR, Gutachten im Auftrag des Bundesministeriums für Finanzen*, Berlin (W) 1972.

（10）Barthel, Horst, *a.a.O.*, S. 44.　ただし、同書四〇頁では、住宅の破壊についてはドイツ経済研究所の研究結果とほぼ一致していたことが指摘されてもいる。

(11) Badstübner, Rolf (Hrsg.), *Geschichte der Deutschen Demokratischen Republik*, Berlin 1981, S. 29.

(12) マチュケの著書が刊行される二年前に、東ドイツ科学アカデミーから刊行された以下の共同研究によって「四〇%」説が否定された。Roesler, Jörg/Siedt, Veronika/ Elle, Michael, *Wirtschaftswachstum in der Industrie der DDR 1945-1970*, Berlin 1986. 同書では、工業の部門・業種別あるいは企業別の分析を通じて、二〇～二一%の生産設備が戦争を通じて全壊ないし半壊したことが分析されている。たとえば、紡織部門の設備についてはおおむね一〇・六%の損失(同書三三頁)、オーバーシュプレー・ケーブル製造工場(ベルリン)では一八・三%の損害(同書五〇頁)といった数字が国立公文書館の非公開史料や、企業内アーカイブの史料を用いて算定されていた。その後、先のマチュケの著作の一年後に刊行されたミュールフリーデルとK・ヴィースナーの研究によっても「四〇%」説に異議が唱えられた。Mühlfriedel, Wolfgang/Wießner, Klaus, *Die Geschichte der Industrie der DDR bis 1965*, Berlin 1989, S. 24. 東西ドイツ統一後は、R・カールシュが、同様の指摘を行っている。Karlsch, Rainer, *Allein bezahlt?: Die Reparationsleistungen der SBZ/DDR 1945-53*, Klitzschen (Sachsen) 2004 (Erstdruck: Berlin 1993), S. 44-46.

(13) Matschke, Werner, *Die industrielle Entwicklung in der Sowjetischen Besatzungszone Deutschlands (SBZ) von 1945 bis 1948*, Berlin (W) 1988. 同書巻末資料では、工業部門ごと、あるいは製品ごとの破壊の程度が、他の研究者の推計値との比較にもとづいて分析されている。

(14) たとえば、Staritz, Dietrich, *Die Gründung der DDR*, 3., überarbeitete und erweiterte Neuauflage, München 1995, S. 50 ならびに石井聡『もう一つの経済システム――東ドイツ計画経済下の企業と労働者』北海道大学出版会、二〇一〇年、五〇頁。

(15) SEDは、「独ソ友好のイメージをあまりにそこなうことのないように配慮したのに対し、西側の推定では、東ドイツの資産損失に占めるソ連の責任をできるだけ高く見積もろうとする動機が働いた」といわれている。クレスマン、クリストフ(石田勇治・木戸衛一共訳)『戦後ドイツ史 一九四五～一九五五 【二重の建国】』未來社、一九九五年、二八頁。

(16) カールシュの指摘による。Karlsch, Rainer, *Allein bezahlt?*, S. 11. なお、そうした一九五〇年代の西側で試みられた研究の代表的なものは、以下の通り。Vorstand der Sozialdemokratischen Partei Deutschland (Hrsg.), Die Reparationen in der Sowjetzone von 1945 bis 1952, in: *Sopade-Informationsdienst*, Denkschriften 51, Bonn 1953; Harmssen, Gustav-Wilhelm, *Am Abend der Demontage*, Bremen 1951; Rupp, Franz, Reparationsleistungen der Sowjetischen Besatzungszone Deutschlands, in: *Bonner Berichte aus Mittel- und Ostdeutschland*, Bonn 1953; Gleitze, Bruno, *Die Wirtschaftsstruktur der Sowjetzone und ihre gegenwärtigen sozial- und wirtschaftsrechtlichen Tendenzen*, Bonn 1951; Nettl, J. Peter, *Die deutsche Sowjetzone bis heute:*

Politik, Wirtschaft, Gesellschaft, Frankfurt am Main 1953. 東ドイツの研究で興味深いものは、Krause, Werner, *Die Entstehung des Volkseigentums in der Industrie der DDR*, Berlin 1958である。巻頭言で、統計上の困難があって刊行が遅れたという著者の指摘もあるが、同書の本文中に掲載された表は、今日の研究においても使われ続けている。

（17）一九六〇年代半ばには象徴的な出来事があった。前出のH・バルテルが、ソ連占領地域の経済状況に関する教授資格論文作成のために史料の閲覧を申し出たとき、当時の経済改革の立役者の一人であったE・アーペルがそれを拒んだというエピソードである。Karlsch, Rainer, *Allein bezahlt?*, S. 9-10. バルテルは六八年に論文を書き上げるが、それを公刊するには至らず、東ドイツ科学アカデミーから出版できたのはようやく七八年のことであった。発行が可能になった背景には、E・ホーネッカーと科学アカデミーの重鎮であったJ・クチンスキーとの密接な関係があったものと推測される。他方で、クチンスキーは、ホーネッカー政権下でSEDと知識人の関係が悪化していた事実を憂いてもいる。クチンスキー、ユルゲン（照井日出喜訳）『クチンスキー回想録　一九四五～一九八九　正統派の異端者』大月書店、一九九八年、一六九～一八三頁、二五三頁、二八二～二九三頁などを参照されたい。

（18）Zank, Wolfgang, *Wirtschaft und Arbeit in Ostdeutschland 1945-1949: Probleme des Wiederaufbaus in der Sowjetischen Besatzungszone Deutschlands*, München 1987.

（19）Baar, Lothar/Karlsch, Rainer/Matschke, Werner, Kriegsschäden, Demontagen und Reparationen, in: Der Deutsche Bundestag（Hrsg.）, *Materialien der Enquete-Kommission "Aufarbeitung von Geschichte und Folgen der SED-Diktatur in Deutschland" (12. Wahlperiode des Deutschen Bundestages) Band V/2: Deutschlandpolitik, innerdeutsche Beziehungen und internationale Rahmenbedingungen*, Baden-Baden 1995.

（20）Buchheim, Christoph（Hrsg.）, *Wirtschaftliche Folgelasten des Krieges in der SBZ/DDR*, Baden-Baden 1995.

（21）Fisch, Jörg, *Reparationen nach dem Zweiten Weltkrieg*, München 2001.

（22）ソ連占領地域の社会主義化を目指した共産党員や社会民主党員が、ナチズムとの「断絶」を主張し、それとは無縁の社会体制を構築すべく、「膨大な数の元ナチ――一九四八年時点で五二万人――を解雇して仕事を取り上げ、占領地域の行政ポストには「反ファシスト」を任命した」とはいっても、実際にはナチス時代を生きた多くのドイツ人たちは、たとえ元ナチス党員であったとしても新しい社会に順応し、なかには社会の運営の中心に位置する者たちもいた。それは、西ドイツでも、オーストリアでも、イタリアでも同様であった。ジャット、トニー（森本醇訳）『ヨーロッパ戦後史　上　一九四五―一九七一』みすず書房、二〇〇八年、七〇～八一頁。非ナチ化についての戦勝四ヵ国の方針と、東西ドイツでの非ナチ化の実態の解釈については、つぎの著作が示唆に富んでいる。ベンダー、ペーター（永井清彦・片岡哲史訳）『ドイツの選択——分断から統一へ』小学館、一九九〇年（とくに「第二章　罪と償い」参照）。

（23）Ｔ・ジャットが述べているように、「計画化」の試行錯誤は、「ソヴィエト連邦という手本」から引き出されたのではなく、二〇世紀初頭の夜警国家批判と国家の経済介入の承認の時代から始まっていたといえよう。その考え方は、国や地域ごとの強弱や濃淡はあったものの、「市場がもたらす不平等・不公正の補償」のための国家介入、「累進課税、労働者保護」、「自然独占の国家所有（たとえば水道、電力など）」、二つの世界大戦時の主要国における総力戦体制の構築、戦後の産業国有化・計画化政策の立案や実施などにつながった。ロシア革命後に「ソヴィエト・スタイル」の計画を支持していたのは、一部の共産主義者であり、それはヨーロッパにおける「計画化」と「国有化」のイメージとは異なるものだったといわれている。詳しくは、ジャット、トニー、前掲書、八七〜九九頁。

（24）「経営連合」や「コンビナート」の編成原理については、一九五〇年代に東ドイツで執筆され六〇年代初頭までに二〜七回に及ぶ部分・全面改訂が行われた二冊の教科書が参考になる。このうち一九五〇年代に刊行された版はベルリン国立図書館のウェブサイトでの検索でも見つけることはできない（日本の大学図書館には五九年版と六一年版が所蔵されている）。いずれも、七〇年代、八〇年代に刊行された同種の教科書に比べて非常に具体的で、歴史研究にも示唆するところが多い。Krömke, Claus/Lothar, Rouscik, *Konzentration, Spezialisierung, Kooperation, Kombination in der Industrie der DDR*, 2., überarbeitete und erweiterte Auflage, Berlin 1961; Arnold, Hans/Borchert, Hans/Schmidt, Johannes, *Ökonomik der sozialistischen Industrie in der DDR*, 7. Auflage, Berlin 1961.

（25）Broszat, Martin/Weber, Hermann (Hrsg.), *SBZ-Handbuch: Staatliche Verwaltungen, Parteien, gesellschaftliche Organisationen und ihre Führungskräfte in der Sowjetischen Besatzungszone Deutschlands 1945–1949*, 2. Auflage, München 1993.

（26）Foitzik, Jan/Zarewskaja-Diakina, Tatjane W./Möller, Horst/Tschubarjan, O. Alexander/Weber Hartmut (Hrsg.), *SMAD-Handbuch: Die Sowjetische Militäradministration in Deutschland 1945–1949*, München 2009.

（27）Martin, Thomas, *Systemimmanente Funktionsmängel der sozialistischen Zentralplanwirtschaft in der SBZ/DDR: Am Beispiel des volkseigenen industriellen Sektors*, Inaugural-Dissertation in der Fakultät Geschichts- und Geowissenschaften der Otto-Friedrich-Universität Bamberg, 2001.

（28）Kinne, Helmut, *Die Geschichte der Stahlindustrie der Deutschen Demokratischen Republik*, Düsseldorf 2002.

（29） Verein Mansfelder Berg- und Hüttenleute e.V., Lutherstadt Eisleben und Deutsches Bergbau Museum Bochum (Hrsg.), *Mansfeld: Die Geschichte des Berg- und Hüttenwesens*, Eisleben/Bochum 1999.

（30） Industriemuseum Brandenburg an der Havel, *Dokumentation zur Dauerausstellung: Ein Jahrhundert Stahl aus Brandenburg im sozialen und politischen Umfeld*, Brandenburg an der Havel 2000.

（31） Buck, Hansjörg F., Formen, Instrumente und Methoden zur Verdrängung, Einbeziehung und Liquidierung der Privatwirtschaft in der SBZ/DDR, in: Der Deutsche Bundestag (Hrsg.), *a.a.O.*, S. 1091.

（32） ミュールフリーデルらの著書とブックの論文では、一九四五～五六年の私的経営に関するＳＭＡＤとＳＥＤの政策のアウトラインを摑むことができる。Mühlfriedel, Wolfgang/Wießner, Klaus, *a.a.O.*, S. 129-143; Buck, Hansjörg F., a.a.O., S. 1070-1134.

（33） Hoffmann, Heinz, *Die Betriebe mit staatlicher Beteiligung im planwirtschaftlichen System der DDR 1956-1972*, Stuttgart 1999.

（34） Weber, Hermann, *Geschichte der DDR*, München 1999（一九八八年版を統一後に改訂したもの）。

（35） 一九五九年ベルリン（東）生まれのシュタイナーは、八七年にフンボルト大学で博士号を取得したのち、東ドイツ科学アカデミー付属経済史研究所の研究員として従事するが、ドイツ統一後にマンハイム大学の経済史・社会史講座の研究員となった。九七年には同大学にて教授資格を取得し、翌九八年から九九年にはルール大学ボーフムの経済史・社会史講座の客員教授に招聘された。二〇〇一年にはポツダム大学で再度教授資格を取得し、ポツダムの現代史研究センター（Zentrum für Zeithistorische Forschung Potsdam）で研究を継続している。二〇一六年時点の重点研究項目は、「グローバル化の経済史」、「第二次世界大戦後の東西ヨーロッパの経済統合」、「戦後ドイツ経済史・社会史」、「ドイツにおける消費の歴史」であり、それらの分野での論文や書評を発表している。代表的なものは、つぎの通り。Steiner, André, *Von Plan zu Plan: Eine Wirtschaftsgeschichte der DDR*, München 2004; Steiner, André (Hrsg.), *Überholen ohne einzuholen: Die DDR-Wirtschaft als Fußnote der deutschen Geschichte?*, Berlin 2006.

（36） 石井聡、前掲書、とくに第二章が詳しい。斎藤哲「東ドイツにおける消費生活の変化――ウルブリヒト時代」、『政経論叢』（明治大学）第七二巻第六号、二〇〇四年、斎藤哲『消費生活と女性――ドイツ社会史（一九二〇～七〇年）の一側面』日本経済評論社、二〇〇七年、星乃治彦『東ドイツの興亡』青木書店、一九九一年、星乃治彦『社会主義における民衆の歴史――一九五三年六月一七日東ドイツの情景』法律文化社、一九九四年。

(37) Steiner, André, *Die DDR-Wirtschaftsreform der sechziger Jahre: Konflikt zwischen Effizienz- und Machtkalkül*, Berlin 1999.

(38) 一九六三年に始動した管理の分権化、価格メカニズムと利潤原理の限定的利用、技術革新重視を内容とした経済改革路線は、六五年一二月のSED第一一回中央委員会総会で修正され、それに代わって中央集権経済管理システムの強化、西側への技術依存からの脱却、イデオロギー重視の文化政策への転換の路線などが登場した。ヴェーバー、ヘルマン(斎藤哲・星乃治彦共訳)『ドイツ民主共和国史』日本経済評論社、一九九一年(原著：Weber, Hermann, *Geschichte der DDR 1945-1986*, München 1988)、一一一〜一一三頁、成瀬治・山田欣吾・木村靖二編『ドイツ史3』山川出版社、一九九七年(斎藤哲「第七章　ドイツ民主共和国」)、四六七〜四六九頁。なお、この総会を開催する前に、改革の急先鋒にいたアーペルは、経済改革の放棄をほのめかすウルブリヒトやミッタークらと政治局で対立するなかで謎の自殺を遂げた(六五年一二月三日)。

(39) ほぼ同様の組織再編は、一九六〇年代初頭のソ連やハンガリーでも見られ、「工業連合」、「大規模企業」、「トラスト」といった経営連合体が設立された。その前史をも含めソ連・東欧諸国の組織改革の状況を概括する文献として、岡稔・山内一男・宮鍋幟・竹浪祥一郎編『社会主義経済論』筑摩書房、一九七六年、八三〜一二七頁および三一〇〜三五三頁、西村可明「ソ連・東欧の経済改革と企業連合」、『経済研究』(一橋大学)第二七巻第一号、一九七六年、三六〜五〇頁、岩田昌征編『ソ連・東欧経済事情』有斐閣、一九八三年、笹川儀三郎・海道進・林昭編『社会主義企業の構造』ミネルヴァ書房、一九八五年、社会主義経営学会編『社会主義企業経営論』法律文化社、一九八七年、Roesler, Jörg, Organisationsstruktur und Wirtschaftsentwicklung: Zur Geschichte der Organisationsstruktur der Industrie in sozialistischen Ländern 1917 bis 1975, in: *Jahrbuch für Wirtschaftsgeschichte*, Teil 1, 1978, S. 7-29.

(40) Breuer, Rainer, Zum Prozeß der Kombinatsbildung in der Industrie der DDR am Ende der sechziger Jahre, in: *Jahrbuch für Wirtschaftsgeschichte*, Teil 4, 1983; Roesler, Jörg, Kombinate in der Geschichte der DDR: Von den ersten VVB bis zur durchgängigen Kombinatsbildung, in: *Jahrbuch für Geschichte*, Band 31, 1984.

(41) Scherzinger, Angela, Konzentrationsreformen in der DDR-Industrie, in: *Vierteljahrshefte zur Wirtschaftsforschung des DIW*, Heft 3, 1976.

(42) Kaiser, Monika, *1972-Knockout für den Mittelstand: Zum Wirken von SED, CDU, LDPD und NDPD für die Verstaatlichung der Klein- und Mittelbetriebe*, Berlin 1990. このほか前出のブックやホフマンの文献とともに、吉田敬一「東ドイツにおける一九七二年の中小経営の国有化政策(上)」、(下)」、『経済論集』(東洋大学)第一六巻第一号、一九九〇年、同第二号、一九九一年が詳しい。

(43) Institut für Marxismus-Leninismus beim Zentralkomitee der SED (Hrsg.), *Geschichte der SED. Abriß*, Berlin 1978.

(44) Bundesvorstand des FDGB (Hrsg.), *Geschichte des Freien Deutschen Gewerkschaftsbundes*, 2. Auflage, Berlin 1983.

(45) Pirker, Theo/Lepsius, Rainer/Weinert, Rainer/Hertle, Hans-Hermann, *Der Plan als Befehl und Fiktion*, Opladen 1995.

(46) Frerich, Johannes/Frey, Martin, *Handbuch der Geschichte der Sozialpolitik in Deutschland Band 2: Sozialpolitik in der Deutschen Demokratischen Republik*, 2. Auflage, München 1996.

(47) ソ連では、一九七〇年代半ばまでに、部分的に例外があるとはいえ、全連邦または共和国直轄の工業連合と生産合同を中間環とする工業管理の構造が築かれた。前者は、部門別管理構造の中間に位置する行政監督機関であると同時に、同一部門内の工業経営を統合する組織であった。後者は、工業連合と同様に部門別管理構造のなかに組み込まれたが、生産の担い手としては異部門・異業種の工業経営を原料・資材の加工段階や主工程と補助工程の相互連関を基準に統合することを特徴としていた。なお、生産合同は八〇年代に入ってからその意義を高めた。西村可明、前掲論文、四〇～四七頁、小田福男『ソビエト独立採算制理論の展開』千倉書房、一九八二年、一三七～一三八頁、一四八～一五〇頁などを参考にした。

(48) たとえば、Friedrich, Gerd, Die Kombinate und die Vereinigungen Volkseigener Betriebe als wichtige Formen der gesellschaftlichen Organisation der Produktion in der Industrie der DDR und der weitere Prozeß der Intensivierung der Produktion, in: *Wirtschaftswissenschaft*, Heft 3, 1977; Friedrich, Gerd, Kombinate: moderne Form der Leitung unserer Industrie, in: *Einheit*, Heft 6, 1978.

(49) Melzer, Manfred/Scherzinger, Angela/Schwartau, Cord, Wird das Wirtschaftssystem der DDR durch vermehrte Kombinatsbildung effizienter?, in: *Vierteljahrshefte zur Wirtschaftsforschung des DIW*, Heft 4, 1979; Erdmann, Kurt/Melzer, Manfred, Die neue Kombinatsverordnung in der DDR (1. Teil) und (2. Teil), in: *Deutschland Archiv*, Heft 9 und Heft 10, 1980.

(50) 犬飼欽也「東ドイツ――正統のひかりとかげ」(岩田昌征編『ソ連・東欧経済事情』有斐閣、一九八三年所収)、犬飼欽也「新型コンビナート形成による適応――ＤＤＲ管理計画化の新段階(Ⅰ)、(Ⅱ)」、『新潟大学商学論集』第一七号、一九八五年、第一八号、一九八六年。

(51) 犬飼の研究以前にも、コンビナート改革に関する政令(Verordnung über die volkseigenen Kombinate, Kombinatsbetriebe und volkseigenen Betriebe vom 8. November 1979, in: *Gesetzblatt der Deutschen Demokratischen Republik* (以下、*GBL.*) *Teil I*, Nr. 38., S. 355-365)分析の出発点にコンビナートに注目した研究が多数発表された。おもな邦語文献としては、百濟勇「ドイツ民主共和国の経済管理制度および経済発展の現状――一九七一年以降、とくにＳＥＤ第九回党大会(一九七六)を中心として」(斎藤稔編『東欧諸国の経済政策的課題――七〇年代から八〇年代へ』アジア経済研究所、一九七九年所収)、林昭「東ドイツの社会主義工業コンビナートと管理」(大島國雄・野崎幸雄・井上照幸編『国有企業の経営』白桃書房、一九八三年所収)、大橋昭一「DDRの工業コンビナート」、『国民経済雑誌』(神戸大学)第一五四巻第五号、一九八六年。東西ドイツ統一後は、東ドイツの経営統合に関する研究が積極的に展開されなくなったが、東ドイツ社会主義を歴史的に捉え直した観点から、あるいは産業史的観点からの研究が行われている。金鍾碩『過渡期の経済と企業』同文舘、一九九三年、金鍾碩「過渡期経済論の研究――旧東ドイツを中心として」、『熊本商大論集』第四〇巻第三号、一九九四年、北村喜義『旧東独の企業システムと鉄鋼業――体制の崩壊と再建の政治経済過程』御茶の水書房、二〇〇〇年、石井聡、前掲書などがある。

(52) Schneider, Gernot/Tröder, Manfred, Zur Genesis der Kombinate der zentralgeleiteten Industrie in der Deutschen DR, in: *Berichte des Osteuropainstituts an der Freien Universität Berlin*, Heft 137 (Reihe Wirtschaft und Recht), 1985.

(53) Größmann, Wolfgang, *Die Kombinate in der DDR: Eine wirtschaftsrechtliche Untersuchung*, Berlin (W) 1987.

(54) Gutmann, Gernot, *Das Wirtschaftssystem der DDR, Schriften zum Systemvergleich von Wirtschaftsordnung (Heft 30)*, Stuttgart/New York 1983; Erdmann, Kurt, Neue betriebswirtschaftliche Grundsatzentscheidungen, in: *Deutschland Archiv*, Heft 4, 1982; Cornelsen, Doris/Melzer, Manfred/Scherzinger, Angela, DDR-Wirtschaftssystem: Reform in kleinen Schritten, in: *Vierteljahrshefte zur Wirtschaftsforschung des DIW*, Heft 2, 1984; Hamel, Hannelore/Leipold, Helmut, Wirtschaftsreformen in der DDR: Ursachen und Wirkungen, in: Forschungsstelle zum Vergleich wirtschaftlicher Lenkungssysteme (Hrsg.), *Arbeitsberichte zum Systemvergleich*, Nr. 10, 1987; Barthel, Alexander, Betriebssteuern als Lenkungsinstrument in sozialistischen Planwirtschaften: Zur »wirtschaftlichen Rechnungsführung« der DDR, in: Gutmann, Gernot/Hamel, Hannelore u.a. (Hrsg.), *Schriften zum Vergleich von Wirtschaftsordnung*, Band 42, Stuttgart/New York 1990.

(55) 青木國彦「東ドイツ経済運営の〝八二年改革〟について」、社会主義研究会編『社会主義経済研究』第二号、一九八四年、谷江幸雄『東ドイツの農産物価格政策』法律文化社、一九八九年(とくに第六章)。

(56) コルナイ、ヤーノシュ(盛田常夫編訳)『「不足」の政治経済学』岩波書店、一九八四年(とくに第六章)、コルナイ、ヤーノシュ(盛田常夫訳)『コルナイ・ヤーノシュ自伝――思索する力を得て』日本評論社、二〇〇六年(とくに第一三章と第一四章)。シャヴァンス、ベルナール(斉藤日出治訳)『社会主義のレギュラシオン理論――ソ連経済システムの危機分析』大村書店、一九九二年、一六五～一八二頁。

(57) Fulbrook, Mary, *Anatomy of a Dictatorship: Inside the GDR 1949-1989*, Oxford 1995. コッカ、ユルゲン(松葉正文・山井

敏章訳）『市民社会と独裁制——ドイツ近現代史の経験』岩波書店、二〇一一年参照。

（58）フルブルック、メアリー（芝健介訳）『二つのドイツ　一九四五—一九九〇』岩波書店、二〇〇九年（原著：Fulbrook, Mary, *Interpretation of The Two Germanies: 1945-1990*, second Edition, London 2000)。

（59）Kocka, Jürgen/Sabrow, Martin, *Die DDR als Geschichte: Fragen-Hypothesen-Perspektiven*, Berlin 1994; Kaelble, Hartmut/Kocka, Jürgen/Zwar, Hartmut (Hrsg.), *Sozialgeschichte der DDR*, Stuttgart 1994; Wolle, Stefan, *Die heile Welt der Diktatur: Alltag und Herrschaft in der DDR 1949-1989*, Berlin 2013; Matthias, Peter, *Die KSZE im Ost-West-Konflikt: Internationale Politik und gesellschaftliche Transformation 1975-1990*, München 2011; Wentker, Hermann, *Außenpolitik in engen Grenzen: Die DDR im internationalen System 1949-1989*, München 2007. 邦語文献では、先述の斎藤、星乃とならんで、近藤潤三『東ドイツ（DDR）の実像——独裁と抵抗』木鐸社、二〇一〇年（ほか多数あり）、河合信晴『政治がつむぎだす日常——東ドイツの余暇と「普通のひとびと」』現代書館、二〇一五年、ヴェントカー、ヘルマン（岡田浩平訳）『東ドイツ外交史　一九四九—一九八九』三元社、二〇一三年、清水聡『東ドイツと「冷戦の起源」一九四九〜一九五五年』法律文化社、二〇一五年。

第一章　戦後東ドイツの出発条件

第一節　戦前・戦中の経済構造

（一）　ソ連占領地域の創設

東ドイツの歴史は、第二次世界大戦後の連合四ヵ国によるドイツ＝ライヒ（Deutsches Reich：以下、旧ドイツ＝ライヒ）の分割統治とポーランド領をめぐる議論のなかで成立したソ連占領地域の歴史を出発点としている。

ソ連占領地域が米英仏の西側占領地域とともに成立する直前の大きな出来事は、一九四五年四月二五日にノルマンディーから進撃してきたアメリカ軍と、東部戦線からドイツ軍を追撃してきたソ連軍が、ザクセン州トルガウ（Torgau）近郊のエルベ川岸（Elbe）で遭遇したことであった。(1) これは、連合国間の協定で定めていた占領地域のライン（協定ライン：第1-1図太い実線）を越えてアメリカ軍が東部に進撃してきた結果であった。その後、四五年五月七～八日のドイツ無条件降伏から六月三〇日までの間、アメリカ軍およびイギリス軍は、北部はヴィスマール（第1-1図中のWismar）、シュヴェリーン（Schwerin）、ルートヴィッヒスルスト（Ludwigslust）の東側、中部はヴィッテンベルゲ（Wittenberge）からデッサウ（Dessau）、ヴィッテンベルク（Wittenberg）、南部はツヴィッカウ

第 1-1 図　ポツダム会談前のソ連軍と米英軍の暫定・協定ライン

注：図中の太い点線は，1945 年 5 月 8 日から 6 月 30 日までの英米軍およびソ連軍進出ライン。その後，連合国間の協定にもとづき太い実線までラインが移動し，イギリス占領地域ならびにアメリカ占領地域との境界線が確定した。

資料：Bundesministerium für gesamtdeutsche Fragen (Hrsg.), *SBZ von A bis Z*, zehnte, überarbeitete und erweiterte Auflage, Bonn 1966, S. 102.　オーダー=ナイセ線や西側占領地域を含む全体図については，三島憲一『戦後ドイツ』岩波書店，1991 年，14 頁ならびに成瀬治・黒川康・伊東孝之『ドイツ現代史』山川出版社，1990 年，296 頁を参照されたい。

アー・ムルデ川（Zwickauer Mulde）の南北の暫定ライン（第1-1図太い点線）に後退・駐留していた。[2] 協定ラインまで後退しなかった背景には、五月二日時点で、ソ連による単独占領が可能となっていたベルリンの占領統治をめぐる連合国間の駆け引きがあったといわれている。六月五日に米英仏ソによるドイツの直接統治が宣言されたのちも、米英ソの首脳、将軍・元帥間の協議が続けられ、七月一日から四日間のうちに先の協定ラインまで米英軍が後退すること、さらには両国軍もベルリンに進駐することになった。[3] これにより、ソ連占領地域と西側占領地域との境界線が確定したのである。[4]

いまひとつ重要であったのは、ドイツ（直接的にはソ連占領地域）とポーランドとの国境の確定という問題であった。先の一九四三年のテヘラン会談でも、四五年のヤルタ会談でも、アメリカ、イギリス、ソ連の思惑はなかなか妥協点に到達しなかった。ポツダム会談では、「最終的確定は講和会議まで延期される」という留保付きで、ソ連の意向がポーランドの臨時政府のそれとともに押し通されることになった。[5] この措置は、共産主義化を危惧するアメリカやイギリスはもとより、当該地域におけるドイツ系住民の不満の火種となった。[6]

そうしたグレーゾーンを残しつつも、一九四五年七月以降、西はエルベ川とハルツ山地、東はポーランド国境の確定で揺れたオーダー＝ナイセ川、北はバルト海沿岸、そして南はテューリンゲンの森ならびにエルツ山地に囲まれた領域がソ連占領地域とされた。連合四ヵ国占領地域の総面積の約二一％と、総人口（この時点でザールを除く）の約二八％を有する地域の新たな政治・経済的展開がスタートすることになったのである。

つぎに、このソ連占領地域、そしてのちの東ドイツが、その復興にあたってどのような出立状況にあったのかを確認するため、同地域の戦前・戦中、そしてドイツ敗戦直後の工業ポテンシャルを、西側占領地域との比較を念頭に置きながら整理することにしよう。

（二）　人口動態と東欧難民・被追放民

まずは、ソ連占領地域の成立前後のドイツ全体の人口動態を比較・概観しておこう。第1-1表は、一九三九年五月一七日（開戦直前の国勢調査）時点の人口と、敗戦から約一年半後の四六年一〇月二九日（国勢調査）時点のそれとを比較したものである。それによれば、旧ドイツ=ライヒは、オストプロイセンを含むオーダー=ナイセ以東の領土を喪失したこと、ザール占領、そして軍人・民間人の戦死などによって大量の人口を失ったことがわかる。

その一方で、一九三九年と四六年の比較からは、旧ドイツ=ライヒ全体（ザールならびにオーダー=ナイセ以東を除く）で六三〇万人の増加があったこと、戦後の分割占領によって成立したアメリカ・イギリス・ソ連三国の占領地域（大ベルリンを除く）において各々二〇〇万～三〇〇万人近い人口増があったことがわかる。とくに、長年にわたり旧ドイツ=ライヒ東部で生活していたドイツ系住民が、居住地を追われ難民・被追放民（Flüchtlinge und Vertriebene）として各占領地域に流入してきたことは人口動態に強く作用した。[7]

第1-2表は、米英仏の西側占領地域（西ベルリンを除く）とソ連占領地域（東ベルリンを除く）、そして連合国共同管理下に置かれた大ベルリンへの難民・被追放民の敗戦前までの居住地と移住先を示したものである。西側占領地域には、一九五〇年までに約七八八万人の難民・被追放民が流入した。[8] そのうち、シュレージエンからは二〇五万人、オストプロイセンから一三五万人、ポンメルン（フォアポンメルンおよびヒンターポンメルン）から八九万人、ブランデンブルク（オーダー=ナイセ以東）からは一三万人が移住した。それ以外にダンツィヒからの二三万人、ポーランドからの四一万人、チェコスロヴァキアからの一九一万人を含め合計三四五万人が西部に流入した。[9] その多くは、西部ドイツの北部のニーダーザクセンやノルトライン=ヴェストファーレン（イギリス占領地域）に移住し、チェコスロヴァキアを筆頭とする中東欧から逃れてきた住民の多くは、バイエルン、ヴュルテンベルク=バーデ

第1-1表　第二次世界大戦後のドイツの人口構成(1939年との比較)

［単位：人］

	1939年[1]	%	1946年[2]	%	1939-46年増減
アメリカ占領地域[3]	14,296,974	20.6	17,254,945	26.1	2,957,971
イギリス占領地域[4]	19,785,488	28.5	22,304,509	33.8	2,519,021
フランス占領地域[5]	5,270,241	7.6	5,077,893	7.7	−192,348
ソ連占領地域[6]	15,157,123	21.9	17,313,734	26.2	2,156,611
大ベルリン	4,338,756	6.3	3,199,938	4.8	−1,138,818
（うち，東ドイツ部分）	(1,588,262)	(2.3)	(1,174,582)	(1.8)	(−413,680)
小　計	58,848,582	84.9	65,151,019	98.7	6,302,437
ザール地方	908,219	1.3	851,615	1.3	−56,604
オーダー=ナイセ以東	9,559,725	13.8	—	—	—
合　計	69,316,526	100.0	66,002,634	100.0	−3,313,892

1）1939年5月17日の国勢調査の数値にもとづく。大ベルリンの東ドイツ分も同様。
2）1946年10月29日の国勢調査の数値にもとづく。大ベルリンの東ドイツ分も同様。
3）バイエルン，ヴュルテンベルク=バーデン，ヘッセン，ブレーメン。
4）シュレースヴィッヒ=ホルシュタイン，ハンブルク，ニーダーザクセン，ノルトライン=ヴェストファーレン。
5）ラインラント=プファルツ，（南）バーデン，ヴュルテンベルク=ホーエンツォレルン。
6）ブランデンブルク，メクレンブルク，ザクセン=アンハルト，テューリンゲン，ザクセン。
資料：Länderrat des Amerikanischen Besatzungsgebiets (Hrsg.), *Statistisches Handbuch von Deutschland 1928-1944*, München 1949, S. 8-9 und S. 16-17; Staatliche Zentralverwaltung für Statistik (Hrsg.), *Statistisches Jahrbuch der DDR 1956*, Berlin 1957, S. 7.

ン、ヘッセンなど、西部ドイツの中部・南部を目指したことがわかる。

ソ連占領地域の場合、かつてのハンザ都市であるロストックやヴィスマール、さらにはエルベ以東のユンカー的大土地所有制に特徴づけられた農業地域のメクレンブルク（大公国時代の都シュヴェリーンを有する）には、ポンメルンやオストプロイセンからの流入が多かった。フランクフルト・アン・デア・オーダー、褐炭・電力生産の中心地コトブスを有するブランデンブルクには、オーダー=ナイセ以東のブランデンブルクのみならずポンメルンやシュレージエンからの流入者が多かった。

マクデブルクやハレなど、戦中の機械工業（戦闘機、戦車などの兵器、重機）や化学工業（肥料、燃料、ゴム、写真など）の中心地とその周辺の農業地帯、さらにはハルツ山地に至る鉱山資源の利用が盛んであったプロヴィンツ・ザクセン（のちのザクセン=アンハルト：以下、特別な問題のない限りザクセン=アンハルトとする）[10]へは、シュレージエンやドイツ東部

第1-2表　旧ドイツ東部領および東欧諸国からの難民・被追放民の流入状況(1950年時点)

［単位：千人］

流　入　先	第二次世界大戦中までの居住地域						
A. 西ドイツ(西側占領地域)	オストプロイセン	ポンメルン[3]	ブランデンブルク[4]	シュレージエン[5]	ドイツ東部小計[6]	その他[7]	各州合計
シュレースヴィッヒ=ホルシュタイン	301	307	20	60	688	169	857
ハンブルク	35	26	3	22	86	30	116
ニーダーザクセン	408	265	47	722	1,442	409	1,851
ノルトライン=ヴェストファーレン	326	161	26	526	1,039	291	1,330
ブレーメン	14	9	1	13	37	12	49
ヘッセン	60	35	10	111	216	505	721
ヴュルテンベルク=バーデン	28	16	4	74	122	528	650
バイエルン	87	35	14	459	595	1,335	1,930
ラインラント=プファルツ	30	16	3	31	80	73	153
バーデン	27	11	1	16	55	44	99
ヴュルテンベルク=ホーエンツォレルン[1]	31	12	1	20	64	58	122
小　計	1,347	893	130	2,054	4,424	3,454	7,878
B. 東ドイツ(ソ連占領地域)[2]							
メクレンブルク=フォアポンメルン	200	390	40	60	690	310	1,000
ブランデンブルク	80	140	200	150	570	160	730
ザクセン	110	70	10	530	720	280	1,000
ザクセン=アンハルト	120	70	40	320	550	530	1,080
テューリンゲン	90	30	10	240	370	320	690
小　計	600	700	300	1,300	2,900	1,600	4,500
C. 旧大ベルリン							
西ベルリン	28	32	22	37	119	30	149
東ベルリン	13	15	14	16	58	13	71
小　計	41	47	36	53	177	43	220
D. 総　計							
上記A＋B＋C小計の総和	1,988	1,640	466	3,407	7,501	5,097	12,598

注：下記資料の数値のうち，西側占領地域分については小数点以下を四捨五入した。
1）リンダウ(現バイエルン州。旧名リンダウ=ボーデンゼー)を含む。
2）東ドイツ分については推計値。地域名は，1952年の行政区分の改革以前に州制度が温存されていたときのもの。メクレンブルク=フォアポンメルンとブランデンブルク，ザクセン=アンハルトについては，52年以前にも名称変更があった。
3）オーダー=ナイセ以東のフォアポンメルンや，さらに東のヒンターポンメルン。
4）オーダー=ナイセ以東のブランデンブルク。
5）ツィッタウ(現ザクセン州)を含む。
6）オストプロイセン，ポンメルン，ブランデンブルク，シュレージエンの合計。
7）ポーランドの上記以外の地域およびチェコスロヴァキア，バルト三国，ソ連，ハンガリー，ルーマニア，ユーゴスラヴィアなど。変則的だが，下記資料の注によるとザールラント分も含まれる。

資料：Gleitze, Bruno, *Ostdeutsche Wirtschaft: Industrielle Standorte und volkswirtschaftliche Kapazitäten des ungeteilten Deutschland*, Berlin (W) 1956, S. 157; Eppelmann, Rainer/Möller, Horst/Nooke, Günter/Wilms, Dorothee (Hrsg.), *Lexikon des DDR-Sozialismus Band 2: N–Z*, 2., aktualisierte und erweiterte Auflage, Paderborn 1997, S. 893–894.

領以外の東欧諸国からの流入が多かった。

同じくシュレージエンからは、ラウジッツ地域を中心にザクセンへの移動が大きかった。ザクセンでは、ライプツィッヒ、ドレスデン、ケムニッツ（のちのカール・マルクス・シュタット）などの伝統的工業地帯が再建のための労働力を欲していた。[11]

軽工業の諸部門や機械部門の工場、非鉄金属鉱山を有していたテューリンゲンについても、ザクセンやザクセン=アンハルトと同様にシュレージエンからの流入が多く、またその他の東欧諸国からの流入も少なくなかった。

この流入により、ソ連占領地域には合計四四四万人（一九四九年八月時点で男性一八七万人、女性二五七万人）の難民・被追放民が新しい居住地を求めて移動してきた。[12]その結果、四九年半ば時点で、同占領地域のほぼ四人に一人が難民・被追放民という数にまで増加したのである。その主要な受け皿となったのは、これまで見てきたように、ソ連占領地域北部の農業地帯であり、また後述する対ソ賠償や経済復興の要となった占領地域中部・南部の工業地帯であった。

難民・被追放民の受け入れにあたって最も困難であったのは、就職の斡旋、就業不能者や失業者の生活保障や住居の確保などであった。[13]とくに就業については、難民・被追放民の四一％が農民出身だったこともあり、その多くは農業部門に組み入れられた。[14]一九四五年八月から四八年末までの土地改革によって無償没収された三二二万ヘクタールの土地（森林も含む）の一部は、そのために活用されたといわれている。[15]収用された土地のうち、およそ二二〇万ヘクタールは、五六万人の土地なし農民、農業労働者、零細農民、零細小作農民、労働者・手工業者などに有償配分された。また難民・被追放民に対しても同様の措置がとられ、四七年一〇月時点では八万五七〇一人が七〇万八三三八ヘクタールを、三年後の五〇年一月一日時点では九万一一五五人が七六万三五九六ヘクタールを獲得した。[16]難民・被追放民出身の個人農は、この土地改革によって生まれた「新農民（Neubauer）」の四三・四％を占めていた。[17]

工業部門においては、とくに対ソ賠償に深く関わっていたウラン鉱山(テューリンゲン、ザクセン)や、ソ連占領地域南部(とくにザクセン)の繊維工業地帯への就業が奨励された。また、わずかではあったが手工業部門に吸収された者もあった。一九四七年のみの数字であるが、工業で働くことのできた難民・被追放民は、同部門の就業人口の三四・二%に及んでいた。経済復興の過程で難民・被追放民の果たした役割は、決して小さくなかったのである。

難民・被追放民には公的機関の労働者・職員になった者も多く、一九五〇年には約一四万人を数えた[18]。ただし、公務員でも警察への登用(すでに就職していた者も含む)の際には、一九四五年以前に警察官だった者、西側占領地域に第一親等の親戚がいる者、同地域で戦争捕虜になったことがある者とならんで、ソ連・東欧からの難民・被追放民が排除されていた[19]。こうした採用差別は他の職業でも見られ、東ドイツから西ドイツへの大量難民の原因の一端となったことが推測される。

ソ連占領地域への大量の難民・被追放民の流入は、少なくとも一九四九年の建国まで東ドイツの人口動態に大きな影響を与え続けた。戦後の数年間は婚姻率や出生率が以前よりも大幅に低下していたし、死亡率(乳児死亡率も含む)も高かった。人口の自然増を望めない状況が存在していたのである[20]。したがって、先に確認した旧ドイツ東部領や東欧諸国からのドイツ系住民の難民・被追放民の移入は、結果的にその問題の改善に寄与することとなったといって良いだろう。ソ連占領地域の総人口は、三九年(当該地域分のみ)の約一六七五万人(うち女性は八五五万人)から、四六年には約一八四九万人(一〇六三万人)に増加し、その後四七年の一九一〇万人(一〇八四万人)、四八年の一九〇四万人(一〇七一万人)、四九年の一八七九万人(一〇四五万人)へと推移した[21]。括弧内の女性の人口の推移からは、女性が人口増あるいはその減少を食い止めていたことが読み取れよう。敗戦直後のドイツ全体についていえることだが、男性については、一八歳から四〇歳までの働き盛りの年齢層が戦時中に数多く失われた。ソ連占領地域=東ドイツにおいても、女性の経済活動への参加が戦後復興の鍵を握ることになったのである[22]。

（三）大戦直前の工業部門の就業者

つぎに、戦後の変化を浮き彫りにするため、のちのソ連占領地域の労働人口が、戦前・戦中期にどのような経済分野で就業していたのかを、西側占領地域の状況と比較しながら確認しておこう。その際、一九三九年時点で旧ドイツ＝ライヒ全体の就業者の約四四％を占めていた工業（鉱山・冶金、エネルギーを含む）に的を絞ることにしたい。ちなみに、当時の農業の就業者数は全体の約二四％、商業・交通・運輸が約一八％、その他のサービス業（公務および民間サービス業、家事サービス）が約一四％であり、工業・手工業の比重は相対的に高かった。[23] また、同年の国民所得（Volkseinkommen）に占める農林業の割合が七・七％、商業や自営業者の所得が二〇・〇％、労働者・職員および公務員の賃金・俸給（管理職分を含む）が五一・七％、金融資産からの利子・配当等収入が三・四％、不動産貸し付けによる使用料・利子等収入が一・五％、年金収入が一一・三％であった。賃金・俸給のうち、工業・手工業部門で働く労働者・職員の所得は、上記の就業者構成からも国民経済の支柱であったと類推することができよう。[24]

第1-3表は、第二次世界大戦が勃発した一九三九年末時点の旧ドイツ＝ライヒ工業の就業者（Beschäftigte）数を、戦後の占領地域、そしてベルリンとオーダー＝ナイセ以東に分類して示したものである。ソ連占領地域については、さらに州別の内訳を施した。

第一の特徴は、ソ連占領地域の就業者数が旧ドイツ＝ライヒ全体（ベルリンとオーダー＝ナイセ以東を含む）の約四分の一を占めていたことである。イギリス占領地域の約四二三万人（二九％）に次ぐ約三六二万人（二五％）が当該地域で就業していた。

第二に、工業部門別に各占領地域の状況を見ると、鉱山、鉄鋼などの基礎原料・資材部門では、イギリス占領

第1-3表　1939年時点の旧ドイツ=ライヒにおける工業部門別の就業者数(12月31日時点)

［単位：人］

部門＼地域	アメリカ占領地域	イギリス占領地域	フランス占領地域(ザールラントを含む)	ソ連占領地域	内訳					ベルリン	オーダー=ナイセ以東	部門別合計
					メクレンブルク	ブランデンブルク	ザクセン=アンハルト	ザクセン	テューリンゲン			
水・ガス・電力	41,440	63,062	14,229	51,881	3,608	7,919	15,722	20,539	4,093	20,756	24,622	215,990
鉱　山	24,977	426,082	74,700	104,126	0	12,841	46,961	33,693	10,631	1,185	93,947	725,017
鉄　鋼	46,360	354,654	48,693	69,324	3,290	8,252	18,351	35,429	4,002	10,612	20,135	549,778
非鉄金属冶金	29,850	57,535	8,155	36,326	1,409	10,585	13,495	10,473	364	15,368	2,537	149,771
金属圧延加工	227,447	376,845	75,832	267,176	8,593	40,013	75,692	98,714	44,164	95,847	59,501	1,102,648
化　学	85,498	142,512	48,484	157,074	3,242	14,975	104,668	26,776	7,413	31,163	11,765	476,496
ゴム・アズベスト	18,088	37,435	1,907	12,671	169	1,392	3,528	5,422	2,160	6,510	1,378	77,989
機械・自動車	435,759	485,656	102,362	539,181	33,491	67,438	153,426	237,638	47,188	155,839	93,111	1,811,908
電機・電器	138,070	112,335	21,432	109,774	2,973	19,719	14,153	55,241	17,688	235,226	22,796	639,633
光学・精密機器	48,147	34,483	34,932	75,778	844	15,498	12,196	22,073	25,167	27,246	7,326	227,912
木　工	230,873	217,818	93,047	199,936	16,572	27,483	39,508	81,129	35,244	36,599	111,025	889,298
楽器・玩具	17,235	3,407	5,105	32,693	34	680	1,205	17,370	13,404	2,425	1,275	62,140
皮　革	57,550	34,729	19,566	33,134	2,279	3,554	6,542	14,131	6,628	7,608	11,049	163,636
紙・パルプ	51,753	62,610	24,718	102,488	1,084	4,456	15,096	70,012	11,840	21,204	31,909	294,682
印　刷	54,353	53,512	12,551	58,407	2,029	4,755	10,854	33,752	7,017	46,471	14,528	239,822
岩石・窯業	162,894	145,009	73,587	190,329	7,579	26,821	34,434	71,442	50,053	11,233	91,868	674,920
被　服	274,291	268,868	117,809	278,084	11,252	33,774	55,368	147,401	30,289	149,551	127,029	1,215,632
繊　維	201,413	321,197	103,324	512,827	3,770	33,230	27,808	394,572	53,447	34,773	105,442	1,278,976
食　品	366,191	413,304	139,575	351,963	25,280	42,029	115,025	129,841	39,788	93,260	175,283	1,539,576
建　設	493,271	616,615	215,079	440,473	38,368	64,266	121,139	159,275	57,425	173,987	278,223	2,217,648
地域別合計	3,005,460	4,227,668	1,235,087	3,623,645	165,866	439,680	885,171	1,664,923	468,005	1,176,863	1,284,749	14,553,472

資料：Länderrat des Amerikanischen Besatzungsgebiets (Hrsg.), *Statistisches Handbuch von Deutschland 1928-1944*, München 1949, S. 246-260.　工業部門については，戦後の統計との比較を考えて一部並べ替えた。

地域の割合の高さが際立っていた。しかし、他部門に目を向けると、ソ連占領地域にはイギリス占領地域と拮抗する就業規模の部門も少なくなく、アメリカ占領地域より就業者の多い部門は多数存在した。

少し詳しく見ると、ソ連占領地域が就業者数で他地域を凌駕している部門は、重化学工業部門では化学、機械・自動車、光学・精密機器、軽工業部門では楽器・玩具、紙・パルプ、印刷、岩石・窯業（ガラス・セラミック）、繊維であった。大戦後は、これにさらにベルリンの東側地区が加わることを考えると、ソ連占領地域の経済規模（就業者ベース）は、旧ドイツ＝ライヒ全体のなかでも決して小さくなかったことがわかる。(25)

第三に、ソ連占領地域に限定してみると、最初に目に留まるのは南北間の相違である。南のザクセンには、旧ドイツ＝ライヒ内で最も多くの就業者が集積しており、北西側ないし西側に隣接するザクセン＝アンハルトとテューリンゲンを合わせると、アメリカ占領地域にほぼ匹敵する規模の経済圏が存在していたことがわかる。他方で、北部のメクレンブルクはエルベ以東の歴史からも広く知られているように、沿岸部を除けば工業的に未開拓の農業地帯であった。その南側のブランデンブルクと合わせても、従業員数でソ連占領地域全体の約一七％の規模にすぎなかった。

繰り返しになるが、ザクセンの就業規模の大きさはソ連占領地域内でも際立っている。古くから立地している繊維（紡織）、被服、木工、楽器・玩具、紙・パルプなどの軽工業、そして機械・自動車、電機・電器と、それを下支えする鉄鋼、金属圧延加工の比重の高さが目立つ。

他方で、就業者数についてザクセンを超える部門は、ザクセン＝アンハルトの鉱山、非鉄金属冶金、化学といった原料部門、そしてテューリンゲンの光学・精密機器部門である。前者はハルツ山地東側の一帯に広がる非鉄金属鉱床や褐炭採掘、ロイナ、ブーナ、ビッターフェルト、ヴォルフェンといった化学工業の代表的工場（群）の立地と結びついていた。後者は、テューリンゲンの豊富な鉱産資源と木材を基盤とする冶金や窯業（鉄・非鉄金属、ガラス・セラミックも含む）、カール・ツァイス・イェーナやショットに代表される光学機器・精密機器・事務機器工業であり、それらはザクセンの電機・電器工業や光学・精密機器工業との強い結びつきを有していた。ブランデンブルクでは、金属圧延加工、機械・自動車の就業者の割合が高いものの、その他の部門については、テューリンゲンの規模に及んでいないものが多い。

以上の分析から、ソ連占領地域の工業は、第二次世界大戦前夜までに就業者数の規模において、イギリス占領地域やアメリカ占領地域に匹敵する、そして部分的にはそれらを超えるポテンシャルを有する地域となっていたことが確認できたといえよう。

(四) 戦前・戦中の工業生産

つぎに、各占領地域の工業生産の実績を第1-4表で比較してみよう。表からは、第一にザールラント復帰およびラインラント進駐直前、そしていわゆる「第二次四ヵ年計画」が始動した一九三六年から第二次世界大戦終了直前の四四年に至る約八年間に旧ドイツ=ライヒ工業(粗生産高)が全体で約一・五倍に成長したことがわかる。ナチス党政権誕生の一九三三年にさかのぼると約二・五倍の伸びが記録されている。

第二に、大戦開始以降は、消費財工業(紙・パルプ・印刷、皮革・被服、食品)の生産が落ち込むものの、鉱山・基礎原料部門や建設・投資財工業の増大がそれをカバーしていたことも読み取れる。とくに鉄・非鉄金属冶金は一九三九年の六〇億七八〇〇万ライヒスマルクから四四年には八〇億八八〇〇万ライヒスマルクに増加した(約一・三倍)。さらに前述のアウタルキー化の象徴であった化学・精製燃料でも七七億三四〇〇万ライヒスマルクから一〇八億一一〇〇億ライヒスマルクへと増加したことが確認できる(約一・四倍)。工業部門において最大の生産規模を有していた金属加工品では五六億二九〇〇万ライヒスマルクから二倍強の一一七億ライヒスマルクの生産増があった。このほか戦前からのドイツ工業の得意分野ともいえる機械・自動車、電機・電器、光学・精密機器の部門での生産増が図られたことも、この戦時期の特徴であった。それには、当時のアウタルキー戦略（鉄鋼、化学関連の原料および代替燃料の国産化）やそれを基盤とする軍備拡張が関与していた[26]。また、完全な自給自足ではなく、外国貿易（とりわけ資本財輸出）を奨励せざるを得なかったという当時の状況も、資本財の生産増にインセンティブを与える要因となっていた[27]。

この時系列の変化を地域別分類と照らし合わせると、以前から鉱山（石炭、鉄鉱石）、鉄鋼・非鉄金属、化学工業の生産が盛んであった西側占領地域の伸びとならんで、ソ連占領地域の工業の成長が際立っている。とくに鉄鋼・非鉄金属加工、機械・自動車（造船、航空機を含む）、電機・電器、光学・精密機器の生産増が顕著であった。また、戦時経済の重要産業であった化学工業は、一九三三年から四四年までの一一年間では約三・六倍、三六年から四四年までの九年間では約二・一倍という生産高の伸びを示した[28]。

この状況は、「空爆からも地上戦においても比較的安全とみられた、ハノーファー、マクデブルクそしてハレを結ぶ中央ドイツの一帯に生産立地が移された[29]」ことに関連していたといえよう。ハノーファーとマクデブルクを結ぶ線上にあったザルツギッター（戦後はイギリス占領地域）には鉄鉱石鉱床があり、その資源に立脚する形で帝国鉱山製鉄株式会社「ヘルマン・ゲーリング」（Reichwerke AG für Erzbergbau und Eisenhütten "Hermann Göring"）が設立されたことはその現われであった（一九三七年[30]）。

また、メクレンブルクのロストックや同市近郊（リブニッツ）などの沿岸部では、ハインケル（Heinkel）、アラドー（Arado）、バッハマン（Bachmann）の航空機・航空部品製造工場群の生産設備が増強されたり、陸軍主導でペーネミュンデに単段式弾道ミサイル（のちに報復兵器 Vergeltungswaffe 1 und 2 ＝Ｖ1およびＶ2の名称で知られるようになる）の開発・実験場が建設されたりした。より内陸のブランデンブルクには、機械部品工場や弾薬工場が建設されたことも軍事増強の観点から注目される。このほか、飛行機関連では、ザクセン＝アンハルトのデッサウに本社を置いたユンカース（Junkers）が、一九三五〜三六年以降、北はマクデブルクから、シュタースフルト、ハレ、メルゼ

の部門・地域別の推移(1933-44年)　［単位：百万ライヒスマルク］

部門・地域別[1]	1933年		1936年		1939年		1944年	
	粗生産高	1936年=100.0	粗生産高	1936年=100.0	粗生産高	1936年=100.0	粗生産高	1936年=100.0
8. 光学・精密機器								
a) オーダー=ナイセ以東	5	71.4	7	100.0	16	228.6	12	171.4
b) ソ連占領地域	72	47.7	151	100.0	209	138.4	492	325.8
c) ベルリン	23	25.0	92	100.0	115	125.0	131	142.4
d) 西側占領地域	139	57.7	241	100.0	282	117.0	535	222.0
小　計	239	48.7	491	100.0	622	126.7	1,170	238.3
9. 建　設								
a) オーダー=ナイセ以東	342	40.4	847	100.0	434	51.2	242	28.6
b) ソ連占領地域	403	26.3	1,533	100.0	999	65.2	594	38.7
c) ベルリン	113	39.2	288	100.0	396	137.5	235	81.6
d) 西側占領地域	907	25.2	3,597	100.0	2,996	83.3	1,627	45.2
小　計	1,765	28.2	6,265	100.0	4,825	77.0	2,698	43.1
10. 製材・木工								
a) オーダー=ナイセ以東	205	90.3	227	100.0	261	115.0	342	150.7
b) ソ連占領地域	254	51.9	489	100.0	709	145.0	880	180.0
c) ベルリン	45	39.8	113	100.0	130	115.0	84	74.3
d) 西側占領地域	694	56.7	1,223	100.0	1,917	156.7	1,681	137.4
小　計	1,198	58.4	2,052	100.0	3,017	147.0	2,987	145.6
11. 紙・パルプ・印刷								
a) オーダー=ナイセ以東	221	85.0	260	100.0	319	122.7	286	110.0
b) ソ連占領地域	636	77.5	821	100.0	1,052	128.1	827	100.7
c) ベルリン	295	75.1	393	100.0	435	110.7	231	58.8
d) 西側占領地域	1,103	78.4	1,406	100.0	1,565	111.3	1,338	95.2
小　計	2,255	78.3	2,880	100.0	3,371	117.0	2,682	93.1
12. 繊維(紡織)								
a) オーダー=ナイセ以東	345	82.7	417	100.0	462	110.8	453	108.6
b) ソ連占領地域	2,303	96.0	2,398	100.0	2,626	109.5	2,436	101.6
c) ベルリン	71	69.6	102	100.0	178	174.5	56	54.9
d) 西側占領地域	2,752	75.1	3,664	100.0	3,078	84.0	2,803	76.5
小　計	5,471	83.1	6,581	100.0	6,344	96.4	5,748	87.3
13. 皮革・被服								
a) オーダー=ナイセ以東	145	70.7	205	100.0	292	142.4	218	106.3
b) ソ連占領地域	442	74.5	593	100.0	889	149.9	789	133.1
c) ベルリン	324	50.2	646	100.0	741	114.7	369	57.1
d) 西側占領地域	1,203	71.7	1,677	100.0	1,895	113.0	1,923	114.7
小　計	2,114	67.7	3,121	100.0	3,817	122.3	3,299	105.7
14. 食　品								
a) オーダー=ナイセ以東	578	81.4	710	100.0	1,055	148.6	992	139.7
b) ソ連占領地域	1,832	88.2	2,078	100.0	3,063	147.4	2,511	120.8
c) ベルリン	466	68.9	676	100.0	811	120.0	515	76.2
d) 西側占領地域	4,887	83.6	5,845	100.0	7,939	135.8	7,098	121.4
小　計	7,763	83.4	9,309	100.0	12,868	138.2	11,116	119.4
工 業 全 体	37,423	61.0	61,393	100.0	78,953	128.6	95,045	154.8

領地域は米英仏のそれをさす。
des ungeteilten Deutschland, Berlin(W) 1956, S. 170-173.　この資料の表を再加工した。

第1-4表　旧ドイツ=ライヒにおける工業生産

部門・地域別[1)]	1933年		1936年		1939年		1944年	
	粗生産高	1936年=100.0	粗生産高	1936年=100.0	粗生産高	1936年=100.0	粗生産高	1936年=100.0
1. 鉱　山								
a) オーダー=ナイセ以東	270	72.0	375	100.0	466	124.3	509	135.7
b) ソ連占領地域	599	83.2	720	100.0	909	126.3	1,037	144.0
c) ベルリン	0	0.0	0	0.0	0	0.0	0	0.0
d) 西側占領地域	1,887	74.4	2,536	100.0	3,132	123.5	2,819	111.2
小　計	2,756	75.9	3,631	100.0	4,507	124.1	4,365	120.2
2. 鉄・非鉄金属冶金								
a) オーダー=ナイセ以東	73	55.7	131	100.0	176	134.4	298	227.5
b) ソ連占領地域	254	31.4	810	100.0	918	113.3	1,259	155.4
c) ベルリン	27	16.4	165	100.0	225	136.4	238	144.2
d) 西側占領地域	2,063	50.4	4,092	100.0	4,759	116.3	6,293	153.8
小　計	2,417	46.5	5,198	100.0	6,078	116.9	8,088	155.6
3. 土石・窯業								
a) オーダー=ナイセ以東	167	62.5	267	100.0	269	100.7	250	93.6
b) ソ連占領地域	408	63.1	647	100.0	681	105.3	682	105.4
c) ベルリン	18	40.9	44	100.0	40	90.9	42	95.5
d) 西側占領地域	772	54.9	1,405	100.0	1,368	97.4	1,315	93.6
小　計	1,365	57.8	2,363	100.0	2,358	99.8	2,289	96.9
4. 化学・精製燃料								
a) オーダー=ナイセ以東	54	66.7	81	100.0	116	143.2	1,016	1254.3
b) ソ連占領地域	801	57.8	1,386	100.0	2,390	172.4	2,928	211.3
c) ベルリン	219	66.8	328	100.0	534	162.8	388	118.3
d) 西側占領地域	2,006	57.9	3,467	100.0	4,694	135.4	6,479	186.9
小　計	3,080	58.5	5,262	100.0	7,734	147.0	10,811	205.5
5. 金属加工品								
a) オーダー=ナイセ以東	78	86.7	90	100.0	214	237.8	306	340.0
b) ソ連占領地域	603	62.7	962	100.0	1,480	153.8	2,675	278.1
c) ベルリン	150	58.8	255	100.0	484	189.8	448	175.7
d) 西側占領地域	1,801	59.6	3,021	100.0	3,451	114.2	8,270	273.8
小　計	2,632	60.8	4,328	100.0	5,629	130.1	11,699	270.3
6. 機械・自動車(造船，航空機を含む)								
a) オーダー=ナイセ以東	104	48.6	214	100.0	466	217.8	1,339	625.7
b) ソ連占領地域	842	37.9	2,223	100.0	4,296	193.3	7,379	331.9
c) ベルリン	249	31.1	801	100.0	1,243	155.2	2,302	287.4
d) 西側占領地域	2,044	45.2	4,518	100.0	8,123	179.8	12,472	276.1
小　計	3,239	41.8	7,756	100.0	14,128	182.2	23,492	302.9
7. 電機・電器								
a) オーダー=ナイセ以東	14	53.8	26	100.0	95	365.4	313	1203.8
b) ソ連占領地域	175	67.8	258	100.0	632	245.0	836	324.0
c) ベルリン	371	35.6	1,043	100.0	1,360	130.4	1,457	139.7
d) 西側占領地域	569	68.6	829	100.0	1,568	189.1	1,995	240.7
小　計	1,129	52.4	2,156	100.0	3,655	169.5	4,601	213.4

1) 地域は第二次世界大戦後の占領地域とオーダー=ナイセ以東の旧ドイツ=ライヒ領で分類した。西側占

資料：Gleitze, Bruno *Ostdeutsche Wirtschaft: Industrielle Standorte und volkswirtschaftliche Kapazitäten*

ブルク周辺、西はミッテルバウ＝ドーラ強制収容所があったノルトハウゼン地域、さらに南東のツィッタウに工場群を拡張した[31]。

化学では、ザクセン＝アンハルトにおける褐炭ベースの人造燃料(車両用、航空機用を含む)の増産に向けて、ロイナ(一九二七年)、ビョーレン(一九三六年：ライプツィッヒから南へ約一五キロメートル)、マクデブルク(一九三六年)、ツァイツ(一九三八年：ライプツィッヒ南方)、リュッツケンドルフ(一九四〇年：ロイナ、メルゼブルク近郊)に、タイヤ用の合成ゴムの生産拡大に向けて、シュコパウ(一九三六年)、ブーナ(一九三六年)、ルートヴィッヒスハーフェン(一九四一年：ポツダム近郊)に新たな製造工場が築かれていった[32]。

さらに、鉄鉱石はオーストリア、マンガン鉱石、硫黄鉱石、木材はチェコスロヴァキア、石炭、亜鉛、硫黄鉱石はポーランド、硫黄鉱石と銅はノルウェー、木材はフィンランド、石油はハンガリーおよびソ連から輸入し、鉄鋼生産、非鉄金属冶金・加工、紙・パルプ生産、建材生産に使用されていた。アルミニウムはナチス統治下にあったハンガリー、ユーゴスラヴィア、ギリシアで産出されるボーキサイトを用いて、マグネシウムは、マクデブルク南方のシュタースフルトで採掘される苦灰石の電気分解によって生産されていた。また、石油はハンガリー、ソ連から輸入し精製・加工していた。鉄鋼原料や石炭については、フランスやベネルクス諸国からの輸入にも依存していた。

これらの輸入原料を用いた生産のうち、製鉄・製鋼の拠点ではテューリンゲンのマクシミリアン製鉄所を筆頭に、主として平炉(シーメンス＝マルチン炉)を利用した製鋼ならびに圧延・成型加工が行われていた。その他の製鉄・製鋼所は、つぎの三つの工業地帯のなかにあった。第一は、ハルツ山地から東方のマンスフェルト、ヘットシュテットに至る一帯の製鋼・圧延工場(ザクセン＝アンハルト)であり、第二は、ブランデンブルク・アン・デア・ハーフェルからベルリン北部のヘニッヒスドルフ、オラニエンブルクにかけて立地していた製鋼・圧延工場(機械ならびに輸送機、兵器製造に深く関与)であった。第三は、ザクセンのドレスデン、ケムニッツ、ツヴィッカウの機械工業（電機、光学・精密機器、繊維機械、自動車など）を囲むように立地していたラオホハンマー、グレーディッツ、フライタール、リーサの製鋼・圧延工場であった[33]。

兵器製造の重要資材であるアルミニウム生産の拠点は、褐炭燃料と豊富な電力供給源を有するブランデンブルクの中核都市であるコトブス近郊のラウタ、ならびにザクセン=アンハルトのハレ、ビッターフェルトであった。輸入ボーキサイトや加工済みのアルミナを、ザクセン・ピルナ近郊にあるドーナのフッ素工場で製造される氷晶石と結合してアルミニウム生産が行われていた[34]。

この「比較的安全」な地域を含むソ連占領地域のみならず、一九三七～四〇年にかけて「失地回復」によって獲得し、独ソ不可侵条約によってソ連の脅威から守られたオーダー=ナイセ以東は、急激に工業生産高を伸ばしていた。前掲第1-4表からは、一九三六年から三九年までに、とくに鉱山（とくに石炭）、鉄・非鉄金属冶金、化学（とくに燃料精製）、金属加工品（各種圧延製品）、機械・自動車（とくに農業機械、機関車など）、電機・電器の増産に向け、オーダー=ナイセ以東の工業に、それぞれの部門を補完する役割が与えられたことを、それらの伸び幅（一九三六年=一〇〇）から読み取ることができよう[35]。

一九三九年から四四年へと大戦の開始から敗戦へと移っていく過程で、ソ連占領地域の化学、機械・自動車、電機・電器といった資本財部門（軍需）の生産は、旧ドイツ=ライヒ全体での比重=意義を高めていた。その一方で、軽工業全般の生産にはそのような兆候はなく、むしろ停滞的であった。

（五）　戦前における東西間の分業体制

つぎにやや視点を変えて、大戦後の東西分断の影響を考察するために、東西の占領地域が、戦前期においてどのような分業関係にあったのかを確認しておこう。

第1-5表　旧ドイツ=ライヒ内の商品移動と輸出入（1936年時点）

［単位：億ライヒスマルク］

供給側＼受取側	オーダー=ナイセ以東	戦後のソ連占領地域	ベルリン	戦後の西側占領地域	国内移出小計	(%)	輸出	(%)
(A)+(B)								
オーダー=ナイセ以東	—	7	4	6	17	(14.3)	2	(4.2)
戦後のソ連占領地域	6	—	9	27	42	(35.3)	11	(22.9)
ベルリン	3	7	—	8	18	(15.1)	3	(6.3)
戦後の西側占領地域	7	27	8	—	42	(35.3)	32	(66.7)
国内移入小計	16	41	21	41	119	(100.0)	48	(100.0)
輸入	4	7	4	27	42			
(%)	(9.5)	(16.7)	(9.5)	(64.3)	(100.0)			
(A) 農産物・食品								
オーダー=ナイセ以東	—	2	2	3	7	(31.8)	—	
戦後のソ連占領地域	1	—	3	5	9	(40.9)	1	(100.0)
ベルリン	—	1	—	1	2	(9.1)	—	
戦後の西側占領地域	—	2	2	—	4	(18.2)	—	
小計	1	5	7	9	22	(100.0)	1	(100.0)
輸入(国外)	2	3	2	9	16			
(%)	(12.5)	(18.8)	(12.5)	(56.3)	(100.0)			
(B) 工業製品								
オーダー=ナイセ以東	—	5	2	3	10	(10.3)	2	(4.3)
戦後のソ連占領地域	5	—	6	22	33	(34.0)	10	(21.3)
ベルリン	3	6	—	7	16	(16.5)	3	(6.4)
戦後の西側占領地域	7	25	6	—	38	(39.2)	32	(68.1)
国内移入小計	15	36	14	32	97	(100.0)	47	(100.0)
輸入	2	4	2	18	26			
(%)	(7.7)	(15.4)	(7.7)	(69.2)	(100.0)			

資料：Gleitze, Bruno, *Ostdeutsche Wirtschaft: Industrielle Standorte und volkswirtschaftliche Kapazitäten des ungeteilten Deutschland*, Berlin(W) 1956, S. 168.　この資料の表を再加工した。百分比については，小数第二位を四捨五入したため若干のズレがある箇所がある。

第1-5表は、ナチス党政権下の軍事力増強や、領土拡大が本格化する直前の一九三六年時点の旧ドイツ=ライヒ内における地域間商品交換（移入、移出あるいは移出入と表現する）と諸外国との輸出入関係についてまとめたものである。

この表から、まずは旧ドイツ=ライヒ内部の移出入において、ソ連占領地域も西側占領地域も、相互の供給額では同等の規模を有していたことがわかる（国内移出小計参照）。ただし、その内訳からは両者の違いが見えてくる。農産物・食品について、ソ連占領地域からの移出総額は九億ライヒスマルク（全体の四〇・九%）で、その半分以上が西側占領地域向けの取引であった。それに対して、西側占領地域からの農産物・食品の移出はソ連占領地域とベルリン向けであり、規模は四億ライヒスマルク（一八・二％）にすぎなかった。

他方で、工業製品については、ソ連占領地域からの供給総額が三三億ライヒスマルク（工業製品供給全体の三四・〇％）であり、そのうちの二二億ライヒスマルク（約六七％）は西側占領地域向けであった。反対に西側占領地域からの供給総額は三八億ライヒスマルク（三九・二％）であり、そのうち二五億ライヒスマルク（約六六％）がソ連占領地域に供給されていた。いずれの側にとっても工業製品の供給は双方の取引の重要な柱となっていたといえよう。

つぎに対外輸出入に目を転じると、両地域の違いが見えてくる。第1-5表によれば、西側占領地域は、工業製品の対外輸出が他地域に比べ突出して大きく、旧ドイツ＝ライヒの貿易の要になっていたことがわかる（三二億ライヒスマルク＝六八・一％）。一九二九年から四〇年の世界の輸出入に占める旧ドイツ＝ライヒのシェアは、アメリカとイギリスに次ぐ地位にあり、西部地域が国民所得の増大や国際競争に果たした役割は極めて大きかった。

輸入についても二七億ライヒスマルクと全体の六四・三％を占め、その内訳は、農産物・食品が九億ライヒスマルク（国内の他地域から調達している農産物・食品の総額に等しい。同製品の輸入全体の五六・三％）、工業製品が一八億ライヒスマルク（同製品の輸入全体の六九・二％）であった。

対照的に、ソ連占領地域における工業製品の対外輸出は工業製品が一〇億ライヒスマルク、農産物・食品が一億ライヒスマルクであり、合計しても西側占領地域の三分の一程度にとどまっていた。輸入については、工業製品が四億ライヒスマルク、農産物・食品が三億ライヒスマルクで、合計しても西側占領地域の四分の一強であった。そのことも踏まえて同地域の国内向けの商品交換の移出入額と輸出入額とを比較すると、明らかに国内取引に重点があったこと、なかでも西側占領地域との工業製品の取引が重要だったことを確認できる。

では、具体的にはどのような工業製品が東西間、あるいは諸外国との貿易で取引されていたのだろう。その手がかりは、それぞれの地域の工業生産高の比較に見ることができる。ソ連占領地域は天然資源、とりわけ石炭や鉄鉱石、非鉄金属鉱石に乏しい地域であり、それらの供給を西側占領地域やオーダー＝ナイセ以東の鉱山・冶金工業（ルールとシュレージエン）に依存してきた。[36] また、西側の金属加工業（鉄・非鉄金属部材、部品から一部の工作機械に至るまで）からの投資財の移入も、ソ連占領地域の化学工業や機械工業の成長に強く作用した。[37]

第1－6表（一九三六年）からは、ソ連占領地域が褐炭を除く化石燃料（石油、石炭）や鉄鉱石、非鉄金属鉱石に乏しい地域だったこと、銑鉄・鉄鋼の生産が西部のそれに圧倒されていたことが確認できる。また、化学製品については合成樹脂、軽化学製品、建材、鉄鋼加工品、電機、自動車等の乗り物について、西側の比重が高かったことがわかる。

ソ連占領地域の対西側の就業人口比率（ベルリン、オーダー＝ナイセ以東を除く）が、おおむね四三％であったことを考慮すると、ソ連占領地域の部門別生産高の割合が四割以上を超えている場合には、ほぼ西側に匹敵する実績を

第1-6表　東西間の工業総生産高の部門別構成比（1936年）

［単位：％］

製　　品	戦後のソ連占領地域	戦後の西側占領地域
石　油[1)]	0.02	99.98
銑　鉄（44年）	1.6	98.4
石　炭	2.3	97.7
鉛・錫	3.9	96.1
鉄鉱石	5.1	94.9
鉄　鋼（44年）	6.5	93.5
ゴム・アズベスト	17.1	82.9
鋳　物	21.6	78.4
農業機械	22.2	77.8
鉄・鉄鋼製品	23.4	76.6
化学製品[2)]	24.0	76.0
皮　革	24.5	75.5
電　機	25.4	74.6
セメント・煉瓦	26.2	73.8
乗り物[3)]	27.5	72.5
工作機械	31.1	68.9
非鉄金属	31.5	68.5
食　品（嗜好品も含む）	31.9	68.1
精密機器・光学機器	33.1	66.9
電　力（公的発電所：44年）	34.8	65.2
プラスチック（合成素材）	35.9	64.1
印刷・紙・パルプ	37.1	62.9
繊　維	37.2	62.8
作業機	37.9	62.1
セラミック・ガラス	38.1	61.9
燃　料	40.1	59.9
化学肥料（44年）	44.3	55.7
被　服	44.9	55.1
事務機器（44年）	46.2	53.8
繊維工業向け機械	54.3	45.7
岩塩・カリ塩	59.7	40.3
褐　炭	64.1	35.9
銅	92.8	7.2
ストッキング・靴下（44年）	94.6	5.4

注：戦後の東ドイツ，西ドイツの領域に換算したデータである。
1) この項目のみ小数第二位まで表示した。それ以外は，小数第二位で四捨五入。
2) 洗剤，サニタリー製品，染料，塗料，薬品，写真など。
3) 自動車，造船，航空機。
資料：Barthel, Horst *Die wirtschaftlichen Ausgangsbedingungen der DDR: Zur Wirtschafts-entwicklung auf dem Gebiet der DDR 1945–1949/50*, Berlin 1979, S. 182–185. ほかに Matschke, Werner, *Die industrielle Entwicklung in der Sowjetischen Besatzungszone Deutschlands (SBZ) von 1945 bis 1948*, Berlin（W）1988, S. 61; Mühlfriedel, Wolfgang/Wießner, Klaus, *Die Geschichte der Industrie der DDR bis 1965*, Berlin 1989, S. 21; Staritz, Dietrich, *Die Gründung der DDR*, 3., überarbeitete und erweiterte Neuauflage, München 1995, S. 47–49 などで補正。

あげていたことが推測されよう。そうした部門としては、燃料（石油・褐炭精製）、化学肥料、被服などがあり、旧ドイツ＝ライヒ全体の四〇％以上に達していた。ハルツ山地のカリ鉱山、ザクセン＝アンハルトからブランデンブルク南部、ザクセン北西部に広がる褐炭鉱床、マンスフェルトの銅鉱石は全体の五〇％を超え、ザクセンに集中していた繊維工業（とくにストッキング・靴下）の西側に対する優位は際立っていた。なお、四〇％未満であっても電力（褐炭ベース）、プラスチック、工作機械、精密機器・光学機器、作業機、繊維などは、一九三六年当時においても、ソ連占領地域の工業の重要な部門であった。[38]

以上で見てきた東西両地域間の生産構造の違いは、双方の依存関係の基礎となっていた。そして、それは先の第1-5表で見てきた国内の移出入関係や、それぞれの地域の輸出入関係の特色を形作っていたものと考えられよう。

さて、ここまでは、戦後のソ連占領地域の戦前・戦中期における経済状況を、人口・労働力、その吸収先としての工業の構造、その生産実績、相互交易の特色といった観点から整理してきた。次節では、冒頭で示唆した戦後のソ連による対ドイツ政策がソ連占領地域の経済に与えた影響について見ていくことにしよう。それは、ナチス・ドイツの無条件降伏から四年後に建国される東ドイツの経済復興の諸条件を確認する作業でもある。

第二節　ソ連占領下の賠償と経営再編

（一）　戦争による工業生産力の破壊と戦後賠償

ソ連占領地域＝東ドイツの復興への第一歩は、破壊された工業生産力の再建であった。戦争による生産設備の

第1-7表　ソ連占領地域における工業設備の破壊の規模

［単位：%］

工業部門または製品	推計1（F.ルップの研究：1953年）[1]	推計2（ドイツ社会民主党：1953年）[2]	推計3（M.メルツァーの研究：1980年）[3]
冶　金（高炉，圧延工場）	10	—	10
機械，重機	24	25	8
乗り物	21	20	20
電機・電子	20	20	20
精密・光学機器	15	15	15
化学原料	5	5	25
薬　品	—	—	35
合成繊維	5	5	25
ゴム・タイヤ	—	10	—
セメント	10	10	10
石　灰	5	5	5
ガラス・セラミック	15	15	15
木材・木工	20	20	20
紡　績	10	10	10
織　布	10	—	—
皮　革	8	5	10
製　靴	5	5	5
タバコ製品	10	—	—
紙・パルプ	15	15	7

1）Rupp, Franz, Reparationsleistungen der Sowjetischen Besatzungszone Deutschlands, in: *Bonner Berichte aus Mittel- und Ostdeutschland*, Bonn 1953.
2）Vorstand der Sozialdemokratischen Partei Deutschland（Hrsg.）, Die Reparationen in der Sowjetzone von 1945 bis 1952, in: *Sopade-Informationsdienst*, Denkschriften 51, Bonn 1953.
3）Melzer, Manfred, Anlagevermögen, Produktion und Beschäftigung der Industrie im Gebiet der DDR von 1936 bis 1978 sowie Schäztung des künftigen Angebotspotentials, in: Deutsches Institut für Wirtschaftsforschung（Hrsg.）, *Beiträge zur Strukturforschung*, Heft 59, Berlin（W）1980.
資料：Matschke, Werner, *Die industrielle Entwicklung in der Sowjetischen Besatzungszone Deutschlands (SBZ) von 1945 bis 1948*, Berlin（W）1988, S. 301.

破壊規模については、これまでさまざまな推計がなされてきたが、それぞれの分析結果に大きな隔たりがあった。ソ連占領地域の被害の大きさが西ドイツのそれよりも大きかったことが、東ドイツの復興の障害になっていたことを強調する見解と、そうではなかったとする見解が対立していたのである。現在の共通認識の土台となっているのは、第1-7表に示した推計である。それによれば、素材型工業では五%から一〇%、機械工業などでは一五%から二五%、消費財工業では一〇%から一五%が戦時中に破壊されたといわれている。ソ連占領地域の成立以前に工業生産設備の大半（約四〇％）は戦争によって失われていた、とする東ドイツの公式見解は、体制転換を目前に控えた一九八〇年代半ばから東ドイツの歴史家によっても修正され、おおむね上記の数字に一致する結果が出されている。

この戦争破壊をめぐる議論は、その副産物として東ドイツの戦後復興のスタート条件の考察に新たな分析の論点を与えた。対ソ賠償の規模とその影響をめぐる問題がそれであった。賠償のネガティブな影響を強調することは、ソ連占領下で影響力を強めようとしていたＳＥＤにおいてはタブー視されていたため、この問題は東ドイツにおいて長らくベールに包まれたままであった。

一九四五年二月のヤルタ会談時点でのソ連の賠償要求額（全ドイツに対して）は、一〇〇億～一一八億ドルであった[39]。そのうち、五〇％は一度の接収によって、残りは一〇年間に一〇億ドルずつ現物で徴収（対価なしの輸入）するという案であった。戦前のレート換算で三五〇億～四一三億ライヒスマルクにも及ぶ莫大な金額であったと考えられている[40]。

実際の賠償は、おおむねつぎのような方法と規模で、一九四五年から五三年にかけて進められた。戦後賠償の範疇には、①占領経費（のちに駐留経費）[41]、②戦利品等の略奪・徴発、③デモンタージュ、④経常生産からの供給、⑤ヴィスムート・ウラン鉱山株式会社からの現物供出、⑥ソビエト株式会社（詳しくは後述）の利益の納入ならびにソビエト商事会社（Sowjetische Handelsgesellschaft）[42]の売り上げ、⑦貿易上の損失[43]が入る。バール、カールシュ、マチュケの研究によると、同期間の賠償総額は約五四〇億ライヒスマルク（第1-8表）であった、と推計されている[44]。それぞれの項目を概観しておこう。その際、一九四九年の東ドイツ建国を境に廃止されたものもあるし、また個々の項目の位置づけが変化したものがあったことにも留意されたい。

第一の賠償項目は、ソ連占領軍の駐留に伴って発生する物資や役務の調達のためにドイツが負担した諸経費、すなわち「占領経費」（一九五八年以降は駐留経費）である。ハーグ陸戦条約第三款第五二～五六条で規定された「敵国の領土における軍の権力」は、第二次世界大戦後のドイツの占領においても、その基礎となったといわれて

第1-8表　対ソ賠償全体の構成

	占領(駐留)経費	戦利品等の略奪・徴発[1]	デモンタージュ(工場解体・撤去・移送)	経常生産からの供出[2]	ウラン供給[3]	ソビエト株式会社[4]	貿易上の損失[5]	各年の合計
1945年	500	1,000	2,000	100	—	—	—	2,100
1946年	1,500	2,500	3,000	1,000	96	500	100	4,696
1947年	2,000	2,500	1,000	1,500	413	600	100	3,613
1948年	2,200	—	100	1,580	647	500	100	2,927
中間集計	6,200 24.3%	6,000 23.5%	6,100 23.9%	4,180 16.4%	1,156 4.5%	1,600 6.3%	300 1.2%	25,536 100.0%
1949年	2,182	—	—	1,690	763	500	100	3,053
1950年	2,121	—	—	2,080	1,081	500	200	3,861
1951年	2,100	600	—	1,170	1,594	400	200	3,364
1952年	2,094	600	—	1,111	1,434	250	200	2,995
1953年	2,099	550	—	1,150	1,275	250	100	2,775
期間全体の合計(1945-53年)	16,796 31.1%	7,750 14.4%	6,100 11.3%	11,381 21.1%	7,303 13.5%	3,500 6.5%	1,100 2.0%	53,930 100.0%

注：数値データの単位は，百万ライヒスマルクまたは百万マルク(東)：時価。

1) 1945年：ソ連軍がベルリンに進撃する過程での略奪(推計)，46-47年：進駐後に没収した公共物や私財(装飾品，美術品，紙幣・コインなど)，51-53年：ソビエト株式会社の東ドイツ政府による買い戻し(ソ連から返還された際の支払い)。

2) 現物供出に伴う，その他の経費を含む。また，価格上昇分は概算に加味されている。

3) ソビエト株式会社の一つとして設立されたヴィスムート・ウラン鉱山株式会社については，その後ソビエト=ドイツ株式会社として非公式の「賠償」として活動し，ソ連へのウラン供給を行った。

4) ソビエト株式会社の利益・賃貸収入ならびにソビエト商事会社の売り上げからのソ連国庫への納付金。

5) 木材，屑鉄，褐炭などの強制輸出(対西側)，対西側輸出による外貨収入のソ連による回収と，占領地域へのマルクでの支払い，対ソ輸出品の価格引き下げ。

資料：Baar, Lothar/Karlsch, Rainer/Matschke, Werner, Kriegsschäden, Demontagen und Reparationen, in: Der Deutsche Bundestag (Hrsg.), *Materialien der Enquete-Kommission "Aufarbeitung von Geschichte und Folgen der SED-Diktatur in Deutschland" (12. Wahlperiode des Deutschen Bundestages) Band V/2: Deutschlandpolitik, innerdeutsche Beziehungen und internationale Rahmenbedingungen*, Baden-Baden 1995, S. 959-960. なお，本表の作成にあたっては，元表の項目の順番を並べ替え，また項目名も内容に即して表記し直した。

いる。[45]

主要な経費項目は、占領軍の部隊や施設が必要とする物資やサービスに関する経費（建設費、各種購入費）や労働報酬などで、それらはドイツ側が負担した。そうした負担経費に含まれないものとしては、①法令にもとづかない現品供給やサービスに対する報酬、②土地や部屋に関する経費ならびにソ連側の軍政に関わる役所や部隊から要求のあった建物、工場、作業所、設備の維持、保守・点検、③訓練中の人身事故、労働災害などの保障費用、④ソ連の秘密警察が逮捕した政治犯に関連する費用、⑤兵士の墓標の設置費用、⑥占領軍の軍用車の修理費用などがあった。[46]

ソ連占領地域では、当初は同地域内のドイツ側の暫定政府や自治体が、のちに東ドイツ政府がこの占領経費を一九五八年まで負担した。東ドイツのワルシャワ条約加盟は一九五五年であったが、その後も負担が継続していたことになる。ソ連軍の駐留経費の負担がソ連政府との交渉によって決まるようになったのは、五九年以降であった。ちなみに、西ドイツでは、五一年に占領経費が「防衛負担金」と名称が変わったが、実際に占領負担が終了したのは、五四年九月にロンドン九ヵ国会議で西ドイツのＮＡＴＯ（北大西洋条約機構）加盟が承認され、同年一〇月にパリ協定が締結されたのちであった（ドイツ連邦議会の批准は五五年二月、同年五月発効した）。

第二の賠償項目は、「戦利品の略奪・徴発」である。その対象となったのは、工場の原材料、機械、設備といった物財や、関連する研究施設で使用・保管されていた試作品、研究データや研究・実験資料、各種設計図、実験用の機械などであった。大戦末期から占領開始初期（一九四五年）に至るまでは、賠償というよりは、文字通りの「略奪」も含まれていた。そのため、その規模と金額については推計値しか残されていない。この略奪・徴発のなかには、占領地域が確定する一九四五年七月より前に、のちのソ連占領地域内（とくにテューリンゲン、ザクセン）においてアメリカ軍やイギリス軍によって行われたものも含まれる。代表的なものとしては、カール・ツァイス・イェーナ、ベルリンからテューリンゲンのヴァイダやロンネブルクなどに移設されたドイツ帝国物理工学研究所（原子爆弾開発にも関連）の支所、ザクセン＝アンハルトのＩＧファルベン傘下の工場群などから、物資や研究・開発資料の徴発が行われた。

その一方で、ソ連軍は、ドイツの無条件降伏以前からオストプロイセン、オーダー＝ナイセ以東、シュレージエン、そしてブランデンブルク、ベルリンに進軍する過程で、戦利品（軍需品等）のみならず、一般市民の財産（金・銀、ラジオ、家具、乗用車、自転車、洋服、時計など）の略奪を行ってきた。それは占領地域の確定以後もしばらくの間続いたため、占領地域のドイツ共産党（Die Kommunistische Partei Deutschlands：以下、ＫＰＤ）やドイツ社会民主党（Die Sozialdemokratische Partei Deutschlands：以下、ＳＰＤ）からＳＭＡＤ総司令官のГ・ジューコフに略奪の禁止を訴える声があがった。[47] 一九四五年末までに対価なしの押収の禁止命令が何度も出されたが、犯罪行為はしばらくの間やむことはなかった。[48]

その後、そうした無秩序な行為は禁止されたものの、占領軍の統制下で戦利品の徴発が組織的に行われるようになった。武器・弾薬、原燃料、機械、船舶、工芸品、美術品などは、戦利品管理局（Trophäenverwaltung）の指令にもとづき戦利品集積場（Trophäenlager）に一旦押収・保管され、後述する工場のデモンタージュと同様にソ連本国に移送された。

東ドイツ建国の一九四九年以降は、後述するソビエト株式会社の有償返還に伴って発生した買い戻し金額（ソ連側の受取金額）が、表中の「戦利品等の略奪・徴発」の項目に集計されている。[49]

第三の項目は、デモンタージュ（Demontage：工場解体・撤去・移送）である。終戦から一九四八年（建国の前年）までドイツの脱ナチ化・脱軍事大国化を目的として行われたデモンタージュは、鉱工業の生産活動に直接的な影響を与える物的賠償措置であった。それが終了した四八年までに約六一億ライヒスマルクに相当する工場の建物・設備・機械、在庫が撤去され、ソ連各地に移送された。その影響については、のちに詳しく分析することにする。

一九四九年以降については、第四の賠償項目である経常生産からの供給（Lieferungen aus der laufenden Produktion：

以下では意訳して現物供出とする）が、ソ連軍の占領経費とならんで、ソ連占領地域の大きな負担になっていたことがわかる。この現物供出による賠償方式については、ヤルタ会談ではイギリスが反対し、ポツダム会談では西側連合三ヵ国によって全面的に拒否されたが、ソ連は母国の戦争破壊の規模の大きさを理由に、上記のデモンタージュとならぶ独自の賠償要請を占領地域のドイツ側窓口であったSEDに行った。一九四七年一月にソ連を訪問したSED代表団に対して、スターリンは「七〇〇〇万人のドイツ人は、世界史から抹殺されてはならない。……ドイツのプロレタリアートは、以前と同様により良き生活を送らねばならない」と述べ、賠償の取り下げを期待させた。[50]たしかに、四八年までに懲罰的に行われたといわれるデモンタージュは姿を消したものの、それに代わって、上記の現物供出が継続され、また当初は供出額の小さかったウラン供給（第五の賠償項目）が増やされた。ソビエト株式会社の収益・賃貸収入ならびにソビエト商事会社の売り上げの一部の国庫吸い上げもまた、賠償項目として無視できないものであった。とくに前者は、金額のみならず、ソ連占領地域の復興に不可欠な重要部門の大企業であり、その経営が占領軍に掌握されていたことも、占領地域のドイツ人の痛手となっていた。

これらの賠償が実施される過程においては、戦勝国間の議論にとどまらず、モスクワの政権内部で、あるいはクレムリンとSMADとの間で、そしてまたSMADと占領地域内のKPDやSPDとの間で交渉と調整がなされた。[51]焦点は、この方式での賠償が占領地域の経済復興にもたらす影響であった。

戦争終結から東ドイツの建国に至るまで、ソ連の戦争被害への直接的な補償、すなわち自国の戦後復興を遂行するための賠償方式として最も重視されていたのは、先に見たデモンタージュである。その規模の拡大はドイツ人の生活を脅かすだけでなく、徐々に賠償自体にもネガティブに作用する可能性があった。

戦後約三年間にわたって続いたデモンタージュは、おおむね五つの時期に区分される。[52]第Ⅰ期は一九四五年五月〜六月末、第Ⅱ期は四五年七月から四六年三月、第Ⅲ期は四六年春〜秋、第Ⅳ期は四六年末から四七年秋、第Ⅴ期は四七年末から四八年春である。それぞれの時期で、賠償政策の重点、工場解体の方法（「完全解体」か、「部分解体」)、解体の対象となる部門が異なっていた。以下では、それらの点に着目しながら各時期の特徴を抽出することにしよう。

なお、ソ連占領地域が確定する前の第I期には、ソ連のみならず、アメリカ軍によるデモンタージュや「知的賠償」があったことをあらかじめ指摘しておく。また、第III期にはソ連占領地域の社会主義化の端緒となる事態が含まれているが、それについては節を改めて論じることにしたい。

(二)　アメリカによるデモンタージュと知的賠償

第I期デモンタージュは、一九四五年四～五月から、連合四ヵ国の分割統治が開始する直前の四五年六月末にかけて行われた。この時期は、アメリカの軍事司令部によるデモンタージュと、科学者・技術者・エンジニアの西側地域への移送ならびに知的財産(特許、設計図・仕様書など)の押収(双方を合わせて「知的賠償」とする)が行われた時期と、占領地域確定前のソ連軍による無秩序な略奪の時期とが重なる。

いま少し、この動きについて詳しく見てみよう。イギリス軍ならびにアメリカ軍は、第I期において、のちにソ連占領地域となったメクレンブルク、テューリンゲン、ザクセン、ザクセン=アンハルトで、工業的に最も重要とされた企業・施設の資産の押収を目的とする特別部隊(技術者や経済専門家も含む)を展開させていた[53]。

そのうち、東側のドイツ化学工業の集積地であったザクセン=アンハルトでも、アメリカ軍を中心にデモンタージュや知的賠償の動きがあった。同地域の化学工業の核は、ＩＧファルベン(Die Interessen-Gemeinschaft Farbenindustrie AG)傘下の諸工場であった[54]。一九四五年当初、ソ連占領地域にはＩＧファルベン資産の五七・九％が存在していたといわれている[55]。ハレの中心から南に位置するシュコパウのブーナ工場、メルゼブルクのロイナ工場、ビッターフェルト近郊のアグファ・ヴォルフェン写真工場(Die Filmfabrik Actien-Gesellschaft für Anilin-

Fabrikation Wolfen）の科学技術力、研究開発力、熟練労働者・職員は内外で評価されていた。

一九四五年四月一四日、アメリカ軍は、当初ソ連が占領する予定となっていたザクセン＝アンハルトのロイナ、シュコパウおよびザクセンのビョーレンに進軍した。翌一五日、ロイナ工場において、アメリカ軍の特別部隊は生産設備、実験室、経営管理部を視察し、とくに合成燃料（褐炭精製ガソリン）の技術や生産設備に関する資料・データ（特許書類、研究報告書なども含む）を押収した。また、化学反応の反応速度を高める触媒の生産部門からは、白金やパナジウムなどの高級金属が接収された(56)。

アメリカ軍は、ロイナ工場の生産の再開にとくに関心を持ってはいなかったが、爆撃で破壊された施設の整備や設備の修理を進めさせ、一九四五年五月にはアンモニア生産が始まった。また、ライプツィッヒ近郊のビョーレンでは、褐炭採掘、ブリケット製造、ガス製造工場、発電所などの生産活動が復活した(57)。

この化学製品の生産拠点で、アメリカ側が興味を示したのは前述の知的賠償であった。一九四五年六月末から七月初めには、二七人の経営陣がビッターフェルトの電気化学工場から、五一人の経営陣（うち四三人はアグファ工場）がヴォルフェンから、自由意思あるいは強制的にアメリカ軍とともに西側占領地域へ移動した(58)。このほかロイナ工場からは二八人、シュコパウ（ブーナ工場）からは一五人、そしてビョーレンの褐炭精製ガソリン工場からは八人の経営陣や科学者が、西側占領地域のヘッセン州にあるローゼンタールに移送された(59)。

つぎに、ソ連占領地域が確定する直前のテューリンゲンに目を転じよう。同地には世界的な光学機器メーカーであるカール・ツァイス・イェーナの工場があった。そこへは、一九四五年四月中旬にアメリカ軍が進駐し、六月までの間に、多くの光学製品の完成品や在庫が押収、移送された(60)。その大半が、軍事用の光学機器（空軍用距離計、照準望遠鏡、爆撃照準器）、民生用の光学機器（顕微鏡、カメラなど）であった。また、ツァイスの製品の接収のみならず、生産設備・機械の設計図（原版）、仕様書などが押収された（その行方は不明である(61)）。

このデモンタージュ第Ⅰ期のカール・ツァイス・イェーナにとって、さらに重要であったのは、アメリカ軍による、いわゆる「頭脳狩り」であった。一九四五年六月初旬、アメリカ側は、ソ連軍進駐の前に西側占領地域に新工場を建設するために、生産労働力一〇〇〇人、営業、科学、技術関係職員一〇〇〇人とその家族を合わせた約六〇〇〇人の移送を計画した。また、人とならんで必要な機械設備の輸送をも合わせると、輸送のためには鉄道貨車が六〇〇両用意されねばならなかった。当初から、数週間での大移動は不可能な話だったのである。[62]計画が頓挫したあとの六月二三～二五日には、事前かつ緊急の打ち合わせののちに、カール・ツァイス・イェーナの八四人、ショット（ガラス、レンズ製造部門）の四一人（経営陣、科学者、技術関係職員、労働者）とその家族が、またイェーナ大学の教授、講師、職員たちも、ヴュルテンベルク=バーデン（アメリカ占領地域：五二年にフランス占領地域のヴュルテンベルク=ホーエンツォレルンとバーデンの二州が加わりバーデン=ヴュルテンベルクとなった）の小さな町ハイデンハイム（翌年にはその北側一五キロメートルに位置するオーバーコッヘン）へ移住してきた。[63]彼らは、西側のカール・ツァイスの創設と成長の担い手となっていった。

以上で見てきたように、ドイツの無条件降伏から東西の占領地域の最終的確定に至るまで、アメリカ軍による工場のデモンタージュが行われていた。しかし、その規模は、後述するソ連のデモンタージュとは異なり、軍需物資の不足などを理由に必要であると判断された場合に限定して行われた。アメリカ側がとくに強い関心を寄せていたのは物的資産よりも、むしろ知的賠償にあたる科学研究者や技術者や有能な経営陣の西側占領地域への移送（そして部分的には本国への移送）や、彼らが工場の実験室や生産現場で開発した科学技術の諸成果の取得であった。無条件降伏からソ連軍進駐の西部への移動まで約二ヵ月間しかなかった、という事情も、「現物賠償よりも科学者・技術者やノウハウを」という方針に作用したと思われる。

（三）　ソ連による懲罰主義的デモンタージュ

つぎに、第Ⅰ期から第Ⅱ期のソ連によるデモンタージュの動きを見ることにしよう。

ソ連国家防衛委員会とそのドイツ担当の代理機関は、ソ連の占領地域における賠償政策の管理・遂行に向けて特別委員会を創設し、その責任者をＩ・マレンコフ（ソ連共産党政治局員）とした。彼は、ドイツの再建に必要な工業力の維持よりも、徹底的なデモンタージュと、没収した資材のソ連経済の復興への利用を重視する懲罰主義的立場をとっていた(64)。

一九四五年五月のドイツ軍の無条件降伏から七月のベルリンの連合四ヵ国による共同管理の開始まで、特別委員会は、約七万人の「解体請負人」（制服を着た一般市民と呼ばれた(65)）を本国から動員した。彼らは、ドイツでの任務の遂行如何により本国での出世を約束されており、デモンタージュされる工場の重要性や、その数をめぐって競争していたといわれている(66)。この時期に、「請負人」たちを先頭に解体され、ソ連への移送に回された工場は、一四九の機械・機器製造工場、五一の冶金工場（鉄・非鉄金属(67)）、四六の精密・光学機器工場(68)、四四の電機工場であったといわれている(69)。

これらのなかで、鉄鋼業については、ソ連をはじめ連合国全体がドイツの軍需生産の象徴として完全な破壊の目標としていた。しかし、ソ連占領地域には、一九四四年時点で高炉を持つ工場は二つにすぎず、そのなかでも大規模なものは、テューリンゲン州ウンターヴェレンボルンで操業していた旧フリック・コンツェルン傘下のマクシミリアン製鉄所（Die Eisenwerk-Gesellschaft Maximilianshütte AG Unterwellenborn）だけであった(70)。他の製鉄所はルール地方とは対照的に、西部やシュレージエンからの石炭・鉄鉱石や半製品の供給に依存したり、周辺の機械工業から排出される屑鉄を原材料に細々と生産を行ったりしてきた。

このようにソ連占領地域の鉄鋼生産の基盤はもともと脆弱であったにもかかわらず、一九四五年五月からは、他の工業部門と同様にデモンタージュが行われ、四六年春までに主要な一五工場が解体された。引き剥がしが困難な設備や輸送不能な施設は、爆破・破壊されることもあった。この第Ⅰ期のデモンタージュにより、ソ連占領地域は鉄鋼生産能力の八〇％以上を失うことになったといわれている。[71] リーサとグレーディッツに立地していた中部ドイツ製鋼所株式会社（Die Mitteldeutschen Stahlwerke AG）の工場施設、フライタールとデーレンのザクセン鋳鋼工場株式会社（Die Sächsischen Gußstahlwerke AG）、さらにはラオホハンマーの製鋼所といった比較的大規模な工場とならんで、他の中小規模の製鉄所の設備・施設、圧延装置までがデモンタージュのリストに載っていた。

この時点で、ウンターヴェレンボルンのマクシミリアン製鉄所とターレ製鉄所（Das Eisen- und Hüttenwerk Thale）は賠償の対象から外されていたが、第II期デモンタージュの際には、ヘットシュテット非鉄金属圧延工場（Das Walzwerk Hettstedt）とともに部分解体された。

この鉄鋼や非鉄金属の生産施設のデモンタージュは、ドイツの非軍事化という連合国の思惑に沿うものであった。しかし、西部のルール、ザールや東部のシュレージエンの鉱山業や鉄鋼業から切り離された状況下では、対ソ賠償を遂行するうえでも経済再建を果たすうえでも、これ以上のデモンタージュは不可能であった。

鉄鋼業でのデモンタージュとならんで、アウトーウニオン（Die Auto Union AG）傘下のアウディ・ツヴィッカウ工場、BMW（Die Bayerischen Motorenwerke AG）アイゼナッハ工場[72]のような自動車部門のみならず、電力供給や生活資材全般の化学原料となる褐炭の採掘工場、戦後の住宅不足の克服に必要だった煉瓦工場、さらには紡績工場、製紙工場、砂糖精製工場といった生活用品の生産にまで及んでくるようになると、事態は一層深刻なものになった。

一九四五年秋になると、ソ連占領地域のドイツ人社会のなかで政治の実権を掌握しつつあったKPDやSPDから、SMADやソ連政府に対して、略奪、治安の悪化、デモンタージュに起因する物資の不足、復興の障害、社会変革の障害に対する憂慮、苦情、そして改善要求が出されるようになった。

それに対して、一九四五年秋にソ連のA・ミコヤン（当時の貿易相）によって提唱された現物供出重視の賠償政策（前掲第1-8表）の実施が現実味を帯びてきた。それは、占領地域自体の生産力の回復に配慮した賠償として、占領地域内のドイツ人の関心を強く惹きつけるものであった。ソ連の賠償特別委員会の抵抗は続いたものの、つぎに紹介する状況がソ連の賠償政策（懲罰主義的なマレンコフの政策）の変更を後押しした。

第Ⅰ期と第Ⅱ期のデモンタージュによって解体された設備・機械、資材は、鉄道でソ連に移送される計画であった。しかし、当時は肝心のドイツ・ライヒ鉄道（Die Deutsche Reichsbahn）の線路や機関車・客車の撤去・移送が開始されており、ソ連占領地域には機関車と貨物列車が不足するようになった(73)。一九四五年一二月からは、ジューコフの命令にもとづき、多数の小規模な運送会社が動員され、接収物はコンテナに積まれて、シュチェチン（当時のヴェスト＝ポンメルン）まで輸送された。その途上で多くの物資が失われたといわれている(74)。

さらに、ソ連経済の復興を目的に大量の労力と経費をかけて接収・移送された設備・機械は、ソ連の移送先の工場で利用不能となっていた。設計図や仕様書等がなかったために、ソ連の工場の機械システムへの組み入れが困難であったこと、そして何よりも独ソ間で異なる工業規格・技術水準がその問題を助長した。ベラルーシのブレスト駅（この駅で欧州標準規格軌道からロシアの広軌に転換される）では、一〇〇キロメートル以上に及ぶ貨物列車の列が行き場を失い、錆びつき、使用不能になったといわれている。

以上で見てきたように、第Ⅰ期から第Ⅱ期にかけてのデモンタージュは占領地域の生産能力を暴力的に奪い取り、それを本国に移転しようとしたものであったが、当初の期待とは裏腹にドイツからの技術移転によるソ連工業の立て直しには多くの障害があることが明白になりつつあったのである。

第三節　賠償政策の変更

（一）ドイツ中央管理局の創設

強硬なデモンタージュ政策は、一九四五年の秋から徐々に後退していった。それまでの混乱を収拾するため、ＳＭＡＤは、指令第一二四号（一九四五年一〇月三〇日）と指令第一二六号（一九四五年一〇月三一日）を発し、ナチス国家およびナチス党の全国・地方の要職にあった人物の資産、国防軍、ＳＭＡＤによって禁止された諸団体の資産および所有者が不明になった資産を、ドイツ側の行政府（プロイセン解体前の州・プロヴィンツ政府）が主体となって把握し、処分可能な状態にすることを要請した。(75)

その際、占領地域にはその全体を統治する機構が存在しなかったため、ＳＭＡＤは、効果的な占領統治の遂行に向けて占領地域を一国に見立てた中央機関の創設と行政単位の再編に着手した。まずは、一九四五年七月二七日付けのＳＭＡＤ指令第一七号にもとづき、一一のドイツ中央管理局またはドイツ管理局（Deutsche Zentralverwaltungen または Deutsche Verwaltungen）が創設された(76)（第1-9表）。

一九四五年九月から四七年六月までには、東方からの難民・被追放民の受け入れ、統計、貿易に関連する組織が付け加えられるとともに、西側連合国の占領軍政府を意識して秘密裏にドイツ内務管理局も創設された。それぞれの機関の長官のほとんどが、ＫＰＤとＳＰＤの党員であった。この時点では、司法やエネルギー・原料政策という重要な分野においてキリスト教民主同盟（Die Christlich-Demokratische Union：以下、ＣＤＵ）やドイツ自由民主党（Die Liberaldemokratische Partei Deutschlands：以下、ＬＤＰＤ）の長官も配置されたが、その状態は長続きしなかった。[77]

司法長官のE・シッファー（LDPD）は、一九四七年三月に開催予定だった戦勝四ヵ国によるモスクワ外相会談を前に、占領地域の境界を越えた超党派的結集を呼びかけたが、その試みは「トルーマン・ドクトリン」の宣言に触発された東西対立にも影響されて頓挫した。それに伴い、シッファーは政治的に第一線を退いた。[78]彼の後任には、SPD出身のSED党員であるM・フェヒナーが就いた。[79]

また、鉄鋼業とともに対ソ賠償と戦後復興にとって重要な部門であった石炭・褐炭・エネルギー部門の長官（第1-9表のドイツ燃料中央管理局長官）には、SMAD総司令官のジューコフによってF・フリーデンスブルク（CDU）[80]が任命された。[81]彼は、同中央管理局の第二副長官だったSPD党員（のちにSED）のA・ベルクホルツ[82]やその後継者となったG・ソボットカ（元KPD。のちにSED）から、「ファシスト的破壊活動を容認している」と批判され、一九四六年九月に長官を解任された。[83]後任の長官に抜擢されたのはソボットカであり、ベルクホルツは第一副長官に昇格した。[84]

いま少し立ち入った分析が必要であるが、占領統治下における大臣級のトップ人事は、建前としては超党派、本音としてはKPDかSPD（いずれものちにSEDに合同）の出身者で、とくに前者が優先された可能性が高い。SPD出身者は、のちに更迭されたり、逮捕されたりするケースもあった。

こうしたドイツ人スタッフから成る中央管理局が設立される一方で、この当時のSMADは、それらの機関に対して、あくまでも占領統治（とくに駐留需要や賠償の遂行）の補助的な役割を期待していたといわれている。

たとえば、重化学工業を含む占領地域の工業全体の監督を任されていたドイツ工業中央管理局長官のL・スクシプチンスキー（無党派。親SED）は、就任後間もない一九四五年一〇月に、彼の上司にあたるSMAD工業部長のΓ・アレクサンドロフに、占領地域全体を集中的に指揮監督する生産共同体を創出し、それに地方政府の経済部局と結びつけるべきだと主張したが、それは受け入れられなかった。[85]工業中央管理局の権限（＝占領地域のドイ

第1-9表　ドイツ中央管理局または管理局とその長官(1945年7月27日～47年6月14日)

各中央管理局または管理局[1)]	長　官　名	所属政党[2)]
ドイツ通信中央管理局	ヴィルヘルム・シュレーダー Wilhelm Schröder (SMAD指令第17号ではエルンスト・ケーラー Ernst Köhler)	KPD/SED
ドイツ工業中央管理局	レオ・スクシプチンスキー Leo Skrzypczynski	無党派
ドイツ農林業管理局	エルヴィン・ヘルヌル Erwin Hörnle	KPD/SED
ドイツ財政・金融中央管理局	ヘンリー・マイヤー Henry Meyer (SMAD指令第17号ではユルゲン・クチンスキー Jürgen Kuczynski)	KPD/SED
ドイツ労働・福祉管理局	グスタフ・グンデラッハ Gustav Gundelach (SMAD指令第17号ではヴィルヘルム・ケネン Wilhelm Können)	KPD
国民教育中央管理局	パウル・ヴァンデル Paul Wandel	KPD/SED
ドイツ司法管理局	オイゲン・シッファー Eugen Schiffer Dr.	LDPD
ドイツ交通中央管理局	ヴィルヘルム・フィッツナー Wilhelm Pfitzner Dr.	SPD/SED
ドイツ商業・食糧管理局	フーゴ・ブッシュマン Hugo Buschmann	SPD/SED
ドイツ健康・保健中央管理局	パウル・クニッツァー Paul Konitzer Dr.	SPD/SED
ドイツ燃料中央管理局	フェルディナンド・フリーデンスブルク Ferdinand Friedensburg	CDU
ドイツ移民中央管理局 (45年9月25日から)	ヨゼフ・シュラッファー Josef Schlaffer	KPD
中央統計局 (45年10月19日から)	ブルーノ・グライツェ Bruno Gleitze	SPD/SED
ドイツ接収・没収中央委員会 (46年3月29日から)	フリードリッヒ・ランゲ Friedrich Lange	KPD/SED
ドイツ内務管理局 (46年7月30日から)	エーリッヒ・レシュケ Erich Reschke	KPD/SED
占領地区間交易・貿易 (47年6月14日から)	ヨゼフ・オルロップ Josef Orlopp	SPD/SED

1) 日付のない中央管理局または管理局は，1945年7月27日付けSMAD指令第17号にもとづき，同年8月10日までに設置された。実際に任命された長官は，SMAD指令第17号(計画)と一致しないケースが見られた。

2) SED：ドイツ社会主義統一党，SPD：ドイツ社会民主党，CDU：キリスト教民主同盟，KPD：ドイツ共産党，LDPD：ドイツ自由民主党(1951年10月まではLDPと表記されていた)。

資料：Broszat, Martin/Weber, Hermann (Hrsg.), *SBZ-Handbuch: Staatliche Verwaltungen, Parteien, gesellschaftliche Organisationen und ihre Führungskräfte in der Sowjetischen Besatzungszone Deutschlands 1945-1949*, München 1993, S. 201-217, S. 228, S. 237-238, S. 242-243, S. 251-252 und S. 276-281. 1945年7月27日付けの指令第17号(8月10日まで)にもとづき設置されることになったのは，表の上から9つの中央管理局または管理局であった。通史では「11の中央管理局」といわれるが，それは上記の9つの機関にドイツ健康・保健中央管理局とドイツ燃料中央管理局を加えたものである。1945年8月以降に設置された中央管理局または管理局，そして秘密裏に創設されていたドイツ内務管理局についても上記表に追加した。同内務管理局の存在が「公表」されたのは同年9月になってからのことであった。Bundesministerium für gesamtdeutsche Fragen (Hrsg.), *SBZ von 1945 bis 1954*, 3., durchgesehene Auflage, Bonn/Berlin 1961, S. 19.

ツ人側の主張）にくさびが打たれたエピソードの一つである。

他方、上述のフリーデンスブルクやドイツ労働・福祉管理局のＧ・グンデラッハ（ＫＰＤ）[86]、ドイツ商業・食糧管理局のＨ・ブッシュマン（ＳＰＤ）[87]は、権限の集中に向けて具体的な行動をとり始めていたため、州・プロヴィンツ政府の反発をかっていた[88]。当時のザクセン州首相Ｒ・フリードリッヒス（ＳＰＤ）は、他の州・プロヴィンツ政府の首相たちの意見を取りまとめたうえで、中央と地方の権限を明確に区分すべきことをＳＭＡＤのザクセン州支部に要請した。その要旨は、つぎの通りであった。第一に、ソ連占領地域全体に関連し、また州・プロヴィンツ間の調整に必要な法律は中央管理局が公布するものの、それについては州・プロヴィンツと事前協議をすること、第二に、行政的に統一的な統制を要する分野については中央が、実務的な行政については、州・プロヴィンツとその管理下の機関が行うこと、とされた[89]。

この中央と地方の対立は、ベルリンのＳＭＡＤ本部にとっても好ましいものではなかった。ジューコフは、一九四五年一一月一三〜一四日の各州・プロヴィンツ政府首相と中央管理局長官らを集めた懇談会において双方に理解を示すとともに、中央管理局と州・プロヴィンツ政府の協力関係を密にすることを求めた[90]。それを明確にすべく、前者に対しては中央管理局の支部を地方に設置することを禁止した。これは、ソ連占領地域において中央管理局を統合し「ソ連占領地域の政府（Zonen-Regierung für SBZ）」を作るのではないか、という西側連合国の疑念を回避するという目的もあったといわれている[91]。

このようなＳＭＡＤの基本方針にしたがって、州・プロヴィンツレベルでは一九四五年秋から戦後改革が始まった。工業に関して最も大きな変化は、新しい戦後賠償の在り方をめぐる動きと、工場・施設の公有化に向けての動きであった。同年一〇月二二日、ＳＭＡＤは指令第一一〇号を発令し、プロヴィンツ・マルク・ブランデンブルク（一九四七年七月二一日からブランデンブルク州）、プロヴィンツ・ザクセン、ザクセン州、テューリンゲン州、メクレンブルク州などに、連合国管理理事会の法律と指令およびＳＭＡＤの指令に反しない範囲での立法権限を与えた。[92] それを拠り所に、占領地域内の州・プロヴィンツ政府の首相はＳＭＡＤと協議し、各州において行政府、占領地域の諸政党から派遣された代表者、農民組織、婦人組織、大工場の労働者などの代表から成る「接収委員会(Die Sequesterkommission)」を設置した。そこでは、没収した国有・私有の施設、工場の所有者・経営スタッフなどのナチス党政権・軍への積極的関与、戦中に占領した国や地域における捕虜や外国人の強制労働などの人権侵害への関与が点検された。

各州の「接収委員会」の作業は翌一九四六年の春まで続き、その結果は、同年三月二九日のＳＭＡＤ指令第九七号と同年五月二一日の第一五四～一八一号にもとづいて設立されたドイツ接収・没収中央委員会(Die Zentrale Deutsche Kommission für Sequestrierung und Beschlagnahme：前掲第1-9表参照)に提出された。[93] 同中央委員会は、地方の委員会が作成したリストに関する調整を行ったうえで、リストにあげられた一万九九三二の物的資産(施設・工場)の接収をＳＭＡＤに提案した。その州別の内訳は、テューリンゲン州が全体の四三%、ザクセン州二一%、ザクセン＝アンハルト(この時点ではプロヴィンツ・ザクセン)二一%、プロヴィンツ・マルク・ブランデンブルク一〇%、メクレンブルク州五%であった。[94]

接収された施設・工場は、最初に三つのカテゴリーに分類された。「リストＡ」には、戦前・戦中からナチスと深い関わりがあった機関や人物の資産や工場・施設(相対的に事業規模が大きいもの)が登録され、それらは各州・プロヴィンツ政府によって無償没収の対象とされた。そして「リストＢ」には、「Ａ」と比較して小規模な工場・施設が登録されていた。その一部はのちに「リストＡ」に変更される場合もあったが、多くは元の所有者に返還された。「リストＣ」には、大規模かつ重要な経営で、占領下の新しい対ソ賠償方式に寄与すると考えられたものが登録され、それらはＳＭＡＤの判断に委ねられることになった。[95]

この動きに加えて、一九四五年一一月には、先のスクシプチンスキーの退陣後にドイツ工業中央管理局長官に就任したＪ・ブランガー、ＳＭＡＤ工業部局のヴォロディン大佐、ソ連人民委員会重工業担当の代表者たちによる協議が行われ、①西側諸国からの部品・完成品の調達に依存しない体制づくりの一環としてソ連占領地域に新たな重工業基盤を作ること、②新しい賠償のための生産プログラムを早急に準備すること、③そのために最低限必要な工業生産能力を占領地域内に保持することが確認された[96]。

こうした独ソ間の交渉が行われるなか、一九四五年冬から翌年の春までは、以前よりも緩やかなデモンタージュが行われるようになった。化学部門では、それまで残存生産設備を用いて生産を続け、賠償課題を遂行してきたＩＧファルベン傘下のロイナ工場が、四六年三月一五日の指令で約三〇％の生産能力（おもに窒素肥料や合成ガソリン部門）を残して「部分解体」されることになった[97]。同様に、四五年の秋からソ連の賠償要請にしたがって生産を続けていたアグファ・ヴォルフェン写真工場でも、四六年四月（一〇月に再度）に「部分解体」が行われた。これにより写真部門の生産が四六年初めより六〇％減、工場内の発電施設は三〇％減となった。ただし、同工場の主力商品でなかった繊維部門は解体の対象とならなかった[98]。

こうした「部分解体」に象徴される化学部門での動きは、一方においてデモンタージュによる賠償の継続という方針を示すものであったが、他方で、工場の完全解体とソ連への移送という「懲罰主義的路線」からの離脱の兆候でもあった。新しい路線、すなわち「完全解体」から「部分解体」へ、そして、占領地域内のドイツ企業の復興への配慮、さらには公有化と新しい賠償政策への変更は、デモンタージュの第Ⅲ期において明確になった。

（二）　賠償の効率化とソビエト株式会社

これまでの懲罰的なデモンタージュ政策の非効率を認識していたＳＭＡＤは、二つの大きな方針を示した。第一は対ソ賠償の生産を効果的に組織することであり、第二は賠償のための好循環を作り出すための重工業基盤を再構築することであった。

第一の方針は、先述の「リストC」の企業をソビエト株式会社（Sowjetische Aktiengesellschaft：以下、SAG）[99]に転換する動き、第二の方針は、「リストA」に登録されていた接収工場を、人民投票を通して公有化（州あるいは下位の自治体の所有）する試みであった。まずは、前者の内容について見ることにしよう。

一九四六年六月五日付けのSMAD指令第一六七号にもとづいて、占領地域ではSAGの設立が開始された。前年に「リストC」に登録されていた経営（工場・施設）のうち一九四～二〇四が、工業部門・業種（製品）別に分類され三三～三四のSAGに統合されることになったのである（一九四六年六月～四七年一月：第1-10表）[100]。

SAGは、①戦後賠償をソ連主導の下で履行する、②占領地域に経済復興の新たな経済的・技術的基盤を創出する、③ソ連本国の復興計画に連動可能な計画経済的要素を占領地域内に浸透させる、といった目的で設立された。SAGは、ソ連邦閣僚会議に設置された海外資産行政総管理局（Die Hauptverwaltung für sowjetisches Eigentum im Ausland）の一機関であるソビエト株式会社管理部（Die Verwaltung für Angelegenheiten der sowjetischen Aktiengesellschaften in Deutschland：本部をベルリンのヴァイセンゼーに置いた）によって管理・運営されていた[101]。

SAGは、とくにソ連の戦後復興に必要であった素材型部門（エネルギー、褐炭、鉄鋼、銅、カリ、化学）と機械部門（計器、輸送機、電機、精密・光学機器も含む）において、戦前・戦中に巨大なコンツェルン傘下にあった占領地域内の大経営とその関連部門の工場・事業所を統合して設立された[102]。それらの一部が、すでに一九四五年五月からデモンタージュの対象となっていたことは見てきた通りである。設立されたSAGからは、ソ連がどのような生産物での賠償を強く求めていたのかを知ることができる。前出の第1-10表におけるSAGの略称や「備考（従来の組織、会社名など）」から、その概要を掴むことができるだろう。

たとえば、原燃料部門では、褐炭の露天掘り、乾留・ブリケット、ガソリン、タールの生産を表の1～10番までのSAGが担っていた。また、化学部門では、肥料、写真、染料、セルロイド、プラスチック、合成樹脂、ゴムの分野でSAGが形成された（表の11～21番）。同表からは、ソ連占領地域が唯一豊富な埋蔵量を誇る褐炭をベースに行われていた「燃料―電力―化学原料―各種化学製品」の大企業（ブーナ工場、ロイナ工場、アグファ・ヴォルフェン写真工場、褐炭・燃料株式会社など）とその関連施設や事業所が再編されてＳＡＧとなったことが読み取れる。また、この褐炭と化学部門のＳＡＧの傘下経営は、ザクセン、テューリンゲン、ザクセン＝アンハルト、テューリンゲン東部、ブランデンブルク南部に集中していたこともわかる。

このＳＡＧ形成の理論的背景には、戦前のソ連の工業化と計画経済化に向けて創設された「多角形企業」、すなわち空間的に離れた工場を原燃料から完成品に至るまで有機的に結合することを狙って形成された工業コンビナートや、資源立地あるいは港湾など原燃料の調達を基準として特定の地域に形成された工業コンプレックスを占領地域内で形成するという発想があったものと考えられる[103]。

それには、一九世紀末以来のドイツの鉄鋼業に見られた「結合工場（Gemischte Werke）」、銑鋼一貫製鉄所の形成の歴史に重なり合うものもあった。鉄鋼部門のＳＡＧ「マルタン（Marten）」（表の22番）の傘下には、①一時期デモンタージュの対象とされたマクシミリアン製鉄所（シーメンス＝マルチン炉）、②旧オットー・ヴォルフ・コンツェルン傘下にあったマンスフェルト株式会社ヘットシュテット精銅・真鍮工場（Die Mansfeld AG Kupfer- und Messingwerke Hettstedt）[104]ならびにターレ製鉄所（Die Metallurgische Aktiengesellschaft Eisen- und Hüttenwerk Thale）、③ヘットシュテット非鉄金属圧延工場（Das Walzwerk für Buntmetalle Hettstedt）、④ケムニッツのグスタフ＝クラウトハイム鋳鋼所（Die Stahlgießerei Gustav Krautheim/Chemnitz）、⑤ジルビッツ・クロッセン鋳鋼・機械製作所（Die Stahlgießerei und Maschinenbauwerke Silbitz und Krossen an der Elster）、⑥フランクレーベン鋳鋼所（Der Siegen-Solinger Gußstahl-Aktien-Verein Stahl und Eisenwerk Frankleben bei Merseburg）が統合され、それらの技術的な関連性にもとづく分業を通じて生産性を高め、増産化が図られた[105]。テューリンゲン州、ザクセン＝アンハルト州、ザクセン州など、占領地域の南部に分散して立地していたＳＡＧ傘下経営における主要な生産物は高級鋼、非鉄金属、ホーロー製品であったが、その原料をターレ製鉄所、ジルビッツ・クロッセン鋳鋼・機械製作所、ケムニッツのグスタフ＝

第1-10表　1947年までに設立されたSAG

	工業部門	ソビエト株式会社(略称)[1]	本社所在地	備　考(従来の組織，会社名など)
1	褐　炭	Rasres (露天掘り)	Leipzig ライプツィッヒ	ザクセン州内の複数の露天採掘場
2	褐　炭	Bagger (掘削機)	Golpa ゴルパ(ビッターフェルト近郊)	グレーフェンハイニヒェンの複数の発電所に褐炭供給
3	褐　炭	Karjer (鉱山・露天掘り)	Nachterstedt ナハターシュテット	露天採掘場，ブリケット工場，低温乾留工場，発電所
4	褐　炭	Buryi-Ugoli (褐炭)	Weißensee ヴァイセンゼー	露天採掘場
5	褐　炭	Briket (ブリケット)	Leipzig ライプツィッヒ	1923年設立の公営株式会社「ザクセン工場」(Aktiengesellschaft Sächsische Werke)が母体。露天採掘場，ブリケット工場，褐炭乾留，コールタール製造，ガソリン製造，発電所
6	褐　炭	Topliwo (燃料)	Leipzig ライプツィッヒ	ビョーレンの4つの工場から成る(燃料工場，ガソリン工場)
7	燃　料	Maslo (油脂)	Zeitz ツァイツ	褐炭・燃料株式会社(BRABAG＝Braunkohlen-Benzin AG)。1935年にベルリンで本社設立。同社第3の工場が合成素材工場
8	燃　料	Smola (タール)	Deuben ドイベン	ミンナ-アンナ株式会社コンビナート・ゲルツァウ褐炭精製・硫黄精錬所(Kombinat Gölzau Braunkohlenveredelung und Schwefelwerke Minna Anna AG)。露天採掘場，ブリケット工場，低温乾留工場，IGファルベンの発電所
9	燃　料	Synthes (合成素材)	Schwarzheide シュヴァルツハイデ	
10	燃　料	Gasolin (ガソリン)	Trögritz トレーグリッツ	褐炭・燃料株式会社(BRABAG)の褐炭精石油工場，褐炭採掘所などが母体
11	肥　料	Mineralnije Udobrenija (ミネラル肥料)	Leuna ロイナ，Merseburg メルゼブルク	旧IGファルベンのロイナ・ミネラル肥料化学工場(Mineraldünger Chemiewerk Leuna)およびメルゼブルク・アンモニア工場(Ammoniakwerk Merseburg GmbH)の関連施設。窒素，アンモニア化合物，カーバイト，肥料などの生産
12	肥　料	Kainit (カイニット)	Weißensee ヴァイセンゼー	ヴィンタースハル株式会社ゾルシュテット・コンビナート(Kombinat Sollstedt Wintershall AG)，ヴィンタースハル株式会社ザクセン=ヴァイマール・ウンターブライツバッハ・コンビナート(Kombinat Sachsen-Weimar in Unterbreizbach Wintershall AG)ならびにプロイセン鉱山・冶金株式会社コンビナート・ブライヒローデ(Kombinat Bleicherode Preußische Bergwerks- und Hütten AG)が母体
13	カ　リ	Kali (カリ・岩塩)	Erfurt エルフルト	ヴィンタースハル株式会社(Wintershall AG)，ザルツデトフルト株式会社(Salzdetfurt AG)，プロイスザック株式会社(Preussag AG)が所有していたカリ採掘場が母体
14	カリ肥料	Sylvinit (カリ・岩塩)	Erfurt エルフルト	ヴィンタースハル株式会社ビスマルクスハル・コンビナート(Kombinat Bismarckshall Wintershall AG)，ブルバッハ・カリ工場ヴォルケンローダ・コンビナート(Kombinat

				Volkenroda Burbach-Kaliwerke AG)が母体
15	化学(写真)	Photoplenka (写真・フィルム)	Wolfen ヴォルフェン	AGFA (Actien-Gesellschaft für Anilin-Fabrikation)のヴォルフェン写真工場
16	化学(染料)	Kraska (染料)	Wolfen ヴォルフェン	旧IGファルベンのロイナ工場
17	化　学	Zelluloid (セルロイド)	Weißensee ヴァイセンゼー	ドイツ・セルロイド工場株式会社(Deutsche Zelluloid Fabrik)
18	化　学	Plastik (プラスチック)	Weißensee ヴァイセンゼー	ブーナ工場(Buna Werke (Schkopau))の事業所が母体と思われる
19	電気化学	Kaustik (水酸化ナトリウム)	Bitterfeld ビッターフェルト	旧IGファルベンのビッターフェルトおよびヴォルフェンの工場群。のちに，上記のヴォルフェン写真工場と統合
20	化　学	Resino Technika (ゴム製品)	Erfurt エルフルト	ポラック・ゴム製品工場(Gummiwarenfabrik Polack)，テューリンガー・ゴムホース工場「ケストナー商会」(Thuringer Schlauchweberei Fa. Kaestner)，ゴータのブレードナー＆フィーアシュロット・ゴム工場(Bloedner & Vierschrott Gotha)，ヘルゼルガウのゴータニア・ゴム工場(“Gothania” Hörselgau)が母体
21	化　学	Kautschuk (合成樹脂)	Schkopau シュコパウ	ブーナ工場(Buna Werke (Schkopau))とその独自の発電所設備，バート・ブランケンブルク・ゴム製品工場(Werk Gummitechnischer Erzeugnisse Bad Blankenburg)などが母体
22	鉄　鋼	Marten (シーメンス=マルチン炉)	Thale ターレ	マクシミリアン製鉄所，マンスフェルト株式会社ヘットシュテット精銅・真鍮工場，ターレ製鉄所，ヘットシュテット非鉄金属圧延工場，グスタフ=クラウトハイム鋳鋼所，ジルビッツ・クロッセン鋳鋼・機械製作所，フランクレーベン鋳鋼所
23	非鉄金属	Medj (銅)	Hettstedt ヘットシュテット	マンスフェルト銅鉱・精錬株式会社
24	器　機	Pribor (器機，器具)	Leipzig ライプツィッヒ	ジーメンス＆ハルスケ株式会社(ツヴェーニッツ／エルツゲビルゲ) (Siemens & Halske AG Werk Zwoenitz/Erzgebirge)が母体
25	機　械	Podjemnik (クレーン・リフト)	Leipzig ライプツィッヒ	アドルフ・ブライヒャルト商会(Adolf Bleichert & Co.)，ペニンガー機械工場＆ウンルー＆リービッヒ株式会社(Peninger Maschinenfabrik und Unruh & Liebig AG)などが母体
26	機　械	Amo (重機)	Magdeburg マクデブルク	マクデブルクのクルップ・グルゾン重機製造工場(Der Schwermaschinenbau Krupp-Gruson)，オットー・グルゾン機械工場(Der Maschinenbau Otto Gruson)，ブッカウ・ヴォルフ機械工場(Die Maschinenwerke Buckau-Wolf)，R.ヴォルフ＆ゼルプケ工場(R. Wolf und Selbke)，デッサウのポリシウス機械製作所(Maschinenbauwerk Polysius)などが母体
27	輸送機	Auto-Velo (自動車・自転車)	Weißensee ヴァイセンゼー	BMWアイゼナッハ工場，DKFベアリング工場，ミーファ(Mifa)自転車工場，エリート・ディアマント(Elite-Diamant)自転車工場，オリンピア(Olympia)タイプライター工場，ラインメタル=ボルジッヒ(Rheimetall-Borsig)タイプライター工場，ティール時計・機械工場などが母体
28	輸送機	Transmasch (輸送機)	Weißensee ヴァイセンゼー	ザクセン=アンハルトのデッサウ客車工場(Dessauer Wagonfabrik)，クレックナー工場(Klöckner Werke)，ゴットフリード・リンドナー工場(Fabrik Gottfried Lindner)，テューリ

	工業部門	ソビエト株式会社（略称）[1]	本社所在地	備　考（従来の組織，会社名など）
				ンゲンのヴァイマール客車製造工場（Gemeinschaftswerke Waggonbau），キフホイザーヒュッテ機械工場（Kyffhäuserhütte），ベルリンのベルリン・ブレーキ工場（Berliner Bremsenwerk），メクレンブルクのネプトゥーン造船所（Schiffserft "Neptun"）などが母体。機関車・客車，造船，吊り上げ装置，クレーン，大型冷蔵・冷却装置，ブレーキ，計器などを製造
29	電　機	Kabel（ケーブル）	Oberschöneweid オーバーシェーネヴァイデ	AEG（Allgemeine Elektricitäts-Gesellschaft）傘下の工場，オーバー・シュプレー・ケーブル工場（Kabelwerk Oberspree），オーバーシェーネヴァイデ・ケーブル工場（Kabelwerk Oberschöneweide），蓄電池・バッテリー工場「ヴァルタ」（Akkumulatoren- und Batterienfabrik "VARTA"）などが母体
30	電　機	Isolator（絶縁体）	Weißensee ヴァイセンゼー	ジーメンス＆ハルスケ・ラジオ・コンデンサー工場（Siemens & Halske Radiowerk und Kondensatorenwerk），ヘルマン・パウィック電子工場「ヘリオゲン RTF」（Hermann Pawlik-Elektrotechnische Fabrik "Heliogen RTF"）などが母体
31	精密機器	Totschmasch（精密機器）	Weißensee ヴァイセンゼー	ジーメンス＆ハルスケ株式会社（ケムニッツ）（Siemens & Halske AG Werk Chemnitz），ラインメタル=ボルジッヒ株式会社（ショメルダ）（Rheinmetall-Borsig AG Werk Sömmerda）などが母体
32	建設資材	Zement（セメント）	Weißensee ヴァイセンゼー	東部・中部ドイツ合同セメント株式会社（Vereinigte Ost- und Mitteldeutsche Zement AG, Zementwerk Göschwitz Sächsisch-Thüringische Portland-Cement-Fabrik Prüssing & Co.）のセメント工場が母体。このSAG傘下には，異業種の耐熱・防火素材，段ボール等の包装素材，さらには特別な業種としてマイセンの陶器製造の工場も置かれた
33	ウラン	Wismut（ヴィスムート）	Aue アウエ	ザクセン鉄鉱石採掘場（Sachsenerz-Bergbauwerke）が母体
34	映　画	Linsa（レンズ・映写）	Potsdam ポツダム，Babelsberg バーベルスベルク	ウファ映画株式会社（Universum Film-AG: UFA），トービス・トーキ映画シンジケート株式会社（Tobis-Tonbild-Syndikat AG），アフィファ映画製作株式会社（Aktiengesellschaft für Filmfabrikation: Afifa）などの映画製作・配給会社を母体に設立されたドイツ映画株式会社（Deutsche Film-AG: DEFA）がSAGに転換された

1）ロシア語をアルファベット表示。括弧内はその意味。

資料：Matschke, Werner, *Die industrielle Entwicklung in der Sowjetischen Besatzungszone Deutschlands (SBZ) von 1945 bis 1948*, Berlin（W）1988, S. 207 und S. 339-342; Karlsch, Rainer/Bähr, Johannes, Die Sowjetische Aktiengesellschaften (SAG) in der SBZ/DDR: Bildung, Struktur und Probleme ihrer inneren Entwicklung, in: Lauschke, Karl/Welskopp, Thomas (Hrsg.), *Mikropolitik im Unternehmen: Arbeitsbeziehungen und Machtstrukturen in industriellen Großbetrieben des 20. Jahrhunderts*, Essen 1994, S. 251-252; Nettl, J. Peter, *Die deutsche Sowjetzone bis heute: Politik, Wirtschaft, Gesellschaft*, Frankfurt am Main 1953, S. 233-234. 備考の作成にあたっては，Staatsarchiv Sachsen（Dresden, Leipzig, Chemnitz, Freiberg），Hauptstaatsarchiv Sachsen-Anhalt, Landesarchiv Berlin, Archiv Portal Thüringen, Brandenburgisches Landesarchiv のウェブサイトで企業の変遷史の概要を確認した。

クラウトハイム鋳鋼所、ハレ・メルゼブルク近郊のフランクレーベン鋳鋼所、ヘットシュテット非鉄金属圧延工場が供給していたのである。

　機械工業部門については、重機、工作機械、輸送機から精密機器・事務機器等に至るまで製品パレットが広範で、また生産工程の複雑さ（多段階性、生産性格差など）を反映して、中小工場間の水平的あるいは垂直的分業が必要とされる部門である。この部門では、六つのＳＡＧが設立された。それらのうち、ＳＡＧ「重機（Amo）」（表の26番）には、マクデブルクに本社を置くブッカウ・ヴォルフ機械工場（Die Maschinenwerke Buckau-Wolf）やオットー・グルゾン機械工場（Der Maschinenbau Otto Gruson）、クルップ・グルゾン重機製造工場（Der Schwermaschinenbau Krupp-Gruson）、ロストック港にあったネプトゥーン造船所（Die Schiffswerft Neptun）の傘下工場、ザクセン＝アンハルト州に立地する変速機製造工場、コンプレッサー工場、砂糖精製装置工場など、合計一三工場が傘下に置かれた。[106] 戦前の小型造船や戦時中の戦車を含む兵器生産、計器・測定器の生産などを担っていた工場がＳＡＧに統合されたのである。

　また、ＳＡＧ「自動車・自転車（Auto-Velo）」（表の27番）には、テューリンゲン州の自動車、自転車、タイプライター・計算機、時計、精密機器、ボールベアリングなどを製造する、計一四の工場が傘下に置かれていた。ＢＭＷアイゼナッハ工場、ルーラの時計工場のほか、この地方を代表する機械工場が統合されていた。

　さらに、ＳＡＧ「輸送機（Transmasch）」（表の28番）にはベルリン、マクデブルク、ライプツィッヒ、ハレ、デッサウなどに立地する一三工場が統合されていた。主として、吊り上げ機・クレーン、輸送機、機関車・貨車・客車の製造を行ったり、それらの機械のブレーキや制御機器などを製造したりする工場群であった。

　電機・電子工業については、ＳＡＧ「ケーブル（Kabel）」（表の29番）、ＳＡＧ「絶縁体（Isolator）」（表の30番）、そしてＳＡＧ「精密機器（Totschmasch）」（表の31番）に、ＡＥＧ（Die Allgemeine Elektricitäts-Gesellschaft）やジーメンス＆ハルスケ（Die Siemens & Halske AG）の諸工場（ケーブル、家電、電池、有線・無線通信機器）、テューリンゲンの製陶・ガラス工業にゆかりのある工業用セラミック、精密機器、事務機器の製造工場が統合された（計一三工場）。

このほか、セメント・煉瓦を製造する七工場から成るSAG「セメント（Zement）」（表の32番）は、建設資材を必要としていたソ連の関心が強いものであった。さらにザクセン州アウエに本社を置いたヴィスムート・ウラン鉱山株式会社については、ソ連の原子力開発、アメリカとの開発競争との関連で、とくに重要なSAGとして位置づけられた(107)。それは、前掲第1-8表の賠償項目とその金額からもうかがい知ることができよう。

以上で見てきたように、一九四六年の六月以降には、デモンタージュとならんで、SAGと呼ばれる工業部門別の大企業（傘下に多数の関連業種工場を統合）の設立運動が起こり、それらは対ソ賠償をより安定的に遂行するための基礎を提供した。前掲第1-8表で確認できるように、SAG関連の賠償は、全賠償額の六〜七％を継続的に占めていた。しかし、まさにこの点が、ソ連占領地域の独自の復興と成長の制約要因の一つとなった。のちに詳しく見よう。

（三）　戦後復興の出発点としての公有化

新しい戦後賠償のもう一つの方針は、占領地域のドイツ人に生産を委ねて経済復興を進め、賠償のための好循環を作り出すというものであった。ソ連側にとって最重要の部門・業種の工場・施設はすでにSAGの傘下に統合され、ソ連側の「直接管理」の下に置かれていたが、それ以外に接収されていた比較的大規模の工場・施設の再稼働については明確な方向性が示されていなかった。

SMADは、一九四六年五月二一日に指令第一五四号および第一八一号を発し、接収委員会によって「リストA」と「リストB」に分類されていた工場・施設を、それらの所在地を管轄する州・プロヴィンツ政府の資産として暫定的に登録させた。そして、それらを公有化するか、私的経営として存続させるかの判断を、SMADから立法権限を付与された州・プロヴィンツ政府に委ねた。

それに呼応して、各州・プロヴィンツでは、人民投票によって公有化の是非を問うための政治的なキャンペーンが展開された。その急先鋒には、SEDが立った[108]。同党の当面の目標は、ソ連の後ろ盾を得ながら占領地域内の政治権力を掌握することであった。

先陣を切って人民投票を実施したのは、ザクセン州であった（一九四六年六月三〇日）。州の全有権者の九三・七一％が投票に参加し、その七七・六二％に相当する二六八万六四七七人が賛成票を投じたといわれている。それは有効投票数の八二・四二％であった。これにより「ナチス活動家および戦争犯罪者」の資産の人民所有への委譲が決定されたのである[109]。以後、テューリンゲン州では七月二四日、プロヴィンツ・ザクセンでは七月三〇日、プロヴィンツ・マルク・ブランデンブルクでは八月五日、メクレンブルク州では八月一六日に同様の決定がなされた。

ザクセン州について見ると、接収委員会がまとめたリスト上の四七六一の工場・施設のうち、人民投票までに州に没収されたものが一八六一件（当初の約三九％）、六〇〇件は取り扱い保留、残りは接収委員会内での議論のうえで元の所有者に返還された。上記の一八六一件のうち州有化された経営は一〇〇二件、より下級の自治体に移管された施設が二七八件、消費組合や農業協同組合に譲渡されたものが一〇一件、東方からの難民・被追放民や戦時に資産を失った生業者に売却されたものが三七九件であった（一九四六年八月時点）。残りの一〇一件については処分が保留され、一九四八年までに州が資本参加する半官半民の経営に転換された[110]。

この人民投票を境とする州有化の波は、処分保留となっていた経営の一部の州有化や、「リストB」から新たに没収・州有化が決定された経営が加わることによって、その範囲を拡大していった。一九四七年一二月時点では、ザクセン州以外の州・プロヴィンツでの転換分を含めて二七九一件が州有経営（Landeseigene Betriebe）に転換された。それらの工業部門別の内訳は、第1-11表に示した通りである。

第1-11表　州有経営の数と従業員規模（1947年12月）

工業部門	経営数	州有経営における一経営当たり従業員（人）	占領地域全体の一経営当たり従業員（人）
鉱　山	115	841.2	669.2
冶　金	81	199.2	111.8
機　械	599	164.3	56.5
電機・電子	93	178.1	56.3
精密・光学	38	119.6	58.6
化　学	167	149.8	49.0
建設資材	227	115.5	37.3
木材加工	214	74.7	28.5
繊　維	359	224.2	75.6
軽工業	129	160.0	36.9
紙・パルプ	89	202.0	118.4
エネルギー	317	78.2	63.4
食品・嗜好品	363	121.4	52.2
合　計	2,791	174.5	40.0

資料：Mühlfriedel, Wolfgang/Wießner, Klaus, *Die Geschichte der Industrie der DDR bis* 1965, Berlin 1989, S. 49.　表中の項目名は理解を容易にするため意訳した。

この表からは、すべての部門において、全経営をベースとする平均従業員数よりも、州有経営の平均従業員数のほうが高いことがわかる。これは、従業員規模の大きい経営が州有化されたことを裏づけるものであろう。そもそも労働集約的で従業員規模が大きかった経営を有する鉱山業や冶金業ではそれが顕著であった。また、業種の平均的従業員規模が相対的に小さく、資本集約的な特色を持つ機械製造や電機・電子部門、化学部門についても、州有化されたものは、相対的に規模が大きかったものだったことが表から読み取れる。軽工業については、明らかに大経営が選択的に公有化されたといって良いだろう。

（四）知的賠償の影響

デモンタージュ第III期末になると、アメリカよりも一年遅れて、ソ連政府からドイツ側に対して「知的賠償」が要請された。先に見てきたように、ソ連占領地域の成立（一九四五年七月）に前後して、アメリカ政府は、戦時中からの諜報活動を通してドイツの軍需工業（原子物理学、ロケット技術、化学兵器、潜水艦など）に関連する分析を行っていた。そして、終戦直後になると、テューリンゲン、ザクセン、ザクセン＝アンハルトの工業の中心地に、戦勝国として調査団を派遣していた。また、化学（褐炭化学、ガソリン精製、写真素材、合成ゴムなど）、機械（航空機、光学

第1-12表　ドイツ人技術者の研究・作業グループが設置されたソ連の諸都市・地域

研究分野	都市名・地域名	研究・作業グループ数
核研究	スフミ(グルジア西部)，レニングラード近郊，モスクワ近郊	10
化　学	レニングラード，モスクワ近郊，ルベジノエ(ウクライナ)	10
航　空	ポドベレージェ(モスクワから北に120 km)，ウプラフレンチェスキー(サマーラ近郊)	9
ロケット	レニングラード，モスクワ近郊	8
光　学	レニングラード，モスクワ，キエフ	6
その他	各地	16

資料：Karlsch, Rainer, *Allein bezahlt?: Die Reparationsleistungen der SBZ/DDR 1945-53*, Klitzschen 2004 (Erstdruck: Berlin 1993), S. 157.

機器、エンジン技術も含む)、電子・電機などの部門において、特許や製品の設計図・仕様書、研究開発データなどを押収したり、それらの部門の科学者、技術者、エンジニアのアメリカへの移住を強制あるいは説得によって進めたりした。とくに、ミサイル技術の分野では、ソ連への流出を阻止すべく、「オーバーキャスト作戦」(のちに「ペーパークリップ作戦」)を通じて、科学者(ヴェルナー・フォン・ブラウンも含む)や技術者の渡米を半ば強制的に実施した。その際、彼らのナチス党との関係について、深く問われることはなかった。

こうしたアメリカ側の素早い動きとは異なり、ソ連は、核兵器やミサイル開発を除けば、「頭脳狩り」に大きな関心を持っていなかった(111)。しかし、冷戦の兆しが色濃くなるなかで、ソ連政府も、デモンタージュによる物的賠償の強化とならんで、急速に知的賠償への関心を高めていった。そして、科学者や技術者の強制立ち退きとソ連への連行の形で、航空、ミサイル技術、化学、光学の分野で知的賠償政策が実施された(オソアヴィアキム(Ossoawiachim)作戦)(112)。強制移住が最も激しかったのは一九四六年一〇月下旬から四七年二月にかけての期間で、数多くの科学者・技術者が、研究分野ごとにグループ分けされ、ソ連各地の研究拠点に移送された(第1-12表)。当時の正確な数字は明らかでないが、一九四五年から五九年までに、約三〇〇〇人の科学者・技術者・エンジニアが、三七〇〇人の関係者とともにソ連で研究開発を行っていたことが知られている(113)。

部門ごとの推移を見てみると、一九四五年五月から九月までは、おもに原子物理学の研究者およびその家族がソ連に集められていた。そのなかには、ソ連の原子爆弾の製造に関わり、帰郷ののちドレスデンを本拠地に研究・開発（原子物理学、プラズマ、医療技術）を行ったマンフレット・フォン・アルデンネ（Manfred von Ardenne）の名前もあった。この移住政策には、その後に展開するオソアヴィアキム作戦のような強制的な性格はなかった。むしろ、アメリカやイギリスに先を越されていたことから、ソ連への移住に関心を持つ科学者に対しては、有利な研究条件と生活条件が与えられていた。(114) 独ソの専門家の共同で実施された研究のスタイルとして、ロシア人研究者が理論研究を行い、その成果をドイツ人が応用し、実験・開発・製造するという分業体制が敷かれていた。(115)

しかし、一九四六年一〇月二二日には、事態が一変した。軍事的に重要な部門として、航空技術（ユンカース、ヘンシェル）、光学機器（カール・ツァイス・イェーナ）、化学部門（ロイナ工場、アグファ・ヴォルフェン写真工場、ブーナ工場）において科学者・技術者の強制連行が事前予告なしに実施されたのである。この動きは、デモンタージュ政策の第Ⅳ期の始まりを告げるものであり、ドイツの非軍事化と、ソ連の軍事力増強および戦後復興を同時に補強するものとして期待された。もちろん、強制移住を強いられたドイツ人の科学者・技術者の大部分の不満は蓄積されつつあった。以下では、航空機部門と化学部門の四六年一〇月前後の状況を整理しておくことにしよう。

航空機部門では、戦後間もなく、航空技術やエンジン開発のための特別設計局が占領地域内の五ヵ所（ペーネミュンデ、ベルリン、デッサウ、シュタースフルト、ハレ）に設立され、そこには敗戦と非軍事化政策によって研究の道を断たれていた科学者や技術者が雇われていた。(116) あらゆる生活物資が不足するなかで、食糧や住宅の優先的供給が約束されたこともあって、多くの研究開発スタッフが集まった。

この時点で、ドイツ人の研究者や技術者たちは、彼らの作業が「ドイツにおける工場再建に貢献する」(117) ものと信じていた。しかし、先にあげた一九四六年一〇月下旬の強制移送作戦により、特別設計局に従事していた約一二〇〇人の科学者と技術者、エンジニア、専門工がソ連に移送された。デッサウの設計局（ユンカース工場）からは総数の約六四％、シュタースフルトの設計局（ＢＭＷ工場）からは約二〇％、ハレの設計局（ジーベル工場群）からは約一五％がソ連に移り住むことになったのである。[118]

移送先は、基本的に二ヵ所あった。モスクワから北に一二〇キロメートルに位置するポドベレージェには航空機の設計者（移送者全体の半数）が、モスクワから南東に七〇〇キロメートルのクイビシェフ（サマーラ）にはエンジンや推進装置に関する専門家が集められた。[119] ドイツ人の専門家の役割は、ソ連の研究者たちが解決できないでいた問題に解決のためのアイディアを与えたり、相互に競争したりすることであった。とくに航空機の推進装置の分野では、ドイツ人技術者の与えた影響は大きかったといわれている。

この移送は、在ドイツの特別設計局側、したがってソ連占領地域の航空機部門全体にとって、人的損失の観点からは比較的軽微だったといわれている。デッサウの設計局にとって移送されたスタッフの人数は設計局全体（約三〇〇〇人から四〇〇〇人）の約二〇％、シュタースフルト（約二二〇〇人）については、約一二％の損失であった。他部門、たとえば、ミサイル部門の特別設計局（本部はノルトハウゼン近郊のブライヒローデ、支部はエルフルト近郊のショメルダ）でも、約二％の専門スタッフが移送されたにすぎなかった。[120] 彼らの研究は、ジェットエンジン工場の建設、軽飛行機の製造、ハインケル・モデルの戦闘機の製造などに集中していた。[121] 以上のことから、航空機部門で行われた強制移住作戦は、特定の軍事技術に集中していたことが推測されよう。

化学部門については、やや回り道をした説明が必要である。同部門では、すでに一九四五年六月までにアメリカ軍の作戦によって、ＩＧファルベン傘下の工場群の科学者・技術者が西側占領地域に移送されていた。ロイナ工場からは二七人、ブーナ工場からは二四人、アグファ・ヴォルフェン写真工場からは八人、ビッターフェルト電気化学工場からは一二人、アメンドルフとビョーレンの褐炭ベースの燃料精製工場からは六人が、強制あるいは自由意思の形で移送された。[122] ところが、早くも一九四五年八月から一〇月までの間に、その約三分の一がソ連占領地域の元の職場に復帰したといわれている。[123] 戦後の全般的な物資不足のなか、食糧や住宅の面での優遇策が講じられる、というソ連側の宣伝に応える形での帰郷であった。その後、しばらくの間、先のロイナ工場では四五人の教授資格を持つ科学者たちが、ロシア人研究者たちと共同研究を行っていた。

しかし、一九四六年一〇月のオソアヴィアキム作戦の際には様相が一変した。とくにロイナ工場については、多くの研究・開発スタッフがソ連への移住を強要されたのである。ロイナ工場からは四三人の化学者とその家族が移送された(124)。また、この当時から四八年秋までに、ロイナ工場では、それまで不問に付されてきたナチスとの関係や個人の思想信条を理由に、四七人の経営陣と研究者・技術者が工場から追われた。こうした一連の動きは、同工場の化学者とエンジニアの約六割に相当する二三〇人が西側占領地域に逃避することにつながった。非軍事化の徹底は、頭脳流出をもたらし、占領地域そしてその後の東ドイツの化学工業の復興を遅らせることになった。

ロイナと同様に、ザクセン＝アンハルトの代表的化学工業の担い手であったアグファ・ヴォルフェン写真工場については、軍需生産とは直接関係のない部門だったこともあり、一九四六年秋のオソアヴィアキム作戦時には強制連行はなかった。しかし、それから約半年後の四七年三月に、ベルリンからヴォルフェンに移送された四人の科学者(写真技術)のうち一人が一年契約でソ連に派遣されることになった。また、一〇人の技術者も二年契約で働くことを約束させられた。派遣先は、ウクライナ北部のショストカで、彼らの任務は、一九四六年三月から五月および一〇月から一二月のデモンタージュによって、ヴォルフェンから運ばれてきていた設備・機械をベースに、主要製品である白黒・カラーの写真用フィルムの生産を立ち上げ、軌道に乗せることであった(125)。このように、ヴォルフェン写真工場の知的賠償は小規模に終わり、また物的デモンタージュも二度にわたって行われたとはいえ、占領地域内の写真用素材の供給を大きく阻害するものではなかった。

(五)　終わらないデモンタージュ

ここまで見てきたように、一九四六年の春以降、ＳＡＧの設立や人民投票による工場・施設の州有化によって、占領地域の供給能力を維持・温存しながら賠償あるいは現物供出のための生産活動が確保されるとともに、占領地域独自の復興の道が拓かれた。国内政治的には、同年四月半ばにＳＥＤが結成（ソ連占領地域内のＫＰＤとＳＰＤを主軸とする合同）され、同党はＳＭＡＤとの関係を一層深めつつあった。そうした政治的接近もあって、ソ連のデモンタージュ政策は最終局面に入ったかに見えた。

しかし、この時期は東西冷戦が深化しつつあり、ソ連の対ドイツ政策も揺れ動いていた。一九四六年一〇月下旬からは、それまで解体の対象から外されていた、あるいは部分解体にとどまっていた部門、とりわけザクセン＝アンハルトの航空機製造部門と、テューリンゲンに集中していた光学・精密機器部門でのデモンタージュが突如として実施された。

航空機製造は、ドイツの非軍事化の目的からすれば、完全解体順位ナンバー2の部門[126]であり、占領当初から完全なデモンタージュの対象となっていたはずであるが、一九四六年秋まで、同部門の解体はＳＭＡＤや駐留軍の軍需・民需との関連で先延ばしにされていたのである。とはいえ、先にあげた国際情勢のなか、ソ連の経済復興と軍事力強化に向けて、航空機製造部門の重要な拠点はデモンタージュの波に呑み込まれた。戦時期の軍用機生産の要であったデッサウに立地するユンカース飛行機工場群（Die Junkers-Werke in Dessau：戦闘機メッサーシュミットを製造）、ハレにあったジーベル飛行機工場（Das Siebel Werk in Halle）、マクデブルクの隣町（南方へ約三〇キロメートル）のシュタースフルトにあったヘンシェル飛行機工場（Das Henschel Werk in Staßfurt）などは、この時期に大部分が解体された[127]。このデモンタージュにより、わずかな部分を残して、航空機組立工場の主要設備、エンジン、胴体、翼面、尾翼、各種部品（燃料タンク、圧力計、小型鋳造・圧延部品等々）の工場施設がソ連に持ち去られた（第1-13表）[128]。

第Ⅲ期からの方針転換とも見えるこの第Ⅳ期の動きに対して、ジューコフに代わってＳＭＡＤ総司令官となったＢ・ソコロフスキーは、第Ⅱ期に議論されていたミコヤン方式の賠償（ドイツで生産し、ソ連に供給する＝現物供出）

第1-13表　ザクセン=アンハルトにおける航空機工場のデモンタージュ

場　所		会社名	主要製品
アーケン	Aken	ユンカース・モーター工場	エンジン，部品
ベーンドルフ	Beendorf	ジーメンス&ハルスケ航空機器工場	航空機器(電気・電子・電機部品)
ベルンブルク	Bernburg	エンジン	エンジン
ビッターフェルト	Bitterfeld	IG ファルベン	ボディー用部品
デッサウ	Dessau	ヴォルフラム機械工場	各種部品
デッサウ	Dessau	航空機試作工場	エンジン
ハ　レ	Halle	ジーベル航空機工場	組立
アイレンブルク	Eilenburg	ツィマーマン	燃料タンク
ハルバーシュタット	Halberstadt	BMW	エンジン
ハルバーシュタット	Halberstadt	ユンカース工場	主翼
マクデブルク	Magdeburg	ユンカース・モーター工場	エンジン
モアスレーベン	Mohrsleben	アスカニア工場	各種部品
ケーテン	Köthen	ユンカース工場	エンジン
ムルデンシュタイン	Muldenstein	ユンカース・モーター工場	エンジン
オッシャースレーベン	Oschersleben	AGO[1] モーター工場	エンジン
オッシャースレーベン	Oschersleben	AGO[1] 航空機工場	組立
ザンガーハウゼン	Sangerhausen	航空機工場	建設中だったものを解体
シェーネベック	Schönebeck	ユンカース部品工場	圧延部品
シュタースフルト	Staßfurt	エンジン工場	尾翼
タンガーミュンデ	Tangermünde	ユンカース部品工場	エンジン
ウフルンゲン	Ufrungen	ユンカース部品工場	降着装置
ヴァンスレーベン	Wansleben	地下航空機製造工場	胴体
ヴェルニゲローデ	Wernigerode	ユンカース部品工場	圧縮機
ヴェルニゲローデ	Wernigerode	ラウテンバッハ鋳造所	エンジン用鋳造部品

1）AGO：Apparatebau GmbH Oschersleben. 第一次世界大戦中は，Akitiengesellschaft Gustav Otto の頭文字として使われていた。

資料：Karlsch, Rainer, “Rüstungsprovinz” und Reparationsressource. Die Demontagen in Sachsen-Anhalt, in: Karlsch, Rainer/Laufer, Jochen (Hrsg.), *Sowjetische Demontagen in Deutschland 1944–1949: Hintergründe, Ziele und Wirkungen*, Berlin 2002, S. 237–238.

や、SEDや労働組合などの諸要求を考慮して、本国の特別委員会にデモンタージュの停止を要請し続けていた。

象徴的な事例としては、航空機製造部門と同様にこの期まで大がかりな解体が回避されていたカール・ツァイス・イェーナのケースがあげられる。光学・精密機器部門に分類されるこの企業は、州有化されたり、SAGの傘下に統合されたりした他の企業とは異なり、その光学分野の最先端の技術、軍事技術への応用などの観点から特別な扱いを受けてきた。ソコロフスキーも、デモンタージュによって占領地域から設備・機械を移送することよりも、ソ連の労働者をイェーナに招聘して訓練するほうが効果的であることを提案した。しかし、すでに一九四六年七月一六日付けのソ連邦閣僚会議令でスターリンが決定していた完全デモンタージュの方針は覆されることはなく、その際に任命されたドブロヴォルスキー（それまでカール・ツァイス・イェーナのソ連側総支配人）の指揮・監督の下で四六年一〇月二二日から一万八〇〇〇人の人員を投入した解体作業が始まった。同社のドイツ側経営陣は、すぐさまテューリンゲン州政府、ＳＥＤ、労働組合に陳情し、それらの代表とともにＳＭＡＤのソコロフスキー総司令官に解体の中止を求め続けた。しかし、この第Ⅳ期の解体についてソ連側の方針が変わることはなかった。(129) 一九四六年一一月五日には、「六％」を残す、という内容の閣僚会議令が下されたものの、当時世界的に有名だったコンタックス（Contax）カメラのレンズをドレスデンのカメラ製造業に供給し、賠償生産を継続するための設備を残すことが、かろうじて保証されたにすぎなかった。(130)

たしかに、第Ⅱ期から第Ⅲ期にかけて、デモンタージュ政策全体の基調は、懲罰主義的路線の放棄に傾いていた。だが、第Ⅳ期の動向を見る限り軍需に関連する最新鋭の機械工業部門（航空機製造、光学・精密機器）については、解体と本国への移送という志向は失われていなかったということができよう。

では、この時期のデモンタージュは、ソ連の利害に適うものになったのであろうか。カール・ツァイス・イェーナの事例で、それを確認してみよう。先に述べたように、同社は、それまでデモンタージュの対象から、さらには公有化やＳＡＧへの転換からも外され、対ソ賠償向けの製品を占領地域内で生産してきた。しかし、一九四六年一〇月には、カール・ツァイス・イェーナ傘下のゲーラとペスネックの工場が、四七年初頭には、イェーナとザールフェルトの工場が、そして四七年三月二〇日にはショット・ガラス工場が解体され、一〇％未満の生産設備を残して同社のデモンタージュは終了した。(131)

解体された設備・機械、器具、製品在庫は、ウラル以東のノヴォシビルスク（空軍用距離計）、モスクワ近郊の諸都市（リトカリノ、ザゴルスク、クラスノゴルスク）、レニングラード、ウクライナなどに分散して輸送された。(132) 第1‐14表からは、それぞれの移送先において再度組み立てられ、再稼働することが計画されていた設備・機械が、軍

第1-14表　カール・ツァイス・イェーナのデモンタージュと生産設備の移送先

経営体番号	工場設置地	接収予定の生産設備と関連部門	接収予定の生産設備数
第69工場	ノヴォシビルスク(シベリア最大の都市)	空軍用距離計(測距儀)	200
第233工場	リトカリノ(モスクワ市中心から南東に30 km)	＊1945年10月時点で計画されていなかった	予定なし
第237工場	レニングラード	軍用望遠鏡	50
第297工場	ヨシュカル・オラ(現ロシア連邦マリ・エル共和国)	空軍用距離計(測距儀)	620
第304工場	ゴーリキ	大砲用発射装置	619
第349工場	レニングラード(現サンクトペテルブルク)	分光装置 天文学用機器 海軍用距離計(測距儀)および潜望鏡 上記製品の生産のための光学部門 上記製品の生産のための器具製造部門 上記製品の生産を支援するその他の部門	98 583 442 250 800 300
第353工場	イジュム(現ロシア連邦ウクライナ共和国ハルキウ州の町)	眼鏡レンズ 眼鏡フレーム	745 50
第355工場	ザゴルスク(モスクワ市中心から北東に70 km)	照準望遠鏡 測光機器 医療機器 オペラグラス 上記製品の生産のための光学部門 上記製品の生産のための器具製造部門 上記製品の生産を支援するその他の部門	78 96 96 132 50 100 50
第356工場(217工場)	スヴェルドロフスク(ウクライナ共和国ルハンシク州南東の都市)	＊1945年10月時点で計画されていなかった	予定なし
第357工場	レニングラード	顕微鏡 上記製品の生産のための光学部門 上記製品の生産を支援するその他の部門	317 50 50
第393工場	クラスノゴルスク(モスクワ市中心から北西に25 km)	カメラ用レンズ 航空写真用カメラ 上記製品の生産のための光学部門 上記製品の生産のための器具製造部門 上記製品の生産を支援するその他の部門	392 384 30 400 150
第569工場	ツァゴルスク	手動測定器 機械測定器	840 438
第589工場	モスクワ	爆撃照準器	567
第780工場	レニングラード		予定なし
第784工場	キエフ(ウクライナ共和国の首都)	測地機器 工作機械 上記製品の生産のための光学部門 上記製品の生産のための器具製造部門 上記製品の生産を支援するその他の部門	968 736 50 300 150
Go I	レニングラード	＊1945年10月時点で計画されていなかった	予定なし

資料：Uhl, Matthias, Demontage der Carl Zeiss Werke in Jena, in: Karlsch, Rainer/Laufer, Jochen (Hrsg.), *Sowjetische Demontagen in Deutschland 1944-1949: Hintergründe, Ziele und Wirkungen*, Berlin 2002, S. 141-142.

需生産と民需生産の双方に関連するものであったことがわかる。とくに前者からは、ソ連政府がカール・ツァイス・イェーナのデモンタージュにこだわった背景が浮かび上がってくる。当時は、チャーチルの「鉄のカーテン」演説を境に、ソ連が原爆開発やミサイルの製造に乗り出し始めた時期であった。冷戦が始まり、核兵器やミサイルによる軍事均衡を保つためにドイツの関連技術を投入するという考えは、一九四六年から四七年にかけて強まっていたといえよう。

移送された生産設備・機械の多くは、不幸な運命をたどることとなった。第一の理由は、原子爆弾の開発やドイツ製の地対地弾道ミサイルA4（のちにコード名V2と呼称された）をベースとする技術開発に莫大な資金が必要となり、イェーナから移送されてきた物資の利用が、軍事関連のものを除いて一九四八年まで先延ばしになったことである。[133]一九四七年夏（デモンタージュから一〇ヵ月後）になって、設備の再構築が行われたのは、ノヴォシビルスクの空軍用距離計とモスクワの爆撃照準器の二工場にすぎなかった。民生需要関連の光学機器製造に至っては、運ばれてきた設備・機械の二〇～四〇％が再度組み立てられただけであった。組み立てられないまま倉庫に保管されたり、野ざらしにされ錆びついてしまったりするケースも少なくなかった。[134]また再構築にこぎ着けたとしても、ソ連製の生産設備と組み合わせた場合に、工業規格の違い、技術水準の違いなどが障害となって効果的な生産の流れやリズムが作り出せないこともあった。さらに、再構築は行われたものの、専門家、エンジニア、熟練工の不足により実際の操業に困難が生じた、ともいわれている。[135]ドイツの最新技術をベースとする光学機器部門の創出というソ連側の目論見は、デモンタージュされた設備・機械を活用できないまま、頓挫したといえよう。

なお、カール・ツァイス・イェーナに代表される光学機器部門とは対照的に、航空機製造部門については、移送された設備・機械の多くを二つの組立工場と三つのエンジン工場に集中させ、再構築が行われた。また、ミサイル開発関連では、カリーニングラードの第八八研究所（第一特別設計局が設置された）の建設にあたっては、一九四六年一二月一七日から四七年四月一日までに、ドイツの七つの工場（ノルトハウゼンの岩塩採掘坑を利用したユンカース工場も含む）から二〇〇〇貨車で運ばれた一万二〇〇〇点あまりの設備・機械が再利用された。[136] そこでは、ドイツ人の科学者・技術者とともに、ソ連の研究スタッフが共同で研究開発し、四七年には、V2の改良型としてR－1多弾頭ロケットが開発された。ドイツの非軍事化と引き換えに、ソ連とアメリカの核兵器と大陸間弾道ミサイルをめぐる競争が始まる以前の出来事であった。

（六）　デモンタージュ政策の終了

デモンタージュの第V期（一九四七年秋から四八年春）は、前期から続く褐炭採掘工場と発電所の解体で幕を開けた。前述の人民投票運動ののちに州有化された褐炭・ブリケット部門（ザクセン北部、ザクセン＝アンハルト東部、ブランデンブルク南部）の工場がデモンタージュの対象とされたことは、占領地域内のドイツ人たち（とくにSED）を驚愕させた。社会主義化という思惑とは別に、ソ連は本国の原燃料の供給問題の解決を優先したことを想起できる措置であった。これにより、褐炭・ブリケットの生産能力の約七〇％はソ連に接収され、生産高は、ほぼその数字に呼応する形で四六年半ばの二万二〇八〇トンから六五五〇トンへと激減したといわれている。[137] それは生活を一層悪化させることにつながり、ソ連やその傀儡とみなされていたSEDへの住民の不信は強まっていった。

また、鉄道部門では、一二〇〇キロメートルに及ぶ線路の撤去が行われた。すでに一万キロメートルにも及ぶ主要幹線の解体・撤去が行われていたが、この時期のデモンタージュにより占領地域内の支線のほとんどが失われたといわれている。一九四七年九月以降に撤去された線路として記録されているものとして、つぎのものがあげられる。ザクセン州の東部を走るビショーフスヴェルダとツィッタウ間の本線に連結する狭軌鉄道路線タウベンハイムとデュルヘナースドルフ間の線路、ベルリンから約七〇キロメートルに位置するブランデンブルク州のコッツェンとハーベルラント・ハウプトカナール（Havelländischer Hauptkanal：エルベ川に通じる幹線運河）の間の狭軌鉄道路線もその一部であった。[138] このような地方の支線までをも含む鉄道の解体・撤去の結果、最終的には一万一八〇〇キロメートルの線路がソ連に移送された。複線の片側だけでなく、両方の線路が撤去された路線の存在(六三〇〇キロメートルといわれる)は、占領地域の輸送網を寸断し、東ドイツの経済復興過程のみならず、将来にわたって運輸上の隘路となった。

デモンタージュの最後となったのは、一九四八年春に、それまでSAGとして生産してきた三つの経営の「部分解体」であった。アルンシュタットとゲーラのジーメンス&ハルスケ工場(無線技術とコンデンサーの生産)の解体と、シュコパウにあるブーナ工場の解体がそれであった。ブーナ工場については、SAG「合成樹脂(Kautschuk)」(前掲第1-10表)の傘下工場として、合成ゴムを製造し、四五~四七年までの間、生産高を増大させていた。国内供給と賠償の双方の利害に適った状況があったにもかかわらず、ソ連は突如として一九四八年四月五日に解体を始めた。解体の主要な対象となったのは、合成ゴム製造の最終段階の設備・装置であった。[139] それは、四三年の設備資産の「約四〇%」であったといわれている。[140] デモンタージュ前後の合成ゴムの生産高の推移からは、当時の解体の影響の一端を垣間見ることができる(第1-15表)。一九四六年から四七年にかけて生産の回復が見られたものの、四八年には再度生産高の急落を記録することとなった。ソ連のデモンタージュ政策は、その最終局面において、占領地域の経済復興にネガティブな影響をもたらしながら、四八年春に終了した。

第1-15表　ブーナ工場群の合成ゴム生産高の推移

年	合成ゴム生産高(トン)	指標　1943年＝100
1943	69,000	100
1944	46,200	67
1945	7,200	11
1946	24,100	35
1947	38,500	56
1948	27,100	39
1949	30,700	44
1950	39,500	57
1951	48,600	70

資料：Karlsch, Rainer, “Rüstungsprovinz” und Reparationsressource. Die Demontagen in Sachsen-Anhalt, in: Karlsch, Rainer/Laufer, Jochen (Hrsg.), *Sowjetische Demontagen in Deutschland 1944-1949: Hintergründe, Ziele und Wirkungen*, Berlin 2002, S. 271.

（七）　戦後賠償がもたらしたもの

前掲第1-8表で確認したように、一九四五年から四八年まで続いたデモンタージュにより、ソ連占領地域は、推定で六一億ライヒスマルクに相当する賠償を課された。賠償額全体に占めるデモンタージュの割合を推定するために、五〇年代の研究者（以下、「同時代研究」）が発表した数字と、前出のマチュケが集計した数字の対比を、第1-16表に見ながら確認しよう。

この表を作成した時点のマチュケの試算では、化学原料の生産工場、カリ鉱山が外されているほか、部分解体された工場も集計されていないため、デモンタージュによる損失は約四五億三〇〇〇万ライヒスマルクと計上されている。部分解体をも含めた金額は、のちにマチュケも加わった共同研究で作成された前掲第1-8表が示す約六一億ライヒスマルクである。

この違いがあることを考慮したうえで、第1-16表にまとめた主要部門・製品ごとの解体率を確認すると、工場の設備・機械、建物、製品在庫の合計の四分の三以上がデモンタージュ時に解体・撤去されたのは、鉄鋼・非鉄金属と機械製造に集中していたことがわかる（「同時代研究」では、おおむね五割から八割）。それは、デモンタージュの焦点が、軍需工場の解体に向かっていったことと無縁ではない。表中の数値を見ても、鉄鋼・非鉄金属、飛行機部門、軽金属加工、自動車、電機、工作機械、光学機器部門の解体率が高かった。

賠償の推移を振り返ってみると、鉄鋼部門の場合には、占領当初からデモンタージュが行われ、第II期の一九四六年春までに八割以上の生産能力がソ連に撤収された。これは、のちに鉄鋼業がソ連占領地域＝東ドイツの工業の最大の隘路となる原因の一つとなった。

機械製造部門については、デモンタージュの第I期から第III期にかけて、本国向けのみならず、ソ連駐留軍の需要をも満たす賠償向け生産を行っていたため解体を免れていた工場が少なくなかった。デモンタージュの第III期半ばになると、機械製造部門の三つのSAG（「重機（Amo）」、「自動車・自転車（Auto-Velo）」、「輸送機（Transmasch）」）に、それら一部の工場が再編された。ただし、興味深いことに、軍需と直結していた航空機製造部門の工場（ユンカースやヘンシェルの諸工場）や、生産能力の高いカール・ツァイス・イェーナとその傘下工場は、それらのSAG傘下に統合されることはなかった。また、当時の公有化の動きに沿って所有主体が変わることもなかった。それが第IV期から第V期になると、「残りの解体」ということで、公有化されず、またSAG傘下に統合されることもなかった工場が、デモンタージュの対象とされる場合もあった。

「残り」とはいえ、それらは、決して生産能力の低い、文字通りの「残滓」ではなかった。たとえば、カール・ツァイス・イェーナは、当時の最新鋭機器、設備、旧経営陣の一部、エンジニア、熟練工を中心に組織された生産能力の高い工場であった。同社は、賠償生産の重要な担い手であったにもかかわらず、その物的資産の大半を持ち去られてしまった。デモンタージュ政策が終了する半年前（一九四八年春で終了）の出来事だっただけに、ドイツ側は驚愕した。おそらく、ソ連側にとっては、それまで製品を本国に供給するという形で行われていた間接的な賠償の一部を、デモンタージュの終了間際に、ソ連本国での生産に切り替えようという意図が働いたものと思われる(141)。

解体率にやや差はあったものの、化学工業部門においては、五割から九割の工場解体を伴うデモンタージュが行われた。その推移については、先述の機械工業に共通する動きがあった。第I期から第II期に、化学工業の主力工場（ロイナ工場、アグファ・ヴォルフェン写真工場、ブーナ工場、ビッターフェルト工場）は解体されず、現物供出のための生産の担い手とされた。そして、第III期にはロイナ、ヴォルフェン、ビッターフェルト（電気化学）での部分解体が行われたり、SAGへの転換がなされたりした。さらに、デモンタージュの最終局面となった第V期には最新の合成ゴム生産の設備を備えたブーナ工場が「再解体」された。パターンとしては、機械工業と同様のものが

第1-16表　工業部門・製品別のデモンタージュ（解体率）の比較[1)]

	解体による損失（百万ライヒスマルク）[2)]				解体率（%）（設備・機械）	同時代研究（1947-53年）が示した解体率（%）					
	建物	設備・機械	在庫	合計		Rupp[3)]	Harmssen[4)]	Nettl[5)]	MG[6)]	Sopade[7)]	Melzer[8)]
縫　製		58.45	17.45	75.90	19.0						
捺　染		86.00	4.00	90.00	22.0						
製糸・織布		95.80	15.00	110.80	25.0	15	20–30	10	15	15	15
砂　糖		37.60		37.60	25.0						
製　菓		31.20	2.70	33.90	25.0						
褐炭ブリケット加工	15.00	349.00	10.00	374.00	30.0		19 以上				
紙・パルプ		124.80	42.50	167.30	30.0	45	40–50	40	40–50	45	45
自転車・ミシン・ベビーカー[9)]		38.00		38.00	35.0						
褐炭採掘		210.00		210.00	43.0		20 以上				
製　靴		22.20	3.90	26.10	45.0	15	30–35	15–20	15	15	15
精密機器・時計		96.00	19.00	115.00	53.0						
カリ・岩塩採掘	3.50	38.50	20.00	62.00	55.0						
染料・塗料		25.30	4.00	29.30	55.0						
合成繊維		53.30	3.70	57.00	55.0	30	30–55	30	35	35	50
金属加工品	2.50	36.80	6.00	45.30	65.0						
製紙機・印刷機		42.70	3.10	45.80	65.0						
写真用化学		26.95	5.55	32.50	70.0						
工作機械		140.40	13.60	154.00	75.0	53.00	55–63	60	55	55	72
繊維加工機		79.30	5.93	85.23	75.0						
光学機器		287.10	31.60	318.70	76.0	63.00	55–63	70	60	60	60
電　機		45.60	12.40	58.00	77.0	60.00	55–63	60	60	60	60
自動車	1.30	61.20	9.60	72.10	80.0	54.00	55–63	65	55	55	65
電気・電線		96.80	38.20	135.00	80.0						
鉄　鋼	12.30	185.00	10.70	208.00	87.0	64/80	50–55	40	80	80	54
非鉄金属	31.80	154.20	18.40	204.40	87.0						
合成燃料	112.00	538.00		650.00	90.0						
事務機器・文房具		42.90	1.70	44.60	90.0						
軽金属加工	11.60	205.90	6.50	224.00	95.0						

飛行機	25.10	128.60	46.00	199.70	99.7
飛行機エンジン	15.70	145.10	25.80	186.60	99.8
小　計(上記30工業部門分)	230.80	3,482.70	377.30	4,090.80	
その他(27工業部門分)[10]	4.05	375.91	62.86	442.82	
合　計	234.85	3,858.61	440.16	4,533.62	

1) 原料化学部門を除く。
2) 1938年価格で算定。
3) Rupp, Franz, Reparationsleistungen der Sowjetischen Besatzungszone Deutschlands, in: *Bonner Berichte aus Mittel- und Ostdeutschland*, Bonn 1953.
4) Harmssen, Gustav-Wilhelm, *Reparationen, Sozialprodukt, Lebensstandard. Versuch einer Wirtschaftsbilanz*, Bremen 1948; Harmssen, Gustav-Wilhelm, *Am Abend der Demontage*, Bremen 1951.
5) Nettl, J. Peter, *Die deutsche Sowjetzone bis heute: Politik, Wirtschaft, Gesellschaft*, Frankfurt am Main 1953.
6) Manchester Guardian, 1947. February 21.
7) Vorstand der Sozialdemokratischen Partei Deutschland (Hrsg.), Die Reparationen in der Sowjetzone von 1945 bis 1952, in: *Sopade-Informationsdienst, Denkschriften* 51, Bonn 1953.
8) Melzer, Manfred, Anlagevermögen, Produktion und Beschäftigung der Industrie im Gebiet der DDR von 1936 bis 1978 sowie Schätzung des künftigen Angebotspotentials, in: Deutsches Institut für Wirtschaftsforschung (Hrsg.), *Beiträge zur Strukturforschung*, Heft 59, Berlin (W) 1980. 同時代研究を踏まえた分析。
9) この部門(自転車・ミシン・ベビーカー)の企業のうち，軍需生産向けの部品供給を担っていたものが，解体の対象となった。
10) たとえば，楽器，木工，紙加工，皮革，鉄鉱石，石炭，汲み上げポンプ，計測・計量器，巻き上げ機，化学の一部など。
資料：Matschke, Werner, *Die industrielle Entwicklung in der Sowjetischen Besatzungszone Deutschlands (SBZ) von 1945 bis 1948*, Berlin 1988, S. 190-193. 解体率で並べ替えを行った。また，1947年から50年代初頭の研究で示された推計値を加え，比較可能な表に作り変えた。

あったといって良いだろう。

上記の重工業部門がたどった道とは異なり、物資不足が深刻化していた消費財部門の生産能力の撤去は、住民の生活や駐留軍の需要を満たすために、他の部門に比して軽微な規模で行われた。表からは、建物について、ほとんどが解体の対象とされなかったこともわかる。

以上で見てきた戦後のソ連占領地域が課された賠償（一九四五年春から四八年春）は、四九年に建国される東ドイツの工業の再建にどのような影響を与えたのだろうか。

デモンタージュは、一九四五年から五三年までの八年間に行われた対ソ賠償のうち、最初の三年間に集中して行われた賠償措置であった。西側占領地域が、早期にデモンタージュ政策を廃止したのに対して、ソ連は「設備を分解し、列車に積んで、本国に移送する」という暴力的・強権的なデモンタージュを実施した。とくにエネルギー部門や重工業部門の軍需関連の工場の解体が、ソ連占領地域の生産力水準の低下につながったことは疑う余地もない。

その反面、個別の事例から見えてきたことは、当該部門を代表するような主力工場、したがって生産性が高く、高品質の製品を供給できる工場は、ソ連側が受け取る賠償上のメリットもあって、すぐには解体されなかったことである。また、解体を前に公有化されたり、SAGに転換されたりしたことで、しばらくの間はデモンタージュの対象とならなかった工場もあった。

この事実は、本論でも指摘したように、第Ⅲ期(一九四六年春)以降、無秩序なデモンタージュをやめ、生産能力を維持し、賠償を現物の形で供給させようとする方針に転換したことと符合する。第一は、SAGの設立とそこからのソ連への現物供出、そして売り上げ・利益の徴収であった。第二は、ドイツ側の生産の復興と正常化を狙った工業経営の公有化であり、それは占領地域の復興と将来の自立化、そして現物供出(建国後は輸出)という二つの課題を背負うことになった。

この賠償政策の変更という事態は、それがソ連占領地域の社会主義化を後押しするものだったのか、それともソ連の経済的利害ゆえになされたことだったのか、という疑問につながる。いわゆる「スターリン・ノート」(142)(一九五二年三月一〇日)によれば、ソ連政府は、西側連合国との駆け引きのなかで、非同盟中立国としての東西ドイツ統一を構想していた。また、全ドイツ的な共産主義化をも目論んでいた、といわれている。その一方で、冷戦が深まるなかで占領地域の親社会主義的な権力＝SEDに期待を寄せていたことは、本章で見てきたデモンタージュ政策の転換の背景の一つにあげることができよう。占領期前半のソ連は、統一から得られるメリットと占領地域の再建を通じて得られる賠償と将来の貿易上の利益を天秤にかけていたことが考えられる。

こうした、先例のない事態で模索された政策は、ソ連占領地域＝東ドイツで政治の実権を握りつつあったSEDにとってはジレンマとなっていた。SEDが分断の固定化に固執し、統一ドイツ論をまったく放棄することは、ソ連の思惑から外れるだけでなく、民意をも無視することになりかねなかったからである。占領当初から二つの建国を伴う東西分断を望んでいたドイツ人はいなかったであろう。したがって、SEDは統一論への支持を表明する必要があったのではないかと思われる。

他方で、かりに全ドイツ的統一がなされた場合、SEDはソ連の後ろ盾を失うことになるし、西側占領地域での選挙に勝利する可能性は低かったに違いない。したがって、SEDは、ソ連のドイツ統一への意思表明を、もろ手を挙げて支持することはできなかったはずである。

そのSEDのジレンマは、冷戦が一九四九年に東西ドイツの建国を後押ししたことにより、ひとまず「解消」に向かった。そして、選挙による国民的な正統性は十分に得られてはいなかったものの、SEDは、SMADに代わって高等弁務官的な立場から東ドイツの政策に関与することになったソビエト管理委員会(Die Sowjetische Kontrollkommission：一九四九年一〇月一〇日～五三年五月二八日)の協力を得ながら国有化や計画経済化、農業、手工業、商業の協同組合化、行政単位改革、コメコンへの加盟などを推し進めていったのである。

注

(1) このチェコスロヴァキア北部のクレコノシェ山脈を水源とし、ドレスデン、ヴィッテンベルク、デッサウ、ヴィッテンベルゲ、ハンブルク、北海へと流れるエルベ川にかかる橋のうえで米ソ兵士の間で不戦の決意が語られたとして、「エルベの誓い」という言葉が生まれた。この出来事は、ドイツの敗北と米ソ間のつかの間の平和を象徴するものであった。

(2) Bundesministerium für gesamtdeutsche Fragen (Hrsg.), *SBZ von 1945 bis 1954*, 3. durchgesehene Auflage, Bonn/Berlin 1961, S. 9.

(3) 山田晟『東西両ドイツの分裂と再統一』有信堂高文社、一九九五年、八二頁で指摘されているように、アメリカ軍のベルリン進駐は、テューリンゲン、ザクセンを含むソ連占領予定地から撤退することの公式の交換条件ではなかったようである。

(4) その後、境界線の小さな変更はあった。たとえば、一九四五年一一月二七日には、ホルシュタイン州のラウエンブルク侯爵領(ラッツェブルク郡)の三つの村と、メクレンブルク州ショーンベルク郡の三つの村が交換されたり、同年八月三〇日には西ベルリンのシュパンダウ区の一部と東ベルリンのグロース・グリニッケの一部が交換されたりした。Bundesministerium für gesamtdeutsche Fragen (Hrsg.), *SBZ von A bis Z*, zehnte, überarbeitete und erweiterte Auflage, Bonn 1966, S. 103.

(5) クレスマン、クリストフ、前掲書、三九頁。この本を補完する資料集として、Kleßmann, Christoph/Wagner, Georg, *Das gespaltene Land: Leben in Deutschland 1945 bis 1990*, München 1993 も参照されたい。ポツダム宣言の当該箇所については、Historische Gedenkstätte des Potsdamer Abkommens Cecilienhof (Hrsg), *Das Potsdamer Abkommen. Dokumentensammlung*, Berlin 1984, S. 192-193.

(6) オーダー=ナイセ線を国境とする点について、一九四九年の建国前までは、ソ連占領地域のキリスト教民主同盟はもとより、合同後のSEDも否定的な立場を表明していた。四七年三月のフランクフルト・アム・マインのドイツ共産党(西側占領地域)との会談におけるオットー・グローテヴォールや、ミュンヘンの記者会見でのヴィルヘルム・ピークの発言は非常に明確であった、といわれている。しかし、東ドイツの建国後、両者はポーランド人民との平和・友好の境界線としての確認がなされた共同宣言を発表し、ソ連とポーランド政府の立場を代弁するようになった。Bundesministerium für gesamtdeutsche Fragen (Hrsg.), *SBZ von 1945 bis 1954*, S. 51, S. 61 und S. 121. 西ドイツ政府からは、七〇年のワルシャワ条約に至るまで、ポツダム宣言における留保規定(講和会議までの延期)をめぐって対立の立場が表明され続けた。Eppelmann, Rainer/Möller, Horst/Nooke, Günter/Wilms, Dorothee (Hrsg.), *Lexikon des DDR-Sozialismus Band 2: N-Z*, 2., aktualisierte und erweiterte Auflage, Paderborn 1997, S. 596-598. 戦後のオーダー=ナイセ線問題の展開については、つぎの文献が詳細な分析を提示している。佐藤成基『ナショナル・アイデンティティと領土——戦後ドイツの東方国境をめぐる論争』新曜社、二〇〇八年、第二章から第六章。

(7) 難民・被追放民は、旧ドイツ領出身のドイツ系住民とそれ以外のズデーテンラント、ハンガリー、ルーマニア、ユーゴスラヴィアのドイツ系住民であった。合計一七六五万人のドイツ系住民のうち、二七二万人はそれぞれの地元に残ることができたといわれる。また戦死者、追放後の移動中に亡くなった者の数は、三二〇万人にのぼるといわれている。永井清彦『現代史ベルリン』(増補)、朝日新聞社、一九九〇年、二六～三四頁。なお、ソ連占領地域では、一九四五年一〇月八日にザクセン州政府が「ドイツ人避難民(deutsche Flüchtlinge)」という用語の使用を禁じて以降、「被追放民」という言葉も用いられなくなり、「移住者(Umsiedler)」と表現されるようになった。のちにSMADは、占領地域全体に同様の措置を講ずるよう命令した。Bundesministerium für gesamtdeutsche Fragen (Hrsg.), *SBZ von 1945 bis 1954*, S. 28. 当時のポーランド、チェコスロヴァキアなどからすれば、「追放」ではなく「移住」のほうが、その強制的性格を希薄化する手段になり得ただろうし、反対に被追放民の受け入れ政策を展開した西ドイツ政府にしてみれば、東西冷戦下でのイデオロギー対立にこの事態を利用することができたであろう。関連して、広渡清吾『統一ドイツの法変動』有信堂高文社、一九九六年、二二一〜二二六頁、佐藤成基、前掲書、六九〜七〇頁、Schwartz, Michael, Umsiedlerpolitik in der Krise?: Das Vertriebenenproblem in der Gründungsphase der DDR 1948-1950, in: Hoffmann, Dirk/Wentker, Hermann (Hrsg.), *Das letzte Jahr der SBZ*, München 2000, S. 185-186 を参照されたい。なお、つぎの文献では、東西ドイツの見解の相違に配慮したうえで「難民」と総称している。足立芳宏『東ドイツ農村の社会史——「社会主義」経験の歴史化のために』京都大学学術出版会、二〇一一年の二六頁および四四頁の注参照。この当時の難民・被追放民の前史、そして戦後史に関する研究としては、つぎの著書・論文が多くの興味深い論点を提供している。永岑三千輝『ドイツ第三帝国のソ連占領政策と民衆　一九四一―一九四二』同文舘、一九九四年、永岑三千輝「疎開と逃避行、追放による難民化——敗戦前後の東部地域のドイツ人民衆」、『經濟學季報』(立正大学経済学会編)第四五巻第一号、一九九五年、川喜田敦子「東西ドイツにおける「被追放民」の統合」、『現代史研究』第四七巻、二〇〇一年、川喜田敦子『ドイツの歴史教育』白水社、二〇〇五年。

(8) フランスは、被追放民の受け入れを拒否したため、英米両占領地域のみが被追放民を受け入れた。なお、西側占領地域の総人口に占める被追放民の割合は一七%であったが、その全失業者数に占める割合は三六%にものぼった(一九四九年末)。Hardach, Karl, *Wirtschaftsgeschichte Deutschlands im 20. Jahrhundert*, 2., durchgesehene Auflage, Göttingen 1976, S. 119. 当時は、西ドイツの失業者の三人に一人は被追放民、という認識が一般的であった。Geißler, Rainer, *Die Sozialstruktur Deutschlands*, Opladen 1992, S. 296.

(9) Benz, Wolfgang, Vierzig Jahre nach der Vertreibung: Einleitende Bemerkungen, in: Benz, Wolfgang (Hrsg.), *Die Vertreibung der Deutschen aus dem Osten: Ursachen, Ereignisse, Folgen*, Frankfurt am Main 1988, S. 12-13 参照。このほか、オストブランデンブルクから一三万人、ハンガリー、ルーマニア、ユーゴスラヴィアから四七万人、その他の国・地域から四三万人が流入した。なお、英米仏占領地域(そして建国後の西ドイツ)には一九五〇年末までに、約一五六万人がソ連占領地域から移動した(四九年の東ドイツ建国以降は「共和国逃亡者(Republikflüchtlinge)」と呼ばれた)。

(10) ザクセン=アンハルトは、一九四五年まではいくつかの飛び地を含むプロヴィンツ・ザクセンとアンハルト州が、第二次世界大戦後にプロイセンの解体が宣言された四七年二月二五日から、連合国管理理事会の第四六号法により統合してプロヴィンツ・ザクセン=アンハルトになったが、間もなく四七年七月二一日からSMADの第一八〇号指令にしたがってザクセン=アンハルト州となった。Bundesministerium für gesamtdeutsche Fragen (Hrsg.), *SBZ von 1945 bis 1954*, S. 60 und S. 67.

（11） Eppelmann, Rainer/Möller, Horst/Nooke, Günter/Wilms, Dorothee (Hrsg.), *Lexikon des DDR-Sozialismus Band 2: N-Z*, S. 894.

（12） 男女の構成については、Bundesministerium für gesamtdeutsche Fragen (Hrsg.), *SBZ von A bis Z*, S. 508 参照。

（13） 移住してきた被追放民は、社会扶助の支援を受けていた者の四五・四%を占めていた。Frerich, Johannes/Frey, Martin, *Handbuch der Geschichte der Sozialpolitik in Deutschland Band 2*, S. 26-27. また、テューリンゲン州では、移住してきた被追放民（および爆撃の被災者）のために住居を確保するための法律が制定されたり、戦後に放置されたままになった家財道具が提供されたりした。*Ebenda*, S. 58.

（14） Staritz, Dietrich, *Die Gründung der DDR*, S. 65. 西側占領地域に移住してきた被追放民の多くも、もともとドイツで農業に従事していた者が多かった。Hardach, Karl, *a.a.O.*, S. 119. 古くからの農業地帯を抱えるメクレンブルクでの難民・被追放民の就業状態については、足立芳宏、前掲書、一三二～一五一頁参照。

（15） 土地改革については、足立芳宏、前掲書、五三～六〇頁で全体像をつかむことができる。なお、一〇〇ヘクタール以上の農場の所有者および戦争犯罪人・ナチス活動家からの農場の強制収用が行われ、それがこの決定の性急さと強制性に対して、反ファシズム・民主主義のための政党ブロックに所属していた東部ドイツのキリスト教民主同盟が反対（とくに無償没収との関連）したが、SMADの介入で同党の代表が解任された。その点については、Gradl, Johann Baptist, CDU gegen entschädigungslose Enteignung: SMAD erzwingt Führungswechsel, in: Spittmann, Ilse/Helwig, Gisela (Hrsg.), *DDR Lesebuch von der SBZ zur DDR 1945-1949*, Köln 1989, S. 149-153. また、当時のキリスト教民主同盟の土地改革に関する立場を示す史料として、Weber, Hermann, *Von der SBZ zur 'DDR' (Band 1: 1945-1955)*, Hannover 1966, S. 121-122 をあげておく。

（16） 一九四七年の数値は、Bundesministerium für gesamtdeutsche Fragen (Hrsg.), *SBZ von A bis Z*, S. 88 参照。一九五〇年の数値は、Klemm, Volker, *Von den bürgerlichen Agrarreformen zur sozialistischen Landwirtschaft in der DDR*, Berlin 1978, S. 156 で、また土地ファンド全体に占める比率は、クレスマン、クリストフ、前掲書、九五～九六頁で確認できる。なお、配分された土地の平均面積は、移住してきた被追放民の八・四ヘクタールが最も大きかった。地元の土地なし農民への配分は、平均七・八ヘクタールであった。この経営規模は、戦前の一九三九年における一一・二ヘクタールと大差はない、といわれている。

谷口信和『二十世紀社会主義農業の教訓――二十一世紀日本農業へのメッセージ』農山漁村文化協会、一九九九年、一一〇頁。

(17) Eppelmann, Rainer/Möller, Horst/Nooke, Günter/Wilms, Dorothee (Hrsg.), *Lexikon des DDR-Sozialismus Band 2: N-Z*, S. 894. この土地改革と新農民の創出が生み出した土着農民と流入してきた難民・被追放民との物的・精神的対立と軋轢、新農民村落での農業経営の実態、農民の階層格差の問題、農村における就業実態と非就業者の問題、住宅供給の土着民と難民の差異の問題など、非常に多岐にわたる論点について、先の足立の研究が詳細に論じている。足立芳宏、前掲書、第一章と第二章を参照されたい。それらは、一九四九・一九五〇年以降の「共和国逃亡」の背景究明の布石となっている。とくに、従来の農業集団化に偏った逃亡の原因究明に修正を迫るものとして興味深い。

(18) クレスマン、クリストフ、前掲書、三一三頁。

(19) Bundesministerium für gesamtdeutsche Fragen (Hrsg.), *SBZ von 1945 bis 1954*, S. 112. この措置は、一九五一年まで続けられ、人民警察の約三分の二が失職した。当然のことながら、こうした統制の背景には、冷戦の深化があった。

(20) Hardach, Karl, *a.a.O.*, S. 246.

(21) Staatliche Zentralverwaltung für Statistik (Hrsg.), *Statistisches Jahrbuch der DDR 1984*, Berlin 1984, S. 1.

(22) Staritz, Dietrich, *Die Gründung der DDR*, S. 63. トニー・ジャットによれば、「ベルリン郊外のトレプトウ地区では、一九四六年二月の時点で、一九歳から二一歳までの成人女性一一〇五人に対して、男性はわずか一八一人しかいなかった」という状況下で、女性は戦後の現実に立ち向かっていかねばならなかった。ジャット、トニー、前掲『ヨーロッパ戦後史 上 一九四五―一九七一』、二六頁。

(23) Länderrat des Amerikanischen Besatzungsgebiets (Hrsg.), *a.a.O.*, S. 36-38.

(24) Statistisches Reichsamt (Hrsg.), *Statistisches Jahrbuch für das Deutsche Reich 1943*, Berlin 1943, S. 605.

(25) ベルリンの旧ドイツ=ライヒ全体に占める割合は、同市の主力部門であった非鉄金属冶金、化学、ゴム・アズベスト、電機・電器、光学・精密機器、印刷、被服の場合、経営数で一〇～一三%、就業者数で七～三七%を占めていた。それらの部門が首都ベルリンとその近郊(大ベルリン)に集中していたことの現われである(第1-3表の数字から算定)。

(26) アウタルキー化とそれに関連する第一次、第二次四ヵ年計画の成立・変化の背景、路線対立(たとえば、シャハト対ゲーリング)、方針の決定などについては、栗原優『第二次世界大戦の勃発』名古屋大学出版会、一九九四年、第三部第二章(二五二～三一三頁)が詳しい。なお、アウタルキー化の焦点の一つであった石炭液化による合成石油生産については、すでにナチス党政権誕生時から当該製品の開発・製造に関わってきたIGファルベンに関する工藤章の研究がある。工藤章『現代ドイツ化学企業史――ＩＧファルベンの成立・展開・解体』ミネルヴァ書房、一九九九年、二二八〜二七三頁。もう一つの重要な戦略製品であった鉄鋼については、工藤章『二〇世紀ドイツ資本主義――国際定位と大企業体制』東京大学出版会、一九九九年、三六八〜四〇〇頁を参照されたい。

(27) 当時はアウタルキー政策だけに関心が集まっていたのではなく、「四ヵ年計画」を通じて「ドイツ経済の効率向上＝合理化」を追求していた、という見解は興味深い。柳澤治『ナチス・ドイツと資本主義――日本のモデルへ』日本経済評論社、二〇一三年、一三六〜一五五頁。さらに、「四ヵ年計画は、その本質において、ドイツの軍備拡張の経済的基礎の確立を使命としていた」、「工業原料の自給の努力と、他方における輸出促進による外貨の獲得の努力は決して矛盾するものではなかった」という栗原の見解にも象徴されるように、ドイツ軍備拡張においては、アウタルキーだけではなく輸出拡大が至上命題となっていた。ただし、その鉄鋼の輸出拡大で得た外貨が、「最大部分は実は食糧輸入にまわされていた」という指摘は、「四ヵ年計画」による軍備拡張のジレンマを捉えるうえで重要である。栗原優、前掲書、三六七〜三七八頁。関連論文として、三ツ石郁夫「ナチ期ドイツの外貨不足問題と輸出促進策の展開」、『滋賀大学経済学部研究年報』第一六号、二〇〇九年も参照されたい。

(28) その成長過程においては、官民一体となって、褐炭からの合成燃料の製造拡大に向けた工場拡大や新設が行われていった。Zumpe, Lotte, *Wirtschaft und Staat in Deutschland 1933 bis 1945*, Berlin 1980, S. 186-192 ならびに S. 440-442 の Anhang に掲載されている表も参照されたい。本文中にはイデオロギー的な解釈が散見するものの、戦前の統計資料や西側の研究にも依拠した図表の豊富さは実証研究の一助となる。このほか、栗原優、前掲書、三五四〜三五六頁も参照。加えて、当時の軍事生産に関する文献として、Eichholz, Dieter, *Geschichte der Deutschen Kriegswirtschaft 1939-1945 Band II: 1941-1943*, Berlin 1985, S. 645-669 の Anhang もあげておく。一九四〇年から四五年までの兵器、戦闘機、自動車、戦車、各種弾薬、機関銃、小銃、手榴弾など、さまざまな武器の生産量が分析されている。

(29) 加藤浩平「ドイツ分割と東西ドイツの経済関係」、『専修経済学論集』第二七巻第一号、一九九二年、一八九〜一九〇頁。Wagenführ, Rolf, *a.a.O.*, S. 16-22（とくに S. 19）。

(30) 加藤浩平、前掲「ドイツ分割と東西ドイツの経済関係」、一八九頁。この鉄鉱採掘・製鉄工場の設立をめぐっては、企業間の駆け引きはもとより、政府と鉄鋼企業との間の利害対立、政府内部の利害対立があった。詳しくは、Zumpe, Lotte, *a.a.O.*, S. 202-208 も参照されたい。なお、このザルツギッターの鉄鋼工場は、東西ドイツの分断のみならず、当初から他の地域との有機的連関に欠けていた（周辺に加工部門を設置したり、他部門の企業との連携が作り出されていなかった）ため、第二次世界大戦後に窮地に追い込まれていく。戦時の生産拠点の転換政策の失敗例の一つとなってしまった。Henning, Friedrich-

Wilhelm, Strukturbeeinträchtigungen unter dem Einfluß der Einengung oder der Beseitigung der unternehmerischen Freiheit im Gebiet der neuen Bundesländer von 1914 bis 1990, in: Feldenkirchen, Wilfried/Schönert-Röhlk, Frauke/Schulz, Günther (Hrsg.), *Wirtschaft, Gesellschaft, Unternehmen: Festschrift für Hans Pohl zum 60. Geburtstag (Vierteljahrschrift für Sozial- und Wirtschaftsgeschichte: Beihefte; Nr. 120a)*, Stuttgart 1995, S. 115-116：栗原優、前掲書、三五八～三六七頁、工藤章、前掲『二〇世紀ドイツ資本主義』、三九〇～三九四頁。

（31） Barthel, Horst, *a.a.O.*, S. 30 ならびに加藤浩平、前掲「ドイツ分割と東西ドイツの経済関係」、一九〇頁。なお、最近になって一九三六年以前のドイツ航空機産業について、永岑三千輝「ヴェルサイユ体制下ドイツ航空機産業と秘密再軍備（一）、（二）、（三）」、『横浜市立大学論叢　人文科学系』第六五巻第一・二・三合併号、二〇一四年、第六六巻第一号、同第二号、二〇一五年が発表され、再軍備前の陸軍と航空機産業との関係の変化、ハインケル、ユンカースがナチス党政権に半ば強制的に取り込まれていく過程が描かれている。

（32） Henning, Friedrich-Wilhelm, a.a.O., S. 111-112. 同論文では、合成ゴム工場が、ルールのマルルやポーランドのアウシュヴィッツにも建設されたことが指摘されていたが、ここではソ連占領地域に焦点を当てるため、それらを省いた。

（33） 北村喜義、前掲書、一一三頁ならびに Eckart, Karl, *Die Eisen- und Stahlindustrie in den beiden deutschen Staaten*, Stuttgart 1988, S. 28 も参照されたい。

（34） Kohl, H. /Jacob, G. /Kramm, H. J. /Roubitschek, W. /Schmidt-Rennert, G., *Ökonomische Geographie der Deutschen Demokratischen Republik: Bevölkerung, Siedelungen, Wirtschaftsbereiche*, Band 1, Gotha/Leipzig 1978.

（35） 括弧内の詳細は、つぎの文献を参照。Gleitze, Bruno, *Ostdeutsche Wirtschaft*, S. 60-64, S. 170-171, S. 192-193 und S. 197. このほか、オーダー=ナイセ以東の旧ドイツ=ライヒ東部は、製紙機械、紙・パルプ、マッチ、石鹸・洗剤の生産でも寄与した。

（36） エッカルトの研究によれば、一九三六年時点でルール地方において採掘・加工された石炭・コークスは、それぞれ旧ドイツ=ライヒ全体の約六九％と約八〇％に及んでいた。Eckart, Karl, *Die Eisen- und Stahlindustrie...*, S. 26. それにアーヘンやザール、ファルツを加えると前者は約八二％、後者は九〇％を超えていた。シュレージエンでは、全体の約二五％ならびに約八％が生産されていた。唯一石炭採掘地を有していたザクセンの数字は、二・三％と〇・八％にすぎなかった。西側占領地域との格差は歴然としていた。

（37） Barthel, Horst, *a. a. O.*, S. 71-78; Matschke, Werner, *Die industrielle Entwicklung...*, S. 90-99; Mühlfriedel, Wolfgang/Wießner, Klaus, *a.a.O.*, S. 20-21; Staritz, Dietrich, *Die Gründung der DDR*, S. 47-49.

(38)　一九三六年から四三年・四四年にかけてのソ連占領地域と西部の生産高の推移を見ると、「鉱山部門」では褐炭とブリケット、「鉄・非鉄金属冶金部門」では銅とマグネシウム、「機械部門」では紡績機と縫製機、機関車、事務機器、「電機部門」ではラジオ、電球、カメラ、「化学部門」では苛性ソーダ、二硫化炭素（硫黄・燐・油脂・ゴムなどを溶かすために使用される溶媒、殺虫剤、ヴィスコースの製造原料）、窒素肥料、カーバイド、メタノール、アセチレン、写真、ニトロセルロース系合成樹脂、合成ゴム、石鹸・洗剤、ガソリン、「繊維部門」ではストッキング・靴下、ステープルファイバー、メリヤス、「食品部門」では片栗粉、砂糖などが西部よりも成長の幅が大きかった。Gleitze, Bruno, *Ostdeutsche Wirtschaft*, S. 191-209.

(39)　ヤルタ会談の時点では、①機械設備の一斉没収、②年間を通じた現物納入、③ドイツ人労働力の使用を「賠償」の要求項目としてあげていたが、ポツダム会談の時点で③は取り下げられた。

(40)　Matschke, Werner, *Die industrielle Entwicklung. . .*, S. 73-74.　賠償額の規模をイメージするために当時のマクロ経済指標と比較してみたところ、ソ連が要求した賠償額三五〇億～四一三億ライヒスマルクは、一九三七年の旧ドイツ＝ライヒの国民所得（七一〇億ライヒスマルク）の約五〇～五八％にものぼる大きさであった。同じ年の輸出総額は五九億ライヒスマルクであり、その五～七倍が賠償額として示されたということもできる。Statistisches Reichsamt (Hrsg.), *Statistisches Jahrbuch für das Deutsche Reich 1938*, Berlin 1938, S. 254 und S. 559.

(41)　これまでベールに包まれていたヴィスムート・ウラン鉱山株式会社の戦後の状況を明らかにした文献としては、Karlsch, Rainer/Zeman, Zbynek, *Urangeheimnisse: Erzgebirge im Brennpunkt der Weltpolitik 1933-1960*, 2. Auflage, Berlin 2003がある。東ドイツのウラン鉱山とソ連の原子爆弾の開発研究については別の機会に譲りたい。

(42)　一九四六年に設立されたソビエト商事会社は、占領地域内のドイツ企業あるいはソビエト株式会社が生産した商品をソ連・東欧諸国や西側諸国に輸出したり、それらの国から原料・資材を輸入したりしていた。その形態はさまざまで、モスクワの商事会社の支店であったり、ＳＭＡＤの経済部局の管理下に置かれた商事会社であったり、ドイツとソ連の合弁会社であったりした。Bundesministerium für gesamtdeutsche Fragen (Hrsg.), *SBZ von A bis Z*, S. 428.

(43)　ソ連は、占領地域からの賠償以外の純粋な貿易において、一九四四年価格（凍結価格）で支払うことができた。それは、戦後のインフレ的時代にあって、ソ連側が価格補助金を受け取ったことになる。そのために、ドイツ側が支出しなければならなかった財政支出が三三億マルクであった。さらに、ソ連向けの輸出の際の包装・梱包、送料、保険金などがドイツ側の負担で支払われねばならなかった。拙稿「ソ連占領下の東ドイツの経済構造——解体と賠償の影響」、『経済学部紀要』（秋田経済法科大学）第三九号、二〇〇四年、四四頁。

（44） Baar, Lothar/Karlsch, Rainer/Matschke, Werner, a.a.O., S. 959–960. またチューリッヒ大学のフィッシュの推計では五三〇億～五五〇億ライヒスマルクとほぼ同額の結果が出ている。Fisch, Jörg, *a.a.O.*, S. 196. 他方で、マンハイム大学のブーフハイムは、一二二億USドル（約四二七億ライヒスマルク：一九三八年の為替レートで換算）と、それらの金額よりも低く見積もっている。第1-8表の「戦利品等の略奪・徴発」、「ウラン供給」、「ソビエト株式会社」、「貿易上の損失」の項目を含んでいないことがその背景にあった。Buchheim, Christoph, Kriegsschäden, Demontagen und Reparationen: Deutschland nach dem Zweiten Weltkrieg, in: Der Deutsche Bundestag (Hrsg.), *a.a.O.*, S. 1066. とはいえ、他の研究者とは対照的に、ブーフハイムは東西ドイツ双方に関わる賠償項目を含めた集計を試み、また戦争被害者への個別補償（東ドイツはソ連・東欧諸国との政治的和解はしたものの、ユダヤ系住民の被害者への補償には消極的であった）の相違を取り上げることにより、賠償の全貌を描こうとしている。東ドイツ時代の歴史教育における「ナチの過去」に対する消極的態度については、川喜田敦子、前掲『ドイツの歴史教育』、第六章が参考になる。

（45） ただし、ソ連占領地域では、必ずしもその国際条約上の精神に準拠しない指令がなされることもあったといわれている。Baar, Lothar/Karlsch, Rainer/Matschke, Werner, a.a.O., S. 916–917.

（46） Ebenda, S. 917.

（47） 一九四五年六月九日に、ベルリン中心部から南東に位置するカールスホーストに設置され、六月一〇日には、SMAD指令第一号によって、ジューコフが初代の総司令官（翌年四月一〇日にはソコロフスキーと交代）に任命された。Bundesministerium für gesamtdeutsche Fragen (Hrsg.), *SBZ von 1945 bis 1954*, S. 10. SMADの課題の柱は、他の占領地域と同様に「四つのD」（非軍事化、非ナチ化、民主化、カルテル解体（Demilitarisierung, Denazifizierung, Demokratisierung und Dekartellierung）の原則であり、それに関わる経済的な課題については、軍需産業に関わってきた巨大企業の解体と非武装化、農地改革、非ナチ化政策の一環としての人事粛清、対ソ賠償の管理、ドイツ国民のための戦後復興の指導と管理にあるとされた。

（48） Karlsch, Rainer, *Allein bezahlt?*, S. 56.

（49） 詳しくは、Baar, Lothar/Karlsch, Rainer/Matschke, Werner, a.a.O., S. 900–903. ただし、本文中の数字と表中の不一致があるので注意されたい。

（50） Ebenda, S. 924–925.

（51） Karlsch, Rainer, *Allein bezahlt?*, S. 64–71.

(52) この時期区分は、*Ebenda*, S. 60-89 に拠った。また、加藤浩平「戦後東ドイツの賠償負担問題」、『社会科学年報』（専修大学）第三六号、二〇〇二年、三七六〜三八〇頁での要点整理も参考にした。

(53) Karlsch, Rainer, *Allein bezahlt?*, S. 59.

(54) 二〇世紀のドイツ化学工業における利益共同体の形成と展開については、加来祥男『ドイツ化学工業史序説』ミネルヴァ書房、一九八六年、一三二〜一五〇頁、一七〇〜一八八頁で詳細に分析されている。

(55) その拠点は、ザクセン＝アンハルトのハレ、メルゼブルクにあった。西側占領地域については、ルートヴィッヒスハーフェンの旧ＢＡＳＦ（Badische Anilin- und Soda-Fabrik）資産が一八・三％、ヘヒストのそれが六・八％、その他が八・五％であった。工藤章、前掲『現代ドイツ化学工業史』、二七八〜二七九頁。西側では、ＢＡＳＦ、バイエル、ヘヒストに（再）分割された。

(56) Bundesanstalt für vereinigungsbedingte Sonderaufgaben Leuna Werk GmbH (Hrsg.), *Leuna: Metamorphosen eines Chemiewerks*, Halle an der Saale 1997, S. 165. ロイナ工場以外では、アグファ・ヴォルフェン写真工場では、硝酸銀（感光剤などの原料）が、シュコパウのブーナ工場では合成ゴムが接収された（のちに対価が支払われた）。化学部門以外では、ライヒ物理技術局（本部：ヴァイダ、支部：ロンネブルクならびにツォイレンローダ。いずれも、テューリンゲンのグライツ郡にある）に保管されていたラジウム（写真乳剤にも利用される）が特殊部隊によって押収された。Karlsch, Rainer, *Allein bezahlt?*, S. 59 も参照されたい。

(57) Karlsch, Rainer/Stokes, Raymond G., *Die Chemie muss stimmen*, Berlin 2000, S. 21.

(58) Sattler, Friederike, Unternehmensstrategien und Politik: Zur Entwicklung der mitteldeutschen Chemieindustrie im 20. Jahrhundert, in: Rupieper, Hermann-J./Sattler, Friederike/Wagner-Kyora, Georg (Hrsg.), *Die Mitteldeutsche Chemieindustrie und ihre Arbeiter im 20. Jahrhundert*, Halle (Saale) 2005, S. 146.

(59) Karlsch, Rainer/Stokes, Raymond, *a.a.O.*, S. 21. さらに、Bundesanstalt für vereinigungsbedingte Sonderaufgaben Leuna Werk GmbH (Hrsg.), *a.a.O.*, S. 59-60.

(60) 送り先は、アメリカのオハイオ州デイトンにある陸軍の兵器庫であった。ヘルマン、アーミン（中野不二男訳）『ツァイス――激動の１００年』新潮社、一九九五年（原著：Hermann, Armin, *Nur der Name war geblieben: Die abenteuerliche Geschichte der Firma Carl Zeiss*, Stuttgart 1989）、一〇頁。その後の展開については、リース、クルト（山下肇・土方学共訳）『廃墟からの再生――戦後ドイツの企業家たち』平凡社、一九五八年（原著：Riess, Curt, *Sie haben es noch einmal geschafft:*

Schicksale im Nachkriegsdeutschland, Berlin/Frankfurt am Main 1955. なお、邦訳は、一五編のエピソードから一〇編が選ばれた)より第三話「科学者大移動の悲劇――バウエルスフェルト博士とツァイス工学会社の物語」(四八～七四頁)。また野藤忠『ツァイス企業家精神』九州大学出版会、一九九八年、第一〇章「第二次大戦直後のツァイス社」(二二三～二三五頁)も参照されたい。

(61) Mühlfriedel, Wolfgang/Hellmuth, Edith, *Carl Zeiss in Jena 1945-1990*, Köln/Weimar/Wien 2004, S. 19.

(62) ヘルマン、アーミン、前掲書、一一五頁、Hermann, Armin, *Carl Zeiss: Die abenteuerliche Geschichte der Firma Carl Zeiss*, München, 1992, S. 158.

(63) Mühlfriedel, Wolfgang/Hellmuth, Edith, *a.a.O.*, S. 18.

(64) 加藤浩平、前掲「戦後東ドイツの賠償負担問題」、三七四頁。

(65) 省庁・政府機関、高等教育委員会、科学アカデミー等の研究施設から派遣された人々で、技術者は少尉、エンジニアは少佐、監督官は大佐の肩章をつけて、解体作業を遂行させた。Karlsch, Rainer, *Allein bezahlt?*, S. 60. なお、この時期のデモンタージュの内容と規模について、占領地域のＳＭＡＤ、駐留部隊、ソ連の諜報部の思惑が錯綜していたこともあり、正確な情報は捕捉できなかったと思われる。

(66) *Ebenda*, S. 60.

(67) *Ebenda*, S. 77-79. なお、このデモンタージュの第I期と第II期に撤収・移送されたソ連占領地域の鉄鋼工場は、ソビエト株式会社に改組されたり、州有経営に転換した。そして、占領終了後は人民所有経営に再編されることになる。

(68) 一九二六年にツァイス・イコン株式会社(Zeiss Ikon AG)に統合されていったドレスデンの大中小のカメラ工業が含まれる。フンメル、リヒァルト／クー、リチャード／村田昇作共著『東ドイツカメラの全貌――一眼レフカメラの源流を訪ねて』朝日ソノラマ、一九九八年、一〇七～一〇八頁、Blumtritt, Herbert, *Geschichte der Dresdner Fotoindustrie*, zweite Auflage, Stuttgart 2001, S. 108-112.

(69) Bundesministerium für gesamtdeutsche Fragen (Hrsg.), *SBZ von A bis Z*, S. 400. なお、この一九六六年に公刊されたこれらの部門の工場の内訳や解体数については、十分に検討がなされているわけではない。本書で頻繁に用いているカールシュの一九九七年の研究、あるいはそれ以降の包括的な分析においても明確にされていない。今後の課題である。

(70) Eckart, Karl, *Die Eisen- und Stahlindustrie*. . ., S. 28.

(71) Wienert, Helmut, *Die Stahlindustrie in der DDR*, Berlin 1992, S. 31; Unger, Stefan, *Eisen und Stahl für den Sozialismus:*

Modernisierungs- und Innovationsstrategien der Schwarzmetallurgie in der DDR von 1949 bis 1971, Berlin 2008, S. 173.

(72) 自動車工場オーペル(Opel)の三工場は、第I期に解体・移送されていた。Minjuk, Andrej, Deutsche Betriebsanlagen in der sowjetischen Automobilindustrie, in: Karlsch, Rainer/Laufer, Jochen (Hrsg.), *Sowjetische Demontagen in Deutschland 1944–1949: Hintergründe, Ziele und Wirkungen*, Berlin 2002, S. 161.

(73) 最近の研究には、一九四四年と四八年のライヒ鉄道(Die Deutsche Reichsbahn：東ドイツ時代もこの名称が用いられた)の敷設された線路の距離数の比較がある。電化された鉄道のうち、都内電車(ベルリン)については、一一%から二七%の本線・支線が撤去された。遠隔地交通用の電化線路については、ほぼ完全に撤去されたことが明らかにされている。また、機関車について見ると、蒸気機関車は三分の一に、電気機関車は一%(したがって完全な撤去)に減少したこと、ディーゼル機関車については増大したことが示されている。Kühr, Rüdiger, Die Folgen der Demontagen bei der Deutschen Reichsbahn (DR), in: Karlsch, Rainer/Laufer, Jochen (Hrsg.), *a.a.O.*, S. 476–477.

(74) Karlsch, Rainer, *Allein bezahlt?*, S. 63.

(75) Befehl der SMAD Nr. 124 des Obersten Chefs der Sowjetischen Militäradministration in Deutschland über die Beschlagnahme und die Übernahme einiger Eigentumskategorie vom 30. Oktober 1945; Befehl der SMAD Nr. 126 des Obersten Chefs der Sowjetischen Militäradministration in Deutschland zur Konfiskation des Eigentums der nationalsozialistischen Partei, ihrer Organe und der ihr angeschlossenen Organisationen vom 31. Oktober 1945, in: Ministerium für Auswärtige Angelegenheiten, *Dokumente aus den Jahren 1945–1949: um ein antifaschistisch-demokratisches Deutschland*, Berlin 1968, S. 189–192 und S. 194–196; Will, Rosemarie, Eigentumsordnung der DDR, in: Bender, Gerd/Falk, Ulrich (Hrsg.), *Recht im Sozialismus: Analysen zur Normdurchsetzung in osteuropäischen Nachkriegsgesellschaften (1944/45–1989)*, Frankfurt am Main 1999, S. 123–125; Mühlfriedel, Wolfgang/Wießner, Klaus, *a.a.O.*, S. 41–42.

(76) Befehl der SMAD Nr. 17 des Obersten Chefs der Sowjetischen Militäradministration in Deutschland über die Bildung von Zentralverwaltungen in der Sowjetischen Besatzungszone Deutschlands vom 27. Juli 1945, in: Ministerium für Auswärtige Angelegenheiten, *a.a.O.*, S. 100–102. なお指令第一七号の文書には、一九四五年八月一〇日まではＳＭＡＤ内部でも公示しないことが記載されている。一一の中央行政機関の存在は同年九月一一日まで公表されなかった、という文献もある。Bundesministerium für gesamtdeutsche Fragen (Hrsg.), *SBZ von 1945 bis 1954*, S. 19. 同指令には、中央管理局または管理局の長官名も記載されていたが、実際には別の人物が選出される場合もあった。

（77）司法は一九四八年八月に、エネルギーは四六年九月にＳＥＤのメンバーに長官職を取って代わられた。Broszat, Martin/Weber, Hermann (Hrsg.), *a.a.O.*, S. 228 und S. 277.

（78）Barth, Bernhard-Rainer/Links, Christoph/Müller-Enbergs, Helmut/Wielgohs, Jan (Hrsg.), *Wer war Wer in der DDR: Ein Biographisches Handbuch*, Frankfurt am Main 1995, S. 637.

（79）のちにフェヒナーは、一九五三年の労働者蜂起の際に労働者のストライキ権を支持したとして「国家と党の敵」と批判され、建国後に就任した司法大臣を解任、党籍も剝奪された。以後の裁判では懲役八年を言い渡されたが、脱スターリン化の流れで恩赦され、五八年に党員に復帰した。*Ebenda*, S. 177; Bertram, Mathias (Projektleiter), *Enzyklopädie der DDR: Personen, Institutionen und Strukturen in Politik, Wirtschaft, Justiz, Wissenschaft und Kultur, (Degitalbibliothek, Band 32)*, Berlin 2000, S. 11638-11639 (CD-ROM).

（80）その後、フリーデンスブルクは、一九四六年には四ヵ国統治されていた大ベルリン市の副市長に選出されるとともに、ドイツ経済研究所（のちに東ベルリンから西ベルリンへ移設）の所長も兼務していたが、ベルリン封鎖（四八年）に象徴される冷戦の深化のなか、五一年までベルリンの西側地区（Westsektor）の区長を務め、五一～五二年は西側地区の市議会議員、五二～五六年はドイツ連邦議会の議員を歴任した。Barth, Bernhard-Rainer/Links, Christoph/Müller-Enbergs, Helmut/Wielgohs, Jan (Hrsg.), *a.a.O.*, S. 197.

（81）ＫＰＤやＳＰＤではなく、ＣＤＵのフリーデンスブルクが選ばれるきっかけとなったジューコフとの懇談に関するエピソードは、東ドイツ建国を目前にソ連型社会主義に疑念を抱き占領地域からユーゴスラヴィアに亡命したウォルフガング・レオンハルト（Wolfgang Leonhard）が伝えている。レオンハルト、ヴォルフガング（高橋正雄・渡辺文太郎訳）『戦慄の共産主義――ソ連・東独からの脱出』月刊ペン社、一九七五年、三三五～三三七頁（原著は、さまざまな出版社から重版されてきたが、本書ではつぎの Reclam 版の文献を用いた。Leonhard, Wolfgang, *Die Revolution entläßt ihre Kinder*, Leipzig 1990, Band 2, S. 469-472）。

（82）ベルクホルツについては、その後もエネルギー部門の長官、大臣を歴任した。Broszat, Martin/Weber, Hermann (Hrsg.), *a.a.O.*, S. 868.

（83）フリーデンスブルクの後ろ盾となっていたジューコフは、一九四六年三月で総司令官を解任され、オデッサに配置転換された。背景には、国民的英雄と称されたジューコフに対して、スターリンが脅威を感じていたともいわれている。Foitzik, Jan/Zarewskaja-Diakina, Tatjane W./Möller, Horst/Tschubarjan, O. Alexandr/Weber, Hartmut (Hrsg.), *a.a.O.*, S. 117.

(84) Broszat, Martin/Weber, Hermann (Hrsg.), *a.a.O.*, S. 277.

(85) Merker, Wolfgang, Landes- und Zentralverwaltungen: Konstituierung und Ausrichtung der SBZ-Verwaltungsspitze durch die SMAD, in: Mehringer, Hartmut/Schwarz, Michael/Wentker, Hermann (Hrsg.), *Erobert oder befreit?: Deutschland im internationalen Kräftefeld und die Sowjetische Besatzungszone (1945/46)*, München 1999, S. 104.

(86) グンデラッハは、労働社会福祉中央管理局長官を務めていたが一九四六年四月にKPD党員のまま出身地のハンブルクに戻り、そこでのKPDの拡大に努めた。四九年には第一回ドイツ連邦議会の議員として活躍。五六年に連邦憲法裁判所からKPDの禁止命令が出されたのちは非合法活動を行っていた。彼と、東ドイツのSEDの第一書記となるヴァルター・ウルブリヒト(Walter Ulbricht)、そして先述のレオンハルトは、戦中ソ連において国際レーニン学校に通い、その後自由ドイツ国民委員会で活動していた同志であったが、ドイツへの帰還後に袂を分かつことになった。Broszat, Martin/Weber, Hermann (Hrsg.), *a.a.O.*, S. 918.　レオンハルト、ヴォルフガング、前掲書、二六六頁、二七二頁。

(87) ブッシュマンは、ヴァイマール共和国時代のリベラル政党であったドイツ民主党(Deutsche Demokratische Partei：のちに Deutsche Staatspartei に改称)の党員であった。国民経済学の博士号を持ち、一九二〇年代は"Demokratischer Zeitungsdienst"紙の編集長を務めていたが、三三年に職業禁止の命令を受けた。三九年からはベルリンのドイツ・アズベスト・セメント株式会社の工場長となったが、他方で「赤いオーケストラ(Rote Kapelle)」とゲシュタポが命名したレジスタンス運動に協力し、四三年三月に逮捕されている。戦後は、四五年七月のSMAD指令にもとづいて設置されたドイツ商業・食糧管理局長官に任命されたが、翌年の一〇月に辞任、SEDも離党し、西ベルリンに移住した。その後、ドイツ・アズベスト・セメント株式会社執行役会副議長を六二年まで、六二年から六八年まで監査役会議長を務めた。Broszat, Martin/Weber, Hermann (Hrsg.), *a.a.O.*, S. 882.

(88) Mehringer, Hartmut/Schwarz, Michael/Wentker, Hermann (Hrsg.), a.a.O., S. 104.

(89) この取りまとめのちの一九四七年六月に、フリードリッヒスはザクセン州首相在任中に逝去。Barth, Bernhard-Rainer/Links, Christoph/Müller-Enbergs, Helmut/Wielgohs, Jan, (Hrsg.) *a.a.O.*, S. 200-201.

(90) 先のレオンハルトの手記に出てくる場面がまさにこの懇談会である。レオンハルト、ヴォルフガング、前掲書、二三五頁。

(91) Merker, Wolfgang, a.a.O., S. 106.

(92) Befehl der SMAD Nr. 110 des Obersten Chefs der Sowjetischen Militäradministration in Deutschland über das Recht der Landes- und Provinzialverwaltungen Gesetze und Verordnungen mit Geseteskraft zu erlassen vom 22. Oktober 1945, in:

Ministerium für Auswärtige Angelegenheiten, *a.a.O.*, S. 183–184.

(93) Befehl der SMAD Nr. 97 des Obersten Chefs der Sowjetischen Militäradministration in Deutschland über die Schaffung einer Deutschen Zentralkommission für Beschlagnahme und Sequestrierung mit Ausführungsbestimmung vom 29. März 1946, in: Ministerium für Auswärtige Angelegenheiten, *a.a.O.*, S. 252–253; Broszat, Martin/Weber, Hermann（Hrsg.）, *a.a.O.*, S. 201. なお、ミュールフリーデルとヴィースナーの共同研究では、ＳＭＡＤの指令第一二四号の前に、ＫＰＤの呼びかけに応える形で、テューリンゲン州においてＢＭＷアイゼナッハ工場（Das Werk Eisenach der Bayerischen Motoren-Werke AG）が州法（一九四五年一〇月九日発効）にもとづいて接収され、ザクセン州では州政府理事会の決定にもとづいてフリック・コンツェルン傘下企業（褐炭鉱山会社）の資産の州政府への没収がなされる動きがあったことを指摘している。Mühlfriedel, Wolfgang/Wießner, Klaus, *a.a.O.*, S. 40–41. こうした事態は、戦勝四ヵ国の軍政府間の不協和音を呼び起こすことになりかねなかったが、ＳＭＡＤは、上記の指令第一二四号を通達し、反独占資本・反ナチズムの名の下に工場・施設の接収・没収をドイツ人の手で実行させたのであろう。Matschke, Werner, *a.a.O.*, S. 142ff. では、ＳＭＡＤの直接行使ではなく、「ドイツ人の手で」という点に着目している。同様のニュアンスは、前出の Broszat, Martin/Weber, Hermann（Hrsg.）, *a.a.O.*, S. 201 にもある。

(94) Mühlfriedel, Wolfgang/Wießner, Klaus, *a.a.O.*, S. 42.

(95) Leptin, Gert, *Deutsche Wirtschaft nach 1945*, Opladen 1980, S. 23–24; Mühlfriedel, Wolfgang/Wießner, Klaus, *a.a.O.*, S. 43; Matschke, Werner, *Die industrielle Entwicklung*..., S. 151.

(96) Karlsch, Rainer, *Allein bezahlt?*, S. 64.

(97) 緩やかな解体とはいえ、ロイナ工場の主力商品の生産量は、一九四四年との比較で大きく減退したことは事実である。たとえば、窒素、ガソリン、合成素材の生産量は、四六年には二年前の三〇％に落ち込んだ。メタノールやイソブチレン、溶剤については、そのほとんどが接収された。Karlsch, Rainer/Stokes, Raymond G., *a.a.O.*, S. 23; Bundesanstalt für vereinigungsbedingte Sonderaufgaben Leuna Werk GmbH（Hrsg.）, *a.a.O.*, S. 171.

(98) Karlsch, Rainer, *Allein bezahlt?*, S. 74–75.

(99) Mühlfriedel, Wolfgang, SAG-Betriebe: Schulen des Sozialismus, in: *Jahrbuch für Wirtschaftsgeschichte*, Teil 4, 1980, S. 159–186.

(100) Foitzik, Jan/Zarewskaja-Diakina, Tatjane W./Möller, Horst/Tschubarjan, O. Alexandr/Weber, Hartmut（Hrsg.）, *a.a.O.*, S. 396–405. なお、一九四七年一月の再編前までＳＡＧに統合されていた経営は一九四あった。その州・プロヴィンツごとの内

訳はつぎの通り。プロヴィンツ・ザクセンおよびアンハルト六九、ザクセン五五、テューリンゲン五二、プロヴィンツ・ブランデンブルク九、東ベルリン七、メクレンブルク二であった。Buck, Hansjörg F., a.a.O., S. 1091.

(101) Foitzik, Jan/Zarewskaja-Diakina, Tatjane W./Möller, Horst/Tschubarjan, O. Alexandr/Weber, Hartmut (Hrsg.), *a.a.O.*, S. 387-396.

(102) 先に見たフリック・コンツェルンのほかに、ドイツ・コンチネンタルガス会社、テューリンガー・ガス、ディリング繊維、ゲーリング、シュティンネス、ＩＧファルベン、マンネスマン、クルップ・グルゾン、ティッセン、ザルツデトフルト、ヴィンタースハル、ヘンケル、リュットガー、ボルジッヒ、ＡＥＧ（Allgemeine Elektricitäts-Gesellschaft）、ジーメンス&ハルスケ、ＢＭＷなど傘下にあったライヒ中部を拠点とする単一工場または工場群。Badstübner, Rolf (Hrsg.), *a. a. O.*, S. 68; Mühlfriedel, Wolfgang/Wießner, Klaus, *a.a.O.*, S. 17.

(103) 戦前のソ連のコンビナート論は、Ｈ・Ｇ・ハイマン、Ｈ・レヴィー、Ｒ・ヒルファーディング、Th・フォーゲルシュタイン、Ｂ・И・レーニンなどの、アメリカやヨーロッパの鉄鋼業等に見られた工場（経営）間結合の実態と、それを踏まえた独占、企業集中、産業立地、廃棄物再利用、金融資本等に関する理論的研究がベースになっている。Heymann, Hans Gideon, *Die gemischten Werke im deutschen Großeisengewerbe*, Stuttgart/Berlin 1904; Levy, Hermann, *Die Stahlindustrie der USA in ihren heutigen Produktions- und Absatzverhältnissen*, Berlin 1905、ヒルファディング、ルドルフ（岡崎次郎訳）『金融資本論（下）』岩波書店、一九八二年（原著：Hilferding, Rudolf, *Das Finanzkapital: Eine Studie über die jungste Entwicklung des Kapitalismus*, Wien 1910）、フォーゲルシュタイン、テオドーア（寺村鉄三・山本道雄共訳）『独占理論の展開——工業における金融と独占の形成』慶應書房、一九四二年（原著：Vogelstein, Theodor, *Die finanzielle Organisation der kapitalistischen Industrie und Monopolbildungen* (Grundriss der Sozialökonomik: VI. Abteilung Industrie, Bauwesen, Bergwesen), Zweite, neubearbeitete Auflage, Tübingen 1923. 初版は第四章の補遺部分を除いて刊行された一九一四年版）、レーニン、ウラジミール・イリィチ（宇高基輔訳）『帝国主義論——資本主義の最高の段階としての』岩波書店、一九五六年。つぎの研究は、第二次世界大戦前のソ連の代表的なコンビナート論であり、戦後の日本のコンビナート研究にも貴重な出発点を提供したといって良いだろう。イ・ブリューミン（松崎敏太郎訳）『多角形企業論』叢文閣、一九三七年。ソ連占領期の東ドイツに賠償生産向けに形成されたＳＡＧは、このソ連のコンビナートの構造を有する大経営として形成されたという指摘がある。ソ連占領地域のすべての工業経営を対象に集計した場合、一経営当たりの平均従業員数は二七五人であった。中央直轄セクター経営に限定すると、その数は四八〇人だったのに対して、ＳＡＧで二六三〇人であった。Schneider, Gernot/Tröder, Manfred, a.a.O., S. 23-27.

（104） ヘットシュテット精銅・真鍮工場は、当初ＳＡＧ「銅（Medj）」（**Медь**：ロシア語の銅）の傘下に統合されたが、一九五〇年一月一日付けでＳＡＧ「マルタン」に編成替えされた。Kinne, Helmut, *a.a.O.*, S. 376.

（105） Nettl, J. Peter, *a.a.O.*, S. 236. なお、この文献で使っているＳＡＧ関連の資料が一九五二年時点のものであり、四六年当初に傘下に置かれていたマクシミリアン製鉄所が含まれていなかったので追記した。

（106） *Ebenda*, S. 236.

（107） Karlsch, Rainer/Zeman, Zbynek, *a.a.O.*, S. 141–151.

（108） 一九四六年秋前後までの各州・プロヴィンツの内閣のメンバーの所属政党を確認すると、ほとんどの大臣がＫＰＤかＳＰＤ出身のＳＥＤ党員で占められていた。副大臣にはＣＤＵ党員、法務や財務大臣にはＬＤＰＤ党員が入っている、テューリンゲン州では元ＳＰＤのＳＥＤ党員が多い、ザクセン=アンハルトではＬＤＰＤとＣＤＵ党員が比較的多数配置されているなど、若干の相違はあるがＳＥＤの優位は一見して明らかであった。Broszat, Martin/Weber, Hermann (Hrsg.), *a.a.O.*, S. 96–97, S. 117–119, S. 142–143, S. 162 und S. 183–184.

（109） Badstübner, Rolf, (Hrsg.), *a.a.O.*, S. 67. この投票の前に、占領地域内の中小経営の企業家や自営業者の利害を代弁していたＣＤＵとＬＤＰＤから性急な決定を憂慮する訴状が州・プロヴィンツ政府に対して提出されていたが、ＳＭＡＤはその申し出に明確な回答をしなかった。

（110） Mühlfriedel, Wolfgang/Wießner, Klaus, *a.a.O.*, S. 42.

（111） Karlsch, Rainer, *Allein bezahlt?*, S. 154. その結果、先述のようにザクセン=アンハルトに集中していたＩＧファルベンの諸工場、テューリンゲンやザクセンの光学機器工業（カール・ツァイス・イェーナ）、電子・電機工業の研究者や技術者を、アメリカに先取りされることになった。

（112） オソアヴィアキム（Ossoawiachim）とは、「国防、航空システムおよび化学工業の奨励のための翼賛会」という意味のロシア語（**Общество содействия обороне, авиационному и химическому строительству**）の略称である。もともとは、一九二七年に準軍事的な組織として、ソ連空軍や化学工業の強化に向けて設立されたクラブであり、共産主義青年同盟（コムソモール）とも連携して国民運動的な広がりを持っていた。最初にこの略語が用いられたのは、つぎの文献だといわれている。ただし、ドイツの文献では、Osoaviachim あるいは Ossawakim と表記されることもあるので注意されたい。Leutwein, Alfred, *Die "Technische Intelligenz" in der sowjetischen Besatzungszone*, Bonn 1953, S. 38. この指摘については、Horlamus, Wolfgang, *Deutsche Ingenieure und Wissenschaftler zwischen Gleichschaltung, Weltkrieg und kaltem Krieg (1933–1948): Ein Beitrag zur* *historischen Friedens- und Konfliktforschung — Das Verantwortungsproblem*, München 2008, S. 7 und S. 117 参照。

(113) *Ebenda*, S. 157.　上記の文献では、関係者の人数は把握されていなかったが、のちにカールシュ、バール、マチュケが共同執筆して作成された論文では、三七〇〇人の関係者がいたことも確認されている。Baar, Lothar/Karlsch, Rainer/Matschke, Werner, a.a.O., S. 949.　なお、二万五〇〇〇～一〇万人が強制移住させられたとする研究も存在する。

(114) Karlsch, Rainer, *Allein bezahlt?*, S. 155.

(115) *Ebenda*, S. 159–160.

(116) Ciesla, Burghard, "Intellektuelle Reparation" der SBZ an die allierten Siegermächte? Begriffsgeschichte, Diskussionsaspekte und ein Fallbeispiel: Die deutsche Flugzeugindustrie 1945–1946, in: Buchheim, Christoph (Hrsg.), *a.a.O.*, S. 101.

(117) Ebenda, S. 102.

(118) Ebenda, S. 103.

(119) Ebenda, S. 105–106.

(120) Ebenda, S. 103.

(121) Karlsch, Rainer, *Allein bezahlt?*, S. 160–161.　結果的に、ジェットエンジンの開発以外は、軍事的に大きな意義はなかったといわれている。

(122) *Ebenda*, S. 161.

(123) ロイナ工場の場合には、一九四五年六月に二五人の専門スタッフが、アメリカ占領地域のマールブルクに移送され、ソ連占領後にその半数が、工場のあるシュコパウに戻ってきた。Sattler, Friederike, Unternehmensstrategien und Politik, S. 146.

(124) Karlsch, Rainer, "Rüstungsprovinz" und Reparationsressource. Die Demontagen in Sachsen-Anhalt, in: Karlsch, Rainer/Laufer, Jochen (Hrsg.), *a,a,O.*, S. 262.

(125) Karlsch, Rainer, *Allein bezahlt?*, S. 162–163、ならびに Karlsch, Rainer, "Rüstungsprovinz" und Reparationsressource, S. 263.

(126) Karlsch, Rainer, "Rüstungsprovinz" und Reparationsressource, S. 237.　解体の優先度ナンバー1は、弾丸、兵器、爆薬の製造工場、ナンバー3は鉄鋼、アルミニウム、燃料、合成ゴムの製造・加工工場であったといわれている。

(127) Karlsch, Rainer, *Allein bezahlt?*, S. 80.

(128) 第1-13表のザクセン=アンハルトの諸工場(二四工場)を含め、ソ連占領地域全体で総計八四の航空機関連工場の設備・機械がソ連に移送されたといわれている。移送物件は、いくつかの拠点に集中してから再構築されることとなり、最終的には二つの航空機組立工場、三つのエンジン工場の新設に利用された。Uhl, Matthias, Demontage der Carl Zeiss Werke in Jena, in: Karlsch, Rainer/Laufer, Jochen (Hrsg.), *a.a.O.*, S. 136. なお、近年の研究によると、解体を免れ部分的に残った施設は、一九四六年一二月末以降も「ソ連の飛行機のオーバーホールと修理」の工場として利用されていた事例が確認されている。この事例は、戦後すぐに軍需産業は根こそぎ完全解体された、という従来のイメージを払拭するものである。以後も飛行機工場(例：ジーベル飛行機工場)は転換し続け、「修理工場」は、「冷蔵庫製造工場」(一九四八年)→「航空機製造」(五二〜五三年：東ドイツ政権の下で再構築)へと再編された。Krienen, Dag/Prott, Stefan, Demontage, Konversion und Arbeitsmarkt in der SBZ 1945-1950, in: Karlsch, Rainer/Laufer, Jochen (Hrsg.), *a.a.O.*, S. 286-287.

(129) Uhl, Matthias, a.a.O., S. 126-129.

(130) Mühlfriedel, Wolfgang/Hellmuth, Edith, *a.a.O.*, S. 36-39, Uhl, Matthias, a.a.O., S. 126-130.

(131) Judt, Matthias, Die Deutsche Nutzung des Produktions- und Wissenschaftspotentials der ostdeutschen elektrotechnischen und feinmechanisch-optischen Industrie 1945-1955, in: Buchheim, Christoph (Hrsg.), *a.a.O.*, S. 115. 同研究では、先述のソ連の指令通り、六%を残して「九四%」が解体された、としている。約一〇%だったという研究もある。Mühlfriedel, Wolfgang/Hellmuth, Edith, *a.a.O.*, S. 35-38.

(132) Uhl, Matthias, a.a.O., S. 130-131.

(133) Ebenda, S. 134-135.

(134) Ebenda, S. 135. A4ミサイル関連施設については、一九四七年の夏までにモスクワ近郊のポドリフスキに移設された。それ以外の設備・機械で廃棄されなかったものについては、五〇年代初頭までに、眼鏡、望遠鏡、照準器、医療器具、天文学用機械(プラネタリウムも含む)の生産に利用された。

(135) Ebenda, S. 132-134 und S. 137-138. 移送後の実態の詳細は、今後、カール・ツァイス・イェーナの個別分析で明らかにしたい。

(136) Ebenda, S. 136; Ciesla, Burghard, a.a.O., S. 96 und S. 101.

(137) この背景については、カールシュの研究においても明確にされていない。その時期の占領地域間の交易に関する研究から、褐炭は、ソ連占領地域に不足する鉄鋼原料を西側占領地域から得るための重要な移出品だったことがわかっている。イギリスとの契約は、一九四六年九月から翌年の三月末までであった。さらにまた、四六年から四七年にかけての強い寒波で、ヨーロッパからソ連に至るまで深刻な燃料不足に陥っていたことも関連すると思われる。Sattler, Friederike, Demontagen und Reparationsentnahmen als Problem der beginnenden Wirtschaftsplanung in der SBZ: Das Beispiel der Provinz Brandenburg 1945–1947, in: Karlsch, Rainer/Laufer, Jochen（Hrsg.）, *a.a.O.*, S. 362–365.

(138) Walluhn, Ulrich, *Lokomotiven und Triebwagen in der SBZ/DDR 1945–1950*, Stuttgart 2004, S. 39–40.　本文であげたもの以外にも、調査できた範囲で撤去された路線が掲載されている。

(139) そのほか、スチロール製造、蒸留施設、重合施設、浄化施設が完全解体され、浄水場が部分解体された。Ahlefeld, Gabriele/Molder, Astrid/Werner, Rudolf, *Plaste und Elaste aus Schkopau: 60 Jahre Buna-Werke*, Pinneberg 1996, S. 48.

(140) Karlsch, Rainer, "Rüstungsprovinz" und Reparationsressource, S. 268–270.

(141) Uhl, Matthias, a.a.O., S. 115ff.

(142) 小嶋栄一『アデナウアーとドイツ統一』早稲田大学出版部、二〇〇一年、一章を参照されたい。

第二章　東ドイツ工業における計画経済の創出

第一節　占領から建国へ

　前章で見てきたように、ソ連占領地域では、一九四六年六月を境に懲罰的デモンタージュ政策からの転換が始まり、ＳＡＧを通じた賠償取り立てと、各州・プロヴィンツにおいて公有化された経営からの現物供出という二本立ての賠償が行われるようになった。このうち、ＳＡＧを通じた賠償は生産物または販売収入・利益が、ソ連邦閣僚会議直属の海外資産行政総管理局の管理下にあったソビエト株式会社管理部を介して本国に輸送または送金されていた。それによって生じた重化学工業基盤の喪失は、ソ連占領地域の復興の足枷となっていた。反面、ＳＭＡＤの管理・監督下ではあったが、重要部門の大工場が生産活動を続けられたことは、「占領後」の復興の好条件となる可能性があった。

　他方、公有化された経営（工場・事業所）は、個々の州・プロヴィンツ政府の管理下で、国内の生産財・消費財需要を満たすと同時に、対ソ賠償生産の担い手として現物供出向けの生産活動を行っていたが、ソ連占領地域の社会経済体制の転換を左右する存在となる可能性もあった。本節では、この公有化された経営とそれが組み込まれた工業管理システムの変化に焦点をあてることにしよう。

（一）　公有化された工業経営とその行政的管理

一九四六年六月の公有化以後、各州・プロヴィンツ政府に課された任務は、所轄の経営の活動全般に関する計画・管理・決算を担う組織を設置することであった。また、所轄の経営の法的地位、経営戦略に関する意思決定、さらには財務面での独立性も重要な論点となった。州・プロヴィンツ政府ごとに名称や位置づけは異なっていたものの、一般的な組織構造としては、経済計画の策定や管理を主要な任務とする省の所轄下に設置された管理局がその任にあたっていた。[1] いま少し詳しく見よう。

テューリンゲン州では、一九四六年一一月当初、経済計画省（Das Ministerium für Wirtschaftsplanung）所轄の州有経営管理局が、州有経営の行政指導にあたっていた。[2] いわゆる二層管理体制が形成され、局内には、基本的に部門・業種ごとの担当部門は設けられず、経営側の自由裁量の余地は相対的に大きかった。

ザクセン州では、経済・経済計画省（Das Ministerium für Wirtschaft und Wirtschaftsplanung）が設けられ、担当大臣にはＳＥＤ（元ＫＰＤ）のＦ・ゼルプマンが就任した。[3] 同州でも、同省所轄の工業局がすべての州有経営の直接管理を担う二層管理体制が敷かれていたが、個別経営の自由裁量と管理機関の行政的指令との間の乖離が危惧されていた。

プロヴィンツ・ザクセン（一九四七年七月二一日からザクセン＝アンハルト州）では、州の経済・交通省（Das Ministerium für Wirtshaft und Verkehr）のＷ・ディーカー（元ＫＰＤ／ＳＥＤ）大臣が責任者となり、[4] 省所轄の管理局長Ｗ・ブルンデルト（元ＳＰＤ／ＳＥＤ）が実務を担った。[5] 同州における州有経営の管理の構造については、州制度の再編問題もあって機構整備が遅れていたが、テューリンゲン州およびザクセン州と同様に二層管理が行われた。[6]

プロヴィンツ・マルク・ブランデンブルクでは、経済計画策定省（Das Ministerium für Wirtschaftsplanung）のＨ・ラウ（元ＫＰＤ／ＳＥＤ）[7]が大臣として州有経営の管理を統括する立場にあった。ただし、特別に州有経営管理のための機関は置かれなかった[8]。

メクレンブルク州では内務・計画策定省（Das Ministerium für innere Verwaltung und Planung）の下位に州有経営管理局が設置され、その監督下に経営が置かれた[9]。

公有化直後の各州・プロヴィンツ政府の対応を見る限り、一部を除いて「省直轄の管理局―州有経営」という二層組織を基本とする行政的な管理体制が敷かれたことがわかる。この体制の下では、行政側が州有経営を直接管理することができたものの、それに対しては、たとえば経営側の利害を代弁するＣＤＵやＬＤＰＤの州支部から州有経営の独立性（意思決定や独立採算）を求める声があがるなど、州政府との意見対立が生まれていた（テューリンゲン州、ザクセン州）。また、管理する側の、さまざまな部門・業種の経営に関する知識・経験や統治能力の不足の問題も浮上していた。

そうした事情から、州有化の第一の波から一年後の一九四七年六月に、ＳＭＡＤのテューリンゲン州本部は指令第一二八号によって、以下の改善点を州政府に対して求めた[10]。

① 経済担当省所轄管理局の下位に中間管理機関を設け、その下に州有経営を置くこと。

② 中間管理機関は、部門・業種の相違に配慮し、さらに下級の部局を設置すること（例：金属加工、ガラス・セラミック、繊維、木材加工、建設資材、その他）。

③ 州有経営の長が複数名任命されている状況を改善すること。

④ それまでの経営（工場・施設）の名称を変え、過去の歴史を清算すること。

⑤ 州有経営の長の権利と義務に関する規定を整備し、従来の経営評議会による管理を廃止すること[11]。

テューリンゲン州は、この指示にしたがって一九四八年までに機構再編を行い、「省・管理局」―「州有経営管理部（部門・業種別の中間管理機関）」―「州有経営」という三層の管理構造を作り上げた。権限と責任を州の省・管理局レベルではなく、その下位の部門・業種の管理部に付与し、それが傘下の経営の管理にあたる機構が構築されたのである。(12)

ザクセン州においては、先のゼルプマンのイニシアティブにより、一九四七年一一月時点までに、テューリンゲン州と同様の三層管理構造が構築された。中間管理機関として部門・業種・地域別に分類された六五の工業管理部(Industrieverwaltungen)が設けられ、それらの傘下に非独立の経営が統合された。この試みは、東ドイツの建国後に、部門・業種の共通性を基準に編成された水平的経営連合組織を軸とする国家主導の工業管理の先駆けとなった。

工業管理部は、おおむね以下のような特徴を有していた。(13)

① 所轄する傘下経営の生産計画の編成
② 傘下経営間の労働力、資材、資金の配分の調整
③ 資金調達、会計、販売の管理
④ 生産、加工プログラム、経済性(原価・損益計算)に関する指導と監査
⑤ 労働協約の遵守と福利厚生上の課題の実現

このゼルプマンの改革を補佐したのは、一九四六年一一月から四八年まで燃料・エネルギー管理局長(四九年四月から州の工業・通商省大臣)を務めたG・ツィラー(元KPD/SED)であった。(14)彼は、その後ゼルプマンとともに、東ドイツ復興の鍵を握る工業部門となった冶金や機械における計画経済導入のキーパーソンとなった。

この動きに対して、ザクセン州のLDPD支部から反対の声があがっていた。同党の方針は、州有化された経営の独立性が保持されるべきであること、ナチス時代の人的・組織的関係性を拭い去ったのちに州有化した経営を民間に返還することなどに向けられた。LDPDの提案は、最終的には退けられたものの、州議会の勢力は必ずしもSEDの絶対優位という状況ではなかっただけに、LDPDが利害代表となっている私的経営(手工業者も

含む）への配慮は、その後も無視できない政策ファクターとなった。(15)

以上で見てきたように、各州・プロヴィンツ政府は、一九四六年六月から八月にかけての人民投票とその後の公有化ののち、州有経営の管理・運営のための公的機関を設置した。それは当時のＳＭＡＤの占領政策の基本方針、すなわち一方で占領地域全体に関わるＳＭＡＤの意思を各種の中央管理局（前掲第1-9表）を通じて伝達しながらも、他方で州・プロヴィンツの意思決定を尊重する形で工業経営の州有化とその管理を委ねる、という方針に一致するものであった。

しかし、イデオロギー的共通性を根拠にＳＭＡＤに協力し、また占領地域内全体の政治的・経済的影響力を高めようとしていたＳＥＤにとって、地方政府への権限付与はその長期的な目論見の障害となっていたことが考えられる。とくに、州・プロヴィンツ議会において、過半数に迫る議席を有していたＬＤＰＤとＣＤＵの存在はＳＥＤの脅威となっていた。プロヴィンツ・マルク・ブランデンブルクとプロヴィンツ・ザクセンの議会選挙において、両政党の得票数の合計は過半数を獲得していたし、占領地域全体の集計において前二者は合わせて四九・二％を獲得し、ＳＥＤの四七・六％を超えていたのである。(16)

では、その後のＳＥＤへの権限の集中は、どのようなプロセスを伴って進んだのだろうか。以下では、それについて見てみよう。

（二）　東西の経済分断とソ連占領地域内の中央集権化

「ＳＭＡＤとＳＥＤ」、「ＳＥＤとＣＤＵ・ＬＤＰＤ」、「中央政府と地方政府」という三つの対抗軸をめぐって進行した占領地域の再編には、ソ連の戦後ドイツをめぐる思惑が強く働いていた。州・プロヴィンツ政府の自治と独立性に配慮した指令がＳＭＡＤを通じて発令されたのは、全ドイツへの影響力行使の可能性をさぐるソ連政府の戦後ドイツ構想があったからである。いわゆる「スターリン・ノート」(一九五二年三月一〇日)によれば、ソ連の政権内部には、非同盟中立国としてのドイツという構想と、全ドイツへの共産主義運動の浸透という構想が併存していた[17]。前者の選択肢は、州・プロヴィンツの議会選挙において過半数を得票できなかったSEDにとってジレンマの元凶であった。SMADの後ろ盾のない西側占領地域における党勢拡大は西側のキリスト教民主同盟(Die Christlich-Soziale Union)やドイツ自由民主党(Die Freie Demokratische Partei)のみならず、社会民主主義勢力のSPDの存在もあって現実的には困難であったから、むしろソ連占領地域での権力の掌握こそがSEDにとって「第一義的」あるいは「現実的」であったといえよう。この時期のSEDにとって、SMADの占領統治は、党の存続と占領地域内の権力掌握、社会主義建設という課題にとって不可欠だったのである。

そうした政治的思惑とは別に、占領地域間の経済関係の途絶はSMADにとっても、SEDにとっても好ましいものではなかった。戦前から続く東西間の分業は、戦争終結とともに不要になったわけではない。経済の復興・再建には旧ドイツ=ライヒ内の地域間分業(オーダー=ナイセ以東を除く)に依存せざるを得ないことは明白であった。商品交換のネットワークは、徐々に都市、州、占領地域全体へと広がり、それを基礎に占領地域間の交易が占領政策の中心課題の一つになった[18]。

終戦直後には、非公式に占領地域を越えた現物交換の形での取引が行われていた。たとえば、化学原料生産拠点の一つであったプロヴィンツ・ザクセンで操業していた旧IGファルベン傘下のアグファ・ヴォルフェン写真工場からは、一九四五年七月の時点で、一六〇万ライヒスマルク相当の化学製品が西側占領地域に供給されていた。そのうち四〇・八%がイギリス占領地域に、三九・八%がソ連占領地域に、一八・〇%がアメリカ占領地域に、一・四%がフランス占領地域に供給されていた。各占領地域にある旧IGファルベンの他の工場に、ヴォルフェン写真工場が原料・半製品の供給を行っていたのである[19]。

そうした分業関係を内包していた旧ドイツ=ライヒの経済空間は、戦勝四ヵ国のイデオロギー対立によって分

第2-1表　占領地域間(のちに東西ドイツ間)の交易

ダイソン取引	1946年1月1日～8月31日	イギリス占領地域とソ連占領地域
ブリテン取引	1946年9月1日～47年3月31日	イギリス占領地域とソ連占領地域
州評議会取引[1)]	1946年10月1日～47年3月31日	アメリカ占領地域とソ連占領地域
ゾフラ取引[2)]	1946年および47年	フランス占領地域とソ連占領地域
ミンデン協定	1947年1月1日～48年3月31日	米英連合地域とソ連占領地域
通商協定48[3)]	1948年4月1日～9月30日	米英連合地域とソ連占領地域
フランクフルト協定	1949年10月8日～51年3月31日	西ドイツマルク地域と東ドイツマルク地域
石炭協定I & II	1950年9月1日～51年12月31日	西ドイツマルク地域と東ドイツマルク地域
事前取引協定	1951年2月3日～52年5月4日	西ドイツマルク地域と東ドイツマルク地域
ベルリン協定	1951年9月20日(改定60年8月16日)	西ドイツマルク地域と東ドイツマルク地域

1) Länderratgeschäfte：州評議会は，1945年に設立されたアメリカ占領地域のドイツ側の中央機構(シュトゥットガルト)。ブレーメン，ヴュルテンベルク=バーデン，ヘッセン，バイエルンの4人の首相から構成される。

2) Sofra-Geschäfte：ソ連(Sowjetunion)とフランス(Frankreich)の原語の綴りを使った略称として“Sofra(ゾフラ)”と呼ばれた。

3) Warenabkommen：1947年に締結されたが，実現しなかった。

資料：Bundesministerium für innerdeutsche Beziehungen (Hrsg.), *DDR Handbuch Band A–L*, 3., überarbeitete und erweiterte Auflage, Köln 1985, S. 644; Bundesministerium für gesamtdeutsche Fragen (Hrsg.), *SBZ von 1945 bis 1954*, 3., durchgesehene Auflage, Bonn/Berlin 1961, S. 82–83 und S. 151；クレスマン，クリストフ(石田勇治・木戸衛一共訳)『戦後ドイツ史　1945–1955　【二重の建国】』未來社，1995年，80頁。

断された。一九四六年のパリ外相会談(四月二五日～五月一六日)では、市場経済体制の確立を掲げるアメリカの主張に対抗していたソ連が、当時横行していた闇取引を法律の下に規制し、そうした統制を拡大しなければならない、という見解を示した。アメリカにはイギリスが賛同し，ソ連の見解にはフランスが支持を表明した。[20] 食い違いは生じていたものの、当面は不法取引を解消させるという目的もあって、占領地域間での相互協定にもとづいた取引が実施された。

第2－1表にあげたダイソン取引(Dyson-Geschäft)、ブリテン取引(Briten-Geschäft)、州評議会取引(Länderratgeschäfte)は、そうした協定にもとづく取引であった。ダイソン取引では、イギリス占領地域(ルール地域を含む)からソ連占領地域への銑鉄・鉄鋼約四万一〇〇〇トンの供給と、後者から前者への褐炭ブリケット一八万八〇〇〇トンの供給が約束された。また、ブリテン取引でも、鉄鋼、石炭の西側からの供給がソ連占領地域の最大の関心事となった。[21] それらとならんで、一九四六年春、戦後最初のライプツィッヒ商品見本市のあと、ソ連占領地域とアメリカ占領地域の州評議会の間で、総額三六〇〇万ライヒスマルクの通商協定が締結された。[22]

占領地域間の取引が活発化するなか、西側占領地域では、西側連合国主導でドイツ全体の復興を牽引するための第一歩として、一九四七年に米英連合地域（Bizone）が発足した（四六年一二月二日に協定済み）[23]。この事態は、ソ連の政治的利害と一致するものではなかったが、戦後の物資不足のなかで東西間の商品交換を促進するために、米英連合地域とソ連占領地域との間で、はじめて通商協定が結ばれた（四七年一月一七〜一八日）[24]。米英連合地域側からはミンデン（ビーレフェルト北方）に設置されたドイツ経済行政評議会（Der Deutsche Verwaltungsrat für Wirtschaft）の代表が、ソ連占領地域側からは地域間交易および外国貿易のためのドイツ行政管理局（Die Deutsche Verwaltung für Interzonenhandel und Außenhandel）の代表が、総額二億一〇〇〇万ライヒスマルクの協定（ミンデン協定）に調印した[25]。

この歴史的な協定のあと、米英連合地域とソ連占領地域との間の取引は、国際政治情勢の変化に攪乱されながらも一時的な増大を見せた。第2-2表から、ソ連占領地域の対西側占領地域との移出入総額は、一九四六年から四七年までに三・二倍（一億五四〇〇万から四億九六〇〇万ライヒスマルク）に伸長したことがわかる。それは、ソ連や東欧社会主義諸国との移出入規模を大きく超えるものであった。移入の製品構成では、ソ連占領地域経済の構造的弱点ともいえる「鉱山、エネルギー、冶金」の割合が高かった。石炭、鉄鉱石、鉄鋼、非鉄金属（金属原料）、金属加工品を合わせると、移入の半分以上がそうした重工業製品であった（第2-3表）。逆に、西側占領地域がソ連占領地域に対して求めていたのは、一部の化学製品（各種原料、合成樹脂）や木材、食品などであった[26]。

他方で、こうした成長の陰には問題点も内包されていた。第2-4表は、ミンデン協定後の西側占領地域から東への移入額を示したものである。一九四七年前半には、三月にトルーマン・ドクトリン、六月にマーシャル・プラン構想が発表されている。また、同年六月初旬のミュンヘン州首相会談では、ドイツ全体での政党間の対立意識が強まっていたこととあいまって、政治的・経済的な統一を主張するソ連占領地域の州首相が事前会議を退席する、という事態が生じていた[27]。その影響下で、一九四七年の第Ⅲ四半期末までは、ミンデン協定の金額の約六三％が達成されていたにすぎない。供給のスピードや物資そのものへの不満から、同年八月にソ連占領地域側

第 2-2 表　1946-49 年のソ連占領地域の貿易構造

	1946 年			1947 年			1948 年			1949 年		
	輸出入総額	輸入	輸出	輸出入総額	輸入	輸出	輸出入総額	輸入	輸出	輸出入総額	輸入	輸出
全　体(百万マルク)	223.6	106.1	117.5	695.4	275.5	419.9	1,082.7	565.9	516.8	1,891.4	911.9	979.5
西側占領地域	154.3	75.7	78.6	496.5	220.1	276.4	401.8	208.0	193.8	538.8	262.7	276.1
その他の外国	69.3	30.4	38.9	198.9	55.4	143.5	680.9	357.9	323.0	1,352.6	649.2	703.4
うち，ソ連	—	—	—	0.8	0.8	0.0	259.3	158.8	108.9	606.5	274.9	331.6
ソ連以外の VD[1]	57.3	20.2	37.1	55.8	30.0	25.8	253.5	124.9	123.6	438.1	236.3	201.8
その他	12.0	10.2	1.8	142.3	24.6	117.7	168.1	82.6	85.8	380.0	138.0	170.0
全　体(%)	100.0	100.0	100.0	100.0	100.0	100.0	100.0	100.0	100.0	100.0	100.0	100.0
西側占領地域	69.0	71.3	66.9	71.4	79.9	65.8	37.1	36.8	37.5	28.5	28.8	28.2
その他の外国	31.0	28.7	33.1	28.6	20.1	34.2	62.9	63.2	62.5	71.5	71.2	71.8
うち，ソ連	—	—	—	0.1	0.3	0.0	23.9	28.1	21.1	32.1	30.1	33.9
ソ連以外の VD[1]	25.6	19.0	31.6	8.0	10.9	6.1	23.4	22.1	23.9	23.2	25.9	20.6
その他	5.4	9.6	1.5	20.5	8.9	28.0	15.5	14.6	16.6	20.1	15.1	17.4

1）ソ連以外の VD（Volksdemokratien：人民民主主義諸国＝社会主義諸国）：ポーランド，チェコスロヴァキア，ハンガリー，ルーマニア，ブルガリア，アルバニア，ユーゴスラヴィア。

資料：Barthel, Horst, *Die wirtschaftlichen Ausgangsbedingungen der DDR: Zur Wirtschaftsentwicklung auf dem Gebiet der DDR 1945-1949/50*, Berlin 1979, S. 187.　東ドイツの統計では，西ドイツとの取引は輸出入として取り扱われる。原典では，1947 年の数字に集計ミスがあるので注意されたい。

第2-3表　1946-49年の占領地域間交易(製品グループ別)

	1947年		1948年		1949年	
(A) 西側占領地域からソ連占領地域への移入(百万マルク(%))						
農林業	37.8	(17.2)	4.7	(2.2)	8.8	(3.4)
鉱山，エネルギー，冶金	87.9	(39.9)	61.9	(28.6)	94.0	(35.8)
鉄・非鉄金属加工品	29.8	(13.5)	27.0	(12.5)	59.2	(22.5)
化学製品	37.8	(17.2)	59.5	(27.5)	58.2	(22.2)
木材・合成樹脂加工品	12.0	(5.5)	15.1	(7.0)	8.0	(3.0)
消費財	14.8	(6.7)	47.9	(22.2)	34.4	(13.1)
移入合計	220.1	(100.0)	216.1	(100.0)	262.6	(100.0)
(B) ソ連占領地域から西側占領地域への移出(百万マルク(%))						
農林業	51.5	(18.6)	7.6	(3.9)	16.0	(6.1)
鉱山，エネルギー，冶金	54.9	(19.9)	31.2	(16.1)	137.0	(52.3)
鉄・非鉄金属加工品	33.1	(12.0)	28.1	(14.5)	5.3	(2.0)
化学製品	38.3	(13.9)	28.6	(14.8)	11.4	(4.3)
木材・合成樹脂加工品	57.1	(20.7)	55.9	(28.9)	38.5	(14.7)
消費財	41.5	(15.0)	42.3	(21.8)	54.0	(20.6)
移出合計	276.4	(100.0)	193.7	(100.0)	262.2	(100.0)
(B)－(A)	56.3		－22.4		－0.4	

資料：Barthel, Horst, *Die wirtschaftlichen Ausgangsbedingungen der DDR: Zur Wirtschaftsentwicklung auf dem Gebiet der DDR 1945-1949/50*, Berlin 1979, S. 186.　この文献では，東ドイツのImportあるいはExportという言葉が使われているが正確には占領地域間の移出と移入である。当時の西側占領地域ではドイツ「内部」の受け取り(Bezüge)あるいは引き渡し(Lieferungen)と表現されていた。相互に独立国家の存在を承認するか否か，という問題が，言い回しの違いとなって現われている。

第2-4表　1947年のソ連占領地域への西側占領地域からの移入

［単位：百万マルク］

	イギリス占領地域	アメリカ占領地域	小　計(米英連合地域)	フランス占領地域	3地域総計
第I四半期	17.0	18.7	35.7	3.1	38.8
第II四半期	25.4	17.5	42.9	4.4	47.3
第III四半期	30.2	18.6	48.8	4.1	52.9
第IV四半期	59.8	18.0	77.8	5.0	82.8
1947年合計	132.4	72.8	205.2	16.6	221.8

資料：Barthel, Horst, *Die wirtschaftlichen Ausgangsbedingungen der DDR: Zur Wirtschaftsentwicklung auf dem Gebiet der DDR 1945-1949/50*, Berlin 1979, S. 84.　占領地域間の対応の相違に配慮し，表には「小計(米英連合地域)」を追加した。

からの抗議がなされ、この協定は翌年三月まで延期されることが決定された。[28]

こうした情勢のなかにあっても、模索は続けられた。一九四七年の第III四半期には、アメリカの現状維持の姿勢は貫かれたものの、イギリスの譲歩もあって、ソ連占領地域への供給増が図られた。また、先のミンデン協定よりも約二四%減の一億六〇〇〇万ライヒスマルクという枠ではあったが、一九四七年一一月二七日には米英連合地域とソ連占領地域の間で新たに四八年のための通商協定が結ばれた。しかし、エスカレートする東西対立により、この協定は実効性を持たず、決裂することになった(29)。

この東西ドイツ間の交易の縮小を、ソ連占領地域側に立って穴埋めしたのは、ソ連を筆頭に、その影響下で社会主義化したポーランドやチェコスロヴァキアなどであった。第2-5表からは、西ヨーロッパ諸国との貿易に比して、とくに、賠償取り立てを行うソ連からの輸出入が一九四八年に急増したこと、輸入についてはポーランドとチェコスロヴァキアからの供給が、輸出についてはポーランドへの供給が増加したことが注目される。

第2-5表　ソ連占領地域の貿易(1947-49年)

［単位：百万マルク］

輸　入	1947年	1948年	1949年
東欧の人民民主主義諸国	30.9	277.6	511.2
うち，ポーランド	26.7	88.7	*
チェコスロヴァキア	3.3	34.2	*
ソ連	0.8	149.4	274.9
その他のヨーロッパ諸国	22.6	77.4	*
うち，ベルギー	—	18.1	*
デンマーク	0.8	*	*
イギリス	1.5	*	*
オランダ	6.9	22.9	*
ノルウェー	3.8	*	*
オーストリア	8.8	*	*
スウェーデン	0.4	*	*
スイス	1.5	4.2	*
その他の諸国	1.8	1.0	*
輸入合計	55.3	356.0	649.2

輸　出	1947年	1948年	1949年
東欧の人民民主主義諸国	26.6	242.5	533.4
うち，ポーランド	8.5	86.5	*
チェコスロヴァキア	12.8	34.0	*
ソ連	0.0	108.7	331.6
その他のヨーロッパ諸国	115.3	78.7	*
うち，ベルギー	4.9	18.1	*
デンマーク	9.9	*	*
イギリス	11.8	*	*
オランダ	10.3	26.3	*
ノルウェー	7.3	*	*
オーストリア	0.3	*	*
スウェーデン	7.9	*	*
スイス	61.4	12.8	*
その他の諸国	1.6	2.1	*
輸出合計	143.5	323.3	703.4

注1：本表には，東西ドイツ間交易は含まれていない。
注2：表中の「—」「*」は，詳細が不明である。
注3：下記の資料では，1947年の「その他のヨーロッパ諸国」の小計とその内訳の小計が一致していない。したがって，その内訳は，あくまでも参考値とする。
資料：Buchheim, Christoph, Wirtschaftliche Folgen der Integration der DDR in den RGW, in: Buchheim, Christoph (Hrsg.), *Wirtschaftliche Folgelasten des Krieges in der SBZ/DDR*, Baden-Baden 1995, S. 346.

東西両陣営の対立が顕在化するなか、一九四七年五月二九日には、米英連合地域経済評議会（Der Wirtschaftsrat des Vereinigten Wirtschaftsgebietes）が創設された。それに対抗すべく、ソ連占領地域では、同年六月四日のＳＭＡＤ指令第一三八号にもとづいてドイツ経済委員会（Die Deutsche Wirtschaftskommission）が創出された[30]。設立当時のドイツ経済委員会は、四五年七月～四七年六月一四日までに創設された中央管理局または管理局を母体としていた。工業中央管理局所轄の五つの管理主局（部門・業種別）、交通中央管理局、商業・食糧管理局、農林業管理局、燃料中央管理局の長官または局長の計九人と[31]、自由ドイツ労働組合同盟第一議長、ドイツ農民相互扶助連合（Die Vereinigung der gegenseitigen Bauernhilfe）第一議長が、ドイツ経済委員会の中枢をなしていた。同委員会に課された任務は、おもに中央管理局または管理局間の指揮・命令の流れの調整、ＳＭＡＤとの協議・交渉、対ソ賠償の履行に向けた業務の遂行であったが、東西分裂への動きが強まるなか、次第に占領地域内の経済政策を全面的に委託される機関、すなわち臨時政府として位置づけられるようになった[32]。

その対抗措置を受けて、先の米英連合地域経済評議会は自身を西側占領地域における経済行政の最高機関に位置づけることを決定した（一九四七年六月二五日）。この政治・外交の動きは、占領統治の終わりと西側占領地域に新しい国家が創設される幕開けとなった。その後、一九四七年一一～一二月のロンドン外相会議の決裂に象徴されるように東西の対決姿勢は一層先鋭化し、翌四八年の二月二三日にはソ連への呼びかけのないままアメリカ、イギリス、フランスが、ベネルクス三国を加えて六ヵ国会議を開催し、「ロンドン勧告」（憲法制定、民主主義国家、連邦制）をまとめるとともに、それを西側占領地域の各州政府の議論に委ねた。ソ連政府は、この会議を「ポツダム協定違反」、「ドイツを分断する策動」とし、四八年三月二〇日の連合国管理理事会において、ＳＭＡＤ総司令官のソコロフスキーが理事会からの脱退を表明するまでにエスカレートした。また、同年四月一日以降、ベルリンの西側地区から東ベルリンへの交通を規制する措置がとられ、東西への分裂は決定的となった。

ほぼ時を同じくして、ソ連占領地域ではＳＭＡＤが一九四八年二月一二日付けの指令第三二号により、ドイツ経済委員会の州政府に対する権限強化に着手した。その端的な表われは、同委員会に占領地域全体に関わる政令や通達を制定・公布する権限を付与したことであった[33]。それは、占領地域内に中央集権的な体制が築かれる出発点となり、のちに州・プロヴィンツの占領地域内の政治・行政における位置づけや権限の変更の根拠とされた。

第2-1図は、一九四五～四七年にかけて形成・拡大されてきた一一から一六のドイツ中央管理局（前掲1-9表参照）を再編して形成されたドイツ経済委員会の機関構成と人的配置について示したものである。委員会書記局はもとより、ほとんどの専門書記局（のちの省に相当）および管理局（部局に相当）がSED党員で占められる体制が作られたことがわかる。より下位の機関の人事に関するさらなる分析が必要ではあるが、少なくともトップ人事においてはSEDの優位が確立していた。ソ連占領地域の支配政党が占領統治下で社会主義路線を歩もうとしていたことは誰の目にも明らかであった。

それを後押しするように、SMADは、一九四八年三月三一日のドイツ経済委員会の決議[34]に応える形で同年四月一七日に指令第六四号[35]を通達し、占領地域内の工場・施設の接収・没収の完了を宣言した。それと同時に、SAGの漸次的解体と臨時政府への有償返還、州有経営および地方自治体所有の経営の「人民所有経営」への名称変更・統一を命じたのである。とくに後者の指令は、ドイツ経済委員会の下での事実上の「国有化」を準備するものとなった。この措置は、西側占領地域への対抗という思惑、そして何よりもソ連占領地域における社会主義化と新しい中央集権的な国家の創出に関する政治的・思想的な意思表明であったともいえよう。

東西間の対立に追い打ちをかけるように、一九四八年六月二〇日（西ベルリンは二三日）には西側占領地域において通貨改革が行われた。その目的は、戦後インフレの沈静化と経済安定、マーシャル・プランの受け入れ態勢の創出、配給制の廃止と闇市の撲滅であった。しかし、通貨制度の改革は国家主権に関わる問題であるとして、ソ連政府の西側連合国に対する態度は一層硬化した。そして六月二三日から二四日にはソ連占領地域において対抗的な通貨改革が行われるとともに、いわゆる「ベルリン封鎖[36]」が開始された。以後、東西分裂の危機は一層深ま

第2-1図　臨時政府になる直前のドイツ経済委員会(1948年6月時点)

資料：Matschke, Werner, *Die industrielle Entwicklung in der Sowjetischen Besatzungszone Deutschlands (SBZ) von 1945 bis 1948*, Berlin(W) 1988, S. 325-327の3つの図(1948年4月)と，Broszat, Martin/Weber, Hermann (Hrsg.), *SBZ-Handbuch: Staatliche Verwaltungen, Parteien, gesellschaftliche Organisationen und ihre Führungskräfte in der Sowjetischen Besatzungszone Deutschlands 1945-1949*, München 1993, S. 282-288の本文(1948年7月)とを比較して，担当大臣の変更，帰属先などをチェックして作成。1947年6月のSMAD指令第138号を受けて発足した同委員会は，48年2月12日のSMAD指令第32号によって再編された。マチュケが作成した48年4月時点の組織図は，その編成替えの途上のものである。本図で示す6月時点の構成で，ほぼ再編は終了し，残りは49年10月の建国までの微調整(5つの管理局の追加：健康・保健，食糧管理，食品・漁業，科学・技術，情報)にとどまった。

り、四九年五月二三日にはドイツ連邦共和国（西ドイツ）が、同年一〇月七日にはドイツ民主共和国（東ドイツ）が建国されたのである。

国際情勢、とりわけアメリカの「封じ込め政策」は、ソ連の「統一ドイツの思惑」を打ち砕き、ソ連が自らの占領地域を東欧諸国と同様に社会主義陣営に組み込む選択をする方向へと向かわせた。そして、その動きは、SMADの指示にしたがって統一ドイツを喧伝しつつも、州・プロヴィンツ議会選挙において多数派を形成できなかったSEDがソ連の支援を公然と受け入れ、占領地域における中央集権化を推し進める前衛党に変化する契機にもなった(37)。

東ドイツ建国の翌月、SMADはソビエト管理委員会と名称を変え、高等弁務官的立場から東ドイツ政府や州・プロヴィンツ政府の活動に関与するとともに、戦後賠償の計画的遂行を監督することになった(38)。先述のドイツ経済委員会は、東ドイツの建国の際に「ドイツ民主共和国の臨時政府（die Provisorische Regierung der Deutschen Demokratischen Republik）」として位置づけられ、経済委員会を構成していた中央管理局の長官・局長たちの多くは、省庁の大臣または長官に選ばれた。そして、翌一九五〇年一〇月に実施された一院制の人民議会選挙（Volkskammerwahl）以後は、SED党員を中心に政党と大衆団体の代表を登用して組閣された閣僚評議会（Der Ministerrat）が、東ドイツの「政府」となった。SEDは、人民議会選挙（定数四〇〇人）において二五％の議席を獲得、CDUが一五％、LDPDが一五％、ドイツ国家民主党（Die Nationaldemokratische Partei Deutschlands）が七・五％、ドイツ民主農民党（Die Demokratische Bauernpartei Deutschlands）が一〇％の議席を獲得した。SEDは、政党以外の大衆団体である自由ドイツ労働組合同盟、自由ドイツ青年同盟（Die Freie Deutsche Jugend）、ドイツ民主女性同盟（Der Demokratische Frauenbund Deutschlands）の多くがSED党員であったこと、ドイツ国家民主党とドイツ民主農民党はSEDの衛星政党的な存在であったことから、実質的には立法府のなかの多数派を形成することができた(39)。

いわゆる民主集中制(der demokratische Zentralismus)を政府、立法、司法に貫徹させるためには、いまひとつ解決されなければならない問題があった。すでに見てきたように、ソ連占領地域においては、一九四七年二月のプロイセンの解体時に再編された州・プロヴィンツ制度が東ドイツの建国後も維持されていた。しかし、建国後も続く賠償生産に関わる諸資源の配分に関する意思決定や統制を全国的に、そして計画的・安定的に遂行できる体制を作り、それをソ連経済と東ドイツ経済の復興に結びつけるための試みが、ＳＭＡＤとＳＥＤの手によって進められていった。

第二節　国家的工業管理システムの創設

東ドイツは、ソ連政府の指導の下、半年計画(一九四八年七〜一二月)ならびに二ヵ年計画(四九〜五〇年)の策定と実施を経て、国民経済の計画経済化の方向性を強めた。一九五二年七月二三日には、州制度を解体し、県(Bezirk)・郡(Kreis)・市町村(Städte und Gemeinde)を単位とする地方自治体改革が実施されることになった。これは、人民議会を頂点とするピラミッド型の中央集権的な体制を構築するための前提でもあった。

第2-2図からは、五州(メクレンブルク州、ブランデンブルク州、ザクセン=アンハルト州、ザクセン州、テューリンゲン州：一九四七年二月〜五二年七月)が解体され一四県(ロストック、シュヴェリーン、ノイブランデンブルク、フランクフルト・オーダー、ポツダム、マクデブルク、ハレ、ライプツィッヒ、コトブス、ドレスデン、カール・マルクス・シュタット、ゲーラ、エルフルト、ズール)と首都ベルリン(東ベルリン)に再編成されたことがわかる。州・プロヴィンツの解体は、それまでのドイツの地方自治の伝統を壊し、ＳＥＤ中央委員会およびその政治局とベルリンの共和国政府を頂点とする中央集権的政治・行政システムが構築されたことを意味した。(40)

以下では、この政治・行政システムの構築と前後する東ドイツの計画経済化の試行錯誤の過程を、国家的工業管理システムの変遷と、その傘下の工業企業体制の変化を軸に分析することにしよう。

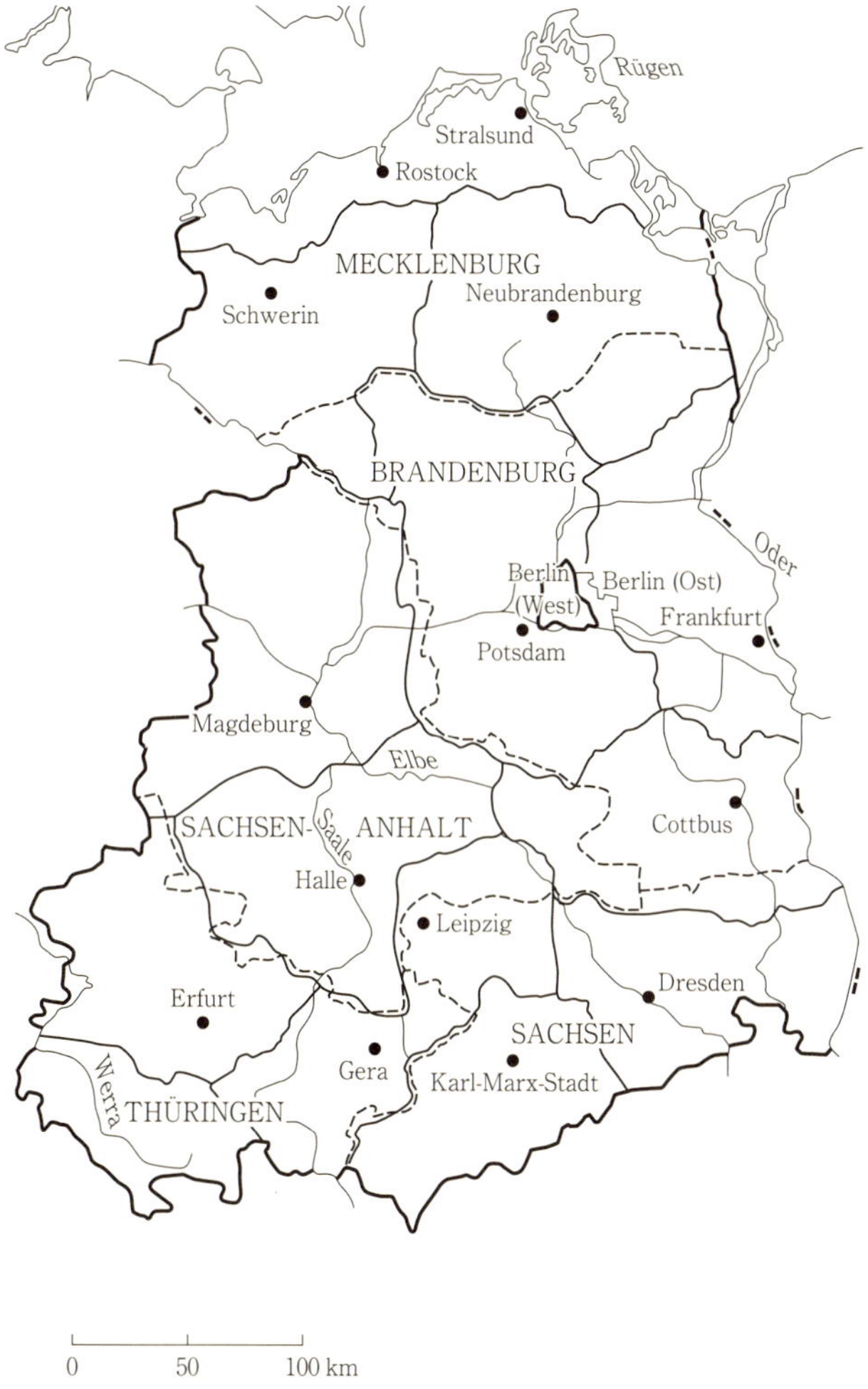

破線：1946-52年の州（新）の境界線　実線：1952年以降の県の境界線
実線（太字）：1976年の国境

第2-2図　建国後の東ドイツにおける行政単位の再編（1952年）

資料：Eckart, Karl, *DDR*, 3., überarbeitete Auflage, Stuttgart 1989, S. 52.

（二）　ソビエト株式会社の返還

前述のようにソビエト株式会社＝ＳＡＧは、一九四六年六月以降、ソ連占領地域における資本財部門（一部消費財部門）の重要工場・施設を母体に形成され、対ソ賠償を履行するための生産活動を行ってきた。他方で、設立から半年後の四七年一月一一日には、七四のＳＡＧ傘下経営が州に有償返還され（うち二五はザクセン州、二一はテューリンゲン州、一八はザクセン＝アンハルト州、五はブランデンブルク州、同じく五はメクレンブルク州へ）[41]、それらは州ないし郡直轄の人民所有経営に転換された[42]。返還の理由は、第一にそれらが赤字主体であり自治体の補助金を必要としていたからであった[43]。この四七年に始まるＳＡＧ傘下経営の返還は、ドイツ側への譲歩というよりは、収益性の低下を嫌って、問題を各州・プロヴィンツ政府に押しつける性格のものであったといえよう。その「買い戻し」の対価は、地方政府（建国後は東ドイツ政府）が、ソ連国立銀行の支店に準ずる形でベルリンに設置された手形保証・信用銀行株式会社（Die Garantie- und Kreditbank AG）[44]に支払われた[45]。

この限定的な有償返還措置のあとも、残存するＳＡＧとその傘下経営は賠償向け生産を行い続けた。その規模は、ソ連占領地域、そして建国後の東ドイツの工業生産全体の約一七～二三％の割合を占めるものであった。なかでも一九四九年まではエネルギー部門、鉱山部門、化学部門の比重は高く、それに機械部門が続いた（第2-6表）。他方で、人民所有経営（この時期は州・プロヴィンツの管理下）は、建国に至るまで工業全体の三七％から四七％の生産を行っていた。とくに精密・光学機器ならびに消費財部門の生産の比重の高まりが確認できる。対照的に、戦後の接収後に民間に返還された私的経営は、消費財部門の生産において非常に大きな割合を占めていたのだが、四七年から四九年にかけては四四％から三一・五％へと急減している。この数字の動きから、ＳＡＧ傘下経営の返還と私的経営の駆逐の結果として、人民所有経営の比重が高まってきたことが読み取れよう。

第2-6表　建国前の東ドイツにおける主要部門の工業生産高の推移(所有主体別)

［単位：%］

工業部門	1947年			1948年			1949年		
	SAG[1]	VEB[2]	私的経営	SAG[1]	VEB[2]	私的経営	SAG[1]	VEB[2]	私的経営
エネルギー	34.7	57.9	7.4	44.1	49.2	6.7	42.1	56.8	1.1
鉱　山	33.4	64.4	2.2	33.5	61.5	5.0	36.9	60.9	2.2
化　学	54.0	20.4	25.6	56.7	22.1	21.2	54.8	29.0	16.2
機　械	39.4	59.1	1.5	28.0	45.1	26.9	29.6	47.9	22.5
電機・電子	39.6	40.6	19.8	40.8	38.1	21.1	38.3	47.8	13.9
精密・光学機器	35.5	31.1	33.4	26.8	44.7	28.5	20.0	60.0	20.0
繊　維	2.4	51.5	46.1	2.4	50.6	47.0	2.4	58.0	39.6
被服・皮革・製靴	—	25.1	74.9	0.2	36.0	63.8	2.4	39.1	58.5
食品・嗜好品	—	23.8	76.2	—	35.8	64.2	—	41.9	58.1
上記部門全体	19.5	36.8	43.7	22.0	39.0	39.0	21.9	46.6	31.5

1) SAG (Sowjetische Aktiengesellschaft)：ソビエト株式会社。戦後賠償目的で没収されたドイツ企業で，ソ連の行政管理下に移管されたもの。

2) VEB (volkseigener Betrieb)：人民所有経営。建国前の1947年と48年は州有経営。

補足データ：下記のブック(Buck)の論文から3つの所有主体の1950年と52年の割合を記載する。

1950年　SAG：22.6%，VEB：53.9%，私的経営：23.5%

1952年　SAG：17.0%，VEB：63.7%，私的経営：19.3%

資料：Matschke, Werner, Die wirtschaftliche Entwicklung in der SBZ: Vorgeschichte-Weichenstellungen-Bestimmungsfaktoren, in: Fischer, Alexander (Hrsg.), *Studien zur Geschichte der SBZ/DDR*, Berlin 1993, S. 114; Buck, Hansjörg F., Formen, Instrumente und Methoden zur Verdrängung, Einbeziehung und Liquidierung der Privatwirtschaft in der SBZ/DDR, in: Der Deutsche Bundestag (Hrsg.), *Materialien der Enquete-Kommission "Aufarbeitung von Geschichte und Folgen der SED-Diktatur in Deutschland" (12. Wahlperiode des Deutschen Bundestages) Band V/2: Deutschlandpolitik, innerdeutsche Beziehungen und internationale Rahmenbedingungen*, Baden-Baden 1995, S. 1091.　いずれの資料においても，1947–49年については，東ドイツの50年代の文献がベースとなっている。Krause, Werner, *Die Entstehung des Volkseigentums in der Industrie der DDR*, Berlin 1958, S. 103.

SAGの解体と返還は、冷戦の深化と東ドイツにおけるSEDの影響力の増大に呼応する形で建国後も続いた。一九四九年末から五〇年五月までに東ドイツに傘下経営とともに全面返還されたSAGまたは部分返還された経営は二三であった。その後も有償返還は続き、五二年四月時点には一三(傘下経営数は一〇〇件強)のSAGを残すのみとなっていた。工業部門別で見ると、エネルギー三(ブリケット、燃料、ウラン鉱山)、鉄鋼一、機械四(工作機械・自動車、計器・測定器、輸送機、ケーブル)、化学四(肥料、カリ、ゴム、染料・塗料)、建設資材一(セメント)のSAGが継続して賠償生産を行っていた。たしかに返還は続けられてきたが、ソ連政府は東ドイツの輸出産業の要となる部門を掌握していたのである。残存するSAGの生産高は、東ドイツの工業生産の約一七%を占めていた(四九年末は約二二%)。

この一九五二年は、先に見てきた州・プ

ロヴィンツ制度の廃止と県・郡・市町村制への移行により、州有ならびに地方自治体所有の経営が、すべて人民所有経営として登録変更され、中央の国家機関あるいは県・郡の組織の管理下に置かれた年でもあった。同年四月から一〇月にかけて、ソ連政府の決定により六六のSAG傘下経営の返還が行われたが、それらは東ドイツの中央国家機関（部門別工業省）の管理下に移管された。返還の重点となったのは、七つのカリ鉱山、七つの褐炭採掘場であった。それは東ドイツの化学工業やエネルギー生産、そして対ソ賠償生産に弾みをつけるものであった。このほか、すべてのセメント工場や製紙工場が返還され東ドイツの建設需要に応える生産体制が補強された。さらにロストックのネプトゥーン造船所、ビッターフェルト電気化学工場、ベルリンの二つのケーブル工場（旧AEG）など、戦前戦中からドイツ＝ライヒ中部の経済を支えていた諸工場も返還された(46)。

一九五二年秋以降も返還されなかったSAG傘下経営は燃料、合成樹脂、重機・設備、輸送機などの製造に携わる三三工場であった。ロイナ工場、ブーナ工場、アグファ・ヴォルフェン写真工場、ツァイツ褐炭精製工場、マクデブルクの三つの機械製造工場（クルップ・グルゾン重機製造工場、オットー・グルゾン機械工場、ブッカウ・ヴォルフ機械工場）、ターレ製鉄所、ベルリンのトレプトウ軽電機工場、ドレスデンのニーダーゼードリッツ重電機工場、ライプツィッヒのブライヘルト輸送機・ワイヤー製造工場などもそれに含まれていた。

それらの工場の返還は、一九五三年三月のスターリンの死、六月の東ドイツ諸都市における労働者蜂起によって政治的に翻弄されたソ連と東ドイツの政権が同年八月に開催した両国間協議において決定された。そこでは、返還が一九五四年一月一日をもって「無償」で実施されることが宣言されたのである。この約七年間に及ぶ一連の返還措置により、東ドイツ政府は、合計約二〇〇の生産能力の高い重化学工業部門の諸経営をソ連モデルに倣った計画経済システムのなかに組み入れることが可能になった。そして、東ドイツの経済復興を、前衛党となったSEDとその出身者を中心とする内閣＝閣僚評議会がリードすることになった。とはいえ、返還による直接的な賠償の完了は、東ドイツがその後の対ソ輸出において優遇措置をとることを前提とするものであったことはいうまでもない。また、それまで対ソ賠償の三割近い割合を占めていた占領経費は、その後のソ連軍の駐留経費に置きかえられた。さらに、軍事やエネルギー政策上重要であったヴィスムート・ウラン鉱山株式会社は完全な返還の対象とはならず、ヴィスムート・ソビエト=ドイツ共同株式会社（Die Sowjetisch-Deutsche Aktiengesellschaft Wismut）として存続することとなった。それも実際には、東ドイツによる財政やリスクの負担を前提とするものであった。[47]

（二）人民所有経営連合への統合

つぎに、SAGの返還とならんで変化していった人民投票後の州有経営の行方について見てみよう。先述したように、SMADは、一九四八年四月一七日の指令第六四号により占領地域内の工場・施設の接収・没収の完了を宣言した。また、同年四月二三日には指令第七六号によって、州の管理下に置かれたすべての経営（その建造物、設備、施設、土地、その他の資産を含む）を、それぞれの行政単位を越える占領地域全体の「人民の財産（Eigentum des Volkes）」とすること、それらを「人民所有経営」として登記し、ドイツ経済委員会の行政的指導と管理の下に置くこととした。[48]同委員会副議長兼専門書記局「工業」（前掲第2-1図）の書記局長に任命されていたザクセン州のゼルプマンの権限と責任の下、直属の管理局（Hauptverwaltungen：以下、工業管理局とする。石炭・褐炭、エネルギー、冶金、化学、土石・窯業、機械・電機、軽工業）が、人民所有経営の計画・行政指導・監督にあたった。

その際、直接的管理と間接的管理の観点から人民所有経営は三種類に区分された。第一はドイツ経済委員会（臨時政府）工業管理局直轄の国民経済的に重要な人民所有経営（旧SAG傘下工場を含む比較的大規模な資本財部門・輸出部門の経営：中央直轄経営）で、一九四八年一〇月の時点で一六三一あった。第二は州に管理を委託された人民所有経営（州直轄経営＝州有経営）、第三はより下級の自治体が管理する人民所有経営（自治体直轄経営）で、それぞれ三〇

第2-7表　工業における人民所有経営の管理形態（1948年10月29日時点）

州	全体	中央直轄	A[1]	B[2]	州直轄	A[1]	B[2]	自治体直轄	A[1]	B[2]	参考[3]
ブランデンブルク	1,053	102	6.3	9.7	700	22.8	66.5	251	12.1	23.8	36.1
メクレンブルク	489	11	0.7	2.2	320	10.4	65.4	158	7.6	32.3	40.1
ザクセン	2,233	1,098	67.3	49.2	784	25.6	35.1	351	17.0	15.7	85.6
ザクセン=アンハルト	1,398	333	20.4	23.8	412	13.4	29.5	653	31.6	46.7	67.4
テューリンゲン	1,590	87	5.3	5.5	848	27.7	53.3	655	31.7	41.2	55.4
合　計	6,763	1,631	100.0		3,064	100.0		2,068	100.0		

1）当該管理形態の州ごとの割合（％）。
2）各州における当該管理形態の割合（％）。
3）中央直轄（ドイツ経済委員会工業管理局直轄）経営と州直轄経営の従業員数の合計に占める中央直轄経営の従業員数の割合（％）。
資料：Mühlfriedel, Wolfgang/Wießner, Klaus, *Die Geschichte der Industrie der DDR bis 1965*, Berlin 1989, S. 51, S. 56 und S. 57 を参考に集計した。

六四と二〇二八であった。それらは州財政の要であったり、地域経済の消費財需要に応えるための経営であったりした（第2-7表）。

表からは、ソ連占領地域最大の工業地域であり、人民投票による公有化に最も積極的であったザクセン州に中央直轄経営全体の約三分の二が集中していたことがわかる。同じく公有化された経営数が比較的多く、占領地域第二の工業地帯でもあったザクセン＝アンハルト州でも中央直轄経営数の割合が高かった。

その一方で、テューリンゲン州には、両州とは別の傾向が看取できる。公有化された経営数はザクセン州に次いで多かったものの（一五九〇）、中央直轄経営の割合は五・三％と極端に少なかった。この当時中央直轄化が求められた部門は、同州の主力工業であるガラス・窯業、光学・精密機器に限定されていたことが関連していた。ブランデンブルク州では褐炭、エネルギー、メクレンブルク州では造船など、地域経済の核となっている部門での中央直轄化が進められた。その反面、これら三州では地域の消費財供給に関連する軽工業部門での経営の公有化が行われた。

表中の「参考」に示した中央直轄経営と州直轄経営の就業者数を比較する数値からは、ザクセン州で公有化された工業部門の就業者（自治体直轄を除く）の約八六％が中央直轄経営に集中していたことがわかる。多数の中央直轄経営に多数の就業者が集中していたのである。他方、ザクセン＝アンハルト州では、比較的少数の中央直轄経営に多くの就業者（全体の七割弱）

が集中しており、個々の経営規模が相対的に大きかったことが推察される。テューリンゲン州についても、中央直轄経営の数自体は少なかったものの、就業者数の五五％がそこに集中していた。同州における光学・精密機器部門や鉱山・冶金部門など、相対的に規模の大きな経営の存在が反映されたものと考えられる。ブランデンブルク州とメクレンブルク州では、上記三州よりも「参考」に示された数値は低かったが、中央直轄経営の少なさからすると、やはり当地の中核部門への就業者の集中があったことが推測される。

以上のことから、東ドイツ建国直前のソ連占領地域では、州ごとに、それぞれの工業部門構造に規定される形で公有化の力点の置き方に違いがあったことを確認することができた。しかし、この状況は、ＳＭＡＤの占領下ではあったが、経済を中央機関（国家）とＳＥＤ（党）主導で牽引するための障害となっていた。折しも一九四八年七月から一二月は、ＳＭＡＤが作成した計画案をもとにドイツ経済委員会が策定した半年計画を試行する期間であった。同時に、同委員会は翌年からの二ヵ年計画（四九～五〇年）、さらには将来の中期経済計画の策定準備をしていた。燃料、電力、冶金、化学など素材型工業部門を中心とする生産と管理の計画化がそれであった。その具体化にあたっては、とりわけ人民投票方式による公有化やソ連の占領方式の変更によってＳＡＧ解体から生まれた人民所有経営をいかに合理的かつ効果的に編成し、計画経済体制に組み込むかが課題となっていた。

先述の一九四八年四月二三日のＳＭＡＤ指令第七六号は、人民所有経営が、高度な経済運営能力、施設の合理的な利用、高い労働規律と能力、高い収益性を発揮し、残存する私的経営の模範となることを求めたが、同指令はその実現に向けて人民所有経営を直接的に監督・管理する上位の組織として人民所有経営連合（Vereinigung volkseigener Betriebe：以下、経営連合）を設立することを要請した。その際、ドイツ経済委員会管理下の経営連合（中央直轄経営連合）と、州直轄の経営連合を設けることを要請した。それを受けてドイツ経済委員会は、四八年秋までに専門書記局「工業」に設置された七つの工業管理局（石炭・褐炭、エネルギー、冶金、化学、土石・窯業、機械・電機、軽工業）の下で、人民所有経営全体（州直轄、自治体直轄を含む）の約二四％に相当する一六三一の「政策的かつ経済的に重要な人民所有経営」を七五の経営連合に統合した。これらの中央直轄経営連合は、その後も再編が繰り返され、一九四九年初頭には七二の中央直轄経営連合に一七〇〇～一八五〇の経営が統合されるに至った。その際、先の七つの工業管理局に代表される部門(Zweig)と、そうした部門の枝葉となる個々の業種(Branchen)、製品・製品グループ(Erzuegnis und Erzeugnisgruppe)の同一性・類似性が統合の基準とされた。

第2-8表および第2-9表は、一九四九年一月時点の七二の中央直轄経営連合を工業管理局別に、五三の州直轄経営連合を州別にまとめたものである。前掲第2-7表で確認したように人民所有経営数の多いザクセン州では、七つの工業部門すべてにおいて中央直轄および州直轄の経営連合が形成された。とくに冶金や化学、ガラス・窯業、そして多数の機械製造、さらには繊維・被服、皮革・製靴を中心とする消費財部門で中央直轄の経営連合が創設された。州直轄経営連合では、さらに部門の広がりがあったことがわかる。

ザクセン州に続いて、ソ連占領地域の第二の工業地帯であるザクセン=アンハルト州では、とくに褐炭、非鉄金属鉱山と冶金(銅、真鍮)、褐炭化学など、戦前・戦中から引き継がれた素材型部門を中心に中央直轄経営連合が多数形成された。州直轄の経営連合は、ザクセン州ほどの多様性はないものの軽工業部門での設立が目立つ。また、ブランデンブルク州では、数少ないながらも褐炭、冶金(アルミニウム)において中央直轄経営連合が、金属加工や軽工業では州直轄経営連合が設立された。前掲第2-7表の分析にも関連するが、ブランデンブルク州は、州や自治体直轄の経営が相対的に多い地域でもあった。テューリンゲン州では、石炭、ガラス・窯業、光学機器など、この地を代表する経営が中央直轄ならびに州直轄の経営連合傘下に統合された。メクレンブルク州では、中央直轄経営連合は造船部門のみで、多くは州直轄の造船関連資材、食品関連の経営連合が創設された。

以下では、これらの中央直轄の経営連合の構造の理解の一助として冶金部門のそれについて見てみよう。一九四八年秋時点までに冶金部門で創設された経営連合は、(1)経営連合「鉄・鉄鋼」(通称VESTA)、(2)経営連合「銅」、(3)経営連合「鉛・錫・ヴィスモス・アンチモン・タングステン・ニッケル」(のちに「非鉄金属」に名称変更)、

(4)経営連合「アルミニウム」、(5)経営連合「耐火素材」であり、それらには合計四二の人民所有経営が統合されていた[49]。第2-10表は、それらのなかから経営連合「鉄・鉄鋼」(VESTA)の傘下経営をピックアップしたものである。

この経営連合傘下には、一九四八年七月の設立当初において一五の人民所有経営が統合されていた。同年一一月の再編の際には、さらに四経営が追加統合され一九経営から成る経営連合が成立した。連合本部はザクセン州のライプツィッヒに置かれていたが、傘下経営はブランデンブルク州、ザクセン＝アンハルト州、ザクセン州、テューリンゲン州の境界を越えるつながりを見せた。

ブランデンブルク州のVESTA傘下の経営は、①ヘニッヒスドルフ製鋼・圧延所(転炉工場、鋳造所、圧延工場、発電所から成る)、②ブランデンブルク・アン・デア・ハーフェルの西方に位置するキルヒメーザーの圧延工場(旧中部ドイツ製鋼所傘下)、③オランニエンブルクの万年筆のペン先製造所であった。

テューリンゲン州に立地する傘下経営は、④旧フリック・コンツェルン傘下のマクシミリアン製鉄所、⑤精錬工程に用いられるヴュンシェンスドルフのドロマイト採掘場(旧中部ドイツ製鋼所傘下)、⑥バート・ザルツンゲンの冷間圧延工場、⑦鐘から自転車部品に至るまでを製造するブロッターローデおよびツェラ・メーリスの金属加工工場であった。

ザクセン＝アンハルト州に立地する傘下経営のうち、ハルツ山地にある三経営は⑧ヒュッテンローデ・ブラウネズンプフの鉄鉱石採掘場、⑨エルビンゲローデの鉄鉱石採掘場、⑩イルゼンブルクの精銅・圧延工場であった。そして⑪マクデブルク北東に位置するブルクの鉄鋼・圧延工場も、VESTA傘下に統合された。

VESTA傘下の経営が最も多かったのはザクセン州であり、その数は八工場に及んだ。そのうち比較的大規模なものは、⑫ライプツィッヒ近郊リッペンドルフの合金工場と特殊鋼工場、⑬ライプツィッヒ近郊ボルナの軽金属工場、⑭グレーディッツの鋳造工場、⑮リーサの製鋼・圧延工場、⑯ケムニッツの鋼管・圧延工場であった。

経営連合(1949年1月5日時点)

工業管理局 VI「機械・電機」	本部所在自治体	本部所在州
工作機械	ケムニッツ	ザクセン州
農業機械	ライプツィッヒ	ザクセン州
食品加工機	ドレスデン	ザクセン州
繊維機械	ケムニッツ	ザクセン州
印刷機械	ドレスデン	ザクセン州
輸送機(自動車，自転車等)	ケムニッツ	ザクセン州
機関車・客車	ゲルリッツ	ザクセン州
発動機	ライプツィッヒ	ザクセン州
受信機・受像機	ライプツィッヒ	ザクセン州
カメラ・撮影機・映写機・事務機器	ドレスデン	ザクセン州
機械部品	ケムニッツ	ザクセン州
金属部品	ツヴィッカウ	ザクセン州
鋳造品	ライプツィッヒ	ザクセン州
造　船	シュヴェリーン	メクレンブルク州
発電機	ハレ／ザーレ	ザクセン=アンハルト州
鉱山設備・重機	ハレ／ザーレ	ザクセン=アンハルト州
電装品・ケーブル・電器	ハレ／ザーレ	ザクセン=アンハルト州
計器・測定器	ハレ／ザーレ	ザクセン=アンハルト州
西部ガラス	イルメナウ	テューリンゲン州
光　学	イェーナ	テューリンゲン州
工業管理局 VII「軽工業」		
合成繊維	グラウシャウ	ザクセン州
綿紡績 I	ケムニッツ	ザクセン州
織物 I	ケムニッツ	ザクセン州
織物 II	バウツェン	ザクセン州
織物 III	プラウエン／フォークトラント	ザクセン州
靭皮繊維	ケムニッツ	ザクセン州
メリヤス	リムバッハ	ザクセン州
被服 I	アウエルバッハ	ザクセン州
皮　革	ドレスデン	ザクセン州
製靴・革製品	ラーデボイル	ザクセン州
毛　皮	ライプツィッヒ	ザクセン州
製　材	ライプツィッヒ	ザクセン州
紡　織	フォルスト	ブランデンブルク州
製材・木工	エバースヴァルデ	ブランデンブルク州
被服 I	ハレ／ザーレ	ザクセン=アンハルト州
製靴・革製品	ハレ／ザーレ	ザクセン=アンハルト州
製材・木工	ハレ／ザーレ	ザクセン=アンハルト州
梳毛紡績	ゲーラ	テューリンゲン州

ler SBZ/DDR: Am Beispiel des volkseigenen industriellen Sektors, Inaugural-Dissertation in der Fakultät
工業管理局が示す工業部門や製品群を基準に分類し直した。1949年5月には，工業管理局 VII「軽工業」に

第2-8表　中央直轄人民所有

工業管理局 I「石炭・褐炭」	本部所在自治体	本部所在州
褐炭管理局	ボルナ	ザクセン州
石炭管理局	ツヴィッカウ	ザクセン州
褐炭管理局	ゼンフテンベルク	ブランデンブルク州
褐炭管理局	ヴェルツォウ	ブランデンブルク州
褐炭管理局	メルゼブルク	ザクセン=アンハルト州
褐炭管理局	ビッターフェルト	ザクセン=アンハルト州
褐炭管理局	マクデブルク	ザクセン=アンハルト州
褐炭管理局	ミュッケンベルク	ザクセン=アンハルト州
掘削機・露天掘り重機・搬送装置	ラオホハンマー	ザクセン=アンハルト州
褐炭管理局	モイセルヴィッツ=アルテンブルク	テューリンゲン州
炭坑・採掘管理局	ノルトハウゼン	テューリンゲン州
工業管理局 II「エネルギー」		
東部電力局	ドレスデン	ザクセン州
北部電力局	ベルリン	ブランデンブルク州
ベルリン市ミッテ地区電力局	ベルリン	ブランデンブルク州
西部電力局	ハレ／ザーレ	ザクセン=アンハルト州
南部電力局	ヴァイマール	テューリンゲン州
工業管理局 III「冶金」		
銑鋼・圧延	ライプツィッヒ	ザクセン州
非鉄金属	フライベルク／ザーレ	ザクセン州
耐火素材	マイセン	ザクセン州
アルミニウム	ポツダム	ブランデンブルク州
マンスフェルト銅鉱	ハレ／ザーレ	ザクセン=アンハルト州
工業管理局 IV「化学」		
無機化学	ラーデボイル	ザクセン州
プラスチック	ライプツィッヒ	ザクセン州
塗料・染料	ライプツィッヒ	ザクセン州
石鹸・化粧品・文具	ケムニッツ	ザクセン州
無機化学	アルメンドルフ	ザクセン=アンハルト州
有機化学	ハレ／ザーレ	ザクセン=アンハルト州
カリ・塩	ハレ／ザーレ	ザクセン=アンハルト州
ベンゼン・ベンゾール	ハレ／ザーレ	ザクセン=アンハルト州
薬　品	ハレ／ザーレ	ザクセン=アンハルト州
化学製品	ハレ／ザーレ	ザクセン=アンハルト州
工業管理局 V「土石・窯業」		
東部ガラス	ヴァイスヴァッサー	ザクセン州
陶　器	マイセン／エルベ	ザクセン州
建設資材	ハレ／ザーレ	ザクセン=アンハルト州

資料：Martin, Thomas, *Systemimmanente Funktionsmängel der sozialistischen Zentralplanwirtschaft i*
Geschichts- und Geowissenschaften der Otto-Friedrich-Universität Bamberg, 2001, S. 87.　同論文の表を
経営連合「遠洋漁業」(メクレンブルク州ザスニッツ)が加えられた。

第2-9表　州直轄人民所有経営連合（1949年1月5日時点）

ザクセン州		
1	機械	ドレスデン
2	金属製品	ケムニッツ
3	輸送機	ケムニッツ
4	繊維	ケムニッツ
5	印刷・発行所	ライプツィッヒ
6	紙	ドレスデン
7	化学	ラーデボイル
8	精密・光学機器・電器	ドレスデン
9	建設	ドレスデン
10	土石・窯業	ドレスデン
11	カオリナイト・ガラス・陶器	カメンツ
12	家具・木工品・皮革	ドレスデン
13	タバコ	ドレスデン
14	食品・嗜好品	ドレスデン
15	船舶輸送	ドレスデン
16	金属取引所	ドレスデン
17	映画館	ドレスデン
ザクセン=アンハルト州		
1	化学・金属・機械	ハレ／ザーレ
2	軽工業	ハレ／ザーレ
3	建設・建設資材	ハレ／ザーレ
4	交通	ハレ／ザーレ
5	食品・嗜好品	ハレ／ザーレ
6	砂糖	ハレ／ザーレ
ブランデンブルク州		
1	建設資材	クライン・マヒノウ
2	鉄	クライン・マヒノウ
3	ガラス・陶器	テルトウ
4	化学・紙	ポツダム
5	木材	ツェパーニック=ベルナウ
6	食品・嗜好品	ポツダム
7	船舶輸送	ポツダム
8	州有鉄道	ポツダム
9	建設	ポツダム
10	繊維・皮革	コトブス
11	工芸品	ヴェルダー
テューリンゲン州		
1	窯業・ミネラル	エルフルト
2	ガラス・陶器	イルメナウ
3	機械・電器	シュマルカルデン
4	木材・建築	エルフルト
5	軽化学・紙	エルフルト
6	繊維・皮革	アポローダ
7	食品・嗜好品	エルフルト
8	工芸品	エルフルト
9	商業	エルフルト
メクレンブルク州		
1	土石・窯業	ギュストロウ
2	機械・金属加工	ロストック
3	輸送機・修理	ヴィスマール
4	木材・合板	シュトラールズント
5	繊維・被服・皮革	ギュストロウ
6	砂糖	シュヴェリーン
7	食品	シュヴェリーン
8	建築・土木	シュヴェリーン=ゴリース
9	交通	デンミン
10	工業部品	ロストック

注：表中の名称は経営連合の名称，その右横は本部のある都市名。
資料：Martin, Thomas, *Systemimmanente Funktionsmängel der sozialistischen Zentralplanwirtschaft in der SBZ/DDR: Am Beispiel des volkseigenen industriellen Sektors*, Inaugural-Dissertation in der Fakultät Geschichts- und Geowissenschaften der Otto-Friedrich-Universität Bamberg, 2001, S. 87.

また、エルツ山地に立地する⑰銅・真鍮圧延工場（オルベルンハウ）、⑱金属部品工場（アウエ）、⑲針金・ワイヤー・ケーブル工場（ルーガウ）もVESTA傘下に統合された。

　このVESTA傘下の経営（工場）の構成から見えてくる特徴は、第一に、戦前から製鋼部門の拠点であったブランデンブルク州のヘニッヒスドルフ、ザクセン州のグレーディッツとリーサ、テューリンゲン州のウンターヴェレンボルンが統合されていたことである。それらの工場群は、かつて中部ドイツ製鋼所やフリック・コンツェルンの傘下にあった。

　第二の特徴は、上記の製鋼

第2-10表　経営連合「鉄・鉄鋼」(VESTA)傘下の経営(1948年11月時点)

傘下経営の名称	本部所在地	主要工程または主要製品	備　考(戦時中までの帰属先)
① VEB Stahl- und Walzwerk	ブランデンブルク州オーバーハーフェル郡ヘニッヒスドルフ	製鋼，圧延，車両部品，鉄道関連部品	旧AEG傘下で建設，のちに旧中部ドイツ製鋼所株式会社の傘下工場
② VEB Walzwerk	ブランデンブルク州キルヒメーザー	圧延資材・部品	旧中部ドイツ製鋼所株式会社の傘下工場
③ VEB Federnfabrik	ブランデンブルク州オランニエンブルク	ペン先(クイル)製造	—
④ VEB Maxhütte	テューリンゲン州ザールフェルト・ルードルシュタット郡ウンターヴェレンボルン	鉄鋼，圧延	旧フリック・コンツェルン傘下製鉄所
⑤ VEB Dolomitwerke	テューリンゲン州ヴュンシェンスドルフ	ドロマイト	旧中部ドイツ製鋼所株式会社の傘下工場
⑥ VEB Kaltwalzwerk Metallwarenfabrik	テューリンゲン州ヴァルトブルク郡バート・ザルツンゲン	冷間圧延(鋼管等の圧延素材，電装素材)	旧ユング&ディットマー社の工場
⑦ VEB Ziehwerk	テューリンゲン州シュマルカルデン=マイニンゲン郡ブロッターローデおよびツェラ・メーリス	鐘や自転車部品を製造する金属加工工場	—
⑧ VEB Eisenerzgruben	ザクセン=アンハルト州ハルツ郡ヒュッテンローデ・ブラウネズンプフ	鉄鉱石(小規模鉱山)	—
⑨ VEB Eisenerzgruben am Büchenberg	ザクセン=アンハルト州ハルツ郡エルビンゲローデ	鉄鉱石(小規模鉱山)	旧マンネスマン工場
⑩ VEB Kupfer- und Blechwalzwerk “Michael Niederkirchner”	ザクセン=アンハルト州ハルツ郡イルゼンブルク	精銅，圧延	旧シュトルベルク侯所有のイルゼンブルク精錬所
⑪ VEB Walzwerk	ザクセン=アンハルト州ブルク	圧延	旧中部ドイツ製鋼所株式会社の傘下工場
⑫ VEB Elektrowerk	ザクセン州リッペンドルフ	合金，特殊鋼	—
⑬ VEB Leichtmetallhütte “Walter Schmidt”	ザクセン州ライプツィッヒ郡ボルナ	特殊合金(軽金属)	—
⑭ VEB Eisen- und Stahlwerk	ザクセン州マイセン郡グレーディッツ	鋳造，鍛造，圧延	旧中部ドイツ製鋼所株式会社の傘下工場
⑮ VEB Stahl und Walzwerk	ザクセン州マイセン郡リーサ	製鋼，圧延，鋼管	旧中部ドイツ製鋼所株式会社の傘下工場
⑯ VEB Faradit Röhren- und Walzwerk	ザクセン州ケムニッツ	鋼管，圧延	—
⑰ VEB Blechwalzwerk	ザクセン州エルツゲビルゲ郡オルベルンハウ	真鍮，メッキ	旧F. A. ランゲ金属加工工場傘下の圧延工場
⑱ VEB Halbzeugwerke Auerhammer	ザクセン州エルツゲビルゲ郡アウエ	機械製造用金属部品	旧F. A. ランゲ金属加工工場傘下の金属部品工場
⑲ VEB “Präma” Präzisionszieherei und Maschinenfabrik	ザクセン州エルツゲビルゲ郡ルーガウ	真鍮，針金・ワイヤー，各種ケーブル	—

資料：Sächsisches Staatsarchiv-Staatsarchiv Leipzig, 資料番号 20673 VVB (Z) VESTA Produktion und Verarbeitung von Roheisen, Stahl- und Walzwerkserzeugnissen, Leipzig 1963 は Kinne, Helmut, *Die Geschichte der Stahlindustrie der Deutschen Demokratischen Republik*, Düsseldorf 2002, S. 70, S. 230, S. 237, S. 239-240 und S. 243-244; Liessmann, Wilfried, *Historischer Bergbau im Harz*, 3., vollständig neu bearbeitete Auflage, Heidelberg 2010, S. 299-309 などを参照。なお，経営(企業)名は，本文に対応して州ごとに並べ替えた。

部門を軸に、圧延部門やさらに「川下」の金属加工部門の工場が周辺に配置するように統合されていたことがあげられる。ブランデンブルク州ではキルヒメーザーの圧延工場、ザクセン＝アンハルト州のマクデブルク近郊にあるブルクの圧延工場、テューリンゲン州では、バート・ザルツンゲンやシュマルカルデン＝マイニンゲンの金属加工部門、ザクセン州ではライプツィッヒ近郊の金属加工部門やケムニッツの圧延工場が統合されていた。またエルツ山地地方の金属部品工場が統合されていたが、それらはドレスデン、ケムニッツ、ツヴィッカウなどの機械工業と結びついていた。

第三の特徴は、ザクセン＝アンハルト州のハルツ山地に立地する鉄鉱石採掘場が傘下に統合されていたことである。これにより、冶金の「川上」にあたる原料部門が確保されていたことがわかる。

これらのことから、ＶＥＳＴＡ傘下の経営は、「鉄鋼部門とその関連業種」という基準で統合されたことが見えてくる。その際に、「原料―加工段階―完成品段階」という垂直的な関連性が考慮されていたことも興味深い。さらに、行政単位の境界、すなわち州の境界をまたがる形での経営間の結びつきがあったことも確認された。

この経営連合の設立運動により、一方では、ソ連占領地域全体に及ぶ部門・業種縦割りの管理システムの構築が図られ、他方では、同一あるいは類似製品・製品グループの生産の専門化による大量生産が追求された。その際、ＶＥＳＴＡのように工程間の垂直的な関係が重視されるケースも見られた。傘下に統合された経営は「人民所有」として登記されたにもかかわらず、法人格や経済計算の単位としての独立性を奪われ、経営連合という大規模経営に包摂された非独立の工場・事業所となった[50]。

中央直轄の経営連合は、先の工業管理局の下位に設置された中間管理機関として、ＳＭＡＤの指令にもとづきドイツ経済委員会が作成する計画課題に則って、傘下工場・事業所を指導・管理するとともに、他部門・業種の経営連合との分業を調整した。また、経営連合は、法人格を有する経済計算の単位として開始貸借対照表を含む財務諸表を作成し、傘下工場・事業所の損益決算の最終責任を負うこととなった。なお、経営連合の定款と開始貸借対照表については、州政府からの全権委任という形でドイツ経済委員会が承認する手続きがとられた(51)。

中央直轄経営連合の支配人は、上級の工業管理局の提案にもとづきドイツ経済委員会によって任命され、傘下の経営に対する執行権限と責任を有し、連合全体の管理を行った。経営連合内には、従業員七人から一一人と、労働組合から推薦された四人の専門員(職員、技術スタッフ)から成る管理評議会(Verwaltungsrat)が設置された。そこでは、毎月一回上級工業管理局の諸決定にもとづく経営方針に関して審議が行われ、支配人に対して生産計画に関する指導を行った。そのうえで支配人は、経営連合傘下の工場・事業所の所長に生産計画の実施に関する全権を委任した。その際、利益の運用、投資金融(銀行借り入れも含む)や福利厚生に関しては、すべて上級機関の承認を受けるものとされた。

こうした組織構造と機能を有する中央直轄経営連合では、設立後間もなく、①優良工場・事業所の収益が同一連合内の赤字工場・事業所の損失補塡に使用されたために、前者の収益への関心が削がれた、②経営連合全体の事業計画の策定にあたり、個々の工場・事業所の利害が十分に考慮されなかった、③工業管理局から下達された生産計画を許可なく改定するなど、経営連合本部の自立化傾向が見られるようになった、④それにより管理システムの秩序が乱された、といった問題点が顕在化するようになった(52)。

とくに、中央直轄の経営連合の自立化傾向は、建国後に本格始動する長期経済計画を国家主導の工業管理の下で実施するための障害としてSED・政府にも認識された。一九五〇年七月のSED第三回大会では、この問題に対処するため、第一次五ヵ年計画(一九五一〜五五年)の作成とともに、専門的経済管理機関による経営の直接管理、経営連合による中間管理の一部見直し、五ヵ年計画の重点課題の達成に向けた企業集中を軸とする「新しい生産単位」の創出などが構想された。同年一二月に公布された「人民所有工業の再編に関する政令(53)」(以下、一九五〇年政令)は、それに沿って国家計画委員会や諸工業省・官房の創設と経営連合の見直しを指示した。

第2-3図に示したように、一九四九年の建国に伴ってドイツ経済委員会は東ドイツの国家機構として再編さ

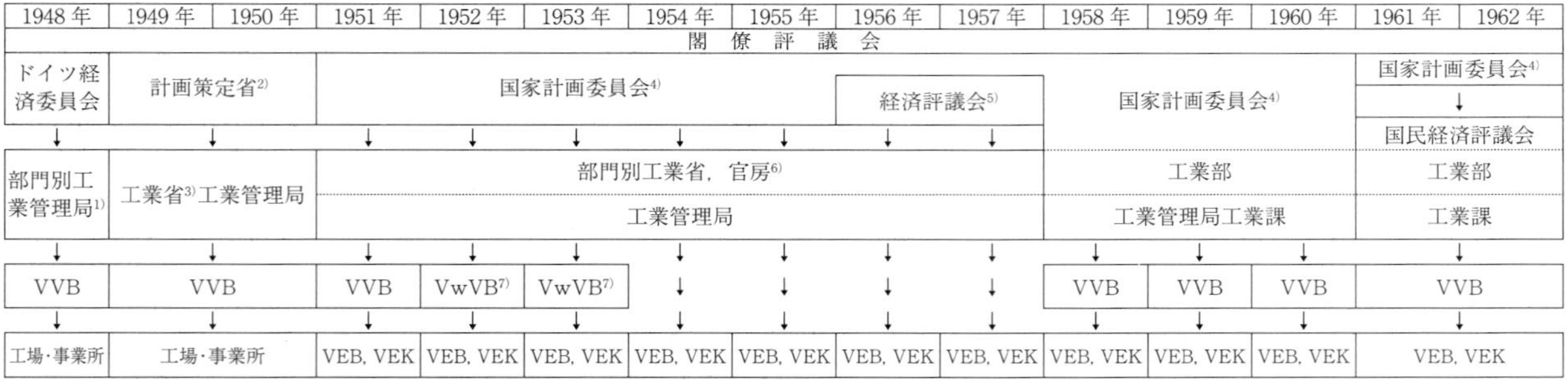

VVB（Vereinigung volkseigener Betriebe）：人民所有経営連合　VEB（volkseigener Betrieb）：人民所有経営
VEK（volkseigenes Kombinat）：人民所有コンビナート

第2-3図　1948-62年の国家的工業管理システムの基本構造の推移

1）部門別工業管理局（Hauptverwaltungen der Industrie）：ドイツ経済委員会専門書記局「工業」の管理下に置かれた7つの管理局（石炭・褐炭，エネルギー，冶金，土石・窯業，化学，機械・電機，軽工業）がVVBを指導・管理した。
2）計画策定省（Das Ministerium für Planung）：1948年に創設された専門書記局「計画」が，49年10月の東ドイツ建国時に改称された。
3）工業省（Das Ministerium für Industrie）：東ドイツ建国後に創設され，その下位に石炭・褐炭・エネルギー，機械製造，冶金，化学，軽工業などの管理局が設置された。VVBは，それらによって指導・管理されていた。
4）国家計画委員会（Die Staatliche Plankommission）：1950年11月に，上記の計画策定省に代わって，国民経済計画（長期・中期・短期）の策定・実施・管理の最高機関として創設された。短期の経済計画については，61年7月に国民経済評議会（Der Volkswirtschaftsrat）が創設されるまで，下級機関への命令権限を有していた。61年7月から65年までは経済管理の諸課題から離れ，計画作成に活動を特化していた。
5）経済評議会（Der Wirtschaftsrat）：国家計画委員会内に工業管理向けに設置された専門機関。その下には，経済問題担当の諸工業省，諸官房，工業管理局が置かれた。
6）部門別工業省，官房（Industrielle Fachministerien, Staatssekretariat）：1950年末に公布された人民所有工業の再編に関する政令により，単一の工業省は廃止され（1951年4月），新たに，冶金・鉱業省，機械製造省，軽工業省，石炭・褐炭・エネルギー官房，化学・地質官房，食品・嗜好品工業官房が創設された。
7）人民所有経営行政管理局（Verwaltung volkseigener Betriebe）：1952年3月に経営連合（VVB）に代わって創設された省直属の機関であるが，経営連合とは異なり法人格を持たず，主として上級機関の意思決定を傘下経営に通達する行政的管理機関として機能した。

資料：Roesler, Jörg, *Die Herausbildung der sozialistischen Planwirtschaft in der DDR*, Berlin 1978, S. 33-40.　さらに，林昭『現代ドイツ企業論』ミネルヴァ書房，1972年，203-238頁，金鍾碩『東ドイツ経済の構造』ミネルヴァ書房，1973年，154-159頁。

れ、その際に経済計画の立案機関として計画策定省(Das Ministerium für Planung)が、経済計画の遂行と決算にあたる国家的管理機関として工業省(Das Ministerium für Industrie)が創設されていた。工業省の下には、かつての専門書記局「工業」と同様に、石炭・褐炭・エネルギー、機械製造、冶金、化学、軽工業などの管理局が設置され、それらが中央直轄経営連合の指導と管理にあたっていた。

しかし、先の経営連合の自立化の動きを抑え込むべく、一九五〇年政令は、部門・業種別の工業省ないしは官房[54]を新設し、その下位に設置された工業管理局が「ある一定規模以上の人民所有工業経営」(一九五〇年政令第一条。傍線部の具体的内容は明示されていない：引用者)[55]を直接管理することとなった。そのように部門別工業省・官房所轄の工業管理局の直接的管理下に置かれた人民所有経営は、工業管理局直轄経営＝D-Betrieb (der einer Hauptverwaltung direkt unterstellte Betrieb)と呼ばれた。その際、対象となった人民所有経営は、それまでの経営連合傘下の非独立の工場・事業所とは異なり、「独立の法人、人民所有の法律的担い手」(同政令第二条)と位置づけられることが明記された。また、州直轄の経営連合は廃止され、その傘下経営は、地域経済的意義が認められ、工業の重点として集積が必要だと判断される場合、所轄の省の直接的管理に委ねられたり、新設される経営連合に組み入れられたりした(同政令第八条)。

一九五二年三月には、工業管理局による直接管理の範囲を拡大するとともに、経営連合内で失われがちだった個々の傘下経営の収益性への関心を高めるために、「人民所有セクター経営への経済計算制導入に向けての諸施策に関する政令[56]」が公布された。規模の大小にかかわらず、すべての人民所有経営に法人格が付与され、経済計算制が導入されることになったのである。それは、人民所有経営が、国家計画や国家機関の制約を受けたとはいえ、一定の意思決定権限を持つ「相対的に独立した経済単位(relativ selbständige Wirtschaftseinheit)」となることを規定するものであった。それを根拠に、同政令は経営連合の完全解体を決定し、傘下経営は新たに創設された人民所有経営行政管理局(Verwaltung volkseigener Betriebe)[57]の管理下に置かれることとなった。

先のＶＥＳＴＡには、一九四八年末時点で一九経営（工場・事業所）が統合されていたが、一九五〇年に経営連合解体が決定された後には、九つの経営（第2-10表②、③、⑥、⑦、⑪、⑮、⑯、⑰、⑱）が人民所有経営行政管理局「圧延・針金」の管理下に置かれた。それまでＶＥＳＴＡが、原料から各種鉄鋼製品の生産工場、圧延工場を傘下に有し、工程間の垂直的な関係に配慮していたのに対して、五一年からは「圧延」を共通の基準に、「製品・製品グループ」に特化した管理を志向するようになったのである。この人民所有経営行政管理局の管轄下には、ＶＥＳＴＡの傘下経営以外に、フィノウ圧延工場（VEB Walzwerk Finow）も置かれた。

残りの一〇経営（第2-10表の①、④、⑤、⑧、⑨、⑩、⑫、⑬、⑭、⑲）については、ＶＥＳＴＡの後継組織となった人民所有経営行政管理局「鉄鉱石・合金・連続鋳造」の傘下に統合されたり、先述の工業管理局直轄経営（D-Betrieb）として国家機関の直接的管理下に置かれたりした。

この再編に際して、ＳＥＤ・政府は、第一次五ヵ年計画の工業的重点部門の生産を拡大するために、経営連合に代わる別の形態での「企業集中」[58]とそれにもとづく経営間分業の効率化と量産化を模索した。人民所有経営や経営連合をコンビナートとして再編する試みがそれであった。[59]その法的端緒となったのは、先の一九五〇年政令第三条に規定されていた「ある一定規模以上の人民所有工業経営」が「立地あるいは部門的関連性を理由に一つの経営に統合され、所轄の専門省の直接の管理下に置かれ得る」（傍線は引用者）、その際「この形態で統合された経営（被統合経営：引用者）は、当該経営（統合経営：引用者）の非独立の事業所」となるという条文であった。[60]これは、第四条以降の経営連合とは区別される「統合」の形態であった。上記の政令が施行された一九五一年から六〇年代初頭には、中央直轄の人民所有コンビナート（zentralgeleitete Volkseigene Kombinate：以下、中央直轄コンビナート）が設立された。より詳しく見ることにしよう。

（三）　第一次コンビナート設立運動

一九五〇年代の中央直轄コンビナートの設立は、第一次五ヵ年計画の重点部門とされた石炭・褐炭（電力・エネルギーを含む）、銑鉄・鉄鋼、化学原料といった素材型部門における量産化を基本課題としていた（第２‐11表）。当該部門の強化は、東ドイツ地域において戦前・戦中を通してポテンシャルを高めてきたものの、ソ連占領期のデモンタージュや賠償生産によって縮小・停滞していた重化学部門や、機械製造部門（電機・電子、光学・精密機器を含む）の再建・復興に不可欠であった。(61) コンビナートには、そうした生産力向上への期待が込められていた。その設立には、さまざまな形態があった（第２‐12表）。

第一に、当時のコンビナートには単一の人民所有経営内で、連続する原料加工の諸段階に携わる諸工場（非独立）を結合して形成されたものがあった。第一次五ヵ年計画の最重点投資対象とされ、一九五〇年七月のＳＥＤ第三回大会に建設が決定されたヘルマン・マテルン製鉄所（Das Hüttenwerk "Hermann Matern"）(62) では、そうした結合方法に沿って高炉、平炉（シーメンス＝マルチン炉）工場が新設され、同時に銑鋼圧延一貫化が追求された。オーダー川の近郊における製鉄所の建設にあたっては、オーダー・シュプレー運河の利用（石炭、コークス、鉄鉱石）のために戦時中に建設されていた内陸港の存在が大きな意味を持った。この運河は、アイゼンヒュッテンシュタットとハーフェル川やエルベ川を結び北海やバルト海へと続く原料や製品の重要な国内輸送網となっていた。また、ポーランド（シュレージエン）からの石炭コークスの輸送路として不可欠の存在となっていた。(63)

運河とならんで鉄道も製鉄所立地の重要なファクターであった。アイゼンヒュッテンシュタットの北側に位置する都市であるフランクフルト・アン・デア・オーダーは、ポーランドやソ連からの鉄道輸送の拠点となっていた。そこを中継して石炭や鉄鉱石は、アイゼンヒュッテンシュタット近郊のツィルテンドルフまで搬送されてい

策定・管理システムの変化

主要工業管理機関	備　　考(国内外の政治・経済の動きを中心に)
臨時政府のドイツ経済委員会内に設置された7つの工業管理部	半年計画は，SMAD(在独ソビエト軍政部)の草案にもとづいて，ドイツ経済委員会がはじめて独自に作成したものであった
ドイツ経済委員会。49年10月以後は，計画策定省または工業省がVVBを管理	ドイツ連邦共和国(西ドイツ)建国(49年5月23日に基本法批准) ドイツ民主共和国(東ドイツ)建国(49年10月7日) SED(ドイツ社会主義統一党)第3回大会(50年7月20-24日)／東ドイツのコメコン加盟(50年9月28日)
国家計画委員会(50年11月)，3工業省，3官房	ベルリン，その他の工業都市で労働者蜂起(53年6月) SAG(ソビエト株式会社)の無償返還(54年に完了) 西ドイツのNATO加盟(55年)／東ドイツのワルシャワ条約機構加盟(55年)
58年までに，諸工業省・官房の解体。国家計画委員会への権限集中	国家参加経営の設立開始(56年) 東西ドイツへの分裂から生じた産業構造の不均衡の是正 主要課題の提起：61年までに，西ドイツの消費水準を超える
国民経済評議会(61年創設：経済専門機関の創出)，VVBの再設立(58年)	西ドイツによる東西ドイツ通商協定の破棄宣言(60年) 農業集団化の完了(60年)／ベルリンの壁構築(61年) 「新経済システム」(63年：SED第6回大会および「指針」) VVBへの経済計算制の導入(63年)
国民経済評議会，VVB	「新経済システム」の構築に着手(64年：失敗)
国民経済評議会の解体(65年末：行政サイドの巻き返し)，7工業省の創設(66年)	東西ドイツ間で長期通商協定の締結(66年) EC発足(67年)／SED第7回大会(67年)／新憲法公布・施行(68年)／「プラハの春」事件(68年) 西ドイツ・ソ連間で国家間条約の締結(70年)
国家計画委員会，11工業省(国家機関の権限強化)	SED第8回大会(71年)：ホーネッカー路線の登場 東西ドイツ基本条約の締結(72年)／東西ドイツ，国連同時加盟(73年)
閣僚評議会，11工業省(閣僚評議会＝内閣の経済管理に関する権限が強化された)	SED第9回大会(76年)：党新綱領・規約の決定。ホーネッカーが書記長として再任，国家評議会議長を兼任
閣僚評議会，11工業省	SED第10回大会(81年)：「80年代経済戦略」の決定 西ドイツから10億ドイツマルク借款(83年) 西ドイツから9.5億ドイツマルク借款(84年) ゴルバチョフによるペレストロイカ路線の登場(85年)
閣僚評議会，11工業省	SED第11回大会(86年)：「80年代経済戦略」の継承 ペレストロイカ路線への「抵抗」，西ドイツへの「接近」

(Verwaltung volkseigener Betriebe)に取って代わられた。

年代に入ってからは，複数の経営の統合体に変化した。79年からは新型コンビナートに転換。

(Hrsg.), *DDR Handbuch Band A–L*, 3., überarbeitete und erweiterte Auflage, Köln 1985; Autorenkollektiv, *Planwirtschaft in der DDR*, Berlin 1978.

第 2-11 表　産業構造政策と計画

計画期間	政策的重点部門	計画・管理の基本単位	コンビナートに関連する動き
半年計画（1948 年 7-12 月）	石炭・褐炭，冶金（鉄鋼）	VVB（48 年に設立）	とくになし
二ヵ年計画（1949-50 年）	石炭・褐炭，冶金（鉄鋼），交通	VVB	とくになし
第一次五ヵ年計画（1951-55 年）	石炭・褐炭，冶金（鉄鋼），原料化学（53-54 年：消費財）	VEB（コンビナートを含む：50 年から）	中央直轄コンビナートの設立開始（51 年から）
第二次五ヵ年計画（1956-60 年）＊58 年に中断	主導的部門：エネルギー，化学，重機・工作機械，電機・電子	VEB VVB（58 年から）	中央直轄コンビナートの設立継続（61 年まで）
第一次七ヵ年計画（1959-65 年）＊64 年に中断	主導的部門：エネルギー，化学，重機・工作機械，電機・電子	VVB と VEB	61 年を最後に中央直轄コンビナートの新設はなくなる（60 年代後半に再開）
第二次七ヵ年計画（1964-70 年）＊65 年に中断	主導的部門：エネルギー，化学，重機・工作機械，電機・電子	VVB と VEB	63 年以後，県直轄コンビナートの設立。既存のコンビナートは VVB 傘下に統合される
長期展望計画（第三次五ヵ年計画）（1966-70 年）	構造規定的部門：電機・電子，光学・精密機器，工作機械，石油化学，重機・工作機械	VVB，VEK，VEB	67 年に 4 つの中央直轄コンビナート設立 1968 年コンビナート令公布 中央直轄コンビナートのさらなる設立および VVB 傘下コンビナートの設立
第四次五ヵ年計画（1971-75 年）	電機・電子，光学・精密機器，重機・工作機械，石油化学	VVB，VEK，VEB	中央直轄および VVB 傘下コンビナートの設立継続
第五次五ヵ年計画（1976-80 年）	電機・電子，光学・精密機器，工作機械，重機，褐炭	VVB，VEK，VEB 79 年からコンビナートへの一元化傾向	79 年 11 月に 1979 年政令の公布・発効
第六次五ヵ年計画（1981-85 年）	電機・電子，光学・精密機器，工作機械，重機，消費財	VEK	県直轄コンビナートの設立，人民所有コンビナート体制の確立
第七次五ヵ年計画（1986-90 年）＊89 年に中断	電機・電子，光学・精密機器，工作機械，重機，消費財	VEK	コンビナートの独立採算制の強化（資金自己調達の原則，利潤獲得への動機づけ）

VEB（volkseigener Betrieb）：人民所有経営。
VVB（Vereinigung volkseigener Betriebe）：人民所有経営連合。1952 年から 58 年まで，人民所有経営行政管理局
VEK（volksigenes Kombinat）：人民所有コンビナート。1950-60 年代のコンビナートは，おもに単一経営型で，70
資料：Leptin, Gert, *Deutsche Wirtschaft nach 1945*, Opladen 1980; Bundesministerium für innerdeutsche Beziehungen
Wirtschaftsgeschichte. Ein Leitfaden, 2. Auflage, Berlin 1980; Roesler, Jörg, *Die Herausbildung der sozialistischen*

第 2-12 表　1961 年までに設立された中央直轄コンビナート

	コンビナート名	工業部門	設立年	設立形態	統合形態[6]	構成[7]
1	製鉄コンビナート「J. W. スターリン」[1]	銑鋼圧延一貫	1951	新設	垂直	単一
2	ビョーレン褐炭コンビナート	褐炭，化学	1952	旧 SAG[4]	垂直	単一
3	ビッターフェルト電気化学コンビナート	化学原料	1952	旧 SAG[4]	垂直	単一
4	ロストック魚加工コンビナート	食品(缶詰・魚粉)	1952	新設	垂直	単一
5	ザスニッツ魚加工コンビナート	食品(缶詰・魚粉)	1952	新設	垂直	単一
6	ゲルツァウ褐炭コンビナート	褐炭採掘，精製	1953	旧 SAG[4]	垂直	複数
7	マンスフェルト精銅コンビナート[2]	精銅	1953	下記 2) 参照	垂直	複数
8	マンスフェルト銅鉱山コンビナート[2]	銅鉱山	1953	下記 2) 参照	水平	複数
9	ヴルツェン食品コンビナート	食品(製粉，菓子)	1953	経営統合[5]	水平	複数
10	エスペンハイン褐炭コンビナート	褐炭，化学，繊維	1954	旧 SAG[4]	垂直	単一
11	ツィッタウ繊維コンビナート	紡績・織布	1957	経営統合	垂直	複数
12	ラオホハンマー褐炭精製コンビナート	褐炭，エネルギー，化学	1958	経営統合	垂直	単一
13	褐炭コンビナート「シュヴァルツェ・プンペ(Schwarze Pumpe)」	褐炭，エネルギー，化学	1958	新設	垂直	複数
14	ヴェラ・カリ鉱山コンビナート[3]	カリ鉱山	1959	経営統合	垂直	複数
15	テューリンゲン合成ゴムコンビナート	化学	1959	経営統合	水平	複数
16	フライベルク非鉄金属コンビナート「アルベルト・フンク(Albert Funk)」	鉛・亜鉛	1961	経営統合	垂直	複数
17	グーベン化学繊維コンビナート	褐炭，化学，繊維	1961	新設	垂直	単一

1) 1951 年の設立時点はヘルマン・マテルン製鉄所，53 年にスターリンの名が冠され，63 年に東部製鉄コンビナートに名称変更された。
2) 1951 年設立の精銅コンビナート(鉱山部門と精錬部門が結合)が 1953 年に解体され，傘下にあった経営が新たに「精錬」と「鉱山」に分類され，7 と 8 のコンビナートに再編された。
3) 1953 年設立のメルカース・カリ鉱山コンビナートが，59 年に新設されたヴェラ・カリ鉱山コンビナート(表中の 14)に統合された。
4) SAG＝ソビエト株式会社(対ソ賠償向け)の東ドイツへの返還後に，新たに人民所有コンビナートとして改組された。
5) 経営連合の解体後に，傘下の経営を統合してできあがった。
6) コンビナート傘下の経営の結合ないし分業の形態(生産工程間の連関，工場・事業所間の生産上の分業)。
7) 「単一」：単一の大工場とその事業所から成る。「複数」：複数の工場および事業所から成る。

資料：Roesler, Jörg, Kombinate in der Geschichte der DDR: Von den ersten VVB bis zur durchgängigen Kombinatsbildung, in: *Jahrbuch für Geschichte*, Band 31, 1984, S. 236-237.　同論文の表のうち，新設が中断する 1962 年までに再編された 2 つのコンビナートを除いた。表注にその意味を記載した。一部，1958 年以降に経営連合傘下コンビナートとなったものを含む。

た。さらに、製鉄用の石灰については、ベルリン西方のレダースドルフならびにテューリンゲンのウンターヴェレンボルンの南に位置するカムスドルフから運河あるいは鉄道輸送によって調達されていた。ヘルマン・マテルン製鉄所は、一九五三年には製鉄コンビナート「J・W・スターリン」に改名され五五年までに五つの高炉を増設し、六三年には東部製鉄コンビナート(Eisenhüttenkombinat OST)と改称された。

なお、この一九五〇年代初頭のアイゼンヒュッテンシュタットでの製鉄コンビナートの設立に併行して、ベルリン西方のマクデブルクからハレ、ライプツィッヒの機械工業や化学工業への鉄資材の供給を担うべくカルベ製鉄所の建設が始められた[64]。カルベ製鉄所は、国産の原燃料を使用する工場として計画された。通常の高炉ではなく、低炉(Niederschachtofen)による製銑がこの製鉄所の最大の特徴であった。一九五二年末まで急ピッチで建設された一〇基の低炉を基礎に始められた銑鉄生産は順調に進められるかに見えたが、五三年の「新コース」(本書第三章で詳述)によって拡張計画が縮小され、新規の建設投資は行われなくなった[65]。

第二の形態は、経営連合の解体と傘下経営の再編を通じて設立されたコンビナートである。その一つが一九五一年に設立されたマンスフェルト・コンビナート「ヴィルヘルム・ピーク(Wilhelm Pieck)」(ザクセン=アンハルト州マンスフェルト)であった(第2-13表)。その前身(一九四七年)である経営連合マンスフェルト鉱山・精銅経営(VVB Mansfelder Bergbau- und Hüttenbetriebe)は、工業管理局III「冶金」(前掲第2-8表)の傘下にあった戦前のマンスフェルト鉱山・精銅株式会社とマンスフェルト含銅粘板岩鉱山株式会社の諸工場、さらには鉄鋼部門のマクシミリアン製鉄所[66]を統合したものであった。しかし、マンスフェルト・コンビナート設立時には、「鉄鋼」と「非鉄金属」の分割・管理の観点から、マクシミリアン製鉄所は、工業管理局「鉄鋼」の管理下に置かれることとなった。

他方、マンスフェルト・コンビナート自体も、「鉱山」と「精錬」の分割・管理の観点から一九五三年に二つのコンビナートに分けられた。さらに鉱山コンビナートは、一九五六年に六つの経営に分割された。そこには、業種や製品・製品グループごとの専門化を徹底するという意図を見ることができよう[67]。

第2-13表　人民所有経営マンスフェルト・コンビナートの変遷

年	変遷の特色
1946	SMADが，①マンスフェルト鉱山・精銅株式会社（Mansfeld AG für Bergbau- und Hüttenbetriebe）と②マンスフェルト含銅粘板岩鉱山株式会社（Mansfeldische Kupferschieferbergbau AG）を接収。後者は，ソビエト冶金株式会社（Sowjetische Metallurgische AG）に転換された。
1947	ソビエト冶金株式会社がザクセン=アンハルト州に返還され，その傘下経営が州有化された。それを母体に経営連合マンスフェルト鉱山・精銅経営（VVB Mansfelder Bergbau- und Hüttenbetriebe）が創設された。
1951	上記の経営連合の解体・再編により，人民所有経営マンスフェルト・コンビナート「ヴィルヘルム・ピーク」（VEB Mansfeld Kombinat “Wilhelm Pieck“）が創設された。
1953	人民所有経営マンスフェルト・コンビナート「ヴィルヘルム・ピーク」が，①マンスフェルト精銅コンビナート（VEB Mansfeld Hüttenkombinat），②マンスフェルト鉱山コンビナート（VEB Mansfeld Bergbaukombinat）に分割された。
1956	マンスフェルト鉱山コンビナートが，つぎの6つの経営に分割された。 ①銅鉱山「オットー・ブロソヴスキー」（VEB Kupferbergbau “Otto Brosowski”） ②銅鉱山「進歩」（VEB Kupferbergbau “Fortschritt”） ③銅鉱山「マックス・ラーデマン」（VEB Kupferbergbau “Max Lademann”） ④銅鉱山「エルンスト・テールマン」（VEB Kupferbergbau “Ernst Thälmann”） ⑤銅鉱山「トーマス・ミュンツァー」（VEB Kupferbergbau “Thomas Münzer”） ⑥ニーダーレーブリンゲン銅鉱山（VEB Kupferbergbau Niederröblingen）
1958	部門・業種別管理と経営連合の復活により，上記の6つの銅鉱山が，経営連合「非鉄金属」（VVB NE-Metallindustrie Eisleben）に統合された。経営連合本部は，ハレ県アイスレーベン（旧ザクセン=アンハルト州）。
1960	精銅コンビナートと鉱山コンビナートの再統合により，人民所有経営マンスフェルト・コンビナート「ヴィルヘルム・ピーク」が再設立された。

資料：Verein Mansfelder Berg- und Hüttenleute e.V., Lutherstadt Eisleben und Deutsches Bergbau-Museum Bochum（Hrsg.）: *Mansfeld: Die Geschichte des Berg- und Hüttenwesens*, Band 1（= Veröffentlichungen aus dem Deutschen Bergbau-Museum Bochum, 80）, Eisleben/Bochum 1999, S. 435-446.

第三に，当時のコンビナートには，SAGから人民所有経営への転換を通じて設立されたものもあった。ビッターフェルト電気化学コンビナートの前身であった旧IGファルベン傘下のビッターフェルト電気化学工場は，戦前・戦中はさまざまな電解技術によって得られる原料（アルミニウム，銅，鉛，亜鉛，クロム，マンガンなど）の製造や，火薬，肥料などの生産を行うさまざまな工場を擁する大経営であった。第二次世界大戦直後は，それらの工場の多くがソ連のデモンタージュの対象となり撤去・移送された。しかし、ＳＡＧ「水酸化ナトリウム（Kaustik）」の設立後は、ポリ塩化ビニールの生産を再開し、また増大する苛性ソーダ需要に応えるべく、新しい電解設備を備えた工場が建設された。一九五二年の返還後のコンビナートへの再編の際は、諸工場の生産技術上の関連性や、褐炭の産地やそれに根ざした発電所への隣接といった要素が加味された。このほか、ＳＡＧ「ブリケット（Briket）」ならびにＳＡＧ「燃料（Topliwo）」の傘下にあったビョーレンならびにエスペンハインの工場群も、褐炭採掘、ブリケット生産、エネルギー生産、褐炭乾溜、燃料生産が、原料・中間品・副産物の複合利用に向けて結合され、五二年と五四年に二つの化学コンビナートが誕生した（前掲第2-12表の2と10）[68]。また、ＳＡＧ「露天掘り（Rasres）」に統合されていた露天掘り、褐炭コークス、褐炭精製（コールタール、ガス、ガソリン、灯油、特殊油脂）の諸工場は、ゲルツァウ褐炭コンビナート（VEB Braunkohlenkombinat Gölzau）の傘下に再編された。

素材型工業部門のコンビナート像とは異なるものの、生産工程間の有機的連関の創出を目指して、食品部門においてもコンビナートが設立された。その一つは、一九五二年に設立されたロストックとザスニッツの魚加工コンビナートであった[69]。それらの設立以前、バルト海沿岸部には遠洋漁業の基地も、そのための大型船の造船所も存在していなかった[70]。その始まりは、ＳＭＡＤが占領地域内の食糧事情の改善を目指して、メクレンブルク州政府に漁業（加工業を含む）の強化を指令したことにあった。州政府は、個人漁業者の協同組合化、人民所有経営への転換という段階を踏んで、四九年までに人民所有経営バルト海漁業を設立した。また五〇年には、人民所有経営ロストック遠洋漁業も設立された。それらは、当初は工業管理局Ⅶ「軽工業」管轄下の経営連合「遠洋漁業」（前掲第2-8表）の傘下に置かれていたが、五二年までにコンビナートとして再編され、東ドイツの漁業および海産物の加工の要となった（五三年には魚粉工場、五四年には製氷工場が増設された）。

上記以外にも、一九五三年には製粉・パン・焼き菓子製造コンビナート（ライプツィッヒ近郊のヴルツェン）が穀物生産地の利を活かして設立された。旧ザクセン＝アンハルト州から旧テューリンゲン州にかけての穀物生産とライプツィッヒ、ハレ近郊のビート生産と製糖工場がその基盤となっていた。[71]

一九五〇年代に設立されたコンビナートに共通するのは、設立時に「地域制限原則（das Prinzip der territorialen Begrenzung）」[72]が採用されていたことである。その第一の理由は、計画経済体制の創生期において国の行政府の出先機関としての県が、計画経済とその管理システムの行政側の単位＝機関であったため、その管理下に経営（工場または事業所）をまとめてコンビナートを編成しなければならなかったことがあげられる。第二の理由は、生産単位としてのコンビナートにとっては、原燃料の立地と隣接する関連工場（事業所）の統合、原料が集積する場所に隣接する関連工場（事業所）の統合が、コンビナート形成の基準となっていたからである。前者の例は、褐炭と電力・温水、褐炭と化学製品、非鉄金属鉱山と冶金、カリ鉱山と肥料、化学原料と合繊の組み合わせによるコンビナート設立であり、また後者は漁業基地と港湾周辺の加工場、外国からの石炭・鉄鉱石の集積地との関連性で編成されたコンビナートであった。

第二次五ヵ年計画期（一九五六～六〇年）になると、重工業部門の生産拡大、生産過程の機械化・自動化に向け、「主導的部門（führende Zweige）」（エネルギー・燃料、化学、機械、電機）の発展が中心課題とされた。とりわけ国内産褐炭とソ連からパイプラインで供給されるようになった原油をベースとする化学工業への梃入れは、第二次五ヵ年計画が中断した一九五八年以後の第一次七ヵ年計画期（一九五九～六五年）に本格化した。[73]その際、五八年に決定された「化学プログラム」[74]は、化学工業と他部門との有機的結合による「工業の化学化（Chemisierung der Industrie）」を目指すものとして注目された。

それに呼応する形で、一九五八年には褐炭コンビナート「シュヴァルツェ・プンペ」（Kombinat "Schwarze Pumpe"）が設立された。これは、工業用原料・燃料の輸入石炭から自国産褐炭への転換を背景に策定された「褐炭・エネルギー生産プログラム」（一九五七～五八年）を牽引するものとして期待された。同コンビナートは、コトブス県シュプレムベルクに立地する褐炭露天掘り鉱山、ブリケット、コークスなどの生産工場を、原料または中間品加工の流れに沿って結合しながら形成されたものであった。また硫酸、タール、揮発油、フェノール等の化合原料を生産する八工場を加え、量産化と製品多角化が進められた[75]。さらにコンビナートの従業員向けにザクセン州北部のホイヤースヴェルダにパネル工法で建設された巨大な公団への電力・温水供給のためのハイブリッド型火力発電所も傘下に統合された。

このほか、一九五九年にはSAG傘下の工場やソ連占領期に経営連合傘下で活動していた経営を母体に、カリ化学コンビナート(VEB Kalikombinat Werra：エルフルト県ヴェラ川流域)が設立された[76]。その前史によれば、旧ドイツ＝ライヒ時代のカリ採掘部門の大企業であったヴィンタースハル株式会社(Die Wintershall AG)、プロイスザック株式会社(Die Preussag AG)、ザルツデトフルト株式会社(Salzdetfurth AG)が所有する鉱山群が、戦後の賠償政策によって接収され、四六年にSAG「カリ・岩塩(Kali)」の傘下に統合された(前掲第1-10表参照)。それらの一部は、四七年にカリ化学肥料部門のSAG「カイニット(Kainit)」とSAG「カリ・岩塩(Sylvinit)」に分割され、三つのSAGが形成された。いずれにも統合されなかったカリ鉱山はテューリンゲンとザクセン＝アンハルトの州政府に委譲されたが、その後中央直轄の経営連合「カリ・岩塩」(ザクセン＝アンハルト州ハレ＝ザーレ)に統合された。一九五二年には、上記三つのSAGの返還と解体、そして経営連合「カリ・岩塩」の解体ののち、傘下経営は、工業管理局直轄経営(前出のD-Betrieb)としてカリ・非鉄金属鉱山管理局の直轄下に置かれた。

一九五八年に経営連合の再設立運動が起きた際、それらは再び経営連合「カリ・岩塩」の傘下に統合され、形式的ではあったものの法人格を付与され人民所有経営として登記された。その傘下経営のうちテューリンゲン州の国境地域を流れるヴェラ川流域に広がるカリ鉱床に立地するカリ鉱山(ドルンドルフおよびウンターブライツバッハ)と、すでに五三年にコンビナートとして創設されていたメルカースのカリ鉱山コンビナートを統合して形成されたのが、前掲第2-12表のカリ鉱山コンビナートであった(いずれもテューリンゲン州ヴァルトブルク郡)[77]。同コンビナートの主要な生産物は、カイニット(硫酸マグネシウムと塩化カリウムから成る白色鉱物)、塩化カリウム、塩化マグネシウム、硝酸カリウム、硝酸アンモニウムであり、それらはさらに無機肥料、調味料、その他の化学原料に加工された。

さらに一九六一年には、五八年の化学プログラムの重点課題の一環としてコトブス県のグーベン化学繊維コンビナートが新設された。すでに第二次世界大戦中から、褐炭を基礎原料とするスフ（ステープル・ファイバー：Zellwolle）とビスコース・レーヨン（Kunstseide）の生産拠点はのちの東ドイツ地域にも存在していた。両方の素材を生産していた旧テューリンゲン州のルードルシュタット市シュヴァルツァ地区、旧ブランデンブルク州のプレムニッツ、旧ザクセン＝アンハルト州のヴォルフェンの工場群、スフに特化していた旧ザクセン州のグラウシャウ、プラウエン、ヴィッテンベルゲの化繊工場群、そしてビスコース・レーヨンに特化していたザクセン州のエルスターベルク、ピルナの工場群がそれであった。[78] このコンビナートの最大の特色は、国内産の褐炭ではなく、細々とではあるが国産の石油が採れる場所を拠点に形成された。[79] もともと化学プログラムの基調は、ソ連のパイプライン「ドルージバ」（ドイツ語の“Freundschaft”＝友好）を通じた原油供給をベースとする石油精製および石油化学であったが、グーベンのコンビナートの場合には、「国内産褐炭」が重視されたのである。のちに東ドイツの化繊製品の代名詞の一つとなる“Dederon”（デデロン：家事用のエプロンや買い物バッグ、靴下・ストッキング用の化繊）は、そのグーベンで生産された。[80]

（四）コンビナート設立運動の中断

以上見てきたように、ＳＡＧの有償返還、経営連合の解体を背景に実施された一九五〇年代のコンビナート設立運動は、五ヵ年計画の重点とされた鉱山、冶金、化学部門の人民所有経営の内部の工場・事業所あるいは工場・事業所間の垂直分業を実現する目的でなされた。また、戦後の食糧事情の改善に向けて食品部門でもコンビナート化がなされ、食品原料から完成品に至るまでの工場・事業所レベルでの工程間結合が実現した。五〇年代後半の第二次五ヵ年計画期には、これらの部門の成長を基礎に、産業構造をより高度化するという目的から、とくにエネルギー工業、化学工業とそれに関連する鉱山業(褐炭を含む)への梃入れがなされた。しかし、そこにはいくつかの未解決の問題が残されていた。

第2-14表　10年以上稼働している工作機械の割合(1955年末)

当該工作機械が使用される分野	台	10年以上稼働している工作機械	その割合(%)
冶金設備およびその他の重機用	4,152	1,273	30.7
輸送設備および製鋼設備建造用	2,965	912	30.8
化学工業設備用	2,325	834	35.9
繊維機械用	5,207	387	7.4
印刷機製造用	2,070	779	37.6
食品・嗜好品加工機械，包装機械用	2,325	914	39.3
造船用	1,966	660	33.6
モーター・作業機用	3,600	1,254	34.8
発電設備用	2,655	533	20.1
電機・電子機器用	5,411	1,766	32.6
各種ケーブル・工業セラミック用	2,500	1,163	46.5
工作機械用	8,343	2,796	33.5
合　計	43,519	13,271	30.5

資料：Mühlfriedel, Wolfgang/Wießner, Klaus, *Die Geschichte der Industrie der DDR bis 1965*, Berlin 1989, S. 249.

第一の問題は、素材部門の生産の技術基盤となる重機・工作機械製造部門での生産能力低下の問題であった。一九五〇年代前半を通じて工業投資は、第一次五ヵ年計画の最優先部門とされた鉱山・冶金・エネルギー生産・化学工業を支える重機や工作機械の最終生産を行う二八経営(重点経営)にのみ集中し、その他の経営(とりわけ部品供給に携わる経営)においては、既存の老朽化した設備能力に拠って生産を続けねばならなかった。第2-14表は、さまざまな機械製造の分野で使用されている一〇年以上稼働している工作機械の割合を示したものである(一九五五年末時点)。繊維機械用と発電設備用を除けば、おおむね三〇~四〇%が戦時中(または戦前)に使用されていたものであった。なかには、アイゼナッハの自動車工場(旧BMWのアイゼナッハ工場)のように、稼働していた約二〇〇〇台の機械の平均稼働年数が一七年である場合もあった[81]。

第一次五ヵ年計画期の重点経営への設備投資に目を転じると、一九五一年から五三年までは順調に伸びていくかに見え

第2-15表　機械製造業の重点経営への主要な設備投資計画とその実績

［単位：百万マルク］

年＼項目	28の重点経営			機械製造全体		
	計　画	実　績	達成率(%)	計　画	実　績	達成率(%)
1951	140.9	168.4	119.5	293.0	300.1	102.4
1952	163.1	208.9	128.1	291.1	386.0	132.6
1953	106.3	127.3	119.8	279.5	362.3	129.6
1954	42.4	21.0	49.5	223.3	133.4	59.7
1955	16.1	17.8	110.6	189.0	159.4	84.3

注：第一次五ヵ年計画(1951-55年)における投資額。
資料：Mühlfriedel, Wolfgang/Wießner, Klaus, *Die Geschichte der Industrie der DDR bis 1965*, Berlin 1989, S. 249-250.

たが、最後の二年間は投資計画そのものが激減し、計画達成率も不安定であった（第2-15表）。機械製造全体では、とくに計画の達成率の急落への対処を考えなければならないほど、実績の落ち込みが深刻になっていた。その背景には、五三年六月の労働者蜂起の一因となった国民の消費生活への不満、そして五四年に終了するSAGの東ドイツへの返還があった。前者への対処の一環として、SED・政府は消費財部門への投資強化を実施しなければならなくなっていた。後者については、東ドイツに返還される経営（優良工場）の投資活動が五ヵ年計画に盛り込まれていなかったため、追加的な投資計画と資金調達が要請されることになったのである。

　こうした計画の大きな攪乱要因を抱えながら進められた傾斜配分投資（機械製造部門の最終生産者を優先）は、とりわけ機械製造における部品・付属品供給経営の生産能力の低下となって現われた。一九五〇年代前半には、工業用の規格部品の需要が約五〇％しか満たされない、ともいわれ、それは機械製造部門の生産拡大の障害となっていた。[82] 同様の事態は、機械製造部門への重要な部品・半製品の供給者であった電機・電子部門にも見られた。同部門における重点投資の対象が、ベルリン、ヘニッヒスドルフ、デッサウ、ドレスデンの四つの大規模経営に絞られたため、製品パレットの多様性が失われ、需要者である機械製造部門の最終生産者にネガティブな影響を与えたのである。[83] 生産力基盤の復興の加速化に向けた重点投資が、むしろ「主導的部門」の発展、産業構造の高度化の阻害要因となってしまった、ということができよう。

　第二の問題は、上記の最終生産を支える下請供給を担う中小経営の育成・強化や、人民所有（国有）セクターへの編成替えの困難であった。部門・業種ごとの違いはあったものの、工業部門の中小経営の多くは、国家参加経営(Betriebe mit staatlicher Beteiligung)を含む私的経営であった。[84] それらは、公有化や国有化の圧力が強まるなかにあっても存立し続けた経営であり、相応の生産実績を残すことのできたものだった。それら私的中小経営の国有化には、一九五三年労働者蜂起に象徴される政治的な抵抗が予想されたことから歯止めがかかっていた。その結果、人民所有セクター内で国家機関による統制が可能な中小経営が不足し、経済計画の枠内での部品供給(下請供給)問題の解決に対応の遅れが見られるようになっていた。とくに一般工作機械、自動車、電機製造の部門では、一方で部品・付属品の下請供給の量的拡充の問題、他方で部門内の最終製品の生産に携わる中小経営の育成課題(工程間アンバランス)が解決されねばならなかった。効果的な経営間分業の編成と生産実績の増大が課題となっていたのである。さらに、それらの私的中小経営を国有化し、計画経済に組み込みたいという思惑もこの問題の底流にあった。

ＳＥＤ・政府は、一九五八年の「国家機関の完成化と簡素化に関する法律」[85]の制定を皮切りに、この課題に対応し始めた。同法律は、まず先の諸工業省・官房、管理主局による経営の直接管理を廃止した。直接管理については、五七年のＳＥＤ第三〇回中央委員会総会以来、国家計画委員会と、その下位に置かれた諸工業省・官房、管理主局の権限と責任の曖昧さ、国家管理機関の官僚主義・図式主義的対応、工業省等の設置・活動による行政管理費用の肥大化などの問題が指摘され、改革が望まれていたのである。[86] 同年、国家計画委員会の内部に諸工業部局(石炭・褐炭・エネルギー、鉱山・冶金、化学工業、重機・工作機械・自動車製造、建設資材、軽工業、食品工業)を設置したことは、それらを諸工業省の行政的な利害から切り離し、より経済的な利害を優先した計画の実現を目指したものであった(前掲第2-3図参照)。この再編とともに、五八年には第二次五ヵ年計画の中断が決定され、新たに第一次七ヵ年計画(一九五九～六五年)が立案・実行に移された。

このような管理機構の改革を前提としながら、先の中小経営を含む経営の編成問題に直接対処するため、ＳＥ

D・政府は、一九五八年に経営連合を復活させた（五二年までに廃止されていた）。「閣僚評議会（内閣）―国家計画委員会―工業部」の下に七つの工業管理局が設置され、その指導下に置かれた七四の経営連合に一五〇〇以上の人民所有経営が統合された。その際、新しい経営連合には、ソ連占領期の経営連合とは異なる役割と地位が与えられた。[87]その一つは、上位の管理機関に集中していた管理上の権限・機能の一部（生産実施、物財供給上の部門間の調整、研究・開発）が委譲され、[88]経営連合が国家計画委員会・工業部・工業管理局・工業課と傘下経営を結ぶ中間管理機関となったことである。統合された経営は、ソ連占領期の経営連合傘下工場・事業所とは異なり、法人や経済計算単位としての地位を失わず、五二年以来与えられていた相対的独立性を保持することができた。ただし、経営連合自身への経済計算制の導入は先送りされた。

この経営連合を核とする生産単位の組織化においては、経営連合内部の生産とともに、その外部の経営との製品グループ別経営間分業（Erzeugnisgruppenarbeit）が重視された。それは、経営連合傘下の経営のなかからその技術力と経済力を基準に選定された先導経営（Leitbetrieb：相対的に大規模な経営）を軸に、地方に分立する中小の人民所有経営、手工業生産協同組合、国家参加経営、私的経営との協力関係を創出するというものであった。[89]この点は、ソ連占領期から一九五〇年代初頭までの経営連合と、五八年以降の経営連合の重要な相違点であった。

この関係について、一例をあげながら見ることにしよう（第2-4図）。

重機・工作機械・自動車製造部門の経営連合「鉄、非鉄金属・ブリキ」では、二四の製品グループ（食器、鍵、暖房機器、ガス機器、ブリキ製容器など）が設定されていた。その一つである「固形・液体燃料用暖房器具・調理器具」では、地域的に広範囲に分散して立地していた四〇の経営連合傘下経営、一五の郡直轄経営、二一の手工業生産協同組合、八の物資調達協同組合、四七の私的経営（国家参加経営を含む）が分業していた。それらの経営は、さらに六つの品目グループ、かまど（生産拠点：エルフルト県アイゼナッハ）、褐炭風呂釜（生産拠点：ゲーラ県エルスターベルク）、褐炭かまど（生産拠点：ドレスデン県シュトルペン）、煙突（生産拠点：ハレ県アルテルン）、煮沸洗濯釜（生産拠点：

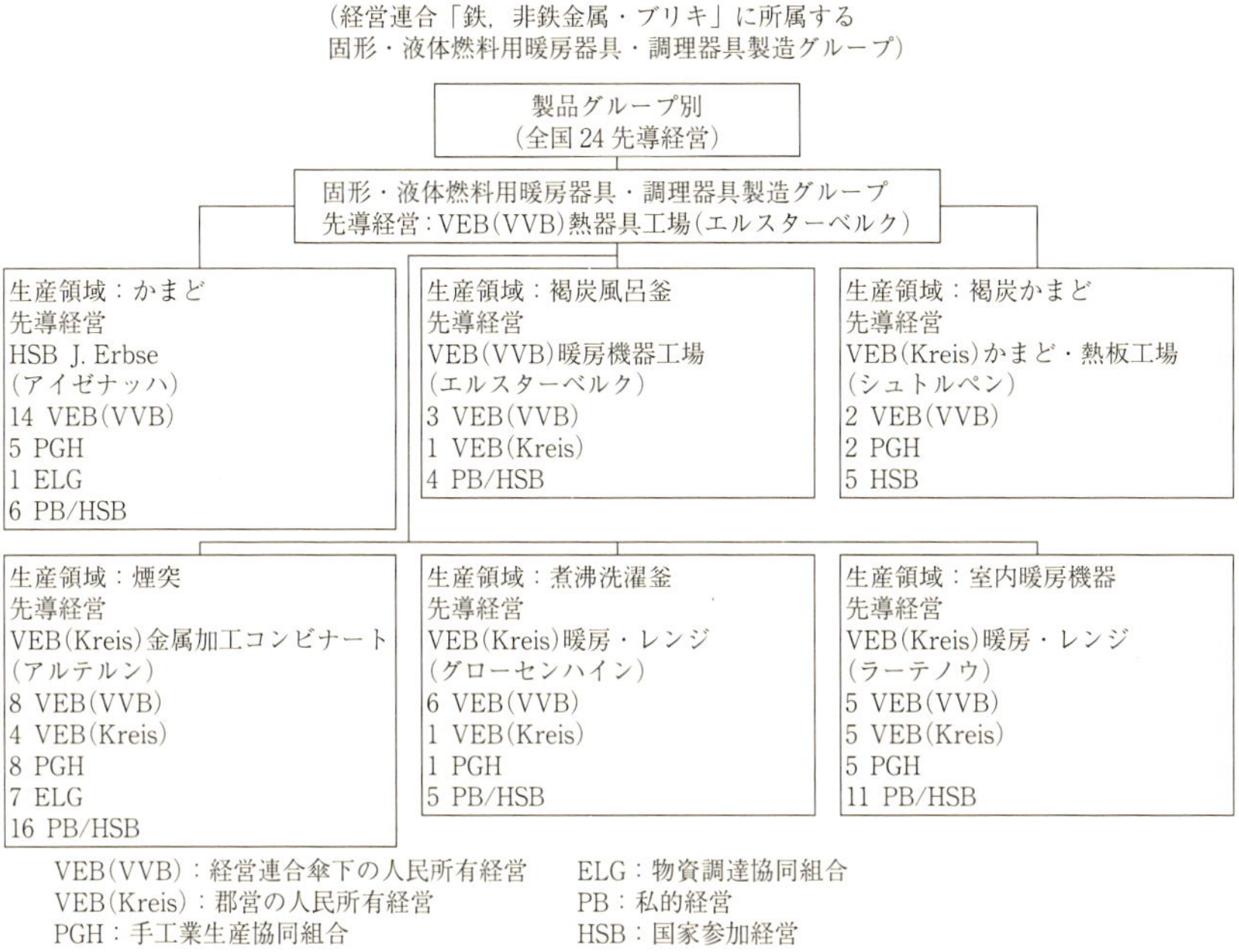

第2-4図　製品グループ別経営間分業の一例

資料：Das Büro für Industrie und Bauwesen beim Politbüro des Zentralkomitees der SED, *Das funktionelle Wirken der Bestandteile des Neuen Ökonomischen Systems der Planung und Leitung der Volkswirtschaft*, Berlin 1964, S. 65-66.

ドレスデン県グローセンハイン)、室内暖房機器(生産拠点：ブランデンブルク県ラーテノウ)に分類され、各々に設定された先導経営が中心となって、地域的に分離する経営の分業関係を結んでいた。この経営間分業は、個々の製品・品目グループ別に生産を専門化して増産を図るとともに、グループ内で相対的に規模(従業員数、生産高)の大きい先導経営の牽引により、経営間に存在する経済力・技術力の格差を克服するための試みであったといえよう。

この製品グループ別経営間分業の問題点は、それが終始「同一製品・品目」の生産に専門化されていたことであろう。それは、さしあたりは機械製造に関連する経営連合(重機、工作機械、輸送機製造など)において隘路となっていた部品・半製品の供給を量的に増大する目的に適うものであった。しかし、部品・半製品を供給する経営が、最終製品を製造する経営と関係を結ぶためには製品グループを横断的につなぐ調整が必要であった。

一九五〇年代半ば以降に顕在化したこの問題に対して、ＳＥＤ・政府はいかなる組織的対応をとったのだろうか。次章では、ベルリンの壁の構築を間に挟み五〇年代末から展開していく経済改革、東ドイツの工業経営の集中の形態や国家的工業管理システムの変化を追いながら、その点について考察することにしよう。

（1） Broszat, Martin/Weber, Hermann (Hrsg.), *a.a.O.*, S. 144. なお、一九四六年一〇月二〇日の州議会またはプロヴィンツ議会選挙前には、まだ省(Ministerium)は存在しなかったが、副首相が省の機能を代表した。

（2） *Ebenda*, S. 184-187.

（3） ゼルプマンは、ヘッセン州ラウターバッハ生まれ。父は銅細工職人。国民学校卒業後は鉱山で働き、一九一七年に第一次世界大戦で出征。一八年に労働者・兵士協議会(レーテ)に入り、二〇年には独立社会民主党、二二年にはＫＰＤ党員となった。二八〜二九年はモスクワの国際レーニン学校で学び、二九〜三〇年はライン州議会議員、三一〜三三年はオーバーシュレージエンならびにザクセンのＫＰＤ県本部の委員長、三三年に逮捕され、三五年に七年の禁錮刑。以後、四〇年からザクセンハウゼン収容所、四二年にはフロッセンビュルク収容所、四五年にはダッハウ収容所に収監されていたが四五年春に脱出に成功した。戦後は、ライプツィッヒのＫＰＤ支部第一書記、ザクセン州副首相となった。ゼルプマンは、その後も東ドイツの冶金やエネルギー部門において中心的な役割を演じたが、五〇年代には指導部との路線対立から一時的に党の第一線から退かされた。詳しくは後述。*Ebenda*, S. 1028; Bertram, Mathias (Projektleiter), *a.a.O.*, S. 16588-16589.

（4） 戦前・戦中はＳＰＤ党員でＳＰＤ関連の雑誌の編集に携わっていた。戦後ＫＰＤに入党し、一九四六年にＳＥＤ党員となった。州政府大臣ののちは、ストックの魚加工コンビナートの管理職となった。Bertram, Mathias (Projektleiter), *a.a.O.*, S. 11262.

（5） ブルンデルトは、ディーカーが経済・交通相となる前に暫定州政府の工業部局長をしていたときに、ＣＤＵのレオ・ヘルヴェーゲン(Dr. Leo Herwegen)とともに、「コンティ事件(Affäre Deutsche Continental-Gas-Gesellschaft AG)」と呼ばれる汚職に関わったとして、公開裁判(デッサウ州立劇場で実施)にかけられ一五年の禁錮刑を言い渡された。二人とも刑期を前に釈放され、それぞれ七～八年後に西ドイツに移住した。この公開裁判は、SED政治局が「政敵」を排除する手段として一九五〇年代から利用され始める。ブルンデルトは、西ドイツへの亡命ののちにフランクフルト・アム・マインの市長となった（六四～七〇年）。当時の公開裁判については、Karlsch, Rainer, *Vom Licht zur Wärme: Geschichte der ostdeutschen Gaswirtschaft 1855-2008*, Berlin 2008, S. 94-98 が詳しい。Bertram, Mathias (Projektleiter), *a. a. O.*, S. 12649-12650. なお、Broszat, Martin/Weber, Hermann (Hrsg.), *a.a.O.*, S. 164 で、ブルンデルトはCDUと記載されているがSPDの間違いである。

（6）プロヴィンツ・ザクセンとアンハルトについては、本書が依拠した文献によれば、経済・交通省直轄の管理主局の下位にあった工業部（シュムック大臣：党所属不明）の監督下に公有化された経営の管理を担う機関が設置されていたはずである。管理局級の人名は姓しか確認することができなかった。Broszat, Martin/Weber, Hermann (Hrsg.), *a.a.O.*, S. 162-166.

（7）戦前からKPD党員として活躍し、一九二八～三三年にはプロイセン州議会議員に選出された。三三年には国家反逆罪の準備をしたという名目で逮捕され、懲役二年を宣告された。刑期終了後はモスクワに亡命し、その間にスペイン内戦に義勇兵として参加、その後パリで拘束され、四二年から四五年までゲシュタポ刑務所とマウントハウゼン強制収容所（オーストリア）に収監されていた。ドイツに帰還後はソ連占領地域の農地改革の実施にあたり、四六年にSED党員となってからはプロヴィンツ・マルク・ブランデンブルクの計画策定省大臣を担当、その後五〇年代前半は東ドイツの計画経済、後半は貿易と東西ドイツ間交易に関わる要職を歴任した。Bertram, Mathias (Projektleiter), *a.a.O.*, S. 15335-15336; Barth, Bernhard-Rainer/Links, Christoph/Müller-Enbergs, Helmut/Wielgohs, Jan (Hrsg.), *a.a.O.*, S. 589-590.

（8）Broszat, Martin/Weber, Hermann (Hrsg.), *a.a.O.*, S. 96-100.

（9）*Ebenda*, S. 118-123.

（10）Matschke, Werner, *Die industrielle Entwicklung*. . ., S. 221-222.

（11）この点については、ヴァイマール共和国以来（一九二〇年に制定された経営評議会法：ナチス党政権下で三四年一月二〇日に失効）ドイツ企業の伝統となっていた労働者の経営参加、労使協議制を廃止し、労働者側に経営の実権を集中させるという発想がソ連側にあったものと思われる。西ドイツでは、五二年に経営体規則法（Betriebsverfassungsgesetz）が制定され、その発想が維持された。ソ連型社会主義の労働者統制のイメージが明確になる要請ではあったが、当初はドイツ側の強い抵抗があった。四八年に経営評議会の解散を指令するまで、SMADはその指示を一旦取り下げていた。クレスマン、クリストフ、前掲書、一五五～一五九頁。

（12）この改善ののちに一九四八年からテューリンゲン州経済計画省所轄の管理局長として州有経営の管理の陣頭指揮を務めた

のはA・クンツェ(元SPD／SED)で、彼の指揮下で人事部長を務めたのはR・シュタインヴァンド(元KPD／SED)であった。前者はのちに自由ドイツ労働組合同盟本部役員にも抜擢されたがテューリンゲンにとどまり、最終的にはエルフルト商工会長を務め、地元の経済活動の支援に尽力した。後者は、管理局の任務を終えたのち、四七年二月にSAGからテューリンゲン州に返還されたウンターヴェレンボルンの人民所有経営マクシミリアン製鉄所の工場長としてキャリアを積んだのち、建国後の東ドイツの鉱山・冶金省内の主局長、さらには機械工業省副大臣、鉱山・冶金省大臣(五五年)にまで登りつめた。Broszat, Martin/Weber, Hermann (Hrsg.), *a.a.O.*, S. 1037; Bertram, Mathias (Projektleiter), *a.a.O.*, S. 16888-16889.　五〇年代の鉱山・冶金局と東ドイツ鉄鋼業との関連で、しばしば史料に名前のあがってくる人物の一人である。

(13)　Mühlfriedel, Wolfgang/Wießner, Klaus, *a.a.O.*, S. 53 ならびに Matschke, Werner, *Die industrielle Entwicklung*. . . S. 222.

(14)　ツィラーは、一九一二年四月一九日にドレスデンの機械工を父に誕生。電気機械組立と機械製図を学び、働きながらエンジニアを目指して夜間学校に通った。三〇年にKPDに入党し、三三年まで機関誌『労働者の声(*Arbeiterstimme*)』の編集を担当。三三年にはエンジニア資格を取得。その後も党活動を続けるが、三四～三五年はヴァルトハイム刑務所へ、大戦中の四四年にはザクセンハウゼン収容所に収監された。戦後は、四五年七月のマイセンの経済局を皮切りに、四六年には州の経済計画省に登用された。その後については、ゼルプマンと同様に東ドイツの冶金業やエネルギー部門に関連する要職に就いた。Broszat, Martin/Weber, Hermann (Hrsg.), *a.a.O.*, S. 1064; Bertram, Mathias (Projektleiter), *a.a.O.*, S. 18040-18041.

(15)　ザクセン州議会選挙(一九四六年一〇月二〇日)では、SEDが全体の四九・一%、LDPDが二四・七%、CDUが二三・三%であった(農民相互扶助連合、女性委員会、文化同盟が合わせて二・九%)。Broszat, Martin/Weber, Hermann (Hrsg.), *a.a.O.*, S. 397.

(16)　占領地域全体では、SEDが全体の四七・六%、LDPDが二四・六%、CDUが二四・六%、その他が三・三%であった。*Ebenda*, S. 397.

(17)　ソ連占領地域を拠点に、将来の非軍事化したドイツ全体にソ連の影響力を行使する、という構想は、ソ連、とりわけスターリンの「ドイツ問題」に関する考え方に規定されていたといわれている。「スターリン・ノート」の形で西側諸国にも伝えられた非同盟中立国としての統一ドイツ政府の樹立(一九四九年の東西両国の建国の破棄を意味した)が、どの程度までソ連側の本音を反映していたのかには見解の相違がある。それについては、つぎの文献の整理が有益である。清水聡「「スターリン・ノート」と冷戦　一九五〇―一九五二年――ドイツ統一問題をめぐるドイツ社会主義統一党(SED)の動向」、『ロシア・東欧研究』第三七号、二〇〇八年、五八～六八頁。さらに包括的な分析としては、清水聡、前掲『東ドイツと「冷戦の起源」』、

第三章および第四章を参照されたい。

（18） Abelshauser, Werner, *Deutsche Wirtschaftsgeschichte seit 1945*, München 2004, S. 84-85.

（19） Roesler, Jörg, Handelsgeschäfte im Kalten Krieg: Die wirtschaftlichen Motivationen für den deutsch-deutschen Handel zwischen 1949 und 1961, in: Buchheim, Christoph（Hrsg.）, *a.a.O.*, S. 195.

（20） Haendcke-Hoppe Arndt, Maria, Interzonenhandel/Innerdeutscher Handel, in: Der Deutsche Bundestag（Hrsg.）,*a.a.O.*, S. 1544.

（21） 加藤浩平「ドイツ分割と東西ドイツの経済関係」、『専修経済学論集』第二七巻第一号、一九九二年、一九七頁、二〇〇頁。ただしルールからは、一九三八年時点で銑鉄が一八万トン、鉄鋼・圧延鋼材が四〇万トン供給されていたことから、この取引は戦前の状況に近づくには、まったく不十分であったといえよう。分類が違うので正確な比較はできないが、四七年に銑鉄は五万五〇〇〇トン、鉄鋼・圧延鋼材は一七万トンがルールから供給されていたにすぎなかった。Barthel, Horst, *a.a.O.*, S. 81.

（22） バール、ローター編著（諫山正・百済勇・村田雅威訳）『東欧社会主義経済史』ありえす書房、一九七九年、二三六頁。

（23） そのもう一つの目的は、連合国管理理事会でアメリカ、イギリスに強硬に反対するフランスを牽制すること、ソ連が構想する社会主義的な統一ドイツ構想に対抗することにあったといえよう。成瀬治・山田欣吾・木村靖二編、前掲書、三三二～三三三頁。この米英連合地域の創設には、フランスとソ連から「ポツダム協定違反」との批判がなされた。クレスマン、クリストフ、前掲書、一二一頁。

（24） Eppelmann, Rainer/Möller, Horst/Nooke, Günter/Wilms, Dorothee（Hrsg.）, *Lexikon des DDR-Sozialismus Band 1: A-M*, 2., aktualisierte und erweiterte Auflage, Paderborn 1997, S. 398.

（25） Haendcke-Hoppe Arndt, Maria, a.a.O., S. 1545; Bundesministerium für gesamtdeutsche Fragen（Hrsg.）, *SBZ von 1945 bis 1954*, S. 59.

（26） 一九四七年までに西側が求めていたのは、銑鉄と鉄鋼の代わりに、木材や穀物、合成ゴム、砂糖、じゃがいもを手に入れることであった。Abelshauser, Werner, *a.a.O.*, S. 85. しかし、四八年の政治・外交上の危機、四九年の東西両占領地域での建国を経て状況は一変した。とりわけ、西側への移出において「鉱山、エネルギー、冶金」（とくに燃料）の比重が急激に増大したこと、他方で他の重工業製品の移出が金額と割合でともに激減したことが見てとれる（第2-3表）。

（27） ミュンヘン州首相会議が決裂した背景の一つとして、東西の政党間の原理的対立や政党の利害と州のそれとの相反があげられる。西のＳＰＤと東のＳＥＤ（東のＳＰＤとＫＰＤとの合同によって一九四六年四月に成立）の間の確執はその象徴であった。クレスマン、クリストフ、前掲書、二一八～二二一頁ならびに安野正明「ドイツ連邦共和国成立前史におけるドイツ内対立関係の一側面――一九四六年六月ミュンヘン州首相会議をめぐって」、『史學雜誌』第九三編第七号、一九八四年、六八～六九頁参照。

(28) Bundesministerium für gesamtdeutsche Fragen (Hrsg.), *SBZ von 1945 bis 1954*, S. 59. バールの研究では、西側占領地域は、ミンデン協定を履行しようとはしなかった、という指摘がある。たとえば、「四七年にソ連占領地区は、西側地区からの協定された三一万二〇〇〇トンの圧延鋼材のうち、わずか一九万二〇〇〇トンしか引き渡されなかった。圧延鋼材の最大需要者である東ドイツの金属加工業にとって、この程度の量では需要を賄うことはできなかった。戦前には、一一〇万トンの圧延鋼材の供給を受けていた」とある。バール、ローター編著、前掲書、二三七頁。「戦前」うんぬんという点は、直接には協定の履行とは関係がないが、数量単位で示されている圧延鋼材の不足分は、その数字が正しければ約六一％に相当する。H・バルテルは、同年六月の時点で、協定額の約一〇％に相当する二〇〇〇万ライヒスマルク分が供給されていないことを指摘している。Barthel, Horst, *a.a.O.*, S. 84. この約一〇％という数字は、協定総額二億一〇〇〇万を一二等分し、六月までには一億五〇〇〇万ライヒスマルク分が供給されていなければならない、という考え方にもとづく数字であろう。しかし、金額の問題もさることながら、石炭や鉄鋼価格の上昇によって数量が確保しづらくなっていたことは、ソ連占領地域の「不足感」を一層助長したものと考えられる。

(29) Bundesministerium für gesamtdeutsche Fragen (Hrsg.), *SBZ von 1945 bis 1954*, S. 74. なお、この協定については、一九四九年五月に、のちのフランクフルト協定の前段に行われた交渉のなかで復活の声があがった。しかし、通貨改革前の情勢を前提とする内容であったために受け入れられなかった。Nakath, Detlef, Zur poltischen Bedeutung des Innerdeutschen Handles in der Nachkriegszeit (1948/49-1960), in: Buchheim, Christoph (Hrsg.), *a.a.O.*, S. 223.

(30) Befehl der SMAD Nr. 138 des Obersten Chefs der Sowjetischen Militäradministration in Deutschland zur weiteren Entwicklung der Wirtschaft vom 4. Juni 1947, in: Ministerium für Auswärtige Angelegenheiten, *a.a.O.*, S. 467-468. この指令が、東ドイツで公になったのは、この外務省の資料が刊行された一九六八年、したがって指令された当時から約二〇年後のことであった。

(31) 一九四七年九月一八日以降は、域内商業・貿易管理局が付け加えられた。

(32) 成瀬治・山田欣吾・木村靖二編、前掲書、四四四頁。

(33) Befehl der SMAD Nr. 32 über die Zusammensetzung und Vollmachten der Deutschen Wirtschaftskommission vom 12.

Februar 1948, in: Die Deutsche Justizverwaltung der Sowjetischen Besatzungszone in Deutschland (Hrsg.), *Zentralverordnungsblatt*, Nr. 15 vom 21. 5. 1948, S. 138.

（34） Beschluß über die Beendigung der Tätigkeit der Sequesterkommission vom 31. März 1948, in: Die Deutsche Justizverwaltung der Sowjetischen Besatzungszone in Deutschland (Hrsg.), *a.a.O.*, S. 139–140.

（35） Befehl der SMAD Nr. 64 über die Beendigung der Sequesterverfahren in der sowjetischen Besatzungszone Deutschlands vom 17. April 1948, in: Die Deutsche Justizverwaltung der Sowjetischen Besatzungszone in Deutschland (Hrsg.), *a.a.O.*, S. 140–141.

（36）「ベルリン封鎖」以前の一九四八年一月から、すでにソ連占領地域による西側連合国に対する妨害は始まっていた。「封鎖」の前史、経過、その影響の詳細については、山田晟、前掲書、八七〜一〇〇頁を参照されたい。また、「ベルリン封鎖」に関しては、星乃治彦、前掲『東ドイツの興亡』も参照。

（37） 第二次世界大戦後のＫＰＤの内部には、ドイツ社会主義の独自の道を模索する党員たちもいたが、ソ連による占領統治とＳＥＤの発足、そして冷戦の深化という要因により、それは捨て去られソビエト化したという見方がある。たとえば、シュトルパー、グスタフ（坂井榮八郎訳）『現代ドイツ経済史』竹内書店、一九六九年、三三二頁。

（38） クレスマン、クリストフ、前掲書、二五一頁。

（39） Autorenkollektiv, *DDR Bürgerinteresse als Staatspolitik*, Berlin 1984, S. 28.

（40） Ｋ・シュレーダーによれば、県、郡、市町村、地区への行政単位の細分化によって、それぞれに配置される人員の数が増大し、以前に比して行政コストが膨らむ、という問題が発生したことが指摘されている。Schroeder, Klaus, *Der SED-Staat*, München 2000, S. 104.

（41） Buck, Hansjörg F., a.a.O., S. 1094; Matschke, Werner, *Die industrielle Entwicklung. . .*, S. 208. 双方の数字には小さな食い違い（マチュケは二州分のみ掲載。ザクセンが二三、テューリンゲンが二一としている）があるが、ここでは五州すべてについて数字をあげているブックの集計を用いた。

（42） その後も、一九五二年四月二八日に六六のＳＡＧが返還された。さらに五三年八月二三日には賠償の終了とＳＡＧの完全返還（五四年一月一日から）が宣言された。ＳＡＧ傘下にあった工場施設は東ドイツ政府に譲渡され、それらは人民所有経営に転換された。Bundesministerium für gesamtdeutsche Fragen (Hrsg.), *SBZ von 1945 bis 1954*, S. 176 und S. 252; Matschke, Werner, *Die industrielle Entwicklung. . .*, S. 208–209.

(43) Buck, Hansjörg F., a.a.O., S. 1093. 反対に、収益性が高かった経営については、すべての傘下経営が東ドイツに返還された一九五四年までSAG傘下に留め置かれた。たとえば、テューリンゲンのルーラに立地するティール兄弟(Gebrüder Thiel)時計工場とその工場群、エルフルト近郊のショメルダの旧ラインメタル=ボルジッヒ傘下のタイプライター工場は、占領後にSAG「精密機器(Totschmasch)」傘下に統合されたが、その解体後にはSAG「自動車・自転車(Auto-Velo)」に移管され、ソ連の直接的賠償生産を担っていた。

(44) この銀行は、ソ連のネップ期の一九二二年に設立されたロシア商業銀行の対外業務に深く関与していた。ロシア商業銀行の本部長に任命されたスウェーデンの銀行家オラフ・アッシュベルク(ロシア革命の賛同者)は、ベルリンとコペンハーゲンに設置された交易所でソ連との交易に関わる金融業務を取り仕切っていたが、それはのちに東方保証・信用銀行(die Garantie- und Kreditbank AG für den Osten)へと名称変更し、ロシア商業銀行の出先機関として機能した。第二次世界大戦中に活動が停止されていたが、戦後、保証・信用銀行として復活し、対ソ賠償に関わる金融業務を行った。Karlsch, Rainer, *Allein bezahlt?*, S. 207–212; Pohl, Manfred, *Die Finanzierung der Russischengeschäfte zwischen den beiden Weltkriegen: Die Entwicklung der 12 großen Rußlandkonsortien*, Frankfurt am Main 1975, S. 10ff.

(45) その後、一九五一年から五三年の間に東ドイツ政府がこの銀行の「買い戻し」のために支払った金額は、一七億二五〇〇万マルク(実勢価格ベース)にのぼった、という推計がある。Baar, Lothar/Karlsch, Rainer/Matschke, Werner, a.a.O., S. 935–936.

(46) Buck, Hansjörg F., a.a.O., S. 1094.

(47) Karlsch, Rainer/Zeman, Zbynek, *a.a.O.*, S. 150–151. 一九五四年から六〇年までに二八億四六〇〇万マルク、六〇年代は五八億一〇〇〇万マルク、七〇年代は約八〇億マルクが東ドイツの国庫から投資資金や補助金として支給されていた。また、鉱山労働者の珪肺症や肺癌の罹病者数が増加した。とりわけ後者は七〇年代に急増した。*Ebenda*, S. 302–303.

(48) Befehl der SMAD Nr. 76 des Obersten Chefs der Sowjetischen Militäradministration in Deutschland über die Bestätigung des Vorschlages der Deutschen Wirtschaftskommission zur Schaffung von Vereinigungen Volkseigener Betriebe und Instruktion über das Verfahren der gerichtlichen Eintragung von Betrieben, die in Volkseigentum übergegangen sind vom 23. April 1948, in: Ministerium für Auswärtige Angelegenheiten, *a.a.O.*, S. 624–630.

(49) Buck, Hansjörg F., a.a.O., S. 1110.

(50) Roesler, Jörg, Die Beziehungen zwischen wirtschaftsleitenden Organen und Industriebetrieben im Osten Deutschlands von

der Befreiung vom Faschismus bis zur Gründung der DDR (1945-1949), in: *Jahrbuch für Wirtschaftsgeschichte*, Teil 4, 1984, S. 18ff.

(51) Befehl der SMAD Nr. 76. . . S. 625. なお、この規定は、一九四六年の公有化運動に携わった州政府の側の利害を反映するものであったが、五二年の州制度の廃止と中央集権化をもって反古にされる。

(52) Arnold, Hans/Borchert, Hans/Schmidt, Johannes, *a. a. O.*, S. 93-94 ならびに、Roesler, Jörg, *Die Herausbildung der sozialistischen Planwirtschaft in der DDR*, Berlin 1978, S. 35-36.

(53) Verordnung über die Reorganisation der volkseigenen Industrie vom 22. Dezember 1950, in: *GBL.*, Nr. 148, S. 1233-1235.

(54) 一九五一年四月時点には、冶金・鉱業省、機械製造省、軽工業省、石炭・褐炭・エネルギー官房、化学・地質官房、食品・嗜好品工業官房が創設されたが、その後再編を繰り返すことになる。

(55) 一九四八年時点の数字ではあるが、経営連合の傘下に統合された人民所有経営の就業者の規模は一経営当たりの平均で二六七人(最小：化学工業部門)〜一三四八人(最大：石炭・褐炭部門)であった。機械・電機部門では三〇五人、軽工業では二七一人であった。一九五三年時点では、従業員二〇一人以上の人民所有経営が全体の八八%、五〇一人以上で集計すると七三・八%、一〇〇一人以上では五八・七%であった。Mühlfriedel, Wolfgang/Wießner, Klaus, *a.a.O.*, S. 166. 「ある一定規模以上」という基準は、実態的には、おおむねそのような規模を想定するものであったといえよう。この時点で、「その小規模性あるいはその生産上の諸条件を理由に管理局の管轄下に置かれない人民所有経営」(一九五〇年政令第四条)や「州直轄の経営連合に統合されていた人民所有経営」が存在していたが、それらは「部門的観点」あるいは「地域的観点」から(同政令第五条)、「中央直轄の経営連合に統合」されたり、「新設の人民所有経営に組み込まれ」たりした(同政令第八条)。

(56) Verordnung über die Maßnahmen zur Einführung des Prinzips der wirtschaftlichen Rechnungsführung in den Betrieben der volkseigenen Wirtschaft vom 20. März 1952, in: *GBL.*, Nr. 38, S. 225.

(57) Verwaltung volkseigener Betriebe の略称は経営連合 Vereinigung volkseigener Betriebe と同じＶＶＢとなるため、当該時期の文献を読む際には注意が必要である。

(58) 東ドイツの企業集中の研究の障害は、一九五五年の統計年鑑から生産事業所(Produktionsstätte)の数字が消え、単一あるいは複数の事業所から成る人民所有経営(Betrieb)で集計されるようになったことに由来する。そのため、技術的生産単位の集中に関する細かな分析が困難になった。レースラーは、この分析上の問題に関連する論点を提供しているとしてユルゲン・コッカの研究を紹介している。Roesler, Jörg, Kombinate. . . S. 245. コッカ、ユルゲン(加来祥男編訳)『工業化・組織化・官僚制――近代ドイツの企業と社会』名古屋大学出版会、一九九二年、二九頁参照。

(59) ソ連の第一次五ヵ年計画期（一九二八～三二年）の実態を念頭に置いたブリューミンは、「コンビナート」を、「その部分の間に、緊密な経済的技術的連関が存しているところの種々なる部門を包含する広大な、極めて多岐にして複雑な（諸工場から成る：引用者）企業の形態をあらわす」と定義し、そうした「コンビナート」の「空間的統一性」、「工業技術的統一性」を指摘した。イ・ブリューミン、前掲書、八～九頁。このブリューミンの規定を再検討した堀江英一は、「コンビナート」を狭義と広義のものに分類した。前者は、有機的に技術連関する諸工場を一ヵ所に集中することにより形成される生産単位＝いわゆる「結合工場」であり、ブリューミンの定義にもあてはまる。後者は、「地域的結合」の視点を交えながら、「一企業が地域的に分散しながら生産工程として相互連関する異種工場を組織したり、地域的に離れた所に立地する異種工場あるいは結合工場を結合する」「結合企業」として定義されている。堀江英一「巨大企業の生産構造（一）――序説」、『經濟論叢』第一〇六巻第六号、一九七〇年、一～三頁ならびに同「結合企業の重層性――巨大企業の生産構造（二）」、『經濟論叢』第一〇八巻第一号、一九七一年、一二～一三頁参照。東ドイツでは、一九五〇年代を通じて、H・アーノルド、H・ボルヒャルト、J・シュミット等が、コンビナートを「その間に密接な技術的・経済的連関が存在するさまざまな工業部門あるいは工業グループが統合されている一つの経営」と定義していた。Arnold, Hans/Borchert, Hans/Schmidt, Johannes, *a.a.O.*, S. 355. 一九五〇年代の東ドイツのコンビナート（冶金、化学、食品など）は、地域的に一ヵ所に集中する傾向を持つ「結合工場」としての生産単位であった。

(60) Verordnung über die Reorganisation der volkseigenen Industrie vom 22. Dezember 1950, S. 1233.

(61) Müller, Hans/Reißig, Karl, *a.a.O.*, S. 32 ならびに Falk, Waltraud/Richter, Gerhard/Schmidt, Willhelm, *Wirtschaft, Wissenschaft, Welthöchststand*, Berlin 1969, S. 124. なお、当該部門における大きな東西格差の反面で、工作機械、電子、繊維・被服、光学・精密機器部門には、西側占領地域との競争可能な部門や企業が存在していたといわれている。

(62) 一九五〇年にブランデンブルク州フュルステンベルク郡で建設が始まったコンビナート。この地は鉄鋼の町となり、五三年のスターリンの死後にはスターリンシュタットと命名されたが、六一年にフュルステンベルク郡の諸都市を加えてアイゼンヒュッテンシュタットに改称された。

(63) Kohl, H./Jacob, G./Kramm, H. J./Roubitschek, W./Schmidt-Rennert, G., *a.a.O.*, S. 208-210 und S. 489-493.

(64) 低炉とは、高さ一〇メートル以下の溶鉱炉のことを指す。カルベ製鉄所の低炉では、ザクセン＝アンハルト地方の鉄含有量の少ない菱鉄鉱や赤鉄鉱（ハルツ山地）と、同地方で精製された褐炭コークスを原料としていた。世界で最初に建設され稼働した低炉は、東ドイツ製のものであった。

(65) 一九五三年六月一七日の労働者蜂起を前に、第一次五ヵ年計画の生産財優先の投資に変更が加えられ、「新コース」における消費財生産優先の政策が始動した。その結果、重化学工業部門での設備投資が減退し、カルベ製鉄所への投資計画は縮小された。Eckart, Karl, *Die Eisen- und Stahlindustrie*. . . , S. 128.

(66) マクシミリアン製鉄所は、旧フリック・コンツェルンの傘下にあった。同製鉄所は、シュミーデフェルドの鉄鉱石採掘場(のちにソ連産の輸入鉄鉱石に転換)とウンターヴェレンボルンの選鉱、高炉、圧延の諸工場から成っていた。Roesler, Jörg, Kombinate. . . , S. 227; Kohl, H./Jacob, G./Kramm, H. J./Roubitschek, W./Schmidt-Rennert, G., *a.a.O.*, S. 207 und S. 211–213.

(67) 第2–13表にあるように、一九五六年には、生産工程の技術連関という観点からコンビナート的ではなかったマンスフェルト鉱山コンビナートが六つの経営に分割され、それらは五八年の経営連合の再設立の際に経営連合「非鉄金属」に統合された。部門・業種・製品グループの同一性・類似性の原則が復活した。

(68) Roesler, Jörg, Kombinate. . . , S. 230–231.

(69) VEB Fischkombinat Rostock (Hrsg.), *Die Entwicklung zum sozialistischen Großbetrieb: Betriebsgeschichte des VEB Fischkombinat Rostock*, Rostock 1974, S. 12–14. ロストックならびにザスニッツ魚加工コンビナートの設立は、当時の食糧供給の悪化を原料獲得から加工までの一貫生産、立地条件に根ざした工業の育成によって克服するための「大いなる試み」として、他の食品工業の模範となった。Ciesla, Burghard, Die Ausgangslage und Entwicklung der zentralgeleiteten Fischindustrie in der SBZ/DDR von 1945 bis 1989, in: Plumpe, Werner/Kleinschmidt, Christian (Hrsg.), *Unternehmen zwischen Markt und Macht: Aspekte deutscher Unternehmens- und Industriegeschichte im 20. Jahrhundert*, Essen 1992, S. 159.

(70) 戦前においても、戦後のソ連占領地域の造船所は、ロストックの中規模の造船所であったネプトゥーンを除いて小規模のものであった。石井聡、前掲書、一一〇頁。

(71) こうした食品工業での「コンビナート」化には、戦後から続く食糧供給事情の悪化が関連していた。重工業優先の投資政策は、消費財供給の不足、価格上昇につながり、国民の間には不満が鬱積していた。一九五三年六月一七日には、消費物資の供給改善とならんで、賃上げ、労働ノルマの削減を要求する気運が高まり、全国規模での労働者蜂起が発生した。五三年六月九日に「新コース」が決定、一一日に公表され、計画されていた重工業投資の一部が消費財工業に転用されることとなった。この蜂起は、警官隊とソ連軍によって鎮圧された。ヴェーバー、ヘルマン、前掲書、六八頁ならびに七三~七六頁参照。

(72) Breuer, Rainer, a.a.O., S. 29–30.

(73) この中断は、SED第三回中央委員会総会(一九五七年一〇月)の提起にもとづく、工業生産高、労働生産性等々の計画目標の下方修正を通じ、かろうじてなし得たものだった。金鍾碩『東ドイツ経済の構造』ミネルヴァ書房、一九七三年、八五頁。

(74) 化学プログラムの基調は、化学工業原料の生産増大、品種の拡大、生産のオートメーション化にとどまらず、そこから導出される科学技術革命の基本方向を示すものとされていた。詳しくは、Neumann, Gert, Das Chemieprogramm der DDR, in: *Jahrbuch für Wirtschaftsgeschichte*, Teil 2, 1972, S. 244 および S. 257ff. を参照されたい。

(75) このような化学部門の生産増と製品多角化に向けて、化学プログラムにおいては、シュヴェート石油精製工場の新設(一九六〇年建設開始、六四年操業開始)、ロイナIIの増設によるロイナ化学工場(ハレ)の加工能力の強化がなされた。Mühlfriedel, Wolfgang/Wießner, Klaus, *a.a.O.*, S. 242.

(76) Kohl, H./Jacob, G./Kramm, H. J./Roubitschek, W./Schmidt-Rennert, G., *a.a.O.*, S. 228–229.

(77) Mühlhans, Karl Heinz, *Die Anschlußbahn des VEB Kaliwerk in Dorndorf/Rhön*, Bad Langensalza 2005, S. 21. この小冊子の手書きの地図からは、ドルンドルフの鉱山とメルカースの鉱山を結ぶ専用の鉄道軌道がヴェラ川とドイツ・ライヒ鉄道に並行して走っていたことがわかる。この鉄道軌道によって、ライヒ鉄道に依存しないカリ原料の輸送が可能となっていた。この二つの鉱山にウンターブライツバッハ鉱山を加えて、東ドイツで最大のカリ鉱山コンビナートが誕生した。なお、カリ鉱床自体は、南ハルツ地方からハレ(ザーレ川・ウンストルート川)まで、マクデブルクの南方と北方の広範な地域に分布していたが、採掘条件はヴェラ川沿いのほうが良かったといわれている。Kohl, H./Jacob, G./Kramm, H. J./Roubitschek, W./Schmidt-Rennert, G., *a.a.O.*, S. 228.

(78) Siedt, Veronika, Die Wiederherstellung der Chemieindustrie in der SBZ/DDR 1945 bis 1949/50, in: *Jahrbuch für Wirtschaftsgeschichte*, Teil 3, 1990, S. 55–56.

(79) Karlsch, Rainer/Stokes, Raymond G., *Faktor Öl: Die Mineralölwirtschaft in Deutschland 1859–1974*, München 2003, S. 333; Kohl, H./Jacob, G./Kramm, H. J./Roubitschek, W./Schmidt-Rennert, G., *a.a.O.*, S. 224–225. 国内の産油地としては、対ポーランド国境の町グーベンとフォルスト、コトブス近郊のブルクがあげられるが埋蔵量はわずかであった。また、それらよりも規模の大きいロストック県のラインケンハーゲンとグリンメンでも石油が採掘されていた。

(80) Kohl, H./Jacob, G./Kramm, H. J./Roubitschek, W./Schmidt-Rennert, G., *a.a.O.*, S. 238; Sommer, Stefan, *Das große Lexikon des DDR-Alltags*, Berlin 1999, S. 110. より高級なアクリル繊維“Wolplyla”は、ヴォルフェンとプレムニッツの化繊工場で製

造されていた。*Ebenda*, S. 604.

（81） Mühlfriedel, Wolfgang/Wießner, Klaus, *a.a.O.*, S. 250.

（82） *Ebenda*, S. 248.

（83） *Ebenda*, S. 251.

（84） 国家参加経営は、当時、消費財の国内供給・輸出において重要な存在であった私的経営を資金面・原料資材供給面から保護・育成するとともに、それらの「人民所有化」を企図して設立されたものであった。設立にあたっては、商法上の手続きに合資会社の形態が採用された。その際、国は五〇％以下の出資金をもって有限責任社員として参加し、私的経営の代表（企業家）は無限責任社員として参加した。金鍾碩、前掲『東ドイツ経済の構造』、一三三〜一三八頁。その設立の政治経済的背景と意図、さらには設立から強制国有化までの諸段階について実証的に分析した文献として、Hoffmann, Heinz, *a.a.O.* をあげておく。

（85） Gesetz über die Vervollkommnung und Vereinfachung der Arbeit des Staatsapparates in der Deutschen Demokratischen Republik vom 11. Februar 1958, in: *GBL.*, Nr. 11, S. 117–120.

（86） Bress, Ludwig/Hensel, Karl Paul, *Wirtschaftssystem des Sozialismus im Experiment. Plan oder Markt?*, Frankfurt am Main 1973, S. 120–121ff.; Roesler, Jörg, *Die Herausbildung . . .*, S. 145–150.

（87） 一九五八年の経営連合（第二次）は、工業部局の代表する次の諸部門ごとに編成された。石炭・褐炭・エネルギー：五、鉱山・冶金：六、化学工業：七、重機・工作機械・自動車製造：三二、建設資材：五、軽工業：一三、食品工業：六（合計七四）。金鍾碩、前掲『東ドイツ経済の構造』、一六二〜一六五頁。

（88） Gesetz über die Vervollkommnung und Vereinfachung der Arbeit des Staatsapparates in der Deutschen Demokratischen Republik vom 11. Februar 1958, S. 119. 第三条第四項、第六条第四項および第五項。なお、それらの課題のうち、経営連合、県評議会内の経済評議会、その他の国家機関に委譲され得ない課題については、国家計画委員会が引き継いだ（第七条第二項）。

（89） こうした中小企業対策の背景には、さらに私的経営の「人民所有化」という政策意図が働いていたものと考えられる。それについては、Buck, Hansjörg F., a.a.O., S. 1108ff.

第三章　経済改革の「第一の波」

第一節　システム創生期の諸問題――経済改革の兆し

ここまで見てきたように、東ドイツでは、ソ連占領期および建国の過程において新しい行政機構の中央集権化が図られ、また経済の再建・復興にあたっては、ソ連への依存を深めながら公有化と計画経済の創出が模索された。なかでも東ドイツ経済の中心をなす工業においては、「生産の集積と集中」による大規模生産単位（経営連合およびコンビナート）の創出と国家的工業管理システムの整備がなされてきた。

本節では、やや視点を変えて、そうした創生期に表出した政治・経済的な諸問題について、経済政策ならびに計画経済システムの見直しとの関連で整理しておくことにしよう。

（一）　紆余曲折の一九五〇年代

一九五〇年代は、東ドイツが社会主義建設というドイツが歴史的に経験したことのない課題に直面し、ヴァルター・ウルブリヒト(1)を頂点とするＳＥＤ・政府の政策が大きく揺れ動いた時代であった。

ウルブリヒトは、彼の同志たち（ウルブリヒト・グループ（Gruppe Ulbricht））[2]とともに、ドイツの敗戦後に亡命先のソ連からソ連占領地域に帰還しSMADの占領政策に協力した。ウルブリヒトは、東ドイツ建国の翌年の一九五〇年にはSED総書記（五三年から七一年は第一書記と呼称）に就任し、五一年には閣僚評議会副議長（副首相）となり、ヴィルヘルム・ピーク（大統領）やオットー・グローテヴォール（閣僚評議会議長＝首相）らとともに、主要な生産手段の公有化と計画経済の導入を柱とするソ連型社会主義の建設を積極的に推進しようとした。この「ドイツにおける社会主義」の路線は、西側占領地域をも含む全ドイツへの影響力行使を狙った占領当初のソ連の思惑とはズレがあったものの、冷戦の深化とともにソ連も認めるものとなった。

とはいえ、その始まりは混迷一色であった。先述の第一次五ヵ年計画期（一九五一～五五年）において、復興の隘路となっていた石炭・褐炭、冶金、化学などの素材型部門を重点とする傾斜配分的な投資政策が展開された。それは消費財生産へのしわ寄せとなって国民生活を圧迫し始め、また、朝鮮戦争勃発によってソ連政府から軍需物資の供給を要請されたことで、それには一層拍車がかかった。

こうした工業の問題とならんで、農業においては急速な農業集団化が、農民の国外逃亡を引き起こしていた（第3-1表）。さらに、反資本主義キャンペーンの一環で私的経営に不利な税制や原燃料・資材の配分がなされた結果、多くの商工業者が西側に逃亡してもいた。それは多数の私的経営が担っていた食品や衣料品などの消費財供給（工業全体の三分の一以上）を直撃し、東ドイツの国民の生活を悪化させた。加えて、国有化や集団化を促進するためのさまざまな優遇策、生活必需品や公共サービスへの価格補助政策は、東ドイツの財政を逼迫させた。SED・政府はそれを乗り切るために増税をし、また国営商店の価格引き上げで収入確保を図ろうとした。

このように国内経済の状況が悪化するなかにあって、第一次五ヵ年計画の実現には労働生産性の向上と量産化が不可欠だった。しかし、そのために導入が決定された生産ノルマの一〇％引き上げは労働者の強い反発を引き起こしていた。また、東ドイツの後ろ盾となっていたスターリンの死（一九五三年三月五日）は、ソ連指導部内にお

第 3-1 表　西側への逃亡者の社会(職業)構成

［単位：人，(%)］

職業群	1952–59 年		1960 年		1961 年		1962 年		1963 年		1964 年		1965 年	
農　業(耕種，畜産)	130,730	(7.1)	14,695	(7.4)	9,368	(4.5)	668	(3.1)	577	(1.4)	512	(1.2)	429	(1.5)
工業・手工業	377,648	(20.5)	42,362	(21.3)	45,979	(22.2)	4,691	(22.0)	3,579	(8.4)	3,221	(7.7)	2,452	(8.3)
技術系労働者	35,625	(1.9)	5,255	(2.6)	6,218	(3.0)	463	(2.2)	399	(0.9)	316	(0.8)	283	(1.0)
商業・交通・運輸	218,069	(11.8)	23,501	(11.8)	24,566	(11.9)	1,946	(9.1)	1,560	(3.7)	1,428	(3.4)	1,264	(4.3)
家政，医療・衛生サービス	92,881	(5.0)	9,625	(4.8)	10,079	(4.9)	915	(4.3)	815	(1.9)	834	(2.0)	650	(2.2)
行政・司法機関	57,097	(3.1)	6,938	(3.5)	7,082	(3.4)	478	(2.2)	148	(0.3)	152	(0.4)	129	(0.4)
文芸・芸術	30,208	(1.6)	3,787	(1.9)	4,138	(2.0)	334	(1.6)	217	(0.5)	202	(0.5)	155	(0.5)
職業不定	199,952	(10.9)	14,690	(7.4)	17,731	(8.6)	1,912	(9.0)	2,205	(5.2)	1,873	(4.5)	986	(3.3)
就業者小計	1,142,210	(62.0)	120,853	(60.7)	125,161	(60.5)	11,407	(53.4)	9,500	(22.3)	8,538	(20.4)	6,348	(21.5)
年金受給者	93,749	(5.1)	15,231	(7.6)	17,257	(8.3)	5,487	(25.7)	28,487	(66.7)	29,408	(70.2)	20,972	(71.0)
主　婦	214,987	(11.7)	20,921	(10.5)	19,598	(9.5)	1,755	(8.2)	2,740	(6.4)	2,210	(5.3)	1,245	(4.2)
幼児，生徒	380,864	(20.7)	40,537	(20.4)	42,220	(20.4)	2,453	(11.5)	1,826	(4.3)	1,538	(3.7)	849	(2.9)
大学生	10,389	(0.6)	1,646	(0.8)	2,790	(1.3)	254	(1.2)	139	(0.3)	182	(0.4)	138	(0.5)
合　計	1,842,199	(100.0)	199,188	(100.0)	207,026	(100.0)	21,356	(100.0)	42,692	(100.0)	41,876	(100.0)	29,552	(100.0)

知識人(構成)	1954–59 年		1960 年		1961 年		1962 年		1963 年		1964 年		1965 年	
医　者	2,422	(7.5)	688	(11.3)	762	(11.4)	76	(15.9)	33	(9.3)	47	(14.0)	40	(14.0)
歯医者・歯科技工士	928	(2.9)	296	(4.8)	250	(3.7)	21	(4.4)	18	(5.1)	12	(3.6)	10	(3.5)
獣　医	190	(0.6)	79	(1.3)	63	(0.9)	12	(2.5)	7	(2.0)	4	(1.2)	2	(0.7)
薬剤師	631	(2.0)	171	(2.8)	193	(2.9)	23	(4.8)	35	(9.8)	27	(8.1)	16	(5.6)
裁判官・検察官	124	(0.4)	6	(0.1)	5	(0.1)	—	—	—	—	1	(0.3)	3	(1.0)
弁護士・公証人	608	(1.9)	50	(0.8)	40	(0.6)	6	(1.3)	4	(1.1)	7	(2.1)	7	(2.4)
大学教員	596	(1.8)	142	(2.3)	32	(0.5)	5	(1.0)	4	(1.1)	8	(2.4)	12	(4.2)
その他の教員	13,852	(43.0)	2,033	(33.3)	2,006	(30.0)	104	(21.8)	67	(18.8)	58	(17.3)	40	(14.0)
エンジニア・技術者	12,888	(40.0)	2,648	(43.3)	3,336	(49.9)	230	(48.2)	188	(52.8)	171	(51.0)	156	(54.5)
合　計	32,239	(100.0)	6,113	(100.0)	6,687	(100.0)	477	(100.0)	356	(100.0)	335	(100.0)	286	(100.0)

資料：Bundesministerium für gesamtdeutsche Fragen (Hrsg.), *SBZ von A bis Z*, zehnte, überarbeitete und erweiterte Auflage, Bonn 1966, S. 146.　一部の計算ミスを修正した。

いてSEDの「社会主義建設」路線を撤回させる議論（ソ連副首相＝ドイツ問題担当のラヴレンティ・ベリヤが主張）を巻き起こし、ウルブリヒト政権は窮地に追い込まれていた。(3) 加えて、一九四九年の建国以後、対ソ賠償の緩和、コメコン加盟による輸出増などを背景に急激に高まった経済成長率が、早くも五二年頃から減速の兆しを見せていた（第3-1図）。

これに対して、SED中央委員会政治局は、一九五三年六月九日に「新コース（der Neue Kurs）」と呼ばれる国民生活重視の路線を決定した（一一日発表）。それは、①重化学工業生産への優先投資の見直しと消費財生産の拡大、②強制的な農業集団化や私的経営の国有化の見直し、③統一ドイツ論の維持などを掲げるものであった。なかでも占領期以来の食糧や日用品の不足の解消は、一般市民が最も望むものであった。(4) しかし、この「新コース」の発表は、それまでに鬱積していた市民の不満を抑えることができず、五三年六月一五日のベルリンの建設労働者のストライキやデモを皮切りに、一七日には東ドイツの工業都市を中心に抗議行動や暴動が沸き起こった。

事態の拡大と政治的急進化を恐れたソ連は非常事態宣言を発し、駐留軍によって蜂起の鎮圧にあたった。またSEDは、以前から台頭しつつあった党内改革派の反ウルブリヒト勢力（党機関紙『ノイエス・ドイチュラント』編集長ルドルフ・ヘルンシュタット、国家保安省ヴィルヘルム・ツァイサー）の更迭・左遷によって事態の収拾に努め、この一九五三年労働者蜂起の直前に発表された「新コース」の継続を改めて表明した。その方針にしたがい、短期間のうちに素材型部門の拡充の中断と消費財生産への投資拡大、食糧輸入の増加が決定された。また、国有化の陰で蔑ろにされていた中小の私的経営への課税軽減や、人民所有経営内のノルマ引き下げと賃上げが行われた。(5) さらに、スターリン死後の権力闘争を経てソ連共産党の最高指導者となったニキータ・フルシチョフの援助も、ウルブリヒト政権の安定を後押しした。フルシチョフは、ソ連共産党指導部内に存在した東ドイツの社会主義建設に批判的な勢力を一掃するとともに、ウルブリヒト政権の支持を表明した。その後、一九五三年八月には残存する

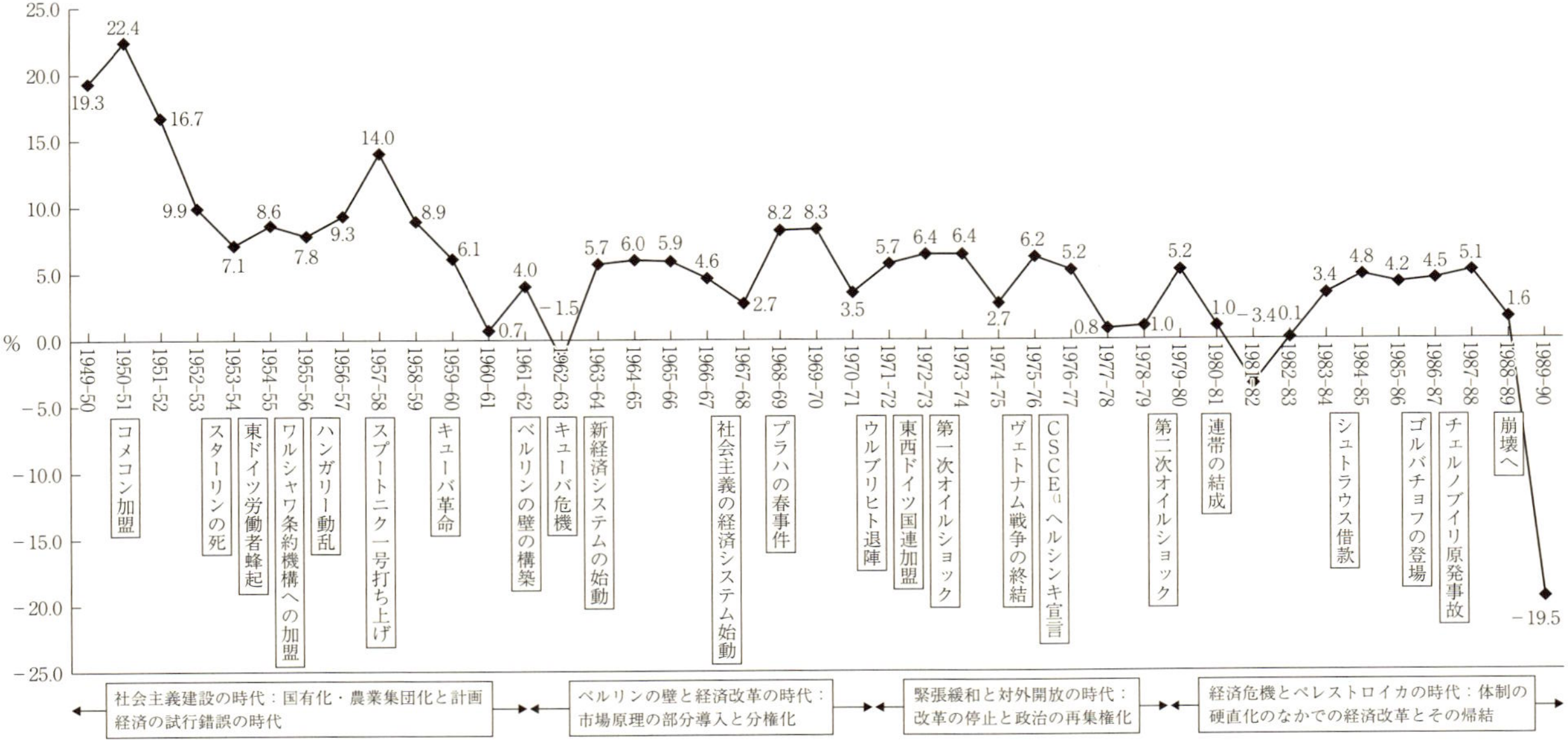

第 3-1 図　東ドイツの経済成長率（MPS 方式による純生産物または生産国民所得）の推移

注：MPS 方式（Material Product System）にもとづく純生産物（Net Material Product：1950-70 年）ないし生産国民所得（固定価格：東ドイツ 85 年）の動向。公式統計の信憑性の問題は残るが，計算値の動きと，図に示した政治的諸事象との関連性を見いだすことができる。

1）CSCE＝全欧安全保障協力会議。

資料：Economic Commission for Europe, *Economic Survey of Europe*, New York, 1966 (Chapter II, p. 2); 1992 (p. 220-221).

対ソ賠償の実質的放棄（五四年から実施）が決定され、ＳＡＧの東ドイツ政府への返還完了、ルーブル建ての信用供与、食糧支援なども約束されたのである。(6)

このようなポジティブな変化は見られたものの、先の消費財生産を重視する「新コース」の継続により、復興の基礎となる鉄鋼部門や燃料・エネルギー部門への投資は停滞したままであった。それは、東ドイツの機械製造部門に波及し、東ドイツの労働生産性の低下を呼び起こしかねなかった。(7)また、労働力の西側へのさらなる流出は、東ドイツ経済の成長を阻害していた。一九五三年だけで、過去最大の三三万人以上が東ドイツを後にし、その後も年二〇万人以上の規模の逃亡が続いたのである（前掲第３-１表）。

第二次五ヵ年計画（一九五六〜六〇年）は、それらの問題に対処すべく発案された。とりわけ、科学技術の重視、素材型工業および機械工業への重点投資は、経済全体の生産性引き上げの要とされた。素材型部門については、褐炭・エネルギー生産プログラム、石油化学プログラム向けに投資が急増し、またそれらを支える機械部門への投資も、同五ヵ年計画が修正された五八年頃から積極的に行われるようになった。(8)

この第二次五ヵ年計画期間のもう一つの特徴は、国有化と農業集団化が再度活発化したことである。「一九五三年労働者蜂起のトラウマ」もあり、ウルブリヒト政権は慎重にこの政策を進めた。中小規模の私的経営の国有化にあたっては段階的な対応がなされた。機械製造経営向けの部品・半製品の供給、修理・修繕サービスなどの分野、各種軽工業や食品工業において私的経営は十分な実績をあげていた。その利点を将来に結びつけるべく、急激な国有化ではなく、前章で見てきた国家参加経営という過渡的な形態（私的経営への国家の資本参加）が奨励されたのである。(9)また、農業集団化については、少なくとも一九五七年まで、表向きには「自由意思」での加入が認められていた。その結果、協同組合化された耕地は増加したものの、耕地全体の三分の一強にとどまっていた（第３-２表）。強制的な側面は存在したが、それはまだ耕地面積の急増にまでは連動するものではなかった。(10)

ウルブリヒト政権の危機の時代に構想された「新コース」とは正反対に、生産力基盤の強化を第一義的とする

第3-2表　全耕地面積に占める農業生産協同組合の耕地の割合

［単位：%］

年	農業生産協同組合の耕地の割合	内　　訳	
		第Ⅰ型[1]と第Ⅱ型[2]の割合	第Ⅲ型[3]の割合
1952	3.3	86.7	13.3
1953	11.6	41.3	58.7
1954	14.3	20.2	79.8
1955	19.7	10.0	90.0
1956	23.2	5.8	94.2
1957	25.2	5.3	94.7
1958	37.0	12.8	87.2
1959	43.5	12.7	87.3
1960	83.6	37.3	62.7
1961	84.4	34.9	65.1

注：各年とも，年度末の数値をもとに算定。
1）農地の供出によって形成された農業生産協同組合。
2）農地，農業機械の供出によって形成された農業生産協同組合。
3）農地，農業機械，家畜の供出によって形成された農業生産協同組合。
資料：Steiner, André, *Von Plan zu Plan: Eine Wirtschaftsgeschichte der DDR*, München 2004, S. 92.

第二次五ヵ年計画が立てられるようになった背景には、可能な限り早く西ドイツの政治経済システムに対する優位性を証明しなければならない、というSEDの基本的態度があった。そして、一九五三年労働者蜂起の経験への反省として、国有化や集団化に一定のブレーキをかけつつ、中小経営や個人農の持つ既存の能力を引き出そうとしたのである。

　こうした東ドイツにおける動きに対して、ソ連は全ドイツの戦後処理を視野に入れた戦略を、一九五〇年代半ばまで放棄しなかった。しかし、スターリンの死後にドイツ統一論が影を潜めるようになると、むしろ東ドイツを一つの主権国家として承認し、コメコン分業において積極的に活用する道が選択された[11]。当時の東ドイツ経済は、ソ連からの原燃料の供給（さらには食糧・飼料供給）に依存していたが、復興と成長のためには対ソ賠償の重荷からの解放が必要であった。ソ連は、コメコン域内における東ドイツの工業ポテンシャル、とりわけ機械工業や化学工業への期待から、東ドイツの輸出力強化に配慮するようになった。この変化は、東ドイツ工業の行く末を強く規定した[12]。

（二）　集権的計画経済システムの軌道修正の兆し

一九五〇年代前半（スターリン批判以前）は、集権的な計画策定と管理が、東ドイツの計画経済システムの基本であった。とくに、その中枢である国家計画委員会にはソ連から派遣されたアドバイザーが常駐し、東ドイツの戦後復興と経済の再編は、占領政策が終了したのちもソ連の指導下に置かれていた(13)。国家計画委員会に権限を集中させ、省庁・局・官房、経営長の権限を制限しながら計画経済の運営が試みられてきた。しかし、官僚主義的な仕組みは、次第に作業の複雑化と効率性の低下を招くこととなった。

たとえば、国家計画委員会が作成する生産計画（＝国家計画）は、主要なものだけでも約八五〇項目（製品あるいは製品グループ）、省庁・局が策定する計画は約二五〇〇項目に及んでいたが、これらの計画の作成過程は、単純な上意下達の繰り返しではなかった。まずは国家計画委員会からの目標値と各種の情報が、各級の国家機関から個別の経営に至るまで提供され、各層（各級の管理組織）はそれを用いて独自の計画案を作成する。その案は、より上位の層にフィードバックされ、最終的に国家計画委員会での調整に付される。その過程を経たのちに法的拘束力を持つ「国家計画条項」として、各級の管理レベル（国―県―郡）そして経済単位（経営連合―傘下経営）に通達されていた。複層的な「権限―責任」関係と、「申請―審査―認可」に至るまでに必要とされる膨大な人材と時間の投入が、計画の策定と運用の障害となる可能性があった。計画が綿密になればなるほど、それは「非現実的」なものに変わる場合も少なくなかった、といわれている(14)。

集権的計画経済システムのさらなる特徴は、物量指標重視の管理原則を採用していたことであった。これは、固定価格制度の問題点とともに、コスト削減志向の障害となっていた(15)。計画の達成を名目になされた原料・エネルギーの浪費もまた「生産増」となってしまうＭＰＳ方式（Material Product System）による国民経済集計システムは、極めて無駄の多い実態を容認するものになりかねなかった。[16]

各経営の経済的インセンティブが生まれにくい、ということも集権的計画経済システムの問題であった。一九五一年から五二年にかけて経営間取引に契約システムを導入するため、その前提として人民所有経営に経済計算制（独立採算制）を導入することが定められたのは、収益性志向を高めようとする試みであった。しかし、獲得した利益の大半を国庫に納入しなければならない制度下では、企業サイドが独自の投資戦略を展開できないことを意味した。また、皮肉なことに、形式的な独立採算制の下では、人民所有経営が赤字を出した場合であっても、そのつじつま合わせのために国家財政からの救済補塡が認められ、経営の自立性は有名無実化していた。

一九五三年三月のスターリンの死、そして六月の労働者蜂起ののち、ソ連型の集権的計画経済システムの構築を進めてきたウルブリヒト政権は窮地に追い込まれていた。とくに、五六年二月末のソ連共産党第二〇回大会でのスターリン批判以降、ウルブリヒト政権は、政治運営はもとより、計画経済システムの運営方法についても見直しを求められるようになった。ウルブリヒト自身は、計画経済システムの改良に対して消極的であったが、計画の策定方法や管理機構内の官僚主義の実態について批判的点検を行うことを指示した。[17] 計画経済システムのヒエラルキーのなかの、どの箇所で、どのような分権化がなされるべきか、どの権限がどのレベルの管理階層に付与されるべきかが議論されたのである。また、国家計画の対象となる製品の数を半減する、グロス勘定での計画作成と決算を見直す、といった改革も検討の俎上にのせられた。硬直的で、複雑な計画策定を簡素化する、資源の無駄を可能な限り排除する、といった改革が構想された。さらに、経営内の福利厚生に関わるファンドの利用について、従来は経営長の裁量に任されていたが、それをボーナスや経営内福利厚生施設（保育園・幼稚園、休暇・保養施設、診療所、社員食堂、購買等々）の拡充にリンクして使えるように制度化することで、従業員のモティベーションを高める試みも登場した。

こうした変化が見られた反面、ウルブリヒト政権は、計画経済システムの徹底した分権化や、政治体制の民主化には相変わらず距離を置いていた。たとえば、一九五六年のポーランドやハンガリーでの動乱の根拠は何か、といった挑発的な質問を、システム改革を求める経済理論家たちに向けるようなこともあった。

国家中央統計局長、国家計画委員会副委員長、閣僚評議会メンバーを歴任した経験を有する経済学者フリッツ・ベーレンス（Fritz Behrens：本名 Fridrich Franz Willi Behrens）は、計画を用いた経済管理（集権化モデルと分権化モデルとの比較）のための方法論を展開し、ドイツ科学アカデミー時代の弟子の一人であったアルネ・ベナリー（Arne Benary）とともに、労働者による「下からの自主管理」の必要を強調した。(18) 彼らは、計画経済そのものを否定していたのではなく、国家管理機関の役割を、経済計画の目標と内容の提示や、それへの誘導に限定することを主張したのであった。これは、一九六〇年代の経済改革の内容を先取りするものであったが、当時のウルブリヒト政権はそれを「修正主義」として一蹴した。

こうしたSED・政府の改革構想に対する姿勢は、農業政策の分野にも現われた。SEDの幹部であったフレッド・エルスナー（Fred Oelßner）や農学者のクルト・フィーヴェーク（Kurt Vieweg）は、農業集団化のスピードを緩めること、収益性が低く、補助金漬けになっている農業生産協同組合を解散すること、しばらくの間は個人農と農業生産協同組合の併存を維持すること、農政の中心を農業生産への経済的刺激を狙ったものにすること、などを提案した。(19) しかし、SED・政府にとって、収益性は副次的なもので、むしろ農業における所有問題（集団化）が、政治（公権力）の問題である、という見解を示した。

この政策に異議を唱えたのは、経済学者や農学者だけではなかった。文学者、哲学者、法学者、歴史家からも、社会主義の改革を求める声があがった。SED中央委員会政治局内では、「知識人たちが、マルクス・レーニン主義に疑義を唱えている」と判断し、一九五七年初頭には先のベーレンスとベナリー、エルスナー、フィーヴェークなどに対して「修正主義者」の烙印が押された。(20)

さらに興味深い動きとしては、知識人たちの主張に同調する形で、工業労働者のなかで改革を求める声が出始めたことがあげられる。一九五六年一〇月のハンガリー動乱などから危機感を感じたウルブリヒト政権は、すべての経営において労働者委員会(Arbeiterkomitee)を設置することを提案し、一九五三年労働者蜂起の悪夢を払拭しようとした。同委員会には、経営スタッフを評価する機能、長期計画の策定、監督に参加する権利、労働賃金やノルマに対する発言権が与えられるはずであった。しかし、この提案は東欧諸国での政治対立が強権発動によって収束するなか、五七年の秋から五八年二月までの議論を経て撤回された。(21) 頓挫はしたものの、こうした労働者の民主化要求に対するウルブリヒト政権の妥協は、六〇年代の経済改革期に再現することになる。

以上で見てきたように、従来の計画経済システムの分権化のみならず、政党システム、SED内の民主化、思想・信条の自由、緩やかな農業集団化といった「改革社会主義的発想」(22)は、この時期のウルブリヒト政権によって否定された。とはいえ、従来のシステムがまったく見直されなかったわけではない。一九五七年にソ連で行われた行政機構改革に呼応する形で、東ドイツでも五八年に同様の再編が行われ、部門別工業省は解体され、その権限と責任が国家計画委員会に集中した(前掲第2-3図)。他方で、より生産現場に近い次元に中間管理機関を置くという目的で、五〇年代初頭に一旦解体された経営連合が工業部門別に再び創設された。この時点の経営連合は、ソ連占領期や建国当初よりも多くの権限と責任を付与された行政的管理の出先機関として機能することになり、その傘下経営の形式的独立性(法人格)は保持されることとなった。ただし、五八年から六〇年代初頭まで経営連合自身には法人格は付与されず、経済計算の単位とされることはなかった。この時点では、傘下経営を束ね監督・指導する行政管理機構としての経営連合への期待のほうが大きかったのである。

反対派の排除、システムの再編とならんで、ウルブリヒト政権が一九五七～五八年頃から重視したのは、技術革新による生産力水準の引き上げであった。たとえば、五七年にはDDR研究評議会(Der Forschungsrat der DDR)を設立し、とくに原子力、通信技術、電子(半導体)、航空機(ミサイルや宇宙計画も含む)、軍事などの専門家・若手の研究を奨励した。(23) この科学技術重視の路線は、ベルリンの壁以降も堅持され、とくに六〇年代後半の加工組立型部門への重点投資政策に反映されていくことになる。ＳＥＤ中央委員会政治局内には新たに経済委員会(Die Wirtschaftskommission)が設置され、党内の若手テクノクラートの一人であったエーリッヒ・アーペル(Erich Apel)と、労働組合と党の役員を歴任してきた三二歳のギュンター・ミッターク(Günter Mittag)が登用され、東ドイツの計画経済の運営、そしてのちの経済改革の中核に据えられた(24)。

第二節　経済改革と工業管理システムの分権化

(一)「ベルリンの壁」の建設と経済改革の契機

一九五八年から六〇年代初頭は、多くの点で東ドイツ経済の転換の節目となった。第二次五ヵ年計画始動後の一九五六年から五八年まで、東ドイツの経済成長率には上昇・回復の兆しが見られるようになっていた(前掲第3-1図参照)(25)。それに後押しされる形で、ウルブリヒト政権は、五八年七月のＳＥＤ第五回大会において、野心的ともいえる「経済的主要課題(ökonomische Hauptaufgabe)」を発表した。それは、「重要な食品と消費財について、勤労人口一人当たりの消費を、六一年までに西ドイツのそれに追いつき、さらには追い越す」というものであった(26)。この「経済的主要課題」の実現のためには、生産費の削減と労働生産性の向上に向けた機械工業などの加工組立型部門での投資拡大が必要だった。また、それを基礎に軽工業や食品などの消費財部門での生産増が追求されねばならなかった。

この「経済的主要課題」の発表の際には、素材型部門への傾斜配分を基調とする第二次五ヵ年計画(一九五六〜六〇年)を五八年に中断し、素材型部門を技術的に支える加工組立型部門(工作機械、電機・電子)への投資拡大とそ

第3-3表　第一次七ヵ年計画(1959-65年)の主要指標の伸び率の推移

［単位：%］

		1959年	1960年	1961年	1962年	1963年
工業総生産高	七ヵ年計画	10.5	9.9	9.4	8.8	9.2
	年次計画	11.5	10.2	7.2	6.2	6.2
	実　績	13.1	8.1	6.0	6.1	4.3
人民所有セクター工業の労働生産性	七ヵ年計画	8.1	9.4	9.1	8.9	9.6
	年次計画	—	9.7	6.5	6.1	7.0
	実　績	9.6	9.4	5.0	6.6	4.8
総投資	七ヵ年計画	19.7	14.5	11.5	8.8	8.3
	年次計画	19.8	14.7	8.9	7.1	7.4
	実　績	15.3	9.5	1.4	1.9	2.5

資料：Steiner, André, *Die DDR-Wirtschaftsreform der sechziger Jahre: Konflikt zwischen Effizienz- und Machtkalkül*, Berlin 1999, S. 40.

れによる生産性向上を目標に据えた第一次七ヵ年計画(五九～六五年)が発表された(27)。しかし、第3-3表からは、五九年の実績では工業生産高は計画を達成したものの、労働生産性や総投資に問題があったことがわかる。以後、当初の目標から徐々に年次目標が下方修正されたこと、それにもかかわらず実績が思うように上がらなかった様子もうかがえる。見直しの提案があったにもかかわらず素材型部門への投資の偏向は収まらず、そのしわ寄せは、「経済的主要課題」の一部とされた機械工業や消費財部門への過小投資、そして労働生産性の停滞となって現われた。投資の無駄(ソフトな予算制下の過剰な投資)は、投資資金の不足にもつながっていた(28)。このような状況は、潜在的に価格上昇圧力となりかねなかったが、価格メカニズムが働かない固定価格制度の下では、最終的に価格支援や企業の赤字補填のための財政支援(国庫補助の追加)の増大に連動したことが推測される。

農業集団化に目を転じると、それまでの緩やかな拡大(前掲第3-2表)から一九五八年を節目に徐々に拡大し始め、六〇年に一気に加速化したことがわかる。ウルブリヒト政権が、その年に発表した「経済的主要課題」の達成のために、生産性の高い個人農の農業生産協同組合加入を半ば強制し食糧生産の底上げを試みたことがその背景にある。また、農業生産協同組合の生産性が個人農のそれよりも低かったため個人農の力を取り込もうとしたこと、農業生産協同組合への補助金負担を縮小したかったことも理由としてあげられる。さらに、ウルブリヒト政権は、農業生産性の上昇によって節約された労働力を工業に振り向ける、農産物の輸入の削減によって生じた資金を工業に配分する、といった工業優先の政策を保持し続けていたこともあげられている。[29]

消費財供給の分野では、一九五八年に配給制が廃止されたことで日用品・食品・耐久消費財などの供給(数量や品質)の改善が期待されていた。しかし、実際にはそれらの需要を満たすことができず、価格引き下げも実現せず、それは国民の不満の温床となりつつあった。[30] 六〇年から六一年までに、「食肉、ソーセージ、バター、チーズ、靴、さまざまな繊維製品、洗剤」の不足が顕著となり、配給を余儀なくされる製品まで現われた。それは「五〇年代末の状況に比べて、むしろ悪化した」ともいわれている。もはや、西ドイツに「追いつき、追い越す」という目標は破綻していたのである。[31]

このネガティブな展開は、さらに一九六〇年の東西ドイツ通商協定の破棄[32]による西ドイツからの商品供給の中断にも見られた。五一年のベルリン協定(その出発点は四九年のフランクフルト協定)以降、西ドイツからの生産財の輸入・技術移転については、関税がかからず、当座勘定での決済が可能であったスウィング取引が行われていたことにより、ソ連・東欧諸国が得られない恩恵を東ドイツは享受することができていた。しかし、五八年末のフルシチョフ発言(ベルリンの非武装自由都市化)をめぐって起きた「ベルリン危機」以降、東西関係は悪化し、上述の東西ドイツ通商協定の破棄が西側から通告された。東ドイツは西ドイツからの生産財輸入に頼ることができなくなり、他の西側諸国から輸入せざるを得ない状況に追い込まれた。それは、コメコン域外の外貨建ての債務が増大することを意味したのである。

一九五〇年代末の経済政策とその結果生じた六〇年代初頭の国内経済の悪化は、ウルブリヒト政権の正統性をこれまで以上に大きく揺り動かすことになった。すでに見てきたように、五〇年代全般を通じて毎年約二〇万〜三〇万人規模の住民(経済のあらゆる分野の労働者・職員、自営業者、医師、薬剤師、裁判官・検察官、弁護士・検事、教員、エンジニア)が西側に「逃亡」した。これ以上の人口流出をとめ、政治、経済、そして安全保障上の問題を解決するための緊急措置として、東ドイツ政府は、六一年八月一三日に東西ドイツ間の国境の閉鎖とベルリンの壁の構築を断行した。この壁の建設により、毎年二〇万人規模が人口流出していた状況から、六二年には二万二〇〇〇人、六三年四万三〇〇〇人、六四年四万二〇〇〇人、六五年三万人弱と、減少に歯止めがかかるようになった（前掲第3-1表）。

この「壁」の建設によって東ドイツ経済の危機が解決されたわけではなかった。鉄道、電信電話、水道、電力などのインフラストラクチャーの整備の遅れやそのための費用の増大は経済再建の足枷となっていた。また、ウルブリヒト政権は、西側諸国からの輸入に依存しない経済の創出政策（「障害除去政策（Störfreimachung）」と呼ばれた）を展開し、それを基調に老朽化した生産設備の刷新や新たな研究開発投資が要請された。さらに、コメコン諸国間の分業体制への依存は、最大の輸出国であるソ連の工業規格への転換（ＤＩＮ＝ドイツ工業品標準規格（Deutsche Industrie Normen）からΓＯＣＴ＝ソ連閣僚会議国家標準委員会規格（Государственный стандарт）へ）をも促進することとなり、そのための費用も増大した。西側からの依存脱却には、多くの費用がかかることは明白であった(33)。

対西側政策のみならず、ソ連との関係も危機克服の障害となっていた。壁構築の直前である一九六一年五月末のフルシチョフ・ウルブリヒト会談において、フルシチョフは、「東ドイツ経済は、ソ連の援助なしに発展しなければならない」ことを明言していた。東ドイツは、五〇年代後半に開始した化学プログラムを推進すべくソ連から世界市場価格よりも安価な原燃料（石油・天然ガス等）を得ていたが、ウルブリヒト政権は、この発言を機に経済的自助自立の政策を強化しなければならなくなったのである(34)。それは、水面下における東西ドイツの接近とソ連政府との関係悪化の始まりであった。

壁の建設を誘引したともいえる労働力不足の問題は、国境封鎖後もなかなか解決せず、危機の克服に向けて、働く女性への支援として手厚い出産・育児支援策が実施されたり、東側諸国からの途上国支援（職業訓練）の名目で「ガストアルバイター」の募集が行われたりした。また、ノルマ引き上げと労働生産性向上運動を内容とする

「生産総動員政策(Produktionsaufgebot)」を展開し、生産増が図られた。しかし、現実には実質賃金が据え置かれたり、削減されたり、不作と食糧不足によって配給制が再開されたりするなど、かつての労働者蜂起が再現する可能性が生まれていた。

保護主義的に西側諸国からの影響を遮断し、ソ連型の集権的計画経済システムの刷新に躊躇していたウルブリヒト政権は、壁構築後の経済危機(前掲第3-1図参照)を打開すべく、投資拡大のための信用供与をソ連政府に要請した。しかし、それを断られたのち、同政権は意を決するかのように経済改革を始動した。[35]

(二)　新経済システムが構想したもの

経済改革の目的は、第一義的には「SEDの権力維持」であった。[36] もちろん、そのためには経済政策が効果をあげ、国民生活が物質的・精神的に豊かになることが前提となる。ウルブリヒト政権には、経済改革の推進者として、若手の党政治局員のアーペルと党中央委員会書記のミッタークが登用された。また、ヘルベルト・ヴォルフ(Herbert Wolf)やヘルムート・コツィオレク(Helmut Koziolek)といった経済学者や、財政専門家のヴァルター・ハルプリッター(Walter Halbritter)、ヴォルフガング・ベルガー(Wolfgang Berger)、ヴェルナー・ヤロヴィンスキー(Werner Jarowinsky)、ゲルハルト・シューラー(Gerhard Schürer)などが、改革の中心メンバーに据えられた。ただし、SED中央委員会政治局や政権の内部には、改革を疑問視する経済官僚、たとえば国民経済評議会議長のアルフレッド・ノイマン(Alfred Neumann)や、財務大臣のヴィリー・ルンプフ(Willy Rumpf)などもいた。[37]

改革派が中心となって立案・作成された改革構想は、「国民経済の計画策定と管理の新システムのための指針」(以下、「指針」[38])として、一九六三年一月のSED第六回大会で確認され、同年七月に閣僚評議会決定として公布・施行された。通常この「指針」は、東ドイツの「新経済システム(Das Neue Ökonomische System)」あるいは「計画策定と管理の新経済システム(Das Neue Ökonomische System der Planung und Leitung)」として知られている。

改革の理由に関する公式見解は、「指針」の付帯資料(Anlage 1)の「これまでの国民経済の計画策定および管理の実践に関する批判的評価」に示されている。①学問的に根拠づけられた長期計画の未確立、②産業部門の構造や重点経営の技術的・経済的な組織化構想の欠如、③計画開始時点の生産の停滞と決算期・業績評価期の生産の異常な増大、④「生産原則」の不徹底、⑤経済計算制の不徹底、⑥経営ならびに経営内労働集団の生産に対する関心の欠落、⑦生産方法や生産技術に関連する研究・開発の遅れ、等があげられた。

改革の第一の柱は、国家計画委員会に集中していた計画と管理に関する権限と責任を変更し、同委員会と、すでに一九六一年に創設されていた国民経済評議会(Der Volkswirtschaftsrat)とが分業する体制を構築することであった。前者は主として生産動向・需要予測にもとづく計画策定に専門化し、後者には全国ならびに県単位での計画遂行のための管理活動(行政指導と監督・監査)を行う権限が集中した。この変更は、「壁」以前までの国家計画委員会の権限肥大化への対策として国家機構レベルで機能別の分業を試みたものであったが、工業管理の観点からは、国民経済評議会への権限の集中がなされた、と見ることもできよう。管理活動を効率的に進めるため、評議会傘下には七つの工業管理局(Industrieverwaltungen)が、さらにその下には業種を代表する一八の工業部(Abteilungen)が設置され、それぞれが製品グループ別に編成された八〇の経営連合の管理を行った(第3-2図)[39]。

その際、より生産現場に近く、細やかな調整が必要とされる計画と管理に関する権限は、経営連合に移譲されることとなった。これは、肥大化した国家機構への権限・責任の集中を是正するために、経営サイドへ分権化するという新しい動きであった。たとえば、労働生産性の向上、品質向上、原価引き下げ等を促進するための研究・開発、投資計画、金融・財務などに関連する権限の一部は、経営連合に委譲された[40]。国家機関と生産活動を行う個々の経営の間に連合組織を創出し、それに中間管理機関としての権限と責任を配分したのである。

第二に、「指針」では、工業管理の「生産原則(Produktionsprinzip)」(部門別・業種別原則)が強調された。この原則

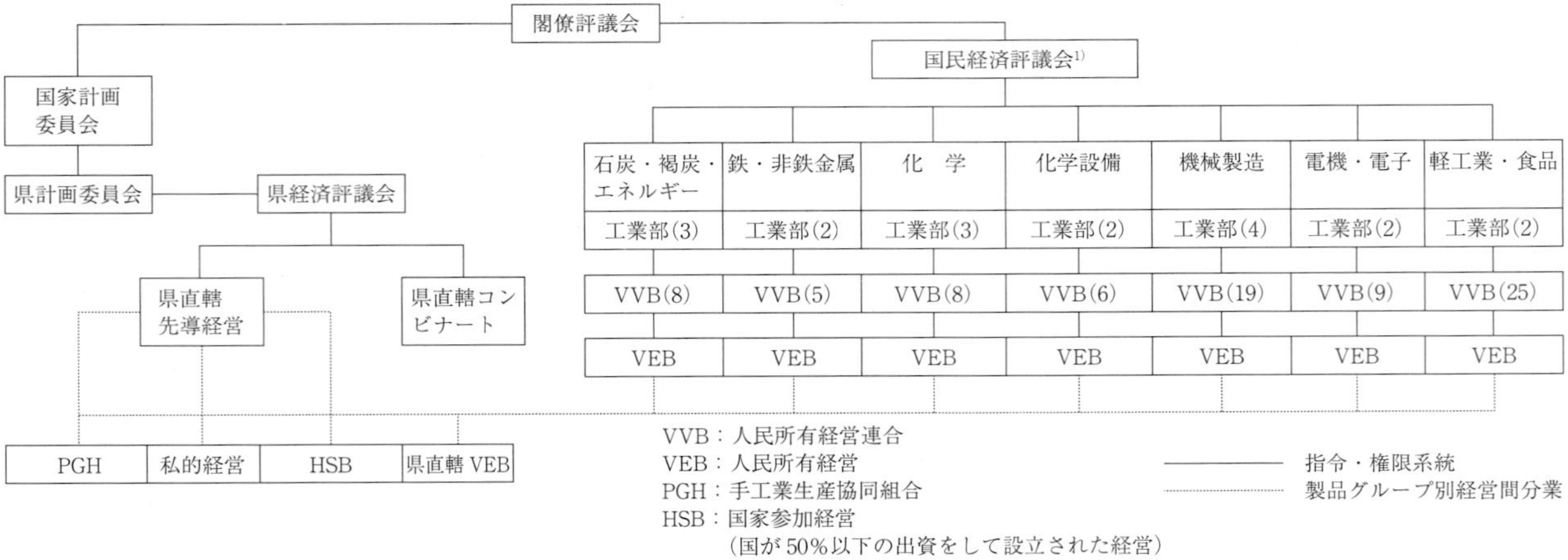

第 3-2 図　1963-65 年の工業管理システムの基本構造

注：図中の括弧内の数字は，各部の数，あるいは部・主局管理下の VVB の数。

1）国民経済評議会は，1965 年まで閣僚評議会の付属機関として活動していたが，同年末に解体，それ以後は国家計画委員会がその機能を兼務することになった。図中の県経済評議会は，県評議会の一機関であったと同時に国民経済評議会からの指令を受けて活動する機関でもあった。この二重の権限関係は，上記の解体の理由の一つとなった。

資料：Das Büro für Industrie und Bauwesen beim Politbüro des Zentralkomitees der SED, *Das funktionelle Wirken der Bestandteile des Neuen Ökonomischen Systems der Planung und Leitung der Volkswirtschaft*, Berlin 1964, S. 22-23.　なお，同書 S. 22-23 および Bundesministerium für innerdeutsche Beziehungen (Hrsg.), *DDR Handbuch*, 2., völlig überarbeitete und erweiterte Auflage, Köln 1979, S. 181-182 を参考に，加筆・修正した。

は、すでにソ連占領期から「生産の一層の集中、すなわち製品・製品グループの特化にもとづく集中的生産」を目指すものだった。具体的には、量産化に向けた製品規格化・標準化、生産能力の合理的な配分を意識した経営内あるいは経営間分業の編成を要請するものであった。「指針」は、その実現主体としての経営連合の役割を重視し、従来までの行政管理機関としての機能よりも、部門・業種あるいは共通の製品グループを代表する大規模生産単位としての活動に期待していることを示した(41)。

第三に、そうした経済主体としての経営連合とその傘下経営には、コスト削減と利益の増大、自己金融が要請されることとなった。それまでは、総生産高の増加と財務諸表のバランシングが計画と管理の目標とされてきたが、「指針」においては、経営連合とその傘下経営が、コスト、利益、賃金、価格などを基準に業績が評価される仕組みが作られたのである。「指針」は、経営やその従業員の経済活動(生産、投資、イノベーションなど)にインセンティブを与え、それらを産業構造の高度化と労働生産性の増大に誘導するコンセプトを、いわゆる「経済的槓杆(ökonomischer Hebel)(42)」の利用として提示したのである。より具体的には、固定設備資産・流動資産等の形成・使用に関わる金融・財務活動(銀行借り入れも含む)を、経営連合独自の責任で行うことが求められた。また、経営連合は、傘下経営の経済計算を最終的に決算・バランス化する責任を負うことになった。

経営連合の意義が、一九五八年の再設立時にも増して重視されるなか、六三年以降の経済改革期には五〇年代のような中央直轄コンビナートの設立は見られなかった。「指針」は、既存のコンビナートを「必要に応じて」「人民所有経営連合の枠内に組み入れる(43)」ことを指摘するにとどまり、コンビナートの新設は、「県直轄人民所有工業」、すなわち地方あるいは全国への消費財供給に関連する軽工業・食料品工業に限ってなされた(44)。

このように、「指針」は、重点部門はもとより、他部門の経営についても経営連合を主導的機関とする国家的工業管理の下に置いたのであり、また部門・業種横断的分業を必要とする生産が行われる場合には、経営連合が組織する経営間分業のなかにコンビナートを組み込む、としたのである。一九五〇年代に設立され、国家計画委員会・工業管理局の直接的な管理下に置かれていたコンビナートは、新しい管理構造の中間環に位置づけられた経営連合の傘下に置かれることになった。

(三)　システム改革の成果

新経済システムによる改革は、従来に比べて、経営サイドの自由裁量の幅を広げるものであった。価格の形成の分野においては、それまで中央国家レベルで決定されていた計画価格が廃止され、個々の経営あるいは経営連合から価格庁や国家計画委員会にあがってくる価格情報にもとづいて工業製品価格が決まるようになった。市場原理を前提とする自由な価格形成ではなかったものの、以前よりも客観的にコストや利益が計算されるようになった。一九六四年から六七年まで、原燃料、半製品・中間品、完成品という順番で価格の見直しが行われ、従来よりも現実的な価格(コストを十分に反映させた価格)に近づけようとする試行錯誤が続けられた。多くの場合、品目ごとの価格の引き上げ措置がなされ、それにより各経営の赤字を削減するとともに、政府からの品目別価格支持補助金の支出を減らすことも改革の目的とされた(45)。

計画経済下において、いかにして経営や従業員のモティベーションを高めるかは以前からの課題であった。経済改革は、計画達成指標の一つとして利益を設定し、そこに業績評価の基準を置くこと、さらにはそれを各経営独自の投資ファンドの形成に連動させることで経営側にインセンティブを与えようとした。また、従業員の生産性向上への動機づけをするために、計画の達成度にリンクした新たな賃金・報奨システムが導入された。

こうした個別経営や従業員のインセンティブに関わる制度改革とならんで、ウルブリヒト政権は、一九六四年から、科学技術力上昇と産業高度化を目指した工業投資政策を展開した。その部門別構成は、第3-3図の通りである。機械・自動車部門、電機・電子・精密機器部門への投資が増大し、それを支える冶金部門の投資も伸び

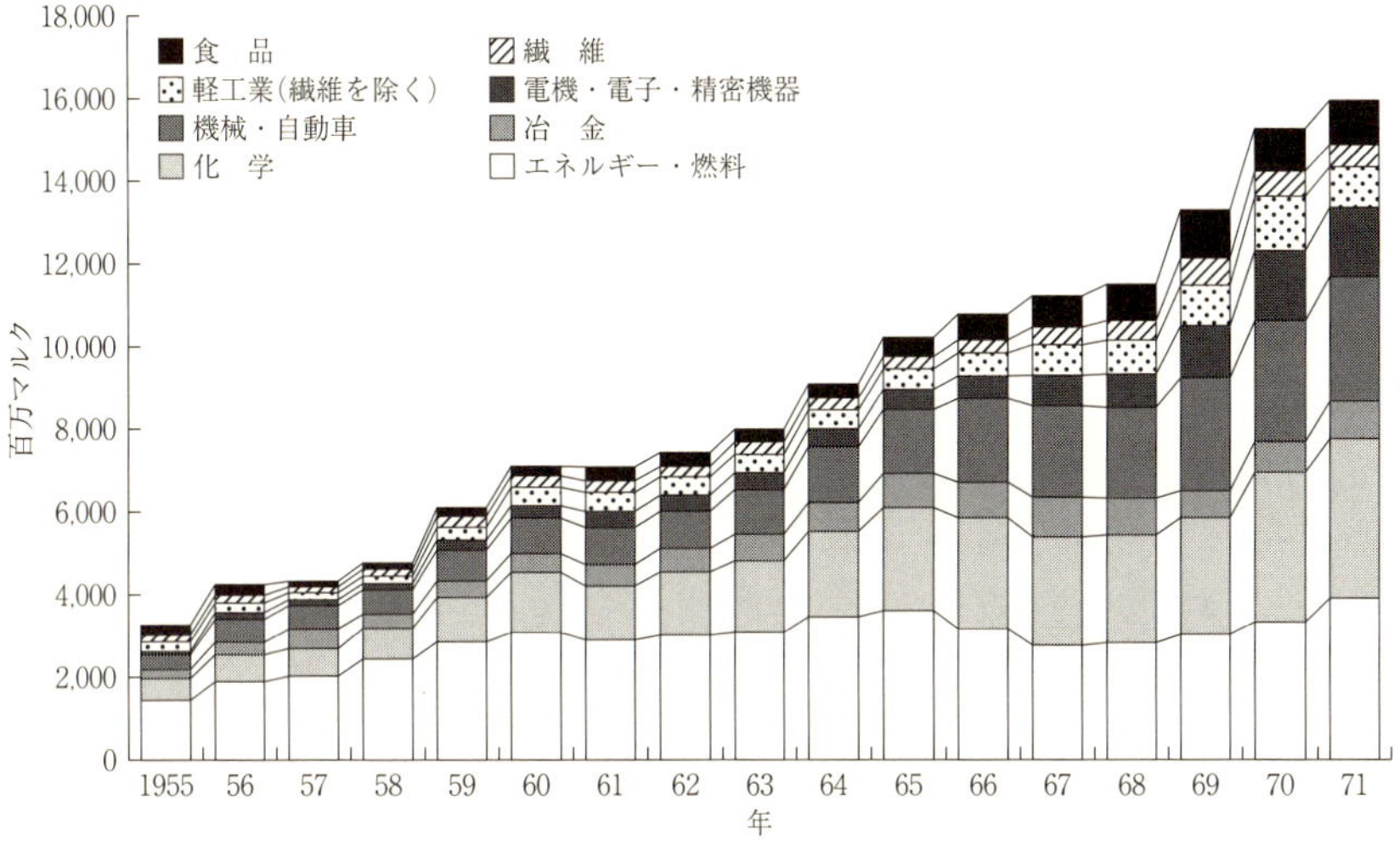

第3-3図　工業投資の推移と部門別構成(1967年価格ベース)

資料：Baar, Lothar, Zur ökonomischen Strategie und Investitionsentwicklung in der Industrie der DDR in den fünfziger und sechziger Jahren, in: *Jahrbuch fün Wirtschaftsgeschichte*, Heft 2, 1983, S. 18. なお，同論文中の1955-59年のデータはDDR統計年鑑では確認することができないが，国家中央統計局の認可にもとづき公表された。

ていることが読み取ることができよう。化学部門での伸びは、褐炭化学から石油化学への転換に向けた投資拡大に関連するものであった。

重点投資が行われた背景には、対ソ依存からの漸次的脱却、という政権の目論見があった。一九六二年にソ連政府が東ドイツへの信用供与を拒否したことを皮切りに、六〇年代半ば以降には科学技術の分野での協力にも消極的となったために、東ドイツが自前の技術基盤を創出しなければならなくなったことがその背景にあった(46)。

一九六二年から六三年にかけて構想された経済改革は、ベルリンの壁建設後に低落した経済成長率を回復させるのに一定の効果をあげることができた。一人当たりGDP(国内総生産)も増大し、東ドイツの住民の生活水準には、西ドイツとの格差はあったとはいえ緩やかに改善の兆しが見えていた。六〇年から六二年まで低下していた同指標は、六三年に息を吹き返し、六五年以降には年三〜四%台で経過するようになった(第3-4図)。

また、「壁」以降に停滞・縮小していた西側諸

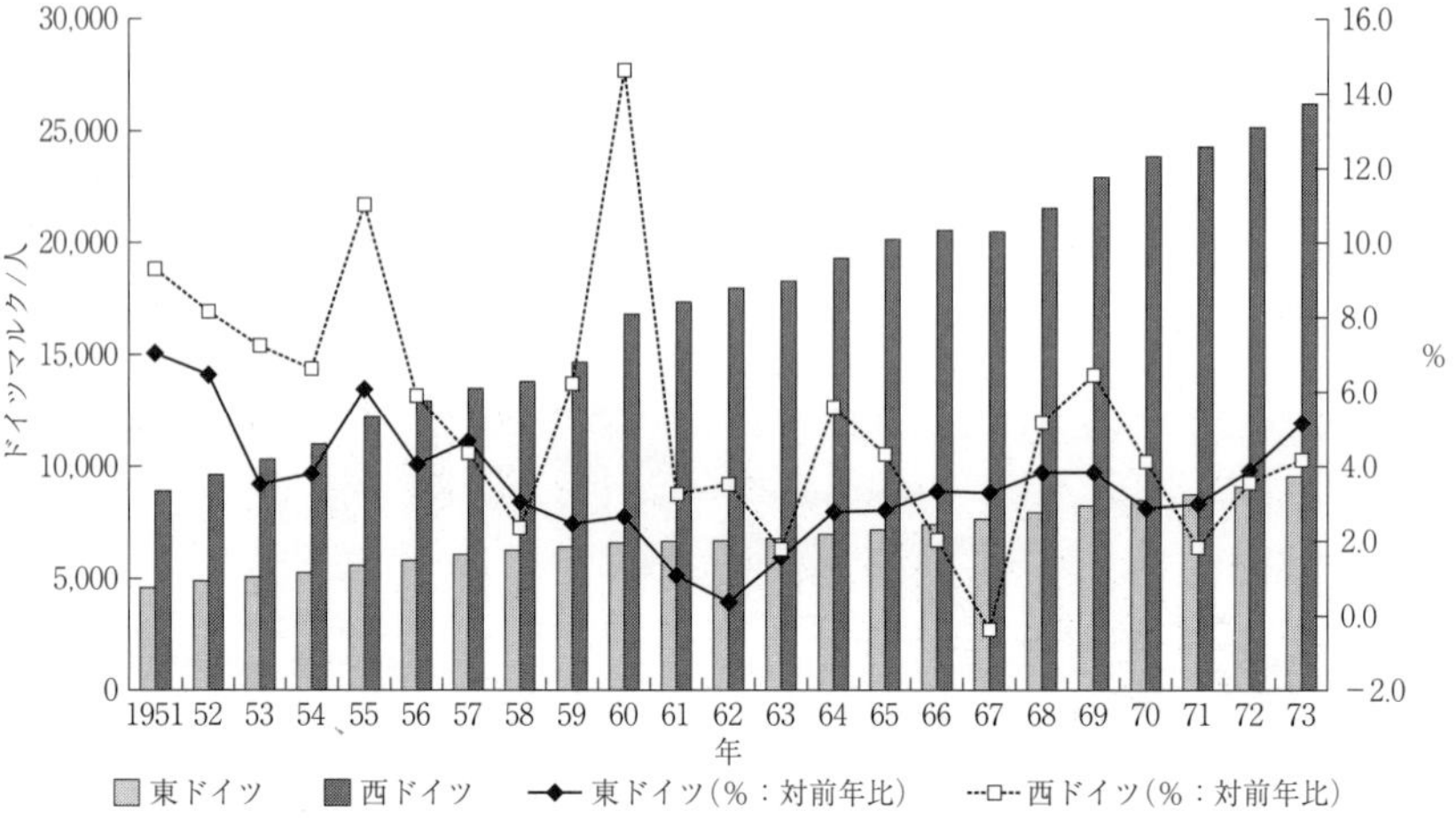

第3-4図　東西ドイツにおける国民1人当たりのGDPの推移

資料：Merkel, Wilma/Wahl, Stefanie, *Das geplünderte Deutschland: Die wirtschaftliche Entwicklung im östlichen Teil Deutschlands von 1949 bis 1989*, Bonn 1991, S. 52; Statistisches Amt der DDR (Hrsg.), *Statistisches Jahrbuch der DDR 1990*, Berlin 1990, S. 64; Statistisches Bundesamt (Hrsg.), *Statistisches Jahrbuch für die BRD 1988*, Wiesbaden 1988, S. 64; Statistisches Bundesamt (Hrsg.), *Statistisches Jahrbuch für das vereinte Deutschland*, Wiesbaden 1991, S. 70.

国との輸出入や、東ドイツにとって有利な東西ドイツ間交易(der innerdeutsche Handel)もこの時期に回復した。これらの試みは、壁構築に前後して低迷していた経済成長の回復と安定化をもたらした。第3-4表からは、一九五〇年代後半に増大した西側先進国との輸出入(輸出入全体に占める割合)が、五八年頃を境に経済改革前まで縮小し、「指針」以降に再び増加したことを確認することができる。他方で、コメコン諸国(とくにソ連)との輸出入も五〇年代後半に増大し「指針」の頃にピークを迎えるが、その後は緩やかに減少していく様子がうかがえる。わずかな変化とはいえ、経済改革期に対コメコン(ソ連)依存から、対西側依存へとシフトしていったことが推測される。

それをさらに助長したのは、東西ドイツ間交易の増大であった。第3-5表からは、一九五〇年代後半からの順調な増大(東西ドイツ通商協定の破棄宣言があった六〇年も西からの移出量は減ったが、東からの移出の伸びがあった)、「壁」から「指針」までの一時的減少、「指針」以後の増加が確認できる。この動きは、東

第3-4表　ウルブリヒト時代の輸出入(実効価格)の動向

［単位：百万外貨マルク，(%)］

年	輸出(FOB)	内訳					
		小計	コメコン諸国[1]	うち，ソ連	発展途上国[2]	西側先進国[3]	その他の諸国[4]
1949	1,386.8	1,386.1	896.1 (64.6)	557.1 (40.2)	3.6 (0.3)	486.4 (35.1)	0.7 (0.1)
1950	1,705.3	1,705.3	1,162.9 (68.2)	645.4 (37.8)	11.5 (0.7)	530.9 (31.1)	0.0 (0.0)
1951	2,993.3	2,932.4	2,301.3 (76.9)	1,385.0 (46.3)	24.7 (0.8)	606.4 (20.3)	60.9 (2.0)
1952	3,102.4	2,950.1	2,177.3 (70.2)	1,286.5 (41.5)	51.1 (1.6)	721.7 (23.3)	152.3 (4.9)
1953	4,063.5	3,780.2	2,920.4 (71.9)	1,820.3 (44.8)	34.8 (0.9)	825.0 (20.3)	283.3 (7.0)
1954	5,401.7	4,939.6	3,755.0 (69.5)	2,464.2 (45.6)	90.1 (1.7)	1,094.5 (20.3)	462.1 (8.6)
1955	5,437.3	4,981.0	3,537.0 (65.1)	2,194.9 (40.4)	175.0 (3.2)	1,269.0 (23.3)	456.3 (8.4)
1956	5,942.2	5,374.3	3,826.9 (64.4)	2,391.2 (40.2)	203.4 (3.4)	1,344.0 (22.6)	567.9 (9.6)
1957	7,702.3	7,155.3	5,243.7 (68.1)	3,400.8 (44.2)	307.9 (4.0)	1,603.7 (20.8)	547.0 (7.1)
1958	8,041.5	7,319.9	5,455.6 (67.8)	3,553.0 (44.2)	326.1 (4.1)	1,538.2 (19.1)	721.6 (9.0)
1959	8,994.0	8,333.4	6,281.9 (69.8)	3,954.1 (44.0)	307.4 (3.4)	1,744.1 (19.4)	660.6 (7.3)
1960	9,270.8	8,632.1	6,372.6 (68.7)	3,883.6 (41.9)	390.2 (4.2)	1,869.3 (20.2)	638.7 (6.9)
1961	9,581.9	9,123.5	6,699.7 (69.9)	3,830.2 (40.0)	542.5 (5.7)	1,881.3 (19.6)	458.4 (4.8)
1962	9,987.4	9,608.2	7,475.7 (74.9)	4,589.7 (46.0)	378.3 (3.8)	1,754.2 (17.6)	379.2 (3.8)
1963	11,394.6	10,983.7	8,591.9 (75.4)	5,361.4 (47.1)	367.3 (3.2)	2,024.5 (17.8)	410.9 (3.6)
1964	12,312.4	11,804.1	9,047.7 (73.5)	5,811.2 (47.2)	449.5 (3.7)	2,306.9 (18.7)	508.3 (4.1)
1965	12,892.9	12,386.2	9,139.4 (70.9)	5,504.6 (42.7)	581.8 (4.5)	2,665.0 (20.7)	506.7 (3.9)
1966	13,460.8	12,709.5	9,269.7 (68.9)	5,361.1 (39.8)	711.9 (5.3)	2,727.9 (20.3)	751.3 (5.6)
1967	14,515.2	13,758.9	10,159.5 (70.0)	5,912.5 (40.7)	717.9 (4.9)	2,881.5 (19.9)	756.3 (5.2)
1968	15,922.8	15,104.0	11,376.1 (71.4)	6,582.7 (41.3)	682.7 (4.3)	3,045.2 (19.1)	818.8 (5.1)
1969	17,443.0	16,555.2	11,853.8 (68.0)	6,961.7 (39.9)	793.2 (4.5)	3,908.2 (22.4)	887.8 (5.1)
1970	19,240.2	18,225.6	13,206.5 (68.6)	7,314.9 (38.0)	807.2 (4.2)	4,211.9 (21.9)	1,014.6 (5.3)
1971	21,320.5	20,206.1	14,776.3 (69.3)	8,138.6 (38.2)	934.8 (4.4)	4,495.0 (21.1)	1,114.4 (5.2)

年	輸入(CIF)	内訳					
		小計	コメコン諸国[1]	うち，ソ連	発展途上国[2]	西側先進国[3]	その他の諸国[4]
1949	1,315.2	1,315.2	858.8 (65.3)	461.8 (35.1)	4.8 (0.4)	451.6 (34.3)	0.0 (0.0)
1950	1,972.5	1,972.5	1,496.9 (75.9)	815.3 (41.3)	2.1 (0.1)	473.5 (24.0)	0.0 (0.0)
1951	2,551.9	2,463.2	1,774.8 (69.5)	1,141.7 (44.7)	35.9 (1.4)	652.5 (25.6)	88.7 (3.5)
1952	3,245.6	3,095.6	2,286.3 (70.4)	1,400.0 (43.1)	42.9 (1.3)	766.4 (23.6)	150.0 (4.6)
1953	4,126.6	3,883.6	2,906.5 (70.4)	1,925.1 (46.7)	23.5 (0.6)	953.6 (23.1)	243.0 (5.9)
1954	4,618.8	4,320.5	3,109.9 (67.3)	1,917.4 (41.5)	47.4 (1.0)	1,163.2 (25.2)	298.3 (6.5)
1955	4,952.0	4,564.4	3,113.1 (62.9)	1,772.9 (35.8)	128.5 (2.6)	1,322.8 (26.7)	387.6 (7.8)
1956	5,619.9	5,230.8	3,667.6 (65.3)	2,339.7 (41.6)	186.0 (3.3)	1,377.2 (24.5)	389.1 (6.9)
1957	6,864.1	6,419.0	4,443.3 (64.7)	3,091.6 (45.0)	261.1 (3.8)	1,714.6 (25.0)	445.1 (6.5)
1958	7,153.0	6,563.4	4,476.0 (62.6)	2,940.9 (41.1)	340.5 (4.8)	1,746.9 (24.4)	589.6 (8.2)
1959	8,472.0	7,826.7	5,683.9 (67.1)	3,882.8 (45.8)	318.6 (3.8)	1,824.2 (21.5)	645.3 (7.6)
1960	9,216.6	8,553.6	6,124.5 (66.5)	4,023.8 (43.7)	401.1 (4.4)	2,028.0 (22.0)	663.0 (7.2)
1961	9,452.7	9,124.0	6,792.8 (71.9)	4,496.7 (47.6)	370.1 (3.9)	1,961.1 (20.7)	328.7 (3.5)
1962	10,111.2	9,668.2	7,575.2 (74.9)	5,233.8 (51.8)	350.1 (3.5)	1,742.9 (17.2)	443.0 (4.4)
1963	9,788.3	9,336.8	7,174.0 (73.3)	4,925.8 (50.3)	363.5 (3.7)	1,799.3 (18.4)	451.5 (4.6)
1964	11,061.2	10,615.9	7,852.4 (71.0)	5,086.6 (46.0)	441.6 (4.0)	2,321.9 (21.0)	445.3 (4.0)
1965	11,800.4	11,215.4	8,009.8 (67.9)	5,061.1 (42.9)	524.3 (4.4)	2,681.3 (22.7)	585.0 (5.0)
1966	13,503.0	12,918.2	9,103.4 (67.4)	5,814.8 (43.1)	537.2 (4.0)	3,277.6 (24.3)	584.8 (4.3)
1967	13,770.9	13,156.9	9,442.0 (68.6)	5,954.3 (43.2)	558.8 (4.1)	3,156.1 (22.9)	614.0 (4.5)
1968	14,249.8	13,699.8	10,193.7 (71.5)	6,268.9 (44.0)	549.9 (3.9)	2,956.2 (20.7)	550.0 (3.9)
1969	17,317.8	16,776.2	12,006.0 (69.3)	7,326.0 (42.3)	649.5 (3.8)	4,120.7 (23.8)	541.6 (3.1)
1970	20,357.2	19,690.6	13,452.3 (66.1)	8,169.6 (40.1)	794.2 (3.9)	5,444.1 (26.7)	666.6 (3.3)
1971	20,920.1	20,177.7	13,625.7 (65.1)	7,954.3 (38.0)	779.5 (3.7)	5,772.5 (27.6)	742.4 (3.5)

1) ソ連，ポーランド，チェコスロヴァキア，ハンガリー，ブルガリア，アルバニア，キューバ，モンゴル，ヴェトナム。
2) 西側工業国ならびにトルコ，キプロス，キューバ，モンゴル，ヴェトナム，中国，ラオス，北朝鮮を除くすべての国。
3) 西側ヨーロッパ諸国，アメリカ，カナダ，日本，オーストラリア，ニュージーランド。
4) ベルギー，ルクセンブルク，フランス，イタリア，オランダ，西ドイツ，デンマーク，イギリス，ギリシア，スペイン，ポルトガル。
資料：Statistisches Bundesamt der DDR (Hrsg.), *Statistisches Jahrbuch der DDR 1990*, Berlin 1990, S. 32-33.

第3-5表　東西ドイツ間交易の推移

［単位：百万ドイツマルク］

年	東ドイツへの移出額	東ドイツからの移入額	交易収支	交易総額	交易総額の伸び（1948年＝100）
1948	155.0	124.1	30.9	279.1	100.0
1949	221.7	205.8	15.9	427.5	143.0
1950	330.0	414.6	−84.6	744.6	212.9
1951	141.4	145.3	−3.9	286.7	91.2
1952	178.5	220.3	−41.8	398.8	115.2
1953	271.3	306.9	−35.6	578.2	175.0
1954	454.5	449.7	4.8	904.2	293.2
1955	562.6	587.9	−25.3	1,150.5	363.0
1956	699.2	653.5	45.7	1,352.7	484.7
1957	845.9	817.3	28.6	1,663.2	595.9
1958	800.4	858.2	−57.8	1,658.6	594.3
1959	1,078.6	891.7	186.9	1,970.3	705.9
1960	959.5	1,122.5	−163.0	2,082.0	746.0
1961	872.9	940.9	−68.0	1,813.8	649.9
1962	852.7	914.4	−61.7	1,767.1	633.1
1963	859.6	1,022.3	−162.7	1,881.9	674.3
1964	1,151.0	1,027.4	123.6	2,178.4	780.5
1965	1,206.1	1,260.4	−54.3	2,466.5	883.7
1966	1,625.3	1,345.4	279.9	2,970.7	1,064.4
1967	1,483.0	1,263.9	219.1	2,746.9	984.2
1968	1,422.2	1,439.5	−17.3	2,861.7	1,025.3
1969	2,271.8	1,656.3	615.5	3,928.1	1,407.4

資料：Maier, Harry/Maier, Siegrid, *Vom innerdeutschen Handel zur deutsch-deutschen Wirtschafts- und Währungsgemeinschaft*, Köln 1990, S. 12; 1948年から50年までのデータは, Nakath, Detlef, Zur politischen Bedeutung des Innerdeutschen Handels in der Nachkriegszeit（1948/49–1960）, in: Buchheim, Christoph（Hrsg.）, *Wirtschaftliche Folgelasten des Krieges in der SBZ/DDR*, Baden-Baden 1995, S. 226.

ドイツとソ連の間の相互不信を一層強め、西ドイツとの接近を後押ししたものと考えられる。象徴的な出来事としては、六四〜六五年に、ソ連が東ドイツへの農産物輸出を削減したにもかかわらず、原燃料の供給の条件としてソ連への生産財輸出の増大を要求してきたことを受け、東ドイツ政府は不足する生産財と穀物を西側諸国（とくに西ドイツ）から輸入しなければならなくなったことがあげられる[47]。ソ連政府は、東ドイツの経済改革（そしてウルブリヒト政権）に否定的な態度をとり続けただけでなく、貿易を通じた西ドイツの接近についても警戒感を持っていたのである。

つぎに国民生活の変化について見てみよう。食料の消費に関しては、農業集団化とその後の生産の停滞のために長らく供給不足が続いていたが、一九六〇年代後半に入ると、"Goldbroiler（金のブロイラー）"や"Gastmahl des Meeres（海の饗宴）"という名称のファストフードおよび魚料理のチェーン店が登場するようになり、国民の食の幅が広がった。(48) 西ドイツの"Nordsee（北海）"や、アメリカ発祥の大量飼育される鶏である"broiler"が意識された商標であった。西側世界の消費文化の象徴が、経済改革期に受容された事例である。(49)

工業製品については、耐久消費財の普及率（第3-6表）が急上昇したこと、自動車の保有率が一九六〇年の三・二％から七〇年の一五・六％に、テレビの保有率が一八・五％から七三・六％に、冷蔵庫と洗濯機の保有率が約六％から五四～五六％に増大したことが確認できる。(50) さらに、消費財工業製品については、高級食品店（"Delikatladen"）、高級ファッションブティック（"Exquisit-Laden"）が登場し、消費者のさまざまな嗜好に対応しようとする動きが見られるようになった。

第3-6表　耐久消費財の普及率の変化
（100世帯当たりの保有台数）

品　名	1960年	1965年	1970年
自動車	3.2	8.2	15.6
テレビ	18.5	53.7	73.6
冷蔵庫	6.1	25.9	56.4
洗濯機	6.2	27.7	53.6

資料：Steiner, André, *Von Plan zu Plan: Eine Wirtschaftsgeschichte der DDR*, München 2004, S. 157.

上記の耐久消費財以外の生活水準の向上を示す指標として、労働時間についても改善が見られたことも指摘されねばならない。一九六七年には週四五時間から四三・五時間に短縮され、さらにこの年の九月から週五日制も導入された。このほか、最低賃金は二二〇マルクから三〇〇マルクに引き上げられ、子供の扶養手当も増額された。また、年金受給額も増えることとなった。

第三節　改革への抵抗と部分修正

（一）　改革の見直し

経済改革の開始以後の東ドイツ経済の安定化と成長は、壁の建設以後のＳＥＤ政権に対する国民の信頼を徐々に回復させた。それは、社会の開放的な空気を呼び起こした。労働者たちは、市場経済的要素の導入が、自分たちの労働条件の悪化（たとえば、賃金引き下げや解雇）につながることを恐れていたが、自らの成果が賃上げにつながる可能性があることについては歓迎していた。[51] 知識人・文化人は、改革を自分たちの生活の新しい「出発」と捉えていた。クリスタ・ヴォルフ（Christa Wolf）、ハイナー・ミュラー（Heiner Müller）、ロベルト・ハーヴェマン（Robert Havemann）といった小説家、劇作家、学者などのインテリ層の活動の高揚はその現われだった。[52]

しかし、こうした状況は、早くも一九六五年の秋口から転換し始めた。その背景の一つに、ソ連の政権交代があった。六四年一〇月のフルシチョフの失脚ののち、レオニード・ブレジネフがソ連共産党第一書記に、ニコライ・ポドグルヌイが最高会議幹部会議長に、そしてアレクセイ・コスイギンが首相に就任し、ソ連も経済改革の時代に突入するかに見えた。だが、トロイカ体制と呼ばれたこのソ連の政権は政治的な再集権化を進めた。このことは、経済改革による分権化や経営の自立化、政治・社会・文化の自由化を疑問視していたＳＥＤ中央委員会政治局内の反ウルブリヒト派の勢いを助長することになった。

この時期、一九六三年に始動した東ドイツの長期経済計画は下方修正を求められていた。ソ連が長期貿易交渉において原料や燃料供給の削減を提示したことが、その背後にあった。[53] それらの調達は、東ドイツにとって死活問題であり、このソ連の措置は経済改革にブレーキをかけるものとなった。前掲第3-4表にも見られたように、フルシチョフ退陣の翌年の六五年からソ連との輸出入の割合が低下した。また、この頃、経済改革に伴う政治・社会の自由化に逆行する動きも見られるようになった。六五年一二月のSED第一一回中央委員会総会では、ウルブリヒトの経済改革に懐疑的であった中央委員たち（エーリッヒ・ホーネッカーも含む）により、反社会的＝反社会主義の烙印を押された芸術家や知識人の皆伐（Kahlschlag）が宣言され、先のミュラーやハーヴェマンらへの弾圧がなされた。

ソ連や国内の反対派に譲歩する形で、経済改革の当初の施策や目標は大幅に修正された。SED中央委員会総会において、新経済システムは「第二段階に入る」と表明されたが、結果的に分権化路線は後退することになったのである。そして、一九六七年四月に開かれたSED第七回大会では、それまでの新経済システム構想に代わるものとして「社会主義の経済システム（Ökonomisches System des Sozialismus）」と呼ばれる新しい構想が打ち出された。

その第一の柱は、科学技術の発展を土台に経済成長や労働生産性向上に寄与すると考えられた「構造規定的部門（strukturbestimmende Zweige）」に資金や労働力を集中的に配分することにあった。この文言は、第二次七ヵ年計画（一九六四～七〇年）が、ソ連の長期計画の変更との関連で一九六五年に中断したのちに策定された長期展望計画（Perspektivplan：第三次五ヵ年計画（一九六六～七〇年））ではじめて登場したものである。同部門には、電機・電子、光学・精密機器、工作機械、重機、石油化学が指定され、それらへの重点投資が工業部門構造政策の中心に据えられた。この産業高度化と生産力引き上げを目指した目標が六三年改革時点よりも強調され、実行に移されたことは、前掲第3-3図の投資動向からも確認できる。反対に、ソ連占領時代以来の供給のネックであったエネルギー・燃料部門（主として褐炭とロシア産原油の精製）と冶金部門が重点投資の項目から外され、また実際に投資額自体も縮小された。それは、その後の東ドイツの生産力基盤の脆弱さを助長することになりかねなかった。

（二）　工業管理システム改革の修正と妥協

一九六〇年代後半には、こうした産業構造政策とならんで、改造したばかりの工業管理システムの見直しがなされた。ＳＥＤ第一一回中央委員会総会（一九六五年一二月）は、第一段階（「指針」による改革提起）が、「計画策定・管理の新経済システムの適切さ」を証明し、「一連の行政的要素を克服した」と評価したものの、計画の策定・運営には未解決の課題が残されていることを強調した。(54)その課題とは、経済管理機関の重層構造の「簡素化」と国家機関と経営連合の権限・機能をより「明確に区別」するというものであった。(55)

問題克服の第一の試みは、国家計画委員会から独立した形で、経営連合とその傘下経営の管理の頂点に設置された国民経済評議会の解体（一九六五年末）と、それに伴う七つの工業省（化学、重機・設備、鉱山・冶金・カリ、加工機械・車両、電機・電子、軽工業、県直轄工業・食品）の創設であった（のちに一〇～一一工業省に増加）。この措置により、計画の策定主体（国家計画委員会）と実行主体（国民経済評議会）の分離による後者の発言力の相対的強化、という先の「指針」の狙いは反古にされた。他方で、上級機関の指令にもとづき経営連合の行政的管理に直接携わってきた工業管理局や工業部は廃止され、より独立性が高く、権限の大きい七工業省が創設された。この軌道修正は、管理のピラミッドの頂点に再び国家計画委員会を据えることで指揮・命令ラインを一本化して集権的管理を強化する側面と、新設される工業省への権限付与により、部門・業種ごとに特殊な、より生産に近い管理体制へ移行するという、いわば分権的な側面を有していたといえよう。

上記の変更に加えてＳＥＤ第七回大会（一九六七年）以降には、経営連合の見直し、コンビナートの新設に関する議論が浮上した。それは、先に見てきた「構造規定的部門」、すなわち科学技術進歩の生産への応用、生産の機械化・自動化、製品多角化に関わる電機・電子、光学・精密機器、工作機械、重機・設備、石油化学における組織改革を呼び起こすものであった。それぞれの部門の最終製品の生産を担う経営は、品種的にも多岐に及ぶ大量の中間品・部品供給を必要としたと同時に、国内外での販売・輸出需要に対応するための製品多角化に対応する必要があった。こうした事情は、既存あるいは新設される工場・事業所間の分業関係を効果的に編成することを要請したのである。それに呼応する形で、一九六七年には「構造規定的部門」の一部の経営連合において傘下経営が解体され、それを前提に実験的にコンビナートが設立された。光学機器コンビナート「カール・ツァイス・イェーナ(Carl Zeiss Jena)」(エルフルト県イェーナ)、時計製造コンビナート「ルーラ(Ruhla)」(ルーラ)、非鉄金属部品製造コンビナート(ハレ県ヘットシュテット：のちにアイスレーベンに本部を置くマンスフェルト・コンビナート「ヴィルヘルム・ピーク(Wilhelm Pieck)」に改組)ならびにケーブル製造コンビナート「ヴィルヘルム・ピーク」(ベルリン＝オーバーシュプレー)がそれであった。

一九六八年にはその成果を受けて、「人民所有コンビナートの設立とその法律的地位に関する閣僚評議会令」(以下、一九六八年コンビナート令)が公布され、初めてコンビナート単独の法制化がなされた[56]。この一九六八年コンビナート令が発効した六九年以降、七二年までに部門別工業省管轄下の先の実験コンビナートとともに三七コンビナートが再編・新設された(第3-7表)[57]。これらのうち、褐炭・エネルギー工業省、鉱山・冶金・カリ工業省、化学工業省のコンビナートの一部は、一九五一年から六一年までに設立され、管理当局の再編や追加統合によって新たに再編されたものであった(表中の連番に網掛けを施した)。

褐炭・エネルギー工業省所轄の褐炭ガス製造コンビナート「シュヴァルツェ・プンペ(Schwarze Pumpe)」は、一九五八年の設立時の編成を踏襲していた。鉱山・冶金・カリ工業省管轄下の鉄鋼コンビナート「ヘルマン・マテルン(Herman Matern)」(一九五一年設立)は、一九五〇年代は単一経営に複数の非独立の工場・事業所を有していたが、六〇年代末にはアイゼンヒュッテンシュタットの鉄鋼所を主力経営(本部)とし、工場・事業所への法人格付与を前提とする再編・統合がなされた。カリ鉱山部門においては、五九年に二つのコンビナート間の統合に

第 3-7 表　1967 年から 72 年までに再編・設立された中央直轄コンビナート

	コンビナート名	本部所在地	管理形態	従業員規模	傘下経営	備　考
A.	褐炭・エネルギー工業省					
1	褐炭ガス製造コンビナート「シュヴァルツェ・プンペ(Schwarze Pumpe)」	シュヴァルツェ・プンペ	主力経営型	25,000	6	58 年に設立された褐炭コンビナート「シュヴァルツェ・プンペ」に，54 年に設立されたエスペンハイン褐炭精製コンビナートと，58 年に設立されたラオホハンマー褐炭精製コンビナートが統合・再編して形成された。褐炭採掘・褐炭化学・ガス製造の結合
B.	鉱山・冶金・カリ工業省					
2	鉄鋼コンビナート「ヘルマン・マテルン(Hermann Matern)」	アイゼンヒュッテンシュタット	主力経営型	20,000	6	アイゼンヒュッテンシュタット東部鉄鋼所を主力経営として再編
3	高級鋼・特殊鋼コンビナート	ヘニッヒスドルフ	主力経営型	32,000	6	1969 年設立時点は，ヘニッヒスドルフ精鋼・圧延工場がコンビナートの主力経営であった。79 年にブランデンブルクに主力経営機能が移された
4	鋼管コンビナート	リーサ	主力経営型	33,000	5	48 年に経営連合「VESTA」傘下にあったリーサの製鋼・圧延工場が母体。70 年に鋼管コンビナートとして独立した
5	カリ採掘コンビナート	ゾンダースハウゼン	主力経営型	32,000	6	59 年にメルカース・カリ鉱山コンビナートと統合して形成されたヴェラ・カリ鉱山コンビナートが母体
6	鉱山・鉄鋼コンビナート「アルベルト・フンク(Albert Funk)」	フライベルク	主力経営型	10,000	12	61 年設立のフライベルク非鉄金属コンビナート「アルベルト・フンク」が母体
7	マンスフェルト・コンビナート「ヴィルヘルム・ピーク(Wilhelm Pieck)」	アイスレーベン	主力経営型	46,000	11	51-53 年に設立・再編されたマンスフェルト精銅コンビナートが母体。のちにヘットシュテットの経営連合「非鉄金属部品」の 6 傘下経営を統合
8	選鉱コンビナート	ハレ	主力経営型	4,500	8	50 年に設立されたベルリンの屑鉄商業センターが母体。シーメンス=マルチン炉用に，東ドイツ各地で鉄屑や鉄鋼屑を集め，製鉄用に利用できるように加工していた。67-69 年にハレ選鉱工場に，70 年にはコンビナートに改組された
C.	化学工業省					
9	化学繊維コンビナート「ヘルベルト・ヴァルンケ(Herbert Warnke)」	シュヴァルツァ	主力経営型	29,000	10	61 年に操業開始したグーベン化学繊維コンビナートが母体
10	石油化学コンビナート	ビッターフェルト	主力経営型	32,000	—	52 年に設立されたビッターフェルト電気化学コンビナートとヴォルフェン染料工場が母体
11	石油精製コンビナート	シュヴェート	主力経営型	30,000	12	52 年に設立されたビョーレン褐炭コンビナートと 54 年に設

						立されたエスペンハイン褐炭コンビナートが母体
12	ヴォルフェン写真化学コンビナート	ヴォルフェン	主力経営型	18,500	6	SAG 解体後は，53 年から 58 年までアグファ・ヴォルフェン写真工場。58 年からは経営連合「化学繊維および写真化学」の傘下に入る。70 年にヴォルフェン写真化学コンビナートに再編された
13	ロイナ工場「ヴァルター・ウルブリヒト(Walter Ulbricht)」	ロイナ	本社型	30,000	1	54 年に SAG から人民所有経営に移管されるが，経営連合「原油・有機原料」の傘下に入る。67 年に当該経営連合傘下から外れ，コンビナートとして独立
14	ブーナ化学コンビナート	シュコパウ	本社型	20,000	4	54 年に SAG から人民所有経営に移管されるが，その後経営連合「プラスチック加工」(72 年から経営連合「ゴム・アズベスト」と統合して経営連合「プラスチック・合成樹脂加工」に)の傘下に入り，70 年に当該コンビナートから外れ，コンビナートとして独立
D. 電機・電子工業省						
15	電子コンビナート「ロボトロン(Robotron)」	ドレスデン	本社型	70,000	21	経営連合「情報処理機器・事務機器」を母体とする。78 年に 16 と合併。主力経営型に移行
16	電子コンビナート「ツェントロニック(Zentronik)」	ショメルダ	—	—	—	経営連合「情報処理機器・事務機器」を母体とする
17	光学機器コンビナート「カール・ツァイス・イェーナ(Carl Zeiss Jena)」	イェーナ	本社型	44,000	17	経営連合「カール・ツァイス・イェーナ」(61-65 年：国民経済評議会管轄下)が，67 年にコンビナートに改組された
18	ヘルムスドルフ製陶工場	ヘルムスドルフ	主力経営型	23,000	22	52 年に設立されたヘルムスドルフ製陶工場(電装用陶器)が母体。経営連合「セラミック」傘下から 69 年に離脱，改組
19	ケーブル製造コンビナート「ヴィルヘルム・ピーク(Wilhelm Pieck)」	ベルリン	主力経営型	17,000	13	SAG「ケーブル」解体後の 52 年に設立されたオーバーシュプレー・ケーブル工場が，のちに経営連合「電装品・ケーブル・電器」に組み入れられ，67 年に経営連合から分離し，コンビナートに再編された
20	電気機械製造コンビナート	ドレスデン	主力経営型	24,000	12	58 年から経営連合「電気機械」傘下にあった工場を母体に 70 年に設立
21	蒸気機関車・電機技術工場「ハンス・バイムラー(Hans Beimler)」	ヘニッヒスドルフ	主力経営型	13,000	—	経営連合「機関車・客車」傘下の機関車・電装技術工場が，64 年から 70 年まで他の関連部門の工場を加えながらコンビナート化した
E. 重機・設備工業省						
22	重機製造コンビナート「エルンスト・テールマン(Ernst Thälmann)」	マクデブルク	主力経営型	28,000	14	経営連合「重機製造」傘下の重機製造工場「エルンスト・テールマン」が母体(69 年コンビナート)

	コンビナート名	本部所在地	管理形態	従業員規模	傘下経営	備　考
23	重機製造コンビナート「カール・リープクネヒト(Karl Liebknecht)」	マクデブルク	主力経営型	15,000	4	51年に設立された重機製造工場「カール・リープクネヒト」が母体(経営連合「重機製造」傘下)
24	ポンプ・圧縮機製造コンビナート	ハレ	主力経営型	10,000	15	58年から69年まで存立した経営連合「ディーゼルポンプ・圧縮機」が母体
25	計器・測定器コンビナート	マクデブルク	主力経営型	6,700	—	60年に設立された計器・測定器工場「カール・マルクス」が母体
26	水理学・空圧技術コンビナート「オルスタ(ORSTA)」	ライプツィッヒ	主力経営型	15,500	—	70年に国内の18の水圧・空圧機械工場が統合されて設立された
27	空調・冷凍技術コンビナート	ドレスデン	—	22,000	22	経営連合「化学プラント設備」, 経営連合「空調・冷蔵技術」の傘下経営の一部を統合して70年に設立
28	プラスチック・合成樹脂素材加工機コンビナート	カール・マルクス・シュタット	—	—	—	経営連合「プラスチック・合成樹脂素材加工機」傘下の79年に31と合併
F.	工作機械・加工機械工業省					
29	工作機械コンビナート「フリッツ・ヘッケルト(Fritz Heckert)」	カール・マルクス・シュタット	主力経営型	25,000	18	68年に経営連合「工作機械・工具」傘下の一部の工場を統合してコンビナートとなった
30	工作機械コンビナート「10月7日(7. Oktober)」	ベルリン	主力経営型	20,000	8	69年に経営連合「工作機械・工具」傘下の一部の工場を統合してコンビナートとなった
31	金属成型技術コンビナート「ヘルベルト・ヴァルンケ(Herbert Warnke)」	エルフルト	主力経営型	28,000	15	70年に経営連合「工作機械・工具」傘下の一部の工場を統合してコンビナートとなった
32	工作機械コンビナート	シュマルカルデン	主力経営型	13,000	21	69年に経営連合「工作機械・工具」傘下の一部の工場を統合してコンビナートとなった
33	時計製造コンビナート「ルーラ(Ruhla)」	ルーラ	—	—	6	経営連合「機械部品・真空技術」傘下にあった時計工場が, グラスヒュッテとヴァイマールの時計工場と統合してコンビナート化した
34	印刷・グラフィックコンビナート「ヴェルナー・ランベルツ(Werner Lamberz)」	ライプツィッヒ	主力経営型	15,000	13	経営連合「印刷・製本機」傘下の40以上の経営が, そのままコンビナートとして再編された
35	医療・実験機器コンビナート	ライプツィッヒ	主力経営型	10,000	14	58年から経営連合「機器」傘下に, 67年に経営連合「医療器・実験器具・計測器」傘下にあったが, 70年にコンビナートに再編
G.	軽工業省					
36	繊維コンビナート	コトブス	主力経営型	—	—	コトブス周辺の多くの毛織物, タオル工場を統合して大規模

						化したコトブス繊維工場が母体。68年にコンビナートとして再編された
H. ガラス・セラミック工業省						
37	デューリンギア・コンビナート	ゾンネベルク	—	—	5	1952年にデューリンギア高級セラミック加工機製造工場として経営連合「農機・建設資材・木材加工機」(途中経営連合「建設資材・木材・セラミック加工機」に再編)の傘下に入り，67年にはシュタイナッハ機械製造工場・鋳造所を統合。72-73年にコンビナートとなった

注1：1951年から61年までに設立されたコンビナートを母体とするコンビナートについては，連番に網掛けを施し，備考欄にその旨を記載した。
注2：前掲第2-12表に記載したロストック魚加工コンビナートとザスニッツ魚加工コンビナートは，1978年に合併し，ヴルツェン食品コンビナートは，79年以降に再編された。ゲルツァウ褐炭コンビナートは63年に解体され，その工場の一部がブーナ化学コンビナートに統合された。
資料：Melzer, Manfred/Scherzinger, Angela/Schwartau, Cord, Wird das Wirtschaftssystem der DDR durch vermehrte Kombinatsbildung effizienter?, in: *Vierteljahrshefte zur Wirtschaftsforschung des DIW*, Heft 4, 1979, S. 388-389. なお，同資料では，35の医療・実験器機コンビナートは，一般工作機械・農業機械・輸送機工業省に分類されていたが，1972年までは工作機械・加工機械工業省に所属していた。73年以降に，一般工作機械・農業機械・輸送機工業省に所属先を変えたとするのが正しい。備考については，Roesler, Jörg, Kombinate in der Geschichte der DDR: Von den ersten VVB bis zur durchgängigen Kombinatsbildung, in: *Jahrbuch für Geschichte*, Band 31, 1984, S. 253ff. 参照。さらに，東部5州の州立公文書館のポータルサイトで確認できる各企業のプロフィールを参考に作成。

よって形成されたヴェラ・カリ鉱山コンビナートの事業所が、エルフルト県ゾンダースハウゼンのカリ鉱山を主力経営(本社)とする分業体制のなかに再統合された。カール・マルクス・シュタット県フライベルクでは、六一年に設立された亜鉛・錫の採鉱場・精錬所の統合によって形成されていたコンビナートの再編がなされた。五三年にハレ県ヘットシュテット、マンスフェルト、ザンガースハウゼンへと広範囲に立地していた銅鉱山と精錬工場を母体に形成された二つのコンビナートは、六七年にマンスフェルト・コンビナート「ヴィルヘルム・ピーク」(アイスレーベン)に再編・統合された。化学部門では、ハレ県のビッターフェルトとヴォルフェンの染料工場の統合や、ライプツィッヒ県のビョーレンとエスペンハインの褐炭コンビナートの結合により二つの石油化学コンビナート(ビッターフェルトとシュヴェート)が形成された。なお、ヴォルフェン写真工場、ロイナ工場、ブーナ工場については、ＳＡＧ時代からコンビナート的に編成されていたが、六〇年代末に中央直轄コンビナートとして再編された。

一九六七年以後の中央直轄コンビナートは、前述の「五〇年代型コンビナート」の再編によるものだけではなかった。ピーク時に八〇あった経営連合の約三割が解体されたのちに設立されたコンビナートもあった。前掲第3-7表と第3-8表の対比から、鉱山・冶金・カリ部門では、この時点までにすべての経営連合が解体され七つの中央直轄コンビナートに改組されたことがわかる。また、化学部門では、ヴォルフェン写真工場、ロイナ工場、ブーナ工場が経営連合傘下から独立してコンビナートとして改組されている。電機・電子部門、重機・設備部門、工作機械・加工機械部門、軽工業、ガラス・セラミック部門では、その多くが経営連合の解体、再編によって中央直轄コンビナートが設立された（第3-7表「備考」を参照されたい）。

他方で、化学部門では農業化学、プラスチック・合成樹脂、医薬品、塗料・染料、軽化学の分野で、電機・電子部門では、合理化・発電設備、自動化機器、通信・測定機器、電機・電子部品および真空技術、家電、ラジオ・テレビといった製品グループについて経営連合が存続した。機械工業の重機・設備部門や工作機械・車両部門をはじめ、広義の軽工業部門（ガラス・セラミック、食品も含む）においても、経営連合が個々の製品グループの国家管理の中間環としての役割、そして水平的経営間分業の指導・監督を担っていた。

なお、一九五〇年代に設立された中央直轄コンビナートは、他県に立地する経営との統合が制限されるなかで形成されたのだが、一九六八年コンビナート令以後にその制限が撤廃され、地域的拡大を遂げながらその数を増やした。(58)

この第二のコンビナート設立運動が起きるなか、経営連合の見直しも構想されるようになった。経営連合においては、先の「生産原則」に規制され、他部門の経営との協力に際して、経営連合本部やその上位機関の意思決定を仰がねばならず、その編成・組織上の合理性・効率性が疑問視されるようになっていた。さらに、「構造規定的部門」が重視されたことにより、異部門・異業種間あるいは異なる生産段階の間の分業の必要性が高まり、

第 3-8 表　1972 年時点に存続していた経営連合

1. 燃料・エネルギー部門	
1	VVB 石炭（ツヴィッカウ）
2	VVB 褐炭（ゼンフテンベルク）
3	VVB 発電所（コトブス）
4	VVB エネルギー供給（ベルリン）
2. 鉱山・冶金・カリ部門	
	なし
3. 化学部門	
1	VVB 農業化学（ハレ）
2	VVB プラスチック・合成樹脂加工（ベルリン）
3	VVB 薬品工業（ベルリン）
4	VVB 塗料・染料（ベルリン）
5	VVB 軽化学（ベルリン）
6	VVB 化学工業設備建造（ライプツィッヒ）
4. 電機・電子部門	
1	VVB 合理化・発電設備建造（ベルリン）
2	VVB 自動化機器（ベルリン）
3	VVB 通信・測定機器（ライプツィッヒ）
4	VVB 電機・電子部品および真空技術（ベルリン）
5	VVB 家電（ベルリン）
6	VVB ラジオ・テレビ（ラーデベルク）
5. 重機・設備部門	
1	VVB 連動機・連結機建造（マクデブルク）
2	VVB 採炭設備・クレーン・運搬機（ライプツィッヒ）
3	VVB 造船（ロストック）
4	VVB レール・車両製造（ベルリン）
5	VVB 農機・建材・木材加工機（ライプツィッヒ）
6	VVB 発電設備建造（ベルリン）
7	VVB 鋳造設備建造（ライプツィッヒ）
6. 工作機械・車両部門	
1	VVB 食品加工機製造（ライプツィッヒ）
2	VVB 紡織機製造（カール・マルクス・シュタット）
3	VVB ベアリング・規格製品（カール・マルクス・シュタット）
4	VVB 自動車製造（カール・マルクス・シュタット）
5	VVB 金物（カール・マルクス・シュタット）
7. 軽工業部門	
1	VVB 綿製品（カール・マルクス・シュタット）
2	VVB 合繊（カール・マルクス・シュタット）
3	VVB “Deko”（プラウエン）
4	VVB 羊毛・絹製品（メラーネ）
5	VVB メリヤス，靴下（カール・マルクス・シュタット）
6	VVB 被服（ベルリン）
7	VVB 皮革・人造皮革（ライプツィッヒ）
8	VVB 皮革製品（ハレ）
9	VVB 靴（ヴァイセンフェルス）
10	VVB ベニヤ板・合板（ライプツィッヒ）
11	VVB 楽器・工芸品（プラウエン）
12	VVB 玩具（ゾンネベルク）
13	VVB 家具（ドレスデン）
14	VVB 木材，木製工芸品（ベルリン）
15	VVB パルプ・紙（ハイデナウ）
16	VVB 包装・梱包用材（ライプツィッヒ）
8. ガラス・セラミック部門	
1	VVB 特殊ガラス（イルメナウ）
2	VVB ガラス建材（ドレスデン）
3	VVB 家庭用ガラス（ヴァイスヴァッサー）
4	VVB セラミック（エルフルト）
5	VVB 耐熱ガラス・陶器（マイセン）
9. 食品部門	
1	VVB サラダ油・マーガリン（マクデブルク）
2	VVB パン・菓子（ハレ）
3	VVB タバコ（ベルリン）
4	VVB 遠洋漁業（ロストック）

資料：Scherzinger, Angela, Konzentrationsreformen in der DDR-Industrie, in: *Vierteljahrshefte zur Wirtschaftsforschung des DIW*, Heft 3, 1976, S. 172.

経営統合の基準を同一部門・業種に限定することは現実的ではなくなっていた。そうした事情は、「経済組織の改善を通じて、従来採用されていた経済組織の諸形態（経営連合など：引用者）よりも高い経済効果が達成されねばならない」（一九六八年コンビナート令第一条第二項）という認識につながり、一九六七年の実験以後のコンビナート新設運動となって結実したのである。

ただし、ここで注意しなければならないのは、コンビナートへの統合の対象となった中小規模の経営が、経営連合の製品グループ別経営間分業によって育成されてきたことである。経営連合は、同一部門・業種に限定した生産の集中・専門化を通じて、個々の経営の生産能力の向上、格差解消に寄与する、という利点を備えていた。その性質を活かすべく、コンビナートのなかには一九六八年コンビナート令（第七条第三項）に沿って経営連合の管理下に置かれたものも少なくなかった。七一年には全体で一二〇のコンビナートのうち、八三（約七割）がそうした経営連合傘下コンビナートであった（第3-9表）。

それらは、とくに工作機械・車両、電機・電子、化学（素材部門を除く）において意義を持った。これらの部門では経営数が多く、それらは少数の最終製品の生産に特化した中小経営である場合が多かった[59]。そのため、たとえば機械工業では、経営間の規模や生産性の格差、部品・資材供給の不足、製品多角化の遅れ、といった問題が生じやすかった。それらを解決するため、部門内の中小経営を育成・大規模化したうえでコンビナート化する方策が二段階に分けて講じられた。第一段階においては、同一・類似製品の最終生産を担う中小経営が比較的小規模なコンビナートに統合され、それは過渡的に経営連合傘下に組み込まれた。

第二段階においては、経営連合傘下で育成されたコンビナート（最終組立工程）に、他の経営連合傘下にあった部品製造工程の経営が統合された。たとえば、工作機械部門では、経営連合「工作機械」の傘下にあった三つの工作機械コンビナート（前掲第3-7表）が東ドイツの工作機械部門の最大の部品・付属品供給者であった経営連合「工作機械・工具」の傘下経営を統合し、中央直轄コンビナートとして独立した[60]。

第3-9表　中央直轄コンビナートと経営連合傘下コンビナート（1971年1月1日時点）

工業省	コンビナート数			就業者数全体（工業省管轄下）に占める割合（%）			商品生産高（工業省管轄下）に占める割合（%）		
	部門別総数	工業省直轄	経営連合傘下	コンビナート全体	工業省直轄	経営連合傘下	コンビナート全体	工業省直轄	経営連合傘下
基礎原料[1]	17	1	16	79.0	10.4	68.6	75.0	12.0	63.0
鉱山・冶金・カリ	7	7	0	93.6	93.6	0.0	98.0	98.0	0.0
化　学	24	6	18	86.8	58.9	27.9	81.0	58.0	23.0
電機・電子	26	7	19	74.2	40.2	34.0	77.0	38.9	38.1
重機・設備	13	7	6	52.2	35.8	16.3	46.5	31.7	14.8
工作機械・車両	26	8	18	75.8	29.8	45.9	65.5	18.9	46.6
軽工業	5	1	4	12.9	3.6	9.4	14.1	3.2	10.9
県直轄工業・食品	2	—	2	26.2	0.0	26.2	6.7	—	6.7
合　計	120	37	83	62.5	34.4	28.1	60.0	34.4	25.6

注：食品以外の県評議会直轄工業＝県直轄工業を除くすべての経営が対象。コンビナート以外には経営連合傘下経営が含まれる。手工業生産協同組合，国家参加経営，私的経営は含まれない。

1）燃料・エネルギー工業。

資料：Breuer, Rainer, Zum Prozeß der Kombinatsbildung in der Industrie der DDR am Ende der sechziger Jahre, in: *Jahrbuch für Wirtschaftsgeschichte*, Teil 4, 1983, S. 48-49.

この事例に見られたように、第一段階においては、製品・技術の規格化・統一化、量産化の観点から工場が統合され、第二段階への移行に際しては、部品・半製品の調達に向けて工場が統合されたことがわかる。

鉱山・冶金・カリ、化学など、一九五〇年代からコンビナートが創設されていた部門とは異なり、この時点では就業者数および生産高の指標において燃料・エネルギー部門における経営連合傘下コンビナートの割合が高く、工作機械・車両部門（いずれの指標も当該部門の四五％および四七％）、電機・電子部門（三四％および三八％）がそれに続いていた。工作機械・車両部門では、それぞれ食品加工機、紡織機、ベアリング・規格製品、自動車、金物に分類された経営連合が存続しており、それらの傘下にコンビナートが統合されていた（前掲第3-8表）。電機・電子部門においては、先に見た合理化・発電設備、通信・測定機器、自動化機器、電機・電子部品および真空技術、家電、ラジオ・テレビに分類された経営連合の傘下に、のちに七〇年代のコンビナート設立の際に主力経営となるコンビナートが組み入れられていた。

一例をあげると、一九七〇年には、経営連合「家電」の傘下には五つの家電コンビナート（家電、照明機器、車両用電気・電子機器、電池・蓄電池、レンズ・カメラ）と電気器具設計事務所が統合されていた。[61]化学部門においては、ベルリンに本部を置く四つの経営連合（プラスチック・合成樹脂素材加工機、医薬品、塗料・染料、軽化学）が傘下に複数のコンビナートを有し、同部門の全コンビナートの就業者数の約二八％、生産高の二三％を占めていた。経営連合の意義は失われておらず、むしろ前述した中小経営の育成効果が期待されていた。

以上のプロセスを経て、中央直轄コンビナートは、総数で一九六七年の一七から七一年末までに三七へと増加（七二年まで若干の再編）し、経営連合傘下コンビナートは七三を数えるまでに至った。また、それらの工業省所轄工業の総生産高に占める割合も、六％（一九六七年）、二三％（六八年）、六〇％（七〇年）へと急速に高まった。[62]コンビナートは経営連合に代わる大規模生産単位としての可能性を示すようになったのである。また、中央直轄コンビナートの設立とならんで、経営連合内部に比較的小規模のコンビナートが組み込まれたことは、生産工程間の技術連関を重視する経営統合の戦略が当時の政策当局に強く意識されるようになっていたことを物語っている。

なお、この一連のコンビナート化の背景として忘れてならないのは、当時の産業構造政策において、①機械化・自動化、製品多角化の基盤となる機械、電機・電子の優先的な発展が重視されたこと、[63]②機械、電機・電子部門に対して製品パレットの広い部品・中間品供給の必要性が増大していたこと、③それら加工組立型工業への素材・エネルギー供給者として冶金や電力生産の量産化が計画されたことである。

（三）　コンビナートの「国家機関化」と定義の変更

一九七〇年代に入ると、「コンビナート」は、組織上の転換期を迎えた。そのきっかけは、一九六九年末に公布された「人民所有コンビナートの任務・権利・義務の一層の改善に向けての閣僚評議会決定」[64]（以下、一九六九年閣僚評議会決定）であった。この一九六九年閣僚評議会決定により、すでに国家機関と経営の間を結ぶ中間的管理機関として、そしてまた製品グループ別経営間分業を組織する生産単位としての経営連合の権限・権利・義務が、「コンビナート」に全面的に委譲されることになった。これは、技術的な生産単位として定義されてきた「コンビナート」が、経営連合と同様の中間管理組織としての機能を有するようになったことを意味した（国家機関化）。

さらに、一九七三年に公布された「人民所有経営、コンビナート、人民所有経営連合の課題・権利・義務に関する閣僚評議会令」[65]（以下、一九七三年政令）は、生産単位としての「コンビナート」の定義をも変更した。前述したように、「コンビナート」は、一九五〇年代には、統合される工場・事業所の隣接する地域への集中と、工場・事業所の生産技術連関にもとづく生産単位として理解されてきた。また、先述したように六〇年代末からは、地域的に離れた工場・事業所の統合を含む生産単位とされてきた。繰り返しになるが、五二年に策定された県・郡制度の下、それらの行政単位の境界を越えるコンビナート形成は原則的に認められていなかった（地域制限原則：一五二頁参照）のだが、その制約が一九六八年コンビナート令によって取り払われたのである。

一九七三年政令は、この点を踏襲しつつ六〇年代末とも異なる観点から定義付けをした。「物的生産の分野における経済単位としてのコンビナートは、製造品目あるいは生産工程の共通性、あるいは技術的に制約された生産諸段階の依存性によって結合している諸経営から成る[66]」という規定がそれであった。この定義の前半部分で示される「製造品目あるいは生産工程の共通性」は、東ドイツ建国前、そして五八年の再設立以後の経営連合の編成原理（＝部門・業種・製品グループの同一性）であった。反対に、「技術的に制約された生産諸段階の依存性（つまり有機的連関：引用者）」を示す後半部分は、従来の「コンビナート」定義を踏襲したものである。これにより、生産単位としての「コンビナート」の定義は、以前のように単一の編成原理で把握できるものではなくなった[67]。換言すれば、経営連合と同じ編成原理を持つコンビナートの存在が認められたということである。ではなぜ、そのようなダブルスタンダードの対応がなされたのであろうか。それには経営連合の存続をめぐる情勢の変化が関連していた。

一九六〇年代後半から、経営連合に代わってコンビナートを生産単位として、そしてまた国家的工業管理システムの中軸に位置づけようとする動きが強まったのだが、SED内のリーダーの交代と経済改革にブレーキをかける動きが強まった七〇年代初頭に、経営連合は再度その意義を高めた。そのきっかけは、生活必需品供給、修理・修繕サービス、資材・部品供給に貢献してきた国家参加経営、手工業生産協同組合、私的経営の国有化が、ホーネッカー政権の下で決定されたことであった。ウルブリヒトの経済改革期に強まった市場経済の部分導入の発想は、従来よりも私有セクターの温存に寄与するものであったが、それがホーネッカーの時代になって反転したのである。

一九七二年一月から六月までの短期的で急速な国有化(68)は、新たに約一万一〇〇〇の人民所有経営(建設業、サービス業などを含む)を生み出した。それにより、七二年一月一日時点で工業総生産の一六・七％を産出していた手工業生産協同組合(五・五％)、国家参加経営(九・九％)、そして私的経営(一・三％)のほとんどが人民所有経営の傘下の事業所として吸収された。七二年六月三〇日時点で国有化されていなかった手工業生産協同組合は工業総生産の〇・五％、同じく国有化されなかった私的経営は〇・一％を生産していたにすぎなかった(69)。

国有化されたものの多くは従業員数二〇〇人以下の経営であった(70)。そのうち工業経営の大半は、大規模経営との生産性格差を抱え、地域的に分散していたことから、以前と同様に製品グループ別経営間分業に組み込まれ、他経営や経営連合傘下コンビナートに統合された(71)。このようにして経営連合傘下コンビナートが増加したことで、コンビナートには二重の定義が必要となったのである。

以上で見てきたように、一九六〇年代後半から七〇年代初頭にかけては、生産性向上のための技術基盤となる機械製造部門(重機・設備、工作機械)、電機・電子部門ならびに化学素材部門における中央直轄コンビナートへの再編の傾向が強まりつつも、幅広い工業部門(燃料・エネルギー部門や化学部門、電機・電子部門、重機・設備部門、工作機械・車両部門、軽工業、ガラス・セラミック部門、食品部門)で経営連合が存在し続けていた。その結果、中央直轄コンビナートと経営連合を中間環とする二元的な工業管理システムが構築されたのである。

（1）ウルブリヒトの生前には、一九六七年と六八年に彼のそれまでの共産主義者としての足跡を肯定的につづった人物伝が書かれている（Becher, Johannes R., *Walter Ulbricht: Ein deutscher Arbeitersohn*, Berlin 1967; Billing, Gert, *Walter Ulbricht. Biographischer Bericht*, Hamburg 1968 など）。しかし、七〇年代初頭の政権交代後、すなわち親ソ的なホーネッカー時代に入ってからは、それまでの経済改革路線や社会主義の段階規定（ブレジネフ政権とは異なる見解）への反発もあって、脱「ウルブリヒト化」が図られた。公的な文書において、ウルブリヒトの名がポジティブな形で用いられることはなくなったのである。それから約一〇年後の八三年に、東ドイツにおいて、突然 Voßke, Heinz, *Walter Ulbricht. biographischer Abriß*, Berlin 1983 が出版された。背景としては、前年一一月のソ連における政権交代（ブレジネフからアンドロポフへ）と政治改革の予兆、ソ連からの原燃料供給の縮小、東ドイツにおける経済改革の気運、ホーネッカー体制の動揺などが考えられる。ドイツ統一後のウルブリヒト研究としては、ウルブリヒト政権の二面性の分析を試みた Hofmann, Direk, *Die DDR unter Ulbricht: Gewaltsame Neuordnung und gescheiterte Modernisierung*, Zürich 2003 があげられる。歴史家ではないが、Frank, Mario, *Walter Ulbricht: Eine deutsche Biographie*, Berlin 2001 がウルブリヒトの生涯を丁寧に描いている。略歴については Černý, Jochen (Hrsg.), *Wer war wer — DDR. ein biographisches Lexikon*, Berlin 1992 (S. 461) などでも確認できる。

（2）グループの主要なメンバーは、つぎの通り。グスタフ・グンデラッハ（Gustav Gundelach）、リヒャルト・ギプトナー（Richard Gyptner）、フリッツ・エルペンベック（Fritz Erpenbeck）、ヴァルター・ケッペ（Walter Köppe）、ヴォルフガング・レオンハルト（Wolfgang Leonhard）、ハンス・マーレ（Hans Mahle）、カール・マロン（Karl Maron）、オットー・ヴィンツァー（Otto Winzer）。Bundesministerium für innerdeutsche Beziehungen (Hrsg.), *DDR Handbuch Band A-L*, 3., überarbeitete und erweiterte Auflage, Köln 1985, S. 588.

（3）星乃治彦、前掲『社会主義における民衆の歴史』、二四七〜二四八頁。

（4）斎藤哲、前掲「東ドイツにおける消費生活の変化」、六一〜六六頁。生活必需品の供給の推移、重要食料品の一人当たり消費量の推移などを分析しながら、一九五三年までの消費生活の悪化について検討している。

（5）星乃治彦「東ドイツにおける一九五三年六月一七日事件——カール・ツァイス・イエナ社の場合」、『社会経済史学』第五八巻第六号、一九九三年、五一〜七九頁、石井聡、前掲書、第二章（七一〜一〇五頁）が詳しい。Steiner, André, *Von Plan zu*

Plan, S. 81-82.

（6）*Ebenda*, S. 79-80.

（7）*Ebenda*, S. 85.

（8）一九五八年に第二次五ヵ年計画を中断し、五九年に野心的な生産増（六一年までに「西ドイツに追いつき、追い越せ」）を目標とする第一次七ヵ年計画（一九五九～六五年）が立てられた。以後六〇年代初頭までに構築された機械工業基盤は、非常に脆弱なものであり、それは機械化・自動化、したがって工業全体の生産性の停滞の原因となったといわれている。*Ebenda*, S. 89-90.

（9）*Ebenda*, S. 90-91.

（10）足立の研究によれば、東ドイツの農業集団化の強制性は、とくに一九五二年、五三年の「旧農民村落の大農支配打破を目的として行使された暴力」として明確に現われたといわれている。他方で、五〇年代末から六〇年代初頭の農業生産協同組合耕地の拡大（第3-2表）は、五〇年代前半のような農村における階級闘争的で「暴力的」なプロセスではなく、強制性は否めないものの、新農民の優良化を含む集団化であったことが実証されている。この点に関しては、足立芳宏、前掲書、第三章ならびに第六章を参照されたい。

（11）事実一九五五年には、ソ連による東ドイツの主権の承認（九月二〇日）と、アメリカ、イギリス、フランスによる西ドイツの主権の承認（のちにソ連も）がなされた。さらに西ドイツのＮＡＴＯ加盟（一九五五年）と東ドイツのワルシャワ条約機構への加盟（一九五六年）は、東西分断を決定的なものにした。成瀬治・山田欣吾・木村靖二編、前掲書、四五八～四五九頁も参照されたい。

（12）Steiner, André, *Von Plan zu Plan*, S. 87.

（13）*Ebenda*, S. 94.

（14）*Ebenda*, S. 95.

（15）一九六一年まで、工業製品の七六％が固定価格制度に拘束されていた。現実の需給関係を反映させないことで「安定性」を創出しようとしていたわけだが、そのツケは、たとえば価格支持補助金や赤字補塡金などの形で、計画当局に跳ね返ってくることになった。*Ebenda*, S. 96.

（16）社会主義研究において、市場経済下のＳＮＡ（System of National Accounts）との対比において、しばしば問題点として指摘されるのが、ＭＰＳ方式の「物的生産中心主義」である。商業やサービス業などが集計されないという問題、総量指標による計画管理の下で、各経済主体の需要とその充足を、中央計画当局が先験的に決定するため、現実の需給関係にギャップをもたらす可能性が高い、といった問題が知られている。岩崎俊夫「ソ連における国民経済計算体系の方向転換」、『経済学研究』（北海道大学）第四一巻第四号、一九九二年、二四頁。一九五〇年代の計画経済システムの創出という東ドイツの試みは、それまでの市場原理にもとづく資源の合理的配分という基本的考え方を否定しようとするものであった。それは、まさにその五〇年代に、東ドイツ、ハンガリー、ポーランドなどでの改革を求める声となって現われ、体制が揺れ動き始めた。研究史的には、六〇年代の経済改革（市場原理の利用）の意義が強調されるが、その起源はすでに五〇年代に求められる。さらにさかのぼるならば、二〇年代から三〇年代の「社会主義経済計算論争」や、レーニンのネップ（新経済政策）論にも帰着する。伊藤誠『現代の社会主義』講談社、一九九二年、西部忠『市場像の系譜学——「経済計算論争」をめぐるヴィジョン』東洋経済新報社、一九九六年がこの問題の理解を深めてくれる。

(17) Steiner, André, *Von Plan zu Plan*, S. 97.

(18) 成瀬治・山田欣吾・木村靖二編、前掲書、四五九～四六二頁。ベーレンス、フリッツ（相原文夫訳）『経済学の方法』東洋経済新報社、一九五七年も参照されたい。

(19) Steiner, André, *Von Plan zu Plan*, S. 99.

(20) 当時の状況については、マイヤー、ハンス（宇京早苗訳）『バベルの塔——ドイツ民主共和国の思い出』法政大学出版局、一九九三年、一〇七～一五八頁などで紹介されている。

(21) Steiner, André, *Von Plan zu Plan*, S. 100.

(22) *Ebenda*, S. 99.

(23) Bundesministerium für innerdeutsche Beziehungen (Hrsg.), *a.a.O.*, S. 433.

(24) Steiner, André, *Von Plan zu Plan*, S. 101.

(25) *Ebenda*, S. 111-112. 工業総生産高も、一九五六年から五七年には上昇し、五八年、五九年には対前年比でそれぞれ一一%と一三%の増大があった、と指摘されている。

(26) この楽観主義の基礎には、社会主義のポテンシャルに対する信奉と、それを裏づけるかのように試された人工衛星スプートニク号の打ち上げの成功があった、とシュタイナーは述べている。*Ebenda*, S. 110.

(27) 東ドイツにおいての第一次七ヵ年計画は、ソ連の七ヵ年計画（一九五九～六五年）に連動する形で策定された。投資政策の柱は、エネルギー、鉄鋼、原料化学、機械、そして電機・電子に据えられた。ただし、この計画は、ベルリンの壁の構築に象徴される政治・経済的な困難を抱え、六四年には変更を余儀なくされた。同時に、第二次七ヵ年計画（六四～七〇年）が立てられたが、それも頓挫する。

(28) Steiner, André, *Von Plan zu Plan*, S. 113. 社会主義諸国におけるソフトな予算制約、不足と余剰といった一見矛盾する現象などについては、コルナイ、ヤーノシュ、前掲『「不足」の政治経済学』、三七～四九頁（第二章、コルナイの計画経済の実態のイメージを知るうえでは他の章も参照されたい）参照。なお、コルナイが、すでにハンガリー動乱後の一九五九年に経済効率ではなく、計画の達成やその超過達成から得られる追加所得が主目的になったときに、企業が非経済的な投入（投資）を行う現象を問題視していたことを、ドップが自著のなかで紹介している。ドップ、モーリス（佐藤経明訳）『社会主義計画経済論――集権化・分権化・民主化』合同出版、一九七三年、五三～五四頁。予算制約の緩やかな条件下での飽くなき投資ドライブは、「浪費」と「非効率」、そして最終的には「不足経済」に行きつくことになる。コルナイが考え続けた計画と市場のイメージを摑むうえでは、彼の自伝も参考になる。コルナイ、ヤーノシュ、前掲『コルナイ・ヤーノシュ自伝』。

(29) Steiner, André, *Von Plan zu Plan*, S. 115–116：谷口信和、前掲書、一〇四頁。

(30) 他方で、一九五三年労働者蜂起以後、労働ノルマや賃金引き下げ、さらには東ドイツからの脱出に神経質になっていた。それは、労働コスト問題につながったばかりか、国民の購買力上昇下での商品不足という問題を生み出すことになった。興味深い指摘としては、五〇年代末の時点で、補助金政策によって保護されている製品・サービスの価格を除けば、東ドイツの消費材小売価格が、西ドイツのそれよりも高水準にあったという点である（所得との関係でいうとさらに大きな格差があった）。Steiner, André, *Von Plan zu Plan*, S. 106–109.

(31) *Ebenda*, S. 119.

(32) 一九六〇年八月一六日に発効した東西ドイツ通商協定（通称「ベルリン通商協定」）は、東ドイツ側による「西ドイツ―西ベルリン」間の通行制限（トラック輸送の制限、西ドイツからの旅行者に対する厳格な検査、西ベルリン市民の西ドイツ・パスポートを認めない、等々）を理由に、同年九月、西ドイツ政府によって一時的に破棄された。

(33) Steiner, André, *Von Plan zu Plan*, S. 124–125.

(34) *Ebenda*, S. 126.

(35) *Ebenda*, S. 126–128. 改革の背景、党内の議論、ソ連首脳部との交渉に関する詳細は、Steiner, André, *Die DDR-Wirtschaftsreform. . .*, S. 26–60. シュタイナーの著書では、再三にわたり、ソ連との関係が東ドイツの政策の転換を誘引していたことが指摘されている。かつて「兄弟国」、「最もソ連に近い国」といわれてきた東ドイツであるが、ソ連占領時代、そしてウルブリヒト時代を再検討すると、戦勝国として、そしてまた社会主義の「先発」国としてふるまうソ連との関係は、一枚岩の社会主義共同体といった図式では描けないことが見えてくる。たとえば、旧西ドイツの著名な東ドイツ経済研究者であったカール・C・タールハイム（Karl C. Thalheim）は、東ドイツの六三年改革は、ソ連政府との協調により、いわゆる「リーベルマン・モデル」の実験として実施された、との見解を示したが、シュタイナーはそうした事前の打ち合わせはなかった、としている。Gleitze, Bruno/Ludz, Konrad Peter/Merkel, Christian/Pleyer, Klemens/Thalheim, Karl C., *Die DDR nach 25 Jahren*, Berlin 1975, S. 124 ならびに Steiner, André, *Die DDR-Wirtschaftsreform*. . . , S. 52-55. ソ連と東ドイツとの関係については、外交史も含めて、今後さらに検証していかねばならない。

（36）Steiner, André, *Von Plan zu Plan*, S. 129.

（37）改革への懐疑派は、ウルブリヒトの退陣ののちに、ホーネッカー政権に加わった。アーペルは改革後半に、長期計画目標の未達成の重圧のなかで自らの命を絶った。ミッタークとの政争や、戦時中のミサイル開発者としての経歴が明かされる可能性などがそれに関連していた。Steiner, André, *Von Plan zu Plan*, S. 138-139. ミッタークは、ウルブリヒトの事実上の解任ののちに一旦左遷されたが、ホーネッカー政権時に返り咲いた。

（38）Richtlinie für das neue System der Planung und Leitung der Volkswirtschaft vom 11. Juli 1963, in: *GBL. Teil II*, Nr. 64, S. 453-481. 付帯資料は、Ebenda, S. 482-483.

（39）なお、図には示していないが、国民経済評議会は、一四県に出先の機関として県経済評議会を有し、それらは県あるいは下級自治体直轄の経営連合や傘下経営、さらには地場の手工業生産協同組合、商業協同組合、私的経営、自営業者の管理をも担っていた。これら地方レベルでの機関の整備は、人的・物的に行政コストを増大させ、二年後の解体という結末を見ることになる。

（40）Richtlinie. . . , S. 460-461 und S. 467-477.

（41）Ebenda, S. 455, S. 460 und S. 477. この時期、とくにＳＥＤ・政府が期待していたのは、「主導的部門」と呼ばれたエネルギー・燃料、重機・工作機械、電機、化学であった。西ドイツからの供給に拠らない産業構造の構築に、それらの成長は不可欠であった。ただし、この経済改革期においても消費財部門の拡充は副次的な位置づけしかなされず、後々まで市民の不満が蓄積される原因となった。

（42）「経済的槓杆」の利用とは、経済計画の策定・管理ならびに経営連合、傘下経営レベルでの経済計算、監査において、利潤、生産費、価格等の概念が使用されるようになったことを指す。これにより、それまでの物量志向の計画策定・管理からの脱却、経営、経営内労働集団への物的刺激システムの創出が追求された。

(43) Richtlinie. . ., S. 481.

(44) 県直轄コンビナートの大半は食肉加工コンビナートであった。一九六六年までに、合計三九の県直轄コンビナートが設立され、そのうち三二は食品工業であった。また、三二のうち二三は食肉加工コンビナートであった。そこでは、屠殺、解体・加工、冷蔵の諸過程が有機的に結合されていた。コンビナート数については、Roesler, Jörg, Kombinate. . ., S. 252 参照。

(45) ただし、この工業価格改定による消費者価格の上昇は、政治的な問題につながりかねなかった。そのため、店頭小売価格の引き上げは回避された。Steiner, André, *Von Plan zu Plan*, S. 134.

(46) *Ebenda*, S. 140-141.

(47) *Ebenda*, S. 137.

(48) *Ebenda*, S. 155-156. 鶏肉の胴体を二つに割り、オーブンで焼いたものが屋外の売店で販売されていた。魚料理食堂は、チェーンといっても大都市にのみある店で、バルト海で獲れるオヒョウ、湖水や河川で獲れる鱒や鯉、鰻の料理が代表的であった。東ドイツにおける余暇の展開、女性労働の変化、外食産業の登場、同部門での労働力不足の問題などについては、河合信晴、前掲書、一四六〜一五五頁。

(49) 仲井太一『ニセドイツ〈1〉≠東ドイツ製工業品（共産趣味インターナショナル VOL 2）』社会評論社、二〇〇九年、仲井太一『ニセドイツ〈2〉≠東ドイツ製生活用品（共産趣味インターナショナル VOL 3）』社会評論社、二〇〇九年、斎藤哲、前掲『消費生活と女性』。

(50) Steiner, André, *Von Plan zu Plan*, S. 157.

(51) *Ebenda*, S. 131-133.

(52) ヴォルフ（一九二九年オストプロイセン・ランツベルク生まれ）は、東ドイツの代表的な小説家の一人。男の亡命により東西に分かれて暮らすことになった恋人同士の心情をつづった作品『引き裂かれた空』(*Der geteilte Himmel*, 1963：翻訳書は井上正蔵訳で一九六七年に出版された）が代表作の一つである。ミュラー（一九二九年ザクセン州エッペンドルフ生まれ）は、ベルトルト・ブレヒト以後のドイツを代表する劇作家で、この経済改革の時期に、生産現場における労働者間の生産性と人間性をめぐる葛藤を描いた『建設』(*Der Bau*, 1964) を書いたことで知られる。吟遊詩人として歌を通して社会風刺を行ってきたヴォルフ・ビーアマン (Wolf Biermann) とともに、一九六五年末のＳＥＤ中央委員会総会で批判された。東ドイツのサハロフ博士ともいわれたハーヴェマンについては、一九六三年から六四年にかけてのフンボルト大学における冬期セメスター講義

「哲学的諸問題の自然科学的見方」(“Naturwissenschaftliche Aspekte philosophischer Probleme”)：のちに西ドイツにおいて *Dialektik ohne Dogma?*, Reinbek 1964 として出版された。翻訳書はハーヴェマン、ロベルト（篠原正瑛訳）『ドグマなき弁証法』弘文堂新社、一九六七年）において、一般的自由、言論の自由、ドグマ主義をテーマに語った結果、六五年にマルクス・レーニン主義に反するとして党籍を剥奪され、職業禁止と自宅軟禁を強いられることとなった。Barth, Bernd-Rainer/Links, Christoph/Müller-Enbergs, Helmut/Wielgohs, Jan (Hrsg.), *a.a.O.*, S. 277-278, S. 522-523 und S. 806-807 参照。

(53) Steiner, André, *Von Plan zu Plan*, S. 139.

(54) Ulbricht, Walter, *Probleme des Perspektivplanes, 11. Tagung des ZK der SED 15.-18. Dezember 1965*, 2. Auflage, Berlin 1966, S. 14-15 und S. 18.

(55) *Ebenda*, S. 54-55.

(56) Verordnung über die Bildung und Rechtsstellung von volkseigenen Kombinaten vom 16. Oktorber 1968, in: *GBL. Teil II*, Nr. 121, S. 963-965. コンビナートを法制化したものとしては、この閣僚評議会令が初めてである。なお、その前文では、一九六七年二月九日に公布され、発効した「人民所有生産経営の任務、権利、義務に関する閣僚評議会令」(Verordnung über die Aufgaben, Rechte und Pflichten des volkseigenen Produktionsbetriebes vom 9. Februar 1967, in: *GBL. Teil II*, Nr. 21, S. 121-134)を補完するものとして制定されたことが付記されている。この後者の閣僚評議会令の内容には、五二年に人民所有経営への法人格付与と経済計算制の導入を促した閣僚評議会令の精神をさらに徹底しようとする発想が見え隠れしている。なかでも、東ドイツにも労働者自主管理的志向に関連すると思われる生産委員会(Produktionskomitee：先述したように五六年のハンガリー動乱後にウルブリヒトは労働者委員会の創設を構想している。本書一八三頁参照)のイニシアティブが明示されており、これは当時のウルブリヒト政権の社会主義構想(相対的に自立した社会構成体論)とソ連の社会主義構想の対立にも関連している可能性がある。チェコスロヴァキア、ハンガリー、ポーランドでの度重なる改革運動の波と同様に、東ドイツの政権内においても、ソ連への隠れた反発が存在していたことを表わす事柄として、今後より立ち入った分析を試みたい。

(57) 設立された中央直轄コンビナートの業種については、Scherzinger, Angela, a.a.O., S. 173 参照。

(58) Breuer, Rainer, a.a.O., S. 29-30.

(59) 労働者・職員数で見た場合、当該部門の二〇〇人以下の経営は全体の七割から八割に及んだ。Staatliche Zentralverwaltung für Statistik, *Statistischse Jahrbuch der DDR 1973*, Berlin, 1973, S. 123.

(60) そのような事例は、一九六〇年代末の工作機械コンビナート「フリッツ・ヘッケルト(Fritz Heckert)」、工作機械コンビナート「一〇月七日(7. Oktober)」、金属成型技術コンビナート「ヘルベルト・ヴァルンケ(Herbert Warnke)」の設立過程のなかに見られた。Wießner, Klaus, Aspekte der sozialistischen Rationalisierung im Werkzeugmaschinenbau der DDR nach der Bildung sozialistischer Industriekombinate: VEB Werkzeugmaschinenbau-kombinat “Fritz Heckert” Karl-Marx-Stadt 1970 bis 1978, in: *Jahrbuch für Wirtschaftsgeschichte*, Teil 3, 1983, S. 30–33.

(61)　Breuer, Rainer, a.a.O., S. 32.　なお、東ドイツの工業分類表(大分類)では、光学機器は電機・電子工業に一括される。

(62)　Roesler, Jörg, Kombinate. . . , S. 257.

(63)　Ulbricht, Walter, *Probleme des Perspektivplanes bis 1970*, Berlin, 1966, S. 44–49.

(64)　Beschluß zur weiteren Gestaltung der Aufgaben, Rechte und Pflichten der volkseigenen Kombinate im Planjahr 1970 vom 10. Dezember 1969, in: *GBL. Teil II*, Nr. 5, S. 19.

(65)　Verordnung über die Aufgaben, Rechte und Pflichten der volkseigenen Betriebe, Kombinate und VVB vom 28. März 1973, in: *GBL. Teil II*, Nr. 15, S. 135–141.　五編四八条から成るこの閣僚評議会令は、それまで個別の政令で規定されてきた人民所有経営、経営連合、コンビナートの課題・権利・義務を改定、体系化するものであった。

(66)　Ebenda（第二四条第一項）。

(67)　Autorenkollektiv, *Ökonomisches Lexikon H–P*, 3., neu bearbeitete Auflage, Berlin 1978, S. 225–226; Autorenkollektiv, *Wirtschaftliche Rechnungsführung*, 1. Kapitel, 2., wesentlich überarbeitete Auflage, Berlin 1981, S. 16ff.; Autorenkollektiv, *Sozialistische Betriebswirtschaft Industrie*, Berlin 1986, S. 41 などには、もはや従来の「コンビナート」の定義は見られない。

(68)　この国有化を扱った研究としては、たとえば、Bauerfeind, Alfred/Buske, Heinz/Hümmler, Heinz, Die Bündnispolitik der SED mit Komplementären, privaten Unternehmen, Handwerkern und Gewerbtreibenden (1968 bis 1973), in: *Jahrbuch für Wirtschaftsgeschichte*, Teil 2, 1978 がある。邦語では、吉田敬一、前掲論文が詳しい。

(69)　Hoffmann, Heinz, *a.a.O.*, S. 157.

(70)　一九七一年時点で、国家参加経営全体の九五・九%、私的経営全体の九八・八%は就業者数二〇〇人以下の経営であった。

(71)　Friedrich, Gerd/Schulz, Gerhard, Effektivität, wissenschaftlich-technische Revolution und sozialistische Wirtschaftsführung, in: *Einheit*, Heft 2, 1973, S. 195.

第四章　相対的安定から経済危機へ

第一節　再集権化の時代

（一）　経済改革からの離脱とその政治・経済的背景

一九六〇年代の経済改革は、東ドイツに特有な現象ではなく、強弱、濃淡、スピードの違いこそあれソ連・東欧諸国に共通するものであった[1]。経済成長率の低下に歯止めをかけ、一九五〇年代半ばに見られたような政治的危機を回避するため、それらの国々では、機能不全に陥っていた計画経済システムを立て直す試みがなされた。そして、それは、スターリンの死後に沸き起こった「雪解け」（東西緊張緩和）の時代に発生した五六年のポズナニ事件、ハンガリー動乱、世界を驚嘆させた六一年のベルリンの壁の構築によって生まれた閉塞感を和らげ、社会に一定の開放感を与えるものであった。

しかし、そうした改革の途上で、チェコスロヴァキアでは一九六八年に始動したドプチェク首相の「プラハの春」改革に対して、ワルシャワ条約機構軍による武力介入がなされ、社会主義の民主主義的な改良を唱える市民の声が封殺された[2]。また、七〇年一二月には、ポーランドにおいて物価引き上げ政策を背景にストライキと暴動が発生し、その運動は統一労働者党第一書記のゴムウカの退陣へとつながった(3)。

東ドイツにあっても、「ウルブリヒト・モデル」と呼ばれた東ドイツ型社会主義の構想、すなわち「社会主義は資本主義から共産主義への移行期に、かなり長期にわたって存在する独自の社会構成体である」という構想が登場した(4)。この考え方は、フルシチョフ体制下でも、彼の退陣後のブレジネフ=コスイギン体制においても、「共産主義の展開された建設の時期」に入ったソ連、「共産主義の物質的・技術的基礎の創出過程」に入ったソ連、というソ連共産党の現状認識に対立するものであった(5)。

このウルブリヒトの主張に対して、ソ連政府と東ドイツ国内の親ソ派(反改革派)は、ウルブリヒトの改革路線は「東ドイツの社会民主主義化」を目指すものになりかねないとして、早い段階から(とくに一九六五年のSED中央委員会総会以降)その封じ込めを画策し始めていた(6)。折しも、先の「プラハの春」事件が起こり、制限主権論を含むブレジネフ・ドクトリンが社会主義諸国内に広がるなかで、ウルブリヒトの改革路線はややトーンダウンしたが、計画経済システム内の分権化を図る、そして産業高度化と生産力引き上げを実現する、という基本線は堅持された。

経済改革期の経済成長率の動向に目を転じると、一九六三年から六七年まで比較的安定した成長が実現していたことがわかる(前掲第3-1図)。これは、改革派にとって有利な状況であった。その後、六七年から六八年にかけて成長率低下が見られたが、六八年から六九年、六九年から七〇年は、旺盛な投資活動、とくにエネルギー・燃料部門、化学部門、機械・自動車部門、電機・電子部門への投資(前掲第3-3図)に牽引されて高い成長率を達成した。

この経済の好調を根拠に、ウルブリヒトは、一九七〇年八月にモスクワで開かれたソ連共産党中央委員会代表との会議の席で、東ドイツが「ベラルーシのようにソ連邦の構成国になるのではなく」、「真のドイツ国家として、ソ連との協力関係のなかで発展することを望む」という意思表明を行った(7)。また、ハルシュタイン原則放棄(六九年）以降東方外交を積極的に展開し始めた西ドイツとの経済関係を密にし、生産財輸入や技術移転を拡大することで、東ドイツの生産基盤の底上げを図ろうとした。

こうしたソ連の路線からの離脱や西ドイツとの関係強化を想起させるウルブリヒトの発言や政策に対して、親ソ派寄りでウルブリヒト改革に懐疑的であったエーリッヒ・ホーネッカー（Erich Honecker）は危機感を抱いていた。とくに、国内の政治・経済、外交に関するＳＥＤ中央委員会における意思決定において、合議ではなくウルブリヒトと改革派の判断に偏りがちであることへの危惧が高まりつつあった[8]。とはいえ、上記の一九七〇年までの順調な経済成長は、経済改革に正当性の根拠を与えることとなり、改革はその後も継続される、と考えられていた。しかし、つぎのような事情が、一九七一年に開催されたＳＥＤ第八回大会において経済改革を中断させることにつながった。

第一に、改革期全体を通して「重化学工業重視、軽工業軽視」の近代化投資政策のツケとして消費財の長年にわたる供給不足が未解決のままであったこと、「構造規定的部門」の設備刷新と生産能力の強化で必要とされる燃料や電力需要に供給が追いつかなくなっていたことなどがあげられる。それには、当時の褐炭から石油へのエネルギーシフトが、東ドイツの生産コストを圧迫しつつあったという事情も加えられる。短期的には、一九七一年の悪天候による穀物生産の不作が食糧や畜産飼料の供給不足につながり、上記の消費財不足とともに市民の不満が蓄積していた[9]。

第二に、一九七〇年に至っても、ウルブリヒト改革の柱となる制度的な改良点が軒並み実現されていなかった[10]。たとえば、実際の需給関係を反映しない固定価格制度が採用され続けていたため価格のシグナル機能が働かず資材不足やその対極の浪費を生んでいた。また、上級機関から通達される計画指標数の削減は進まず、人民所有経営の自由裁量の拡大も形式的なものにとどまった。政府や行政の経済過程への直接的介入を緩和し、より経済の論理にしたがうという発想で練られたはずの経済改革ではあったが、それ自体が機能障害に陥っていたのである。

先に見た「指針」後の経済成長は、労働生産性の上昇(「投入―産出」関係の改善)によってではなく、物量指標重視の計画に由来する「浪費」(収益性の低い投資活動や在庫投資の増大)によって支えられ続けていたことが考えられる。

第三の理由は、ウルブリヒト退任から一ヵ月を待たずに開催されたSED第八回大会(一九七一年六月一五～一九日)において、経済改革に代わる構想として「経済政策と社会政策の統一」が打ち出されたことに関連する。詳しくは後述するが、この党の公約には、所得上昇(賃金・俸給、年金など)、消費財生産の拡大、公共施設の充実、労働意欲の増大に向けたモティベーション刺激策などが盛り込まれていた。ウルブリヒト改革が、生産力重視、重化学工業重視(とくに化学、機械、電機・電子)であったのに対して、反改革派は「市民生活、福祉向上」を前面に出したのであった。派閥の違いを超えてコンセンサスを得やすいこの公約は、先述の経済改革を代替する政策として受容されていった[11]。SEDの「正統性」の維持にとっても、この大義名分は有効であったと考えられる。

以下では、一九六〇年代の経済改革を後景に退かせたSEDの公約である「経済政策と社会政策の統一」の内容にいま少し立ち入って言及することにしよう。また、その政策変更が東ドイツの経済政策や国家的工業管理システムに与えた影響についても見ていくことにしたい。

(二)「経済政策と社会政策の統一」と再集権化

ウルブリヒト体制からホーネッカー体制への交代は、ソ連占領と対ソ賠償、冷戦の始まり、公有化と計画経済の試行錯誤、一九五三年労働者蜂起、復興期の権力闘争、ベルリンの壁と経済改革を伴った激動の時代の終わりを告げるものであった。そして、一九七〇年代初頭の東ドイツは、六〇年代末から進行してきた西ドイツの東方外交の進展、東西ドイツ基本条約の締結、そして国連加盟を皮切りに、国際社会との交流の時代に突入した。東ドイツの豊かさを示すことが、SEDが内外に正統性を示すための重要な根拠となった。

第4-1表　1970年代初頭の社会政策の骨子

項　目	概　　要
(1) 労働時間，賃金，休暇，年金	(a) 週休二日制と週45時間制から40時間制への漸次的な移行 (b) 最低賃金の引き上げ (c) 有給休暇の拡大 (d) 計画指標やノルマの達成度に応じた賃金体系(ただし，既得権を侵害する賃下げはしないという留保条件あり) (e) 年金支給額の引き上げ
(2) 女性労働の奨励	産休拡大，育児女性の労働時間短縮，出産手当，若い夫婦のための無利子融資制度
(3) 住宅建設プログラム	1990年までに社会問題としての住宅問題を解決する(約300万世帯分の公団の新築，古い建物の改築・改修)という目標
(4) 価格補助金政策	基本的食料品，子供服，公共料金(電気，公共交通，家賃など)

資料：Steiner, André, *Von Plan zu Plan: Eine Wirtschaftsgeschichte der DDR*, München 2004, S. 171-174 の論述から作成。なお，表の数字や事実関係については Frerich, Johannes/Frey, Martin, *Handbuch der Geschichte der Sozialpolitik in Deutschland Band 2: Sozialpolitik in der Deutschen Demokratischen Republik*, 2. Auflage, München 1996, S. 163-164 und S. 338-346 を参考にした。

「経済政策と社会政策の統一」は、まさに東ドイツ経済の成長と、その果実としての所得上昇や生活水準の向上を、目に見える形で示すために不可欠の政策となった[12]。その骨子は、第4－1表の通りである。

労働時間は、一九五六年から五七年にかけて産業部門ごとに差異はあったものの週四八時間制から四五時間制への労働時間の短縮(以下、時短)が実現し、全部門の平均では四六・二時間にまで短縮された。六〇年代の経済改革期になると、さらなる時短が進み、六六年には隔週の週休二日制、六七年には完全週休二日制が実現し、労働時間は平均週四三・六時間にまで短縮された。七〇年代に入ってからも徐々に労働時間が減らされ、七七年までに週四三時間となった[13]。

余暇の拡大、生産性の上昇、生活の質の改善を狙った有給休暇については、一九五〇年代は年一二日間(さまざまな特別休暇を除く)だったものが、六七年の経済改革期に一五日に延長され、さらに七五年には一八日間に延長された[14]。

最低賃金は、一九七一年にそれまでの月額三〇〇マルク(六七年以降)から三五〇マルクへ、七六年にはさらに四〇〇マルクへ引き上げられた[15]。また、賃金体系は、ウルブリヒト時代の能率給と協約給とを組み合わせた基本給(Grundlohn)の制度に移行した。その変化の背景には、七二年六月に開催された自由ドイツ労働組合同盟第八回大会で決定された賃金と協約に関する政策の基本原則があった。具体的には、労働生産性や経済成長に刺激を与えるための各種計画指標やノルマの達成度に応じた賃金体系を創出する、また生産性向上に寄与する分野で働く従業員（生産部門以外の者）への賃金協約上の特別措置を講じる、といった内容を持つものであった。[16] 七六年のＳＥＤ第九回大会で提示された「業績に応じた賃金政策（leistungsorientierte Lohnpolitik）」の基礎が七〇年代前半に形成され、所得政策の生産性向上運動への連動が企図されたのである。

老齢年金（人民所有経営のフルタイム労働者・職員の社会保険加入者本人の月額）については、一九五〇年代後半から六〇年代末まで退職前の総所得（税引き前の月額）の約二七％から二九％であったが、六九年と七一年に二六％から二七％台に低下したのち、七二年には約三〇・八％（この年の平均所得八一五マルクの約三分の一弱）、七六年には約三一・六％（九二〇マルク）、七九年には約四五％（一〇〇六マルク）と大幅に増加した。[17]

このほか、一九七二年四月にＳＥＤ中央委員会、自由ドイツ労働組合同盟本部、閣僚評議会の共同決議として採択された社会政策プログラムにおいて、東ドイツ建国以来の労働力不足を補うために、女性の社会進出ならびに人口増加を促すための家族政策が発表された。女性労働者の支援に向けては、出産・育児をサポートする体制が強化された。[18] たとえば、賃金・俸給が完全に保障された産前産後休暇は、それまでの一四週間から一八週間に延長された。また、一六歳未満の三人以上の子供を育てるフルタイムの女性労働者には、週四〇時間制と二一日間の最低有給休暇（交代制労働の場合は二四日間）が保障された。一六歳未満の二人の子供を育てるフルタイムの女性労働者には、一八日間の最低有給休暇の権利が与えられた。このほか、交通機関の利用時の割り引き運賃の適用や、子供の病気の際の休業補償手当（三日から最大一三週間）、一時的に保育園・幼稚園の提供が叶わなかった独身の母親への休業補償なども実現した。

加えて、若い家族に対する経済的な支援も一九七二年から実施されることになった。たとえば、総収入が月一四〇〇マルク以下の二六歳以下の若い夫婦（婚姻後一年半以内）が、住居（公団、分譲住宅、個人持ちの住宅）を調達する際に、五〇〇〇マルクの無利子のクレジット融資を受けることができた。分割返済の期間は六年間であるが、融資を受けてから三年後からの返済も可能であった。また、上記の条件を有する夫婦は、家具調度を整えるための資金として、さらに五〇〇〇マルクの無利子融資を受けることができた。返済期間は八年間であった。これらの五〇〇〇マルクから一万マルクの融資は、第一子が生まれると一〇〇〇マルク、第二子で一五〇〇マルク、第三子で二五〇〇マルクの返済が免除された[19]。

以上のような労働条件や生活条件に関する直接的な優遇策に加えて、生活必需品や公共料金の低価格政策により、国民の生活不安を縮小する努力もなされた。

こうしたホーネッカー時代の社会政策的な施策について、シュタイナーは、古参の党幹部がイメージする「大戦間期の労働者家族の需要」を満たしてはいるものの、「西側で達成された生活水準」と比較しながら暮らしている東ドイツの住民にとっては、満足のいくものではなかった、と述べている[20]。

問題は、この社会政策的措置に経済的な裏づけがあったかどうかである。改善の目的は、社会保障のみならず、労働者の作業意欲の向上、労働生産性の上昇に向けられていたのであり、それらの果実は社会政策のための財政基盤を創出することになる。それに向けて計画の達成度に応じた賃金体系が策定されたが、既得権を侵害する賃下げはしない、という前提で作られた体系であったために、賃金コストは下方硬直的であり収益性は上がりにくかった。それは、国際競争力の引き上げの障害となっていた[21]。

では、ＳＥＤ・政府は、いかなる方法で生産性上昇や経済成長を達成しようとしたのだろうか。ホーネッカー時代の始まりを象徴する出来事は、第一に計画経済システムにおける再集権化であった（第４-２表）。ウルブリヒト時代の「経営サイドへの分権化」路線からの反転、すなわち国家機関主導の管理の強化とそのための体制づくりがなされることになったのである（この点については、のちに節を代えて詳細に検討する）。

第4-2表　ホーネッカー時代の経済政策

項　目	概　　要
(1) 計画経済システムにおける集権的管理の強化	物財需給バランス表による国家管理の強化 国家計画委員会および省庁管轄のバランス表の数の増大 1971年まで 200-250 1972年以降 約800 (約300と約500) 1977年以降 約1,000 (約330と約670) 1981年以降 1,123 (375と648)
(2) 物量指標の重視，収益性の軽視	○経済改革期：国家計画指標「利益」。ネット集計(純生産) ⇒政権交代後：国家計画指標「商品生産」。グロス集計(粗生産高) ○労働力の過剰雇用，原料・資材の過剰在庫(不足の経済)
(3) 強制国有化	○1972年の強制国有化 対象：私的経営，国家参加経営，手工業生産協同組合の大半

資料：Steiner, André, *Von Plan zu Plan: Eine Wirtschaftsgeschichte der DDR*, München 2004, S. 174-178の論述から作成。バランス表については，青木國彦『体制転換』有斐閣，1992年，49-50頁を参考にした。

計画経済の運営上、東ドイツにおいて重視されていたのは物財需給バランス表(Material, Ausrüstungs- und Konsumgüterbilanzen)であった。具体的には、原燃料・資材、設備、消費財のなかから国家計画指標として選ばれた製品・製品グループの生産高(供給)と、生産的消費、投資、国民的消費、生産財取引(需要)とをバランシングして管理するというものであった。製品の国民経済的重要度の高いものから、①国家計画委員会、②省庁、③中間管理機関(経営連合またはコンビナート)、④人民所有経営が策定・管理する四種類のバランス表が存在した(22)。上記のうち、国家計画委員会と省庁のバランス表の数は、「集権か、分権か」を判断する一つの目安となる。表に示したように、一九七一年以前まで約二〇〇～二五〇だった両者のバランス表は、七二年から約八〇〇に増加した。コンビナートあるいは人民所有経営(傘下経営も含む)のバランス表を加えると約四七〇〇の品目群(生産財、消費財)に及んでいた。また、計画経済システムのピラミッド構造の底辺に位置する人民所有経営に対する行政的な指導が強まり、管理の集権的な性格が一層強まった。

象徴的だったのは、社会政策との関連で重視された消費財のバランス表であった。それまで一四〇だった製品別バランス表が、一九七一年からは約二三〇に増やされ、さらに七三年からは約九〇〇の製品グループについてのバランス表（数量、価格）が作成された。それは、住民向けの消費財全体の約九〇％が国家の管理下に置かれたことを意味した。

国家管理の強化＝再集権化は、いわば国家の行政的指導によって「上から」秩序と成長を牽引するという一九五〇年代の手法への回帰であり、また経済的刺激を与えて、経営、職場集団、個人の生産性向上意欲を引き出すという六〇年代の改革構想の見直しであった。この方針転換は、企業サイドの収益性や自立化志向を減退させ、投入量・粗生産高重視、収益性軽視の非効率的な態度や行動様式（労働力や原料・資材の必要以上の抱え込み）を呼び起こしかねなかった。そしてまた人民所有経営に深く浸透していた国家依存の態度（社会主義における国家と企業との家父長的関係）を改めて誘引するものとなった(23)。

この再集権化は、古いシステムの復活のみならず、その範囲の拡大を伴う形で進行した。長らく休止していた国有化運動の再燃がその契機となった。それまで、都市や農村において消費財工業の分野で住民の雑多な需要を充足させるのに貢献し、部品・半製品の下請供給や修理・修繕の分野で寄与していた中小・零細規模の私的経営や国家参加経営が、一九七二年から急テンポで国有化されたのである(24)。ホーネッカーによる公式発表では「計画の欠陥を補修するために(25)」という理由付けがなされたが、その裏側には、労働者の懐柔という狙いがあった。七一年時点で、私的経営や国家参加経営の経営者たちの収入は、平均して労働者・職員の三・五倍の純所得に相当していた。ＳＥＤ・政府は、私的セクターの経営に対する労働者・職員の「社会的ねたみ（Sozialneid）」を利用し、国有化によって労働者の反発を抑えると同時に、国家管理の権限が及ぶ領域を拡張したのである(26)。

一九七〇年代以前に工業が完全に国有化されていなかったことは、東ドイツ社会主義の独自性の一つであった。しかし、七〇年代を通じてホーネッカー政権の下で行われた再集権化は、後述する強制国有化とともに、東ドイツ経済がソ連型社会主義に回帰し、ソ連の政策との協同歩調を強める出発点となった(27)。そして、同時期に行われた社会政策の充実は、そうした旧型の社会主義の強化を下支えするものとなったのである。

第二節　資源危機と工業管理制度の改革

（一）第一次オイルショックとコメコン域内価格の変更

すでに見てきたように一九六〇年代後半の経済政策の基調は、科学技術進歩、研究・開発成果を積極的に生産に応用し、「投入—産出」関係を改善しながら生産を増大する（集約化（Intensivierung））というものであった。そしてそれは従来「主導的部門」と呼ばれた素材型工業部門ではなく、「構造規定的部門」と呼ばれた加工組立型工業部門と石油化学部門への重点投資の形で実施されてきた。またそれは、国民所得の分配において、東ドイツ政府が個人消費や社会的消費を抑制しながら、蓄積＝投資（固定設備投資、在庫投資）の比率を高めようとしてきた政策の現われであった（第4-3表）。六〇年には二二・七％だった「蓄積」の比率が、六五年には二五・一％、七〇年には二九・一％に上昇した。なかでも六五年から七〇年までの固定設備投資の増加が顕著であった。

このウルブリヒトの経済改革後半の状況は、ホーネッカー政権が誕生し、「経済政策と社会政策の統一」が叫ばれた一九七〇年代初頭から半ばにかけて緩やかに変化した。ウルブリヒト時代末期に七〇・九％（七〇年）にまで縮小していた「消費」（個人消費や社会的消費）の割合は、七一年に若干の増大が見られたのちに七〇年代後半まで大きな変化がなかった。その裏返しの状況ではあるが、「蓄積」の割合については七〇年までの増大傾向が七一年に反転し、七〇年代後半まで蓄積＝投資を積極的に拡大する動きは見られなかった。

その一方で、ウルブリヒト時代から引き継がれた「生産力基盤の近代化」を目指して西側技術の移入が図られ、それを輸出でまかなうという構造も構築されつつあった。一九七〇年代全般の成長部門は、電子・電機、工作機

第 4-3 表　国内で使用された国民所得[1]に占める「消費」と「蓄積」

［単位：百万マルク，（%）］

年	国内で使用された国民所得	うち，「消費」			うち，「蓄積」		
		「消費」総額	個人消費[2]	社会的消費[3]	「蓄積」総額	固定設備投資[4]	在庫投資[5]
1950	32,030	27,802 (86.8)	23,414 (73.1)	4,388 (13.7)	4,228 (13.2)	1,858 (5.8)	2,370 (7.4)
1955	58,502	50,546 (86.4)	42,180 (72.1)	8,366 (14.3)	7,956 (13.6)	6,903 (11.8)	1,053 (1.8)
1960	90,770	70,165 (77.3)	58,274 (64.2)	11,891 (13.1)	20,605 (22.7)	17,065 (18.8)	3,540 (3.9)
1965	104,917	78,583 (74.9)	64,524 (61.5)	14,059 (13.4)	26,334 (25.1)	20,669 (19.7)	5,666 (5.4)
1970	139,928	99,209 (70.9)	79,899 (57.1)	19,310 (13.8)	40,719 (29.1)	34,422 (24.6)	6,297 (4.5)
1971	144,837	104,427 (72.1)	83,136 (57.4)	21,291 (14.7)	40,410 (27.9)	33,747 (23.3)	6,663 (4.6)
1972	153,078	111,288 (72.7)	88,173 (57.6)	23,115 (15.1)	41,943 (27.4)	35,208 (23.0)	6,735 (4.4)
1973	162,847	117,576 (72.2)	92,986 (57.1)	24,590 (15.1)	45,271 (27.8)	38,432 (23.6)	6,840 (4.2)
1974	173,207	125,055 (72.2)	98,035 (56.6)	27,020 (15.6)	48,152 (27.8)	40,357 (23.3)	7,794 (4.5)
1975	177,916	130,057 (73.1)	101,412 (57.0)	28,644 (16.1)	47,859 (26.9)	41,988 (23.6)	5,871 (3.3)
1976	188,991	136,829 (72.4)	106,024 (56.1)	30,806 (16.3)	52,351 (27.7)	44,602 (23.6)	7,749 (4.1)
1977	198,731	143,086 (72.0)	110,494 (55.6)	32,592 (16.4)	55,645 (28.0)	46,702 (23.5)	8,943 (4.5)
1978	200,294	147,617 (73.7)	114,168 (57.0)	33,449 (16.7)	52,677 (26.3)	47,870 (23.9)	4,807 (2.4)
1979	202,332	152,356 (75.3)	118,567 (58.6)	33,789 (16.7)	49,976 (24.7)	47,953 (23.7)	2,023 (1.0)
1980	212,761	157,018 (73.8)	123,401 (58.0)	33,616 (15.8)	55,743 (26.2)	47,020 (22.1)	8,723 (4.1)
1981	214,798	160,454 (74.7)	126,301 (58.8)	34,153 (15.9)	54,344 (25.3)	47,470 (22.1)	6,874 (3.2)
1982	207,405	162,398 (78.3)	128,176 (61.8)	34,222 (16.5)	45,007 (21.7)	43,348 (20.9)	1,659 (0.8)
1983	207,522	162,905 (78.5)	129,286 (62.3)	33,619 (16.2)	44,617 (21.5)	41,919 (20.2)	2,698 (1.3)
1984	214,574	169,084 (78.8)	134,538 (62.7)	34,546 (16.1)	45,490 (21.2)	37,980 (17.7)	7,510 (3.5)
1985	224,940	176,803 (78.6)	140,812 (62.6)	35,990 (16.0)	48,137 (21.4)	39,365 (17.5)	8,773 (3.9)
1986	234,400	184,238 (78.6)	146,734 (62.6)	37,504 (16.0)	50,162 (21.4)	42,661 (18.2)	7,501 (3.2)
1987	244,880	191,741 (78.3)	152,070 (62.1)	39,671 (16.2)	53,139 (21.7)	47,507 (19.4)	5,632 (2.3)
1988	257,350	198,932 (77.3)	158,013 (61.4)	40,919 (15.9)	58,418 (22.7)	50,441 (19.6)	7,978 (3.1)

1）国内で使用された国民所得(1985 年価格)：生産国民所得－(輸出－輸入)

2）小売店からの商品購入，その他の商品購入(農場の青空市場，工場内食堂，水道光熱費)，サービス供給への支払い(交通，電話，クリーニング，修理・修繕，住居修理)，無償で得た商品・サービス(自家消費のための農産物，現物支給の形での社会保障サービス，工場からの現物支給)から成る。

3）経営体および施設における文化的・社会的サービスの享受(住宅供給・地方行政サービス，教育，文化・芸術，保健，社会保障，スポーツ，保養)，全社会的欲求の充足のためのサービス供給の享受(金融機関，科学・技術，行政機関，社会団体)から成る。

4）生産的分野における純投資(粗投資から減価償却，フォンド使用料，家賃・賃貸料を差し引いて算定)と非生産的分野の投資から成る。

5）これにより，物的流動資産の在庫，家畜数，森林資源のストックが変動する。

資料：Staatliche Zentralverwaltung für Statistik (Hrsg.), *Statistisches Jahrbuch der DDR 1987*, Berlin 1987, S. 102; Statistisches Amt der DDR (Hrsg.), *Statistisches Jahrbuch der DDR 1990*, Berlin 1990, S. 106.　上記注 4)からも明らかなように，「蓄積」には更新投資分は含まれていない。Baar, Lothar/Müller, Uwe/Zschaler, Frank, Strukturveränderungen und Wachstumsschwankungen: Investitionen und Budget in der DDR 1949 bis 1989, in: *Jahrbuch für Wirtschaftsgeschichte*, Teil 2, 1995, S. 48-49.

械、重機・設備、石油化学（プラスチック、人造繊維、ガソリン・重油・軽油等の燃料）であったが、ＳＥＤ・政府は、当初それらの「近代化」を国内技術だけではなく西側技術の導入を通じて急速に展開することを望んでいたのである。しかし、この時期、東ドイツが政治・外交的に外に開かれたこと（七二年の東西ドイツ基本条約の締結、七三年の国連加盟など）により、東ドイツは、先進資本主義諸国や資源輸出国（とくに五〇年代から関係を深めていた産油国を含む中東ならびにマグレブ諸国）の影響にさらされるようになった。[28] 褐炭・カリ以外のめぼしい天然資源を持たない東ドイツは、原油、天然ガス、石炭、非鉄金属鉱産物、木材などの輸入に依存し、それを工作機械、自動車、船舶、繊維・被服などの工業製品の輸出でカバーするという構造に規定されていたからである。

この当時の東ドイツ経済は、世界規模で発生した第一次オイルショックのあった一九七三年から七四年にかけてはその成長率を維持していた（前掲第３-１図）。東ドイツが強く依存するソ連産の天然資源が世界市場価格にリンクしていなかったことがその背景にあった。しかし、七五年に導入されたコメコン域内契約価格が変更され、[29] 原油についていては七六年から世界市場における過去五年間の価格の平均で取引されることとなった。それらに伴う経済成長率の低下は、七五年から七六年には回復したが、一定のタイム・ラグを伴って騰貴した完成品価格は、輸出の困難、西側からの輸入の困難を生み、東ドイツの交易条件を悪化させた。とくに、輸入は、第一に当時はまだ世界市場価格の約三分の一にすぎなかったソ連産原油価格が引き上げられたこと、[30] 第二に西側先進国（とくに西ドイツ）からの機械・技術等の輸入が高価になったことにより、すでに六〇年代後半から見られた東ドイツの貿易赤字は急激に増加した。第４-４表からは、七〇年代前半に対西側諸国の貿易赤字が急増したこと、七〇年代後半からは対コメコン諸国の貿易赤字、とりわけ対ソ貿易赤字も加わったことで、東ドイツ経済は輸出拡大や貿易外収支での外貨獲得を急がねばならなくなっていた。

この事態は、原燃料を石油から国内産褐炭に転換したり、西側技術の導入を抑制したりするなどの動きにつながり、一九七〇年代半ば以降、国際競争に見合った国内産業構造の構築と国内の研究・開発体制の拡充が求められるようになった。また、それを貿易収支の改善に向けた工業製品の輸出拡大につなげていくことが求められた[31]。さらに、原燃料の輸入拡大に付随して増加した対西側債務を償還するために外貨獲得が不可欠となった[32]。そうした負担には、高価になりつつあったソ連からの燃料や鉱産資源の輸入分も加わったため、東ドイツ経済の状況は一層混迷を深めることになったのである。

（二）「集約化」路線の強化

この状況に対処するため、一九七六年五月に開催されたＳＥＤ第九回大会のホーネッカー報告は、先の「集約化」路線の徹底を訴えた。その目標は、科学・技術成果の生産過程への迅速な導入により、「投入―産出」関係を改善してコスト縮減を図るとともに、原燃料の節約を実現し、さらには製品の品質向上と輸出拡大を目指すことにあった[33]。

この「集約化」戦略の実現には、投資政策を通じた産業構造の再編が不可欠であった。一九七〇年代の工業投資の動向を部門別で見ると、七一年から七三年の間にエネルギー・燃料、冶金、軽工業への投資が急激に増大した（第4-1図）。安価な輸入原油や鉱産資源を利用した電力生産や化学生産、機械部門へ部品・資材供給を行う冶金部門への梃入れがなされていたことが読み取れる。他方で、「集約化」に強く関連していたと思われる機械、電機・電子への投資は抑制的であった。また、先の国民生活重視の政治路線を反映して、消費財三部門（軽工業、繊維・被服、食品）への投資も大きく増大した。

しかし、第一次オイルショックに端を発してコメコン価格の上昇圧力が強まるなかで、経済成長の鈍化が顕在化した一九七四年から七五年への対応として、先の「集約化」路線が登場すると、投資動向にも変化が見られるようになった。まずは、「集約化」の技術的基盤となる機械部門、電機・電子部門への投資が着実な伸びを示し

第4-4表　東ドイツの貿易収支の推移(対コメコン諸国および対西側先進諸国のみ)

［単位：百万外貨マルク］

年	A：対コメコン諸国1)	(うち，対ソ貿易)	B：対西側先進諸国2)	AとBの合計
1960	248.1	▲ 140.2	▲ 158.7	89.4
1961	▲ 93.1	▲ 666.5	▲ 79.8	▲ 172.9
1962	▲ 99.5	▲ 644.1	11.3	▲ 88.2
1963	1,417.9	435.6	225.2	1,643.1
1964	1,195.3	724.6	▲ 15.0	1,180.3
1965	1,129.6	443.5	▲ 16.3	1,113.3
1966	166.3	▲ 453.7	▲ 549.7	▲ 383.4
1967	717.5	▲ 41.8	▲ 274.6	442.9
1968	1,182.4	313.8	89.0	1,271.4
1969	▲ 152.2	▲ 364.3	▲ 212.5	▲ 364.7
1970	▲ 245.8	▲ 854.7	▲ 1,232.2	▲ 1,478.0
1971	1,150.6	184.3	▲ 1,277.5	▲ 126.9
1972	2,647.9	1,606.7	▲ 2,020.7	627.2
1973	1,350.1	1,250.5	▲ 2,891.9	▲ 1,541.8
1974	415.6	▲ 191.0	▲ 3,134.5	▲ 2,718.9
1975	▲ 635.9	▲ 1,587.8	▲ 3,542.9	▲ 4,178.8
1976	▲ 1,223.0	▲ 1,812.7	▲ 4,970.1	▲ 6,193.1
1977	▲ 3,159.8	▲ 3,085.5	▲ 4,553.6	▲ 7,713.4
1978	▲ 1,082.7	▲ 2,215.9	▲ 3,803.6	▲ 4,886.3
1979	2,141.6	▲ 46.9	▲ 6,454.2	▲ 4,312.6
1980	▲ 517.0	▲ 1,815.6	▲ 5,425.4	▲ 5,942.4
1981	▲ 1,246.4	▲ 1,800.5	▲ 1,681.9	▲ 2,928.3
1982	▲ 41.6	▲ 2,150.5	2,725.7	2,684.1
1983	3,476.5	701.7	3,128.8	6,605.3
1984	3,470.0	1,197.0	2,949.1	6,419.1
1985	▲ 2,472.7	▲ 4,655.3	19,992.6	17,519.9
1986	▲ 4,442.6	▲ 6,622.3	4,759.9	317.3
1987	365.4	▲ 2,580.2	▲ 5,433.0	▲ 5,067.6
1988	2,105.9	▲ 984.4	▲ 9,481.5	▲ 7,375.6
1989	3,879.9	1,639.6	▲ 8,397.8	▲ 4,517.9

注：表中の「▲」は，マイナスを表わす。
1) ソ連，ポーランド，チェコスロヴァキア，ハンガリー，ブルガリア，アルバニア，キューバ，モンゴル，ヴェトナム。
2) 西側ヨーロッパ諸国，アメリカ，カナダ，日本，オーストラリア，ニュージーランド。
資料：Statistisches Bundesamt der DDR (Hrsg.), *Statistisches Jahrbuch der DDR 1990*, Berlin 1990, S. 32-33から算定。

た。また、それらを資材面から補完する冶金部門への投資増が図られた。化学部門への投資は、第一次オイルショック後はしばらく低迷していたが七八年から七九年までは大幅な投資の梃入れがなされた。上記のSED第九回大会で課題とされた原燃料の節約と、ソ連からの供給減少が推測されていた原油の代替原料・エネルギー源としての国内産褐炭の増産は、エネルギー・燃料部門への投資を保障することとなった。七〇年代前半に増加した消費財三部門への投資は、後半には減額基調となった。この投資の動向を見る限り、国民生活重視の路線に関わる消費財供給の強化は第一次オイルショック期に中断を余儀なくされ、反対に「集約化」路線が優先され始め

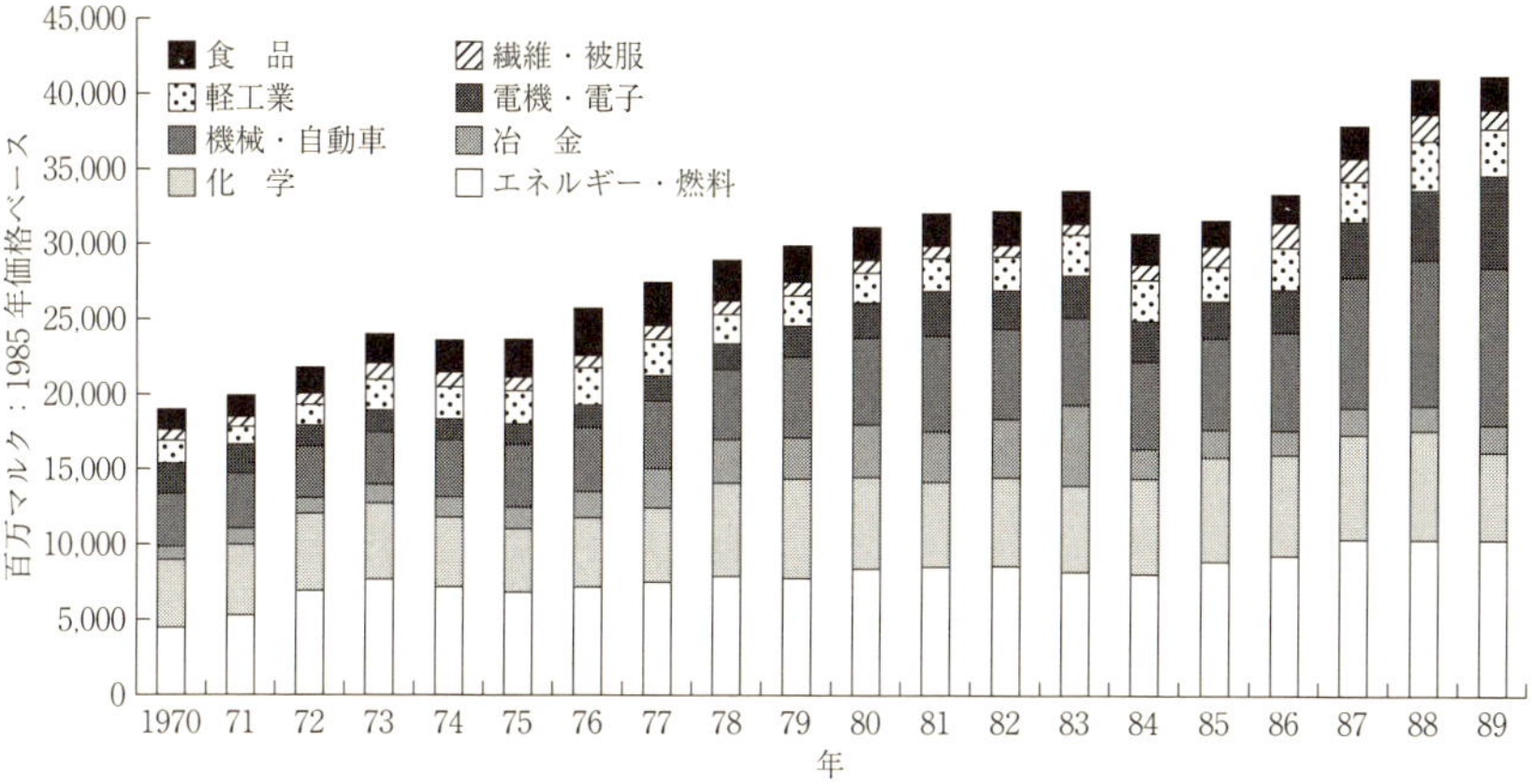

第 4-1 図　工業投資（部門別）の推移

資料：Statistisches Amt der DDR (Hrsg.), *Statistisches Jahrbuch der DDR 1990*, Berlin 1990, S. 116.

たことがわかる。

ＳＥＤ・政府は、新規投資による再編だけでなく、古い生産設備の修理・修繕で資金不足を乗り切る措置を関係機関や経営サイドに求めた。しかし、設備・機械の老朽化は、省力化、品質向上、製品多様化の時代における国際競争力の低下に直結する事態であった。この状況を憂慮していた国家計画委員会は、一九七八年にＳＥＤ・政府に対して生産的分野への投資の大幅拡大と、非生産的分野での選択的投資（住宅建設投資への集中と教育・医療・社会制度への建設投資の縮小）を提出したものの、ＳＥＤ・政府は財政資金の支出管理を厳格にすることを表明するだけで、生産的分野への投資を積極的に拡大することはなかった[34]。

この状況を反映して、東ドイツ製の工作機械、情報処理機器・事務機器、光学・精密機器、印刷機などは国際市場でのシェアを低下させていた。新製品の開発や製造にこぎ着け、さらにそれらの商談を成立させるには、技術刷新的な生産基盤が不可欠であった。技術的遅れを挽回すべく、ＳＥＤ・政府は西側からの技術移入を図ってきた。しかし、それは対西側債務を増大させてきたため（前掲第4-4表）、東ドイツは一九七七年頃から自前のプロダクト・イノベーションやプロセス・イノベーション（工程革新・製法革新）を実現すべく、その理論的・実践的基礎となるマイクロエレクトロニクスの開発に乗り出した。この時点の東ドイツの電機・電子工業は、国際的最先端技術との比較で、アナログの集積回路の分野では四〜八年、デジタル半導体メモリーやマイクロプロセッサーの分野で六〜七年の遅れがあったといわれている[35]。

電子技術の国産化にあたっては、ココム（対共産圏輸出調整委員会）規制によって表向きは西側技術に頼ることができない、という条件の下、東ドイツの頼みの綱はソ連との技術協力であった。しかし、この分野において、ソ連は他のコメコン諸国との協力に消極的であり、東ドイツは、規制を横目に西側の技術に活路を求めねばならなくなっていた。その際、重要な役割を演じたのが、ＳＥＤ中央委員会直属の通商調整局（kommerzielle Koordinierung：以下、ＫｏＫｏ）であった[36]。ＫｏＫｏは、通常の外貨建て取引とならんで、ココム規制の網の目をかいくぐり西側の技術の移入に貢献していたといわれている。その際、西ドイツとの特別地位協定が大きな意味を持った。東西ドイツの商取引は、対外取引としてではなく国内取引として扱われるというものであった。東ドイツは、東西交易において税制（関税）上の優遇をも受けることとなり、また西ドイツを通じてＥＣ（欧州共同体）市場と結びつくこともできた。

とはいえ、西ドイツからの技術移入は、外貨不足に悩む東ドイツが容易に拡大できるものではなかった。ＫｏＫｏが介在した輸入の五分の四は産業技術関連の製品であったが、それは東ドイツの設備投資の約八％（推定値）に相当するものにすぎなかった[37]。ＫｏＫｏの活動が、東ドイツの技術水準を引き上げることができたとしても、それは極めて限定的なものだったといえよう。

ところで、資源危機とコメコン価格の改定措置への対処を第一義的とする政策変更は、投資政策だけでなく、工業管理システムや生産組織の改造にも連動していた。先のＳＥＤ第九回大会でのホーネッカー報告では、「集約化」路線の実際の生産活動における担い手としてコンビナートに期待がかけられたが、その新設は明示されなかった。また、経営連合の廃止をうかがわせる言動も見られなかった。しかし、ＳＥＤ・政府は、一九七〇年代半ばから八〇年代初頭までに経営連合の解体、コンビナートへの再編、コンビナート一元化へと急速に方針を転換した。その前面に立ったのは、六〇年代経済改革期に党内の経済政策エキスパートとして活躍したギュンター・ミッターク[38]であった。以下では、ミッタークに代表されるSED・政府の見解を、それに対立する見解を交えて検討することにしよう。

第三節　コンビナートへの一元化

（一）　新しい工業管理と生産組織をめぐる論争

SED第九回大会以降、一九七七年から七八年のSED中央委員会総会や、党機関誌『アインハイト（*Einheit*）』、党公認学術雑誌『経済科学（*Wirtschaftswissenschaft*）』において、コンビナートの改造と新設とをめぐる議論が活発化した[39]。この議論は、前章で示した一九七三年政令の枠組みを解体するか否か、という問題にまで発展した。

新設に慎重な態度を示したのは、ゲルト・フリードリッヒ（Gerd Friedrich）やルドルフ・ゲーリッシュ（Rudolf Gerisch）であった。彼らはSED中央委員会付属の社会主義経済運営中央研究所（Zentralinstitut für sozialistische Wirtschaftsführung）の主要メンバー（副所長ならびに部局長）として、SEDの工業管理政策に関わっていた。この二人は、一九七三年の時点では、六〇年代末から増加した中央直轄コンビナートにおける管理機構の肥大化、権限の所在が不明瞭なことによる工業省と経営連合との間の対立と意思決定の遅れなどをあげ、コンビナートの新設よりも七二年までに設立されていた中央直轄コンビナートの管理機構再編や経営連合の存続と管理機構再編を重視する提案を行った[40]。彼らは、そうした国内の実状だけでなく、ソ連で採用されていた工業管理方式（工業連合、生産合同）を提案の理由としてあげ、一九七三年政令で確定した二元的な管理構造を肯定する立場をとってきた[41]。この見解は、七七年三月の『経済科学』誌上のフリードリッヒ論文にも受け継がれた。彼は、七六年のＳＥＤ第九回大会に依拠しながら、既存コンビナートの改造を提案するとともに、地域的に分散する多数の中小経営を抱える機械工業の一部や軽工業において、経営連合が組織する製品グループ別経営間分業と部門・業種・製品グループ別縦割りの管理体制を維持する必要性を説いた[42]。さらに、経営連合に研究・開発、販売、在庫管理、顧客サービス機能を集中させること（いわゆる「前方統合」）をあげ、経営連合の内的完結性の創出にも言及した[43]。

一九七七年八月の『アインハイト』論文で、フリードリッヒはその点を明確に示さなかった。後述するＳＥＤの方針転換がそれに関連していたものと考えられる。同論文では、コンビナートの改造だけでなく、その新設をも論点にあげられた。しかし、フリードリッヒは、この改造と新設を、あくまでも製品グループ別経営間分業などにならぶ「さらなる社会化（経営間分業：引用者）の多様な方法」の一つとして捉え、いずれも現実の諸条件と到達点から出発すべきであると論じた[44]。より具体的には、①研究・開発能力の統合、②生産の主―副―補助工程の有機的結合、③部品・資材供給部門の内部化、④合理化向けの機器製造工場の設置、など、コンビナートをいわゆる「垂直統合組織」として編成することを提案したのである。そのうえで、フリードリッヒは、中央直轄コンビナートの再編と新設を加速化することが決定されたＳＥＤ第六回中央委員会総会（七八年六月）と同じ月に発表された論文で、再編と新設は「社会化の諸条件の成熟に配慮しながら計画的かつ漸次的になされるべきである」[45]と指摘し、性急な経営連合の解体やコンビナート化に待ったをかけようとした。

これに対して、ミッタークは、一九七七年五月の論文を皮切りに、経営連合の解体とコンビナートの再編と新設を積極的に提案していった。彼は、フリードリッヒと同様に、①研究・開発、②最終生産、③資材・部品供給、④合理化向けの機器製造、といった課題を担う工場・事業所を個々のコンビナートに統合する必要性（「垂直統合組織」の形成)を力説した。彼の構想の根拠づけには不明瞭な点が見られたが、その提案はその後のコンビナート新設運動の布石となった[46]。先にあげたSED第六回中央委員会総会では、フリードリッヒの危惧をよそに、電機・電子部門における中央直轄コンビナートの再編、九月のSED中央委員会書記局会議では汎用機械・農業機械・車両製造部門における再編が決定されたのである[47]。

フリードリッヒとミッタークの相違は、まず経営連合の存続に関する見解に見られた。経営連合を一部の部門で残そうとしたフリードリッヒに対して、ミッタークは、コンビナートの新設を「管理の重層性を克服し、その影響力を高めるため[48]」の積極的手段と位置づけ、工業管理システムの中間段階をなす経営連合の解体を訴えた。これに対応して、コンビナートの再編の方法においても両者の相違が見られた。フリードリッヒは、部門ごとに異なる経営間分業の在り方や経営の集中度の差異を考慮したうえで、コンビナートを漸進的に再編することを提案すると同時に、それに至るまでの過渡的な組織形態を認める見解を示した。これに対して、ミッタークは、工業生産や輸出に占める既存コンビナートの割合の高さ(それぞれ四割から五割というパフォーマンスの高さ)を根拠に、あらゆる部門の工場・事業所(関連施設も含む)をコンビナート傘下に再編することを主張した。

この見解の不一致には、一九七八年八月に開かれたSED中央委員会主催のコンビナート・ゼミナール(コンビナート総裁全国総会)で、党・学者・コンビナート代表者の統一見解が示され、ひとまず政治的な決着がつけられた。報告では、フリードリッヒとミッタークが提起してきた基本構想(=「垂直統合組織」の形成)に、国内販売・貿易機能のコンビナート傘下への統合が加えられ、のちに一九七九年政令(後述)で規定されるコンビナート・モデルの原型が示された。このほか、コンビナートの課題として、国内向け消費財生産の増大、収益性の高い輸出の実現、生産の技術的基盤の拡充が改めて指摘された[49]。

この報告は、コンビナートへの転換を「生産の集中とコンビネーションの法則的プロセス[50]」と位置づけ、その一般化を狙うものでもあった。それは、コンビナートを「単なる経営の集合体ではなく、……再生産過程の内的完結性を保証する」[51]組織である、と規定することによって根拠づけられた。しかし、フリードリッヒ論文に見られたように、経営連合においても内的完結性を高めることは可能とされたわけだから、報告の根底にある狙いは、一九七三年政令で確立された二元的な工業管理システムの再編、とりわけミッタークが主張する中間管理組織としての経営連合の排除、その結果としてのコンビナートへの一元化にあったということができよう。問題は、フリードリッヒが危惧していた部門・業種内に存在する特殊な状況を、コンビナートへの一元化がどこまで配慮することができるか、という点にあったと思われる。たとえば、少量生産の木材工芸品、楽器製造などに、繊維製造部門における大量生産の論理を持ち込むことは有意義なのか、機械工業において生産性の異なる多数の下請け中小経営を内部化して大規模な生産単位を形成することに無理はないのか、といった疑問が浮かんでくるだろう（この点は、一九八〇年代初頭に改めて論争になる）。

コンビナート・ゼミナールでの報告は、コンビナートの新設を「単なる組織の変化ではなく、成熟しつつある経済的・政治的プロセス[52]」であると宣言し、工業労働者・職員の約一八％にあたる約五七万人のＳＥＤ党員[53]に動員を呼びかけた。コンビナートの新設は、経営連合、傘下経営、地方国家機関の党・労働組合・青年組織を中心に、個々の職場における疑義や異論を排除しつつ進められたのである[54]。

（二）　改革以前のコンビナート化と管理形態

上記のゼミナール以後、中央直轄コンビナート数は一九七九年一月一日までに九〇（七七年四五、七八年五四）に増加した（第4-5表）。化学、機械、軽工業、食品でのコンビナート設立が特徴的である。とくに、消費財生産に携わる業種（軽工業、食品）で多くのコンビナートが新設されたことは、コンビナートがあらゆる部門・業種に広まったことを意味した。経営連合は、ここに至り一三にまで減少し、化学では薬品、日用品、軽工業では家具、木工品、玩具、食品では製粉、精肉、乳製品加工などで残ったにすぎない[55]。経営連合傘下コンビナートも、中央直轄コンビナートへの統合によって三五(七八年一〇〇)に激減した。

この一九七三年から七九年初めまでのコンビナート設立運動は、どのような方法で進められたのであろうか。第4-6表を前章の第3-7表(コンビナートのリスト)と第3-8表(経営連合のリスト)と比較しながら確認しよう。

第一の方法は、一九六〇年代末に設立された電子・電機、機械製造、石油化学といった「構造規定的部門」のコンビナートが、生産増と製品多角化を目指して相互に合併するというものであった。代表例の一つは、電子コンビナート「ロボトロン(Robotron)」、同「ツェントロニック(Zentronik)」の合併によって一九七八年に成立した「新生」ロボトロンであった(第3-7表)。同社は、従業員数七万人、一五の生産工場、一つの合理化機器内部製造工場、一つの研究・開発センター、ベルリン、ドレスデン、エルフルト、ライプツィヒに配置された四つの販売営業所、一つの貿易経営("Robotron Export/Import")、一つのシステム情報販売所などから成っていた[56]。

一九七九年には、すでに七〇年に経営連合「工作機械・工具」傘下の工場を再編・統合して形成されていた金属成型技術コンビナート「ヘルベルト・ヴァルンケ(Herbert Warnke)」(エルフルト)が、プラスチック・合成樹脂素材加工機コンビナート(カール・マルクス・シュタット)と合併した(第3-7表)。

第二の方法は、一九七三年まで残存していた経営連合のコンビナートへの転換であった。前章の第3-8表と第4-6表との比較からも読み取れるように、ほとんどの経営連合が七九年末までにコンビナートに再編されたことがわかる。

化学工業部門では、四つの経営連合が、再編の時期は異なっていたものの、すべてコンビナートに転換された。重機・設備部門でも、すべての経営連合が解体され、コンビナートに再編された。従業員規模にも見られるように、経営連合「採炭設備・クレーン・運搬機」(第3-8表)の重機コンビナート「タクラフ(TAKRAF(Tagebau-Ausrüstungen, Krane und Förderanlagen))」への転換と、経営連合「鋳造設備建造」の解体に伴う、同連合傘下三六

第4-5表　経営連合および中央直轄コンビナート数の推移

部門／年	石炭・エネルギー 経営連合	石炭・エネルギー コンビナート[5]	冶金 経営連合	冶金 コンビナート[5]	化学 経営連合	化学 コンビナート[5]	機械[1] 経営連合	機械[1] コンビナート[5]
1965	7	0	7	0	8	0	35	0
1967	7	—	6	—	9	—	36	—
1969	5	—	6	—	10	—	37	—
1971	4	1	0	7	5	6	19	21
1979[6]	3	1	0	7	2	11	0	47
1980	0	24	0	7	0	15	0	45
1983	0	22	0	7	0	15	0	44

部門／年	軽工業[2] 経営連合	軽工業[2] コンビナート[5]	食品[3] 経営連合	食品[3] コンビナート[5]	合計[4] 経営連合	合計[4] コンビナート[5]
1965	22	0	6	0	85	0
1967	22	—	6	—	86	17[7]
1969	25	—	6	—	89	—
1971	21	2	4	0	53	37
1979[6]	2	21	6	3	13	90
1980	0	24	0	17	0	130(132)[8]
1983	0	25	0	17	0	130(132)[8]

1) 電機・電子を含む。
2) 繊維・被服，皮革，家具，木工製品，楽器など。
3) タバコを含む。
4) 建設および軍事生産分野の経営連合は除いた。前者のそれは7，後者のそれは1で推移した。
5) 中央直轄コンビナートのみ。経営連合傘下コンビナート数は，1970-72年に83，73年に104，75年に101，78年に100と増大したが，79年に35に激減したのち，80年には中央直轄コンビナートに吸収され，まったくなくなった。
6) 1979年政令公布前の経営連合と中央直轄コンビナートの数。
7) 経営連合傘下コンビナート数。
8) 括弧内は地質工業省の2つのコンビナートを加えた数字。

資料：1965-69年については，Brockhoff, Klaus/Buck, Hansjörg F., Wirtschaftliche Konzentration und Betriebsgrößenoptimierung in sozialistischen Wirtschaften, in: *Deutschland Archiv*, Heft 4, 1970, S. 260参照。1971年については，Scherzinger, Angela, Konzentrationsreformen in der DDR-Industrie, in: *Vierteljahrshefte zur Wirtschaftsforschung des DIW*, Heft 3, 1976, S. 172参照。1979, 80, 83年については，Melzer, Manfred/Scherzinger, Angela/Schwartau, Cord, Wird das Wirtschaftssystem der DDR durch vermehrte Kombinatsbildung effizienter?, in: *Vierteljahrshefte zur Wirtschaftsforschung des DIW*, Heft 4, 1979, S. 388-389; Autorenkollektiv, *Sozialistische Betriebswirtschaft Industrie*, Berlin 1986, S. 43; Institut für angewandte Wirtschaftsforschung (Hrsg.), *Wirtschaftsreport. Daten und Fakten zur wirtschaftlichen Lage Ostdeutschlands*, Berlin 1990, S. 84参照。

経営から成る鋳造設備・鋳物製品コンビナート「ギザック（GISAG（Gießereianlagenbau und Gußerzeugnisse））」への再編・転換、経営連合「造船」の造船コンビナートへの再編、経営連合「発電設備建造」からの発電所設備コンビナートへの再編は、巨大な企業体を生み出した。

また、電機・電子部門でも、多くの経営連合が解体され、コンビナートに再編された。経営連合「通信・測定機器」からは、電気通信技術コンビナートが形成され、一九七五年から七九年にかけては経営連合「電機・電子部品および真空技術」の傘下経営を母体に、エルフルト電子部品コンビナートとテルトウ電子部品コンビナート「カール・フォン・オシエツキ（Carl von Ossietzky）」（貿易経営「電機・輸出入（Elektronik Export/Import）」を含む）が誕生している。後者については、七七年に形成された電子部品コンビナート（ポツダム県テルトウ）が、七八年に電子部品工場（ゲーラ県ゲーラ）とゲルリッツ（ドレスデン県）とフライベルク（カール・マルクス・シュタット県）のコンデンサー工場を合併し、一二の生産経営と従業員数二万三〇〇〇人を擁することとなったのである。

加えて、エルフルト県ヴァイマールに主力経営を置く農業機械コンビナートとコトブス県エルスターヴァルデに主力経営を置く農業機械コンビナート「インプルザ（Impulsa）」（いずれも経営連合傘下コンビナート）は、一九七八年に整理・統合され、従業員六万一〇〇〇人、八一傘下経営（貿易経営「進歩・農機輸出入（Fortschritt Landmaschinen Export-Import）」を含む）を抱える巨大独占体である農業機械コンビナート「進歩（Fortschritt）」（エルフルト県ノイシュタット）が形成された。東ドイツの農業機械製造工場とその関連施設は、すべてこのコンビナートの傘下に統合されたといわれている。

これらの事例にとどまらず、他の重工業でも「経営連合の解体」と「傘下経営の再編」によるコンビナート化が数多く見られた。第4-6表の自動車・自動二輪車、特殊車両、各種の工作機械、計器・測定器、機械関連の部品・半製品供給の業種のコンビナートがそれである。

そうした事情は、軽工業でも同じであった。その先駆となった靴下コンビナート「エスダ（Esda）」（カール・マル

第4-6表　1973年から79年初めまでに設立された中央直轄コンビナート

	コンビナート名	本部所在地	管理形態	従業員規模	傘下経営数	設立年
A.	化学工業省					
1	農業化学コンビナート	ピースタリッツ	主力経営型	15,000	—	1979
2	プラスチック・コンビナート	ベルリン	先導経営型	32,000	30	1979
3	塗料・染料コンビナート	ベルリン	主力経営型	8,000	14	1975年以後
4	化学工業設備コンビナート	ライプツィッヒ	主力経営型	32,000	11	1978
5	タイヤ製造コンビナート	フリュステンヴァルデ	主力経営型	10,000	8	1973-75
6	合成繊維コンビナート	シュヴァルツハイデ	主力経営型	12,000	5	1973-75
B.	電機・電子工業省					
7	電気通信技術コンビナート	ライプツィッヒ	—	—	—	1975年以後
8	発電設備建造コンビナート	ライプツィッヒ	主力経営型	28,000	17	1979
9	自動化設備製造コンビナート	ベルリン	主力経営型	27,000	10	1979
10	電子部品コンビナート	エルフルト	先導経営型	48,000	22	1979
11	電子部品コンビナート	テルトウ	主力経営型	23,000	12	1975年以後
12	照明器機コンビナートNARVA「ローザ・ルクセンブル(Rosa Luxemburg)」	ベルリン	主力経営型	15,000	13	1978
13	ラジオ・テレビコンビナート	シュタースフルト	先導経営型	20,000	17	1975年以後
14	車両用照明機器コンビナート	ルーラ	主力経営型	11,000	10	1975年以後
15	電機コンビナート	ズール	主力経営型	10,000	9	1975年以後
16	カメラ・コンビナート「ペンタコン(Pentacon)」	ドレスデン	主力経営型	8,500	4	1975年以後
17	電機コンビナートEAW	ベルリン	主力経営型	34,000	25	—
C.	重機・設備工業省					
18	原動機・連結器コンビナート	マクデブルク	—	10,000	12	1975年以後
19	重機コンビナート「タクラフ(TAKRAF)」	ライプツィッヒ	主力経営型	40,000	27	1979
20	造船コンビナート	ロストック	—	55,000	12	1979
21	機関車・客車コンビナート	ベルリン	主力経営型	23,000	17	1979
22	建設資材コンビナート「バウケーマ(Baukema)」	ライプツィッヒ	—	8,000	—	1975年以後
23	発電所設備コンビナート	ベルリン	主力経営型	41,000	29	1978
24	鋳造設備・鋳物製品コンビナート「ギザック(GISAG)」	ライプツィッヒ	主力経営型	30,000	36	1979
D.	工作機械・加工機械工業省					
25	紡織機械コンビナート「テクスティーマ(Textima)」	カール・マルクス・シュタット	—	33,000	43	1975年以後

E. 軽工業省						
26	化学繊維コンビナート	カール・マルクス・シュタット	先導経営型	26,000	—	1979
27	被服コンビナート「デコ(Deko)」	プラウエン	先導経営型	30,000	56	1975年以後
28	羊毛・絹織物コンビナート	メラーネ	—	44,000	—	1975年以後
29	靴下コンビナート「エスダ(Esda)」	タールハイム	主力経営型	18,000	32	1975年以後
30	メリヤス・コンビナート	カール・マルクス・シュタット	—	—	—	1979
31	被服コンビナート	ベルリン	—	—	—	1979
32	皮革・毛皮加工コンビナート	ライプツィッヒ	—	—	—	1975年以後
33	製靴コンビナート	ヴァイセンフェルス	—	—	21	1975年以後
34	皮革コンビナート	シュヴェリン	—	—	—	1975年以後
35	ファスナー製造コンビナート「ソリドール(Solidor)」	ハイリゲンシュタット	主力経営型	5,000	—	1975年以後
F. 一般工作機械・農業機械・輸送機工業省						
36	IFA コンビナート(業務用車両)	ルートヴィッヒスフェルデ	主力経営型	36,400	17	1978
37	IFA コンビナート(乗用車)	カール・マルクス・シュタット	主力経営型	50,000	13	1978
38	特殊車両・トレーラー生産工場「エルンスト・グルーベ(Ernst Grube)」	ヴェルダウ	主力経営型	7,000	10	1978
39	オートバイ製造工場「エルンスト・テールマン(Ernst Thälmann)」	ズール	主力経営型	14,300	4	1975年以後
40	ヴァイマール農業機械コンビナート	ヴァイマール	}1978年に42と3社合併			
41	農業機械コンビナート「インプルザ(Impulsa)」	エルスターヴァルデ				
42	農業機械コンビナート「進歩(Fortschritt)」	ノイシュタット	主力経営型	61,000	81	1978
43	梱包機械コンビナート「ネゲマ(Negema)」	ドレスデン	先導経営型	14000	30	1976
44	チョコレート製造機・計器コンビナート ASCOBLOC	ドレスデン	1976年に43と合併			
45	家庭用金物コンビナート	カール・マルクス・シュタット	主力経営型	24,000	30	1978
46	ベアリングコンビナート	カール・マルクス・シュタット	主力経営型	—	—	1978
47	特殊機械コンビナート	ドレスデン	—	—	—	1973-75
G. 県直轄工業・食品工業省						
48	食品油・マーガリンコンビナート	マクデブルク	—	—	—	1975年以後
49	タバコ製品コンビナート	ベルリン	—	—	—	1975年以後
50	魚肉加工コンビナート	ロストック	—	—	—	1978
H. ガラス・セラミック工業省						
51	特殊ガラスコンビナート	イルメナウ	—	14,000	—	1975年以後
52	ガラス繊維コンビナート	オーシャッツ	—	—	—	1975年以後
53	ガラス板コンビナート	トルガウ	主力経営型	5,100	11	1979

	コンビナート名	本部所在地	管理形態	従業員規模	傘下経営数	設立年
54	ガラス容器コンビナート	ベルンスドルフ	—	—	—	1975年以後
55	ラウジッツ・ガラスコンビナート	ヴァイスヴァッサー	主力経営型	—	—	1979
56	高級陶器コンビナート	カーラ	主力経営型	1,500	—	1979
57	シリコン原料コンビナート	ケムリッツ	—	—	—	1975年以後
58	紙・パルプコンビナート	ハイデナウ	—	—	—	1975年以後
59	梱包コンビナート	ライプツィッヒ	—	—	—	1975年以後
60	建築用陶器コンビナート	ボルツェンブルク	1975年に建設省の所轄となった			

注：表中の通し番号に網掛けのあるもの(55コンビナート)は、1972年から79年まで存在していた経営連合の解体・再編によって生まれた。第3-8表にはない経営連合もあるが、経営連合自体の分離・統合によるものと思われる。この表と前章の第3-7表、第3-8表との比較や、各コンビナートに関する史料(統一後の東部5州の州立公文書館のインターネットのポータルサイトで概要のみ確認可能)により比較検討したが、まだ暫定的である。今後個別コンビナートの事例研究によって明らかにしていきたい。

資料：Melzer, Manfred/Scherzinger, Angela/Schwartau, Cord, Wird das Wirtschaftssystem der DDR durch vermehrte Kombinatsbildung effizienter?, in: *Vierteljahrshefte zur Wirtschaftsforschung des DIW*, Heft 4, 1979, S. 390-391. 本表では、1979年政令が公布される以前の状況を示している点に留意されたい。

クス・シュタット県ターールハイム)は、それまで経営連合「メリヤス、靴下」傘下、そして県の管轄下にあった同一業種の多数の中小経営を統合しながら事業拡大し、また製品多角化を実現した。その際、同コンビナートの形成にあたっては、四つの専門化された生産領域(婦人用ストッキング、紳士用靴下、子供用靴下、子供用ストッキング)が設けられるとともに、個々の領域の下請け生産と最終製品生産の関係が重視された。

また繊維部門では、メリヤス・コンビナート(カール・マルクス・シュタット)、化学繊維コンビナート(カール・マルクス・シュタット)、被服コンビナート「デコ(Deko)」(プラウエン)、羊毛・絹織物コンビナート(メラーネ)が、皮革・製靴部門では三つのコンビナートが、関連業種のファスナー製造では一つのコンビナートが、経営連合からの再編によって生まれた。他の軽工業部門(食品、ガラス・セラミック)にも同様のケースが見られた。

ここで問題となるのは、この再編運動によって形成されたコンビナートが、経営連合の従来の編成原理であった部門・業種の同一性・類似性を、一九七三年の政令に則って踏襲したのかどうかである。前述のように、七三年に「コンビナート」の編成原理が二本立てになったことを考えあわせると、この時期のコンビナートには、以前の経営連合と基本的に変わらない編成原理＝組織構造を持つものが少なくなかったことが考えられる。では何が「新しくなったのか」という点が注目されるのだが、それについては、のちに検討したい。

このような経過を伴って形成されたコンビナートは、傘下経営の立地条件、生産構造などに対応して、基本的につぎの三つの管理形態を採用した（第4-2図）。

第一の形態である本社型管理は、生産業務から独立した管理専門の本部（Selbständige Kombinatsleitung）が、傘下経営を統一的に管理するというものである。一九五〇年代に形成された単一経営型のコンビナートも、その本社（管理部）は実際の生産、販売などから独立していた。本社の監督下に置かれた傘下の非独立の工場・事業所は、本部と空間的に隣接する場所にあった。

一九七〇年代末までに形成されたコンビナートにおける本社型管理は、五〇年代のそれとは異なり、法人格を付与された傘下経営が地域的に分散し、また製造品目が多様化するなかで模索された新しい形態であった。もちろん管理を専門的に行うという点は、従来の単一経営型と同じである。

本社型管理の典型例の一つである光学機器コンビナート「カール・ツァイス・イェーナ」では、従来の伝統的な光学・精密機器はもとより、電子部品・機器の生産にまで製品を拡張するために、傘下経営が一六の製品グループごとに生産を担当した。それらは本社（イェーナ）から離れて立地していたこともあり、それらを統一的に専門に管理する機関の設置が望まれたのである。傘下経営は、テューリンゲンのザールフェルト、ズール、ザクセンのフライベルク、ドレスデン、ゲルリッツ、フライタール、グラースヒュッテ、そしてベルリンとポツダム近郊のラーテノウなどに分散していた。この本社型管理では、コンビナート総裁（Generaldirektor）への権限・責任の集中が他の管理形態よりも大きかった。本部の各種スタッフ（研究・開発、生産、物資調達・販売、人事・教育）は、

本社型管理

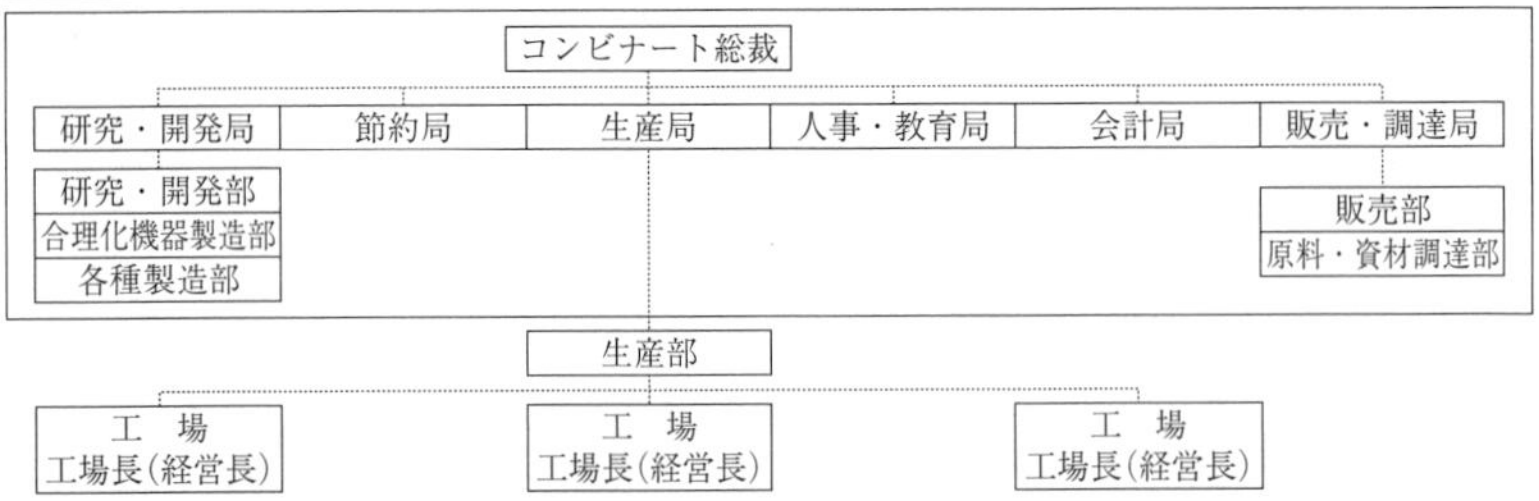

注：本社は管理機能に特化した活動を行う。本社の生産部が，コンビナート傘下の工場・事業所(形式的には法人格を持つ人民所有経営)の活動を管理する。

主力経営型管理

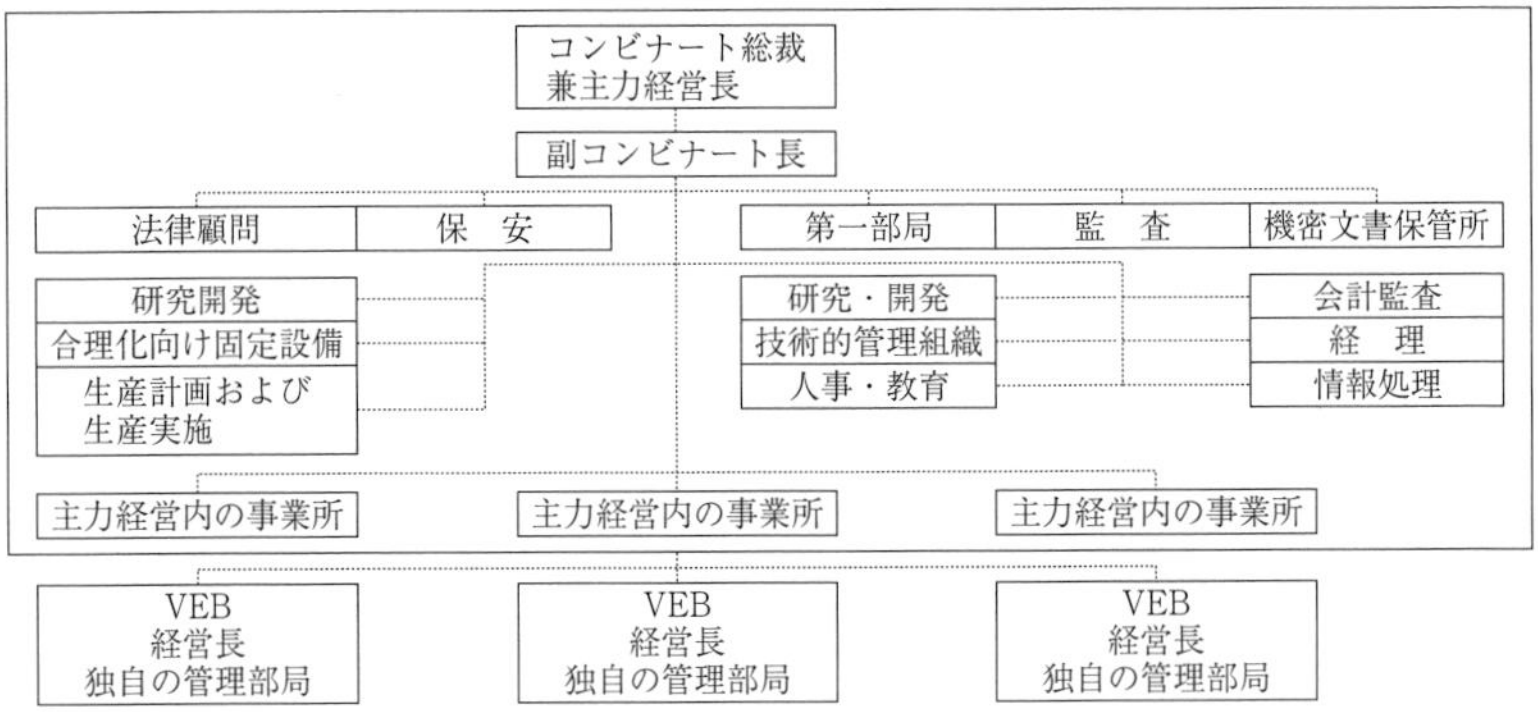

注：主力経営にはコンビナート全体の管理に関する部局(権限と責任)が集中。主力経営長は，他の傘下経営(VEB)の経営長と協力しながら，それぞれの生産課題を実現したり，分業にもとづく協業を行ったりする。

先導経営型管理

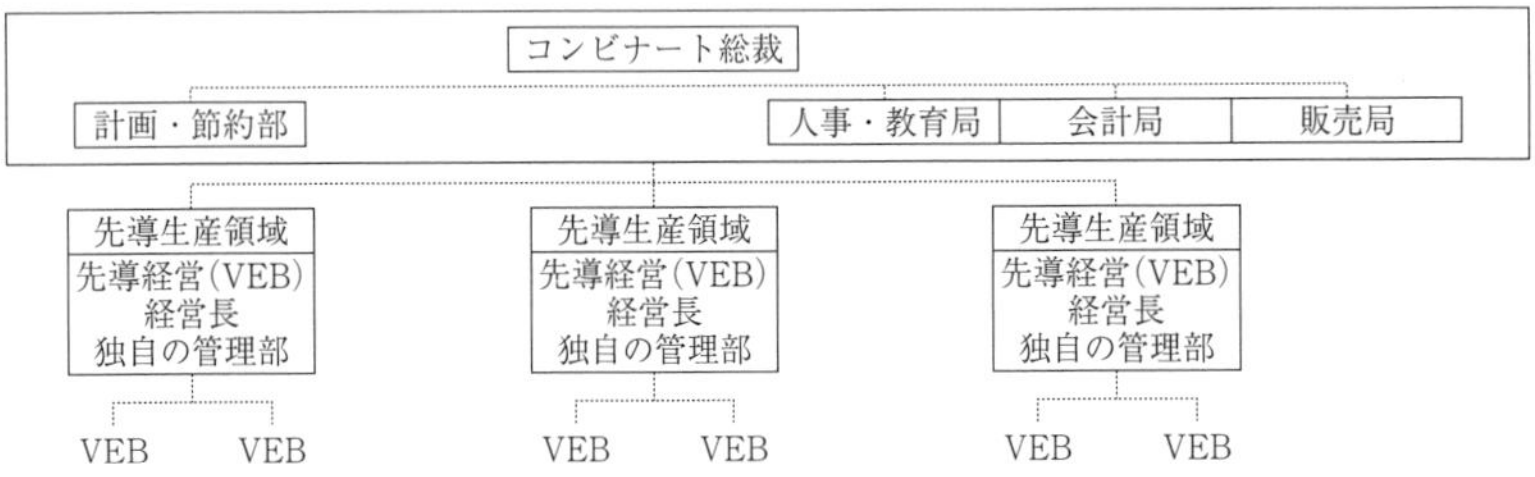

注：先導経営と製品グループ別経営間分業を行う経営(VEB)も，経営長と独自の管理部を置く。

第4-2図　人民所有コンビナートにおける管理の諸形態

資料：Autorenkollektiv, *Sozialistische Betriebswirtschaft Industrie*, Berlin 1986, S. 103; Erdmann, Kurt/Melzer, Manfred, Die neue Kombinatsverordnung in der DDR (2. Teil), in: *Deutsche Archiv*, Heft 10, 1980, S. 1047-1048.

個別の日常職務に関わる指導・監督・指令権限を有するとともに、コンビナート全体の経営方針に関わる戦略的意思形成への参加が認められていた。しかし、その最終的意思決定からは排除されていた[57]。この管理形態の問題点としては、分散する傘下経営間の日常的業務の調整が、現場から分離した本部を介して行われたために、短期の意思決定に時間的損失が生じやすかったこと、生産現場の実状から離れた諸決定(praxisferne Entscheidungen)がなされる可能性があったことがあげられる。

第二の形態は、より「過程に近い(prozeßnah)(＝生産現場に近い(produktionsnah))[58]」管理を特色とした主力経営型管理である。この形態はすでに一九六七年以後に設立された中央直轄コンビナートで採用されていた。設立時に選定された主力経営(Stammbetrieb：基幹企業や基幹経営とも訳されている)の長は、同時にコンビナート総裁を兼任し、また主力経営管理部のスタッフはコンビナート本部スタッフ業務を兼任した。主力経営長＝コンビナート総裁は、主力経営の活動の最終責任を負い、本部スタッフの協力にもとづいて、コンビナート傘下経営間の協力を組織・管理していた。実際には、コンビナート本部の生産・計画実施部長が主力経営内の事業所の管理を行い、主力経営長はコンビナート傘下経営の管理を行うといった管理上の分業がなされていた[59]。

この管理を採用するコンビナートは、①鉱山、冶金など、生産工程間の技術連関を重視する部門、②化学などのように製品多角化への対応が必要とされた部門、③多様な部品や付属品を生産する下請け工場と最終組立工場との調整を必要とした電機・電子、工作機械部門の最終製品生産者に数多く見られた。①の例としては、褐炭ガス製造コンビナート「シュヴァルツェ・プンペ」、②の例としては石油精製コンビナート(フランクフルト・オーダー県シュヴェート)、ビッターフェルト石油化学コンビナート(ハレ県)、③の例としては化学工業設備建造コンビナート「ヴィルヘルム・ピーク」(ハレ県マンスフェルト)、電子コンビナート「ロボトロン」、ＩＦＡ自動車コンビナート(カール・マルクス・シュタット)などがあった。

一般に主力経営は、コンビナートに統合される経営のなかから、「技術力・経済力、将来性、経済計画実現の安定性、地域の安定的長期発展への貢献度、管理者の政治的・イデオロギー的および専門的能力と経験」(60)を基準に選定されていた、といわれている。実際には、原料採取から各種の加工段階、最終製品生産に至るまで異種工程が連続しているような①の部門では、主力経営の選定に困難が伴った。②の部門については、原料加工の第一段階にとって重要な経営が主力経営とされた。③の部門のコンビナートについては最終製品が各々のコンビナートの生産組織の構造を規定するといった側面が強いことから、当該製品の最終生産者が主力経営に選ばれることが多かった。このように主力経営の選定に差異があったことにより、一方では、主力経営型管理の採用を回避する傾向が生まれ、他方では、まったく恣意的に主力経営型管理が採用される可能性が生ずることにもなった。

第三の形態は、先導経営型管理である。この形態では、同一・類似品目ごとに先導生産領域(Leitbereich)と先導経営(Leitbetrieb)が設定され、先導経営を中心とする経営間の製品グループ別経営間分業が組織され、それを本部のコンビナート総裁と各先導経営の長が協同して管理した。コンビナートの経営全体に関わる長期的計画課題の意思決定は、所轄工業省大臣との協議のうえでコンビナート総裁が行った。計画の実施については、本部スタッフ(計画・節約、販売、会計、人事・教育)が当該職務を独自の責任で遂行し、研究・開発、投資、物資調達、販売といった生産全般に関わる業務については、コンビナート総裁からの委託という形で先導経営長に任されていた。先導経営長には、当該企業における計画実施上の指導・監督・指令権限が与えられ、相対的に独立した活動を行う余地が残されていた。この意味で、先導経営型は、本社型や主力経営型よりも分権的であった。

先導経営型管理は、主として多品目の製品が生産される部門、とりわけ中小規模の傘下経営が地域的に分散している消費財部門において広く採用された。代表例の一つは、被服コンビナート「デコ」である。このコンビナートは、五つの生産領域(カーテン、絨毯、家具用素材、ふさ飾り、高級レース)に先導経営を設定し、計三六経営をそれぞれの領域に配分して管理していた。(61)また、製靴コンビナート(ハレ県ヴァイセンフェルス)では、六つの生産領域(婦人靴、紳士靴、子供靴、スポーツ靴・作業靴・特殊加工靴、屋内靴、皮革)の先導経営が、需要動向への対応を目指して生産を行っていた[62]。

このほか、半導体・制御ボード等のさまざまな電子部品を生産していたエルフルト電子部品コンビナート（二二傘下経営）、多様なプラスチック・合成樹脂製品を生産するために三〇の傘下経営を統合して設立されたプラスチック・コンビナート（ベルリン）でも、先導経営型管理が採用されていた。

（三）新型コンビナート構想

前項で見てきた一九七九年初頭までの急速なコンビナート再編とその後の新設を根拠づけるため、同年一一月には「人民所有コンビナート、コンビナート所属経営ならびに人民所有経営に関する閣僚評議会令」（以下、一九七九年政令）が公布された（年明けの一月一日発効）。以下では、この四三ヵ条から成る政令の特徴を、一九七三年政令と比較することにしよう（第4-7表）。一九七九年政令は、一九七三年政令時に確立した経済単位の三者構成と、経営連合と中央直轄コンビナートを中間環とする二元的な工業管理システムを、コンビナートとその傘下経営を中心とするシステムに統一した。これにより、ミッタークの所期の目的は制度的に確立されたといえよう。これとならんで政令は、工業省の権限・義務の一部をコンビナート本部に委譲することを規定した（第四条第一項）。これにより、コンビナートは、工業省から通達される計画課題の達成だけでなく、経済環境の変化に自らの判断で対処しなければならなくなったのである[63]。

さて、工業管理システム内でこのような位置づけを与えられたコンビナートは、いかなる構造と課題を有する組織となったのだろうか。一九七三年政令が生産過程内部の組織化の観点から傘下経営の編成原理を定義（製品あるいは加工過程の共通性、または生産諸段階の技術的に制約された依存性によって結合された諸経営[64]）していたのとは異なり、一九七九年政令には公布前の論議で示された「完結性の高い再生産過程（weitgehend geschlossener

1979 年政令への変化

【1979 年政令】

編別構成	6 編，43 条から成る
第 1 編	人民所有コンビナートおよび傘下経営の責任と地位
第 1 条	コンビナートの一般規定(定義，基本的課題，構成)
第 2 条	コンビナートの国民経済的責任(国防課題も含む)
第 3 条	コンビナートの地位(資産，法的地位，上級機関との関係)
第 4 条	コンビナートの国家的管理機能(詳細は別途定める)
第 5 条	コンビナート総裁の単独責任原則。地方の国家機関との協力
第 6 条	傘下経営の地位，機能，原則
第 7 条	コンビナート総裁と傘下経営の関係(任務の変更，委任)
第 8 条	経済法(契約)および労働法の遵守
第 2 編	人民所有コンビナートおよび傘下経営の課題
第 9-11 条	計画の策定およびバランシング
第 12-13 条	科学・技術
第 14 条	固定フォンド経済と合理化
第 15 条	原料・資材経済
第 16-17 条	社会主義経済統合と貿易
第 18-20 条	経済計算制，金融，価格
第 21 条	労働組織および労働・生活条件
第 22 条	幹部活動および教育
第 23 条	傘下経営間協力関係
第 3 編	人民所有コンビナートおよび傘下経営の管理
第 24-25 条	コンビナート総裁の責任
第 26 条	コンビナートにおける管理組織。製品グループ別経営間分業
第 27-28 条	傘下経営長の責任
第 29 条	定款および規則
第 30 条	法的代表
第 4 編	人民所有経営の地位・管理・課題
第 31 条	人民所有経営の地位
第 32-33 条	人民所有経営の管理
第 34 条	人民所有経営の課題
第 5 編	人民所有コンビナート・傘下経営，人民所有経営の設立
第 35-38 条	三者の設立について
第 39 条	権利能力の停止
第 40 条	帰属先・名義・所在地の変更

網掛け部分　新規追加

——→　一つの条文が「編」として豊富化された

- - - -→　条文の一部が盛り込まれて改編

⇒　項目・内容ともにほぼ一致

➡　項目上は一致するが，内容を追加

×　破棄

VVB vom 28. März 1973, in: *GBL. Teil I*, Nr. 15, S. 129-141; Verordnung über die volkseigenen Kombinate,

なお，簡略化のために，1973 年政令からは第 5 編(終末規定)，1979 年政令からは第 6 編(適用範囲および終

第 4-7 表　1973 年政令から

【1973 年政令】

編別構成	5 編，48 条から成る	
第 1 編	基本原則	
第 1 条	諸経済単位の国民経済における地位	×
第 2 条	適用範囲	×
第 3 条	諸経済単位の基本的課題	
第 4 条	各級国家機関の課題	×
第 5 条	地方機関・地方議会との協力	
第 6 条	諸経済単位の長の課題	
第 7 条	経済法・労働法の遵守	
第 2 編	人民所有経営の課題・権利・義務	
第 8-9 条	人民所有経営の地位	
第 10-12 条	計画の策定・執行	
第 13 条	金融，経済計算制，価格	
第 14 条	決算と分析	
第 15-16 条	科学・技術	
第 17 条	固定フォンド経済	
第 18 条	原料・資材経済	
第 19-20 条	労働および賃金	
第 21 条	管理組織	
第 22 条	幹部活動	➡第 22 条へ
第 23 条	法的代表	
第 3 編	コンビナートおよび傘下経営の課題・権利・義務	
第 24-25 条	コンビナートおよび傘下経営の地位	➡第 3 条と第 6 条へ
第 26 条	一つの省への帰属	➡第 4 条へ
第 27 条	コンビナートの設立	
第 28 条	コンビナートの権利能力	➡一部，第 3 条へ
第 29 条	コンビナートの管理	
第 30 条	傘下経営間協力関係	➡第 23 条へ
第 31-32 条	財務ファンドの形成と使用	➡第 18-20 条へ
第 33 条	定款	➡第 29 条へ
第 4 編	人民所有経営連合の課題・権利・義務	
第 34-35 条	人民所有経営連合の地位	×
第 36-38 条	計画策定	×
第 39 条	社会主義経済統合	×
第 40 条	製品グループ別経営間分業	⇒第 26 条へ
第 41 条	科学・技術	×
第 42 条	原料・資材経済	×
第 43 条	労働および賃金	×
第 44 条	経済計算制	×
第 45 条	価格	×
第 46 条	管理組織および幹部人事	×
第 47 条	定款および法的代表	×

資料：Verordnung über die Aufgaben, Rechte und Pflichten der volkseigenen Betriebe, Kombinate un
Kombinatsbetriebe und volkseigenen Betriebe vom 8. November 1979, in: *GBL. Teil I*, Nr. 38, S. 355-36
末規定）を省いた。

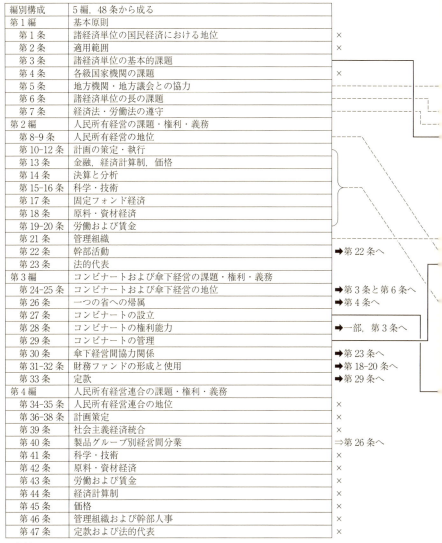

Reproduktionsprozeß)」[65]を創出する、という考え方、すなわち垂直統合の構想が盛り込まれた。具体的には、製品の最終生産だけではなく、その「川上」の資材・部品下請け工場（さらに原料資材部門）、「川下」の国内販売企業や貿易経営（マーケティング経営も含む）をコンビナート傘下に統合し拡大再生産を行っていくことが規定されたのである。これは、新設されるコンビナートはもとより、政令以前に一九六〇年代後半から徐々に設立されてきたコンビナートにも要請されることとなった。

この再編の方向性を前提に、一九七三年政令の「第二編　人民所有経営の課題・権利・義務」ならびに「第三編　コンビナートおよび傘下経営の課題・権利・義務」をベースに、一九七九年政令では「第三編　人民所有コンビナートおよび傘下経営の管理」と「第四編　人民所有経営の地位・管理・課題」が作成され、また「第二編　人民所有コンビナートおよび傘下経営の課題」が新規に追加された。その内容は、おおむね以下の通り。

まず、一九七九年政令第一二～一三条の「科学・技術」では、コンビナート外部の学術・研究機関との協力関係の強化やコンビナート内の研究・開発施設の拡充が重視された。第一四条の「固定フォンド経済と合理化」では、企画・設計施設、建設部、合理化機器製造工場をコンビナート内に設置することがあげられた。第一五条「原料・資材経済」では、一九七三年政令の第一八条をベースに（廃止された第四二条も考慮しながら）、資源節約的な生産方法や生産技術の導入、資源の再利用、適正な在庫管理といった課題が新たに加えられた。第一六～一七条の「社会主義経済統合と貿易」については、コンビナート独自の貿易経営の統合・設置が認められた。生産者としてのコンビナートに、直接諸外国の市場動向を把握・分析させるというのがその狙いであった。第一八～二〇条の「経済計算制、金融、価格」では、コンビナートの財務へ関心を高めるために、計画目標の達成と資金配分の優遇措置とを結びつけたり、コスト要因の節約を価格に反映させたりすることが認められた。また、管理経費のコンビナート内調達に向けて、傘下経営からの醵出が義務づけられた。そして第二二条の「幹部活動および教育」については、幹部となる人材、とりわけ科学技術分野の専門幹部の選定・養成・配置が改定された。これは、コンビナート全体の技術力の向上を人的に補強するための試みであったといえよう。以上の改定点のうち、第一二〜一七条まではコンビナート・モデルで示された統合構想に直接関連するものであった。また、第一八〜二〇条と第二二条については、七〇年代半ば以降の資源危機に対応すべく、研究・開発力の拡充、合理化による減量生産体制の構築、輸出強化を強く意識したものでもあった。

つぎにコンビナート内の管理構造の変化について見よう。一九七九年政令は管理に関する規定を改定した（第三編）。先述の通り、この政令公布以前には、本社型管理、主力経営型管理、先導経営型管理の三つの形態が、設立途上にあったコンビナートで採用されてきた。それを基本的に踏襲しつつも、いくつかの特徴的な変化が見られた。第一は、最終的決定権限や諸機能、そして責任が本部のコンビナート総裁や専門部局幹部に集中したことにより、傘下経営の独立性が以前よりも強く制限されたことにあった(66)。第二に、この関係を前提に、一九七九年政令は、コンビナート内の管理の形態として主力経営＝本部型（以下、主力経営型）とその亜種である本社型が基本に据えられた(67)。この二つの形態では、管理本部が生産から独立しているか否かという違いはあったが、権限と責任は本部に集中していた。また、一九七九年政令は、例外的に先導経営型管理の採用をも認めた(68)。政令公布から一年後の各々の構成比は、主力経営型が六五％、本社型が二〇％、先導経営型が一五％であった(69)。部門別で見ると、主力経営型を採用するコンビナートは原料・基礎資材工業と加工組立型工業に多く、本社型は化学部門、光学・精密機器部門に見られた。主力経営型が多い部門には経済力・技術力といった点でコンビナートを代表するような大経営が存在していた。また一九六七年から七〇年代初頭までのコンビナート設立の際に、多くのコンビナートが主力経営型管理を採用していたことに関連する。

本社型管理の場合には、化学のブーナ工場、あるいは光学・精密機器のカール・ツァイス・イェーナのように、古くからこの管理形態を採用していた、という要因が強く働いていた(70)。

先導経営型管理は、コンビナート内に大量の中小経営が存在する、それらの規模・供給能力・技術力が不十分である、といった理由から経営連合の解体が遅れた機械部門や電機・電子部門の消費財・部品関連業種や、製品パレットの広い消費財部門のコンビナートで採用される場合はあったものの、政令が示す通り主力経営型が少なくなかった。

(四)　コンビナート改革の実績

先に触れたように東ドイツ経済の成長率は、一九七〇年代半ばに低落したのちに、一旦回復を見せたものの七七年から七九年に大きく低下し、七九～八〇年の一時的回復のあと、八一～八二年に史上初のマイナスを記録した(前掲第3-1図)。その背景の一つには第二次オイルショックによる国際収支の悪化があった。貿易赤字の大半は、ソ連産輸入原油価格の上昇や、デタント気運のなかで拡大してきた西側先進諸国からの生産財輸入があった。対ソ連ならびに対西側貿易は、資源を確保し、国際的技術革新に追随するためには不可欠であったが、東ドイツはその決済手段を獲得するための輸出拡大を実現できなかったのである[71]。それは、コメコン諸国への輸出が各国の経済計画との関連であらかじめ各国間契約に拘束されていたこと、品質・技術水準・デザイン等の問題から対西側先進国への輸出が伸び悩んでいたこと、などに原因があった。これに対処するため、ＳＥＤ・政府は輸入抑制を含む徹底的な節約体制の構築と大幅な輸出拡大を図った。その先駆けとして、八一年にはソ連からの原油供給量削減の提案が受け入れられた[72]。また、翌八二年にはポーランドとルーマニアの債務不履行によって東欧諸国に対する西側の信用が失われ借款が困難になったが、東ドイツ政府はその回復に向けて輸入抑制や国内消費を犠牲にした輸出拡大を行った。

この状況下で、中央直轄コンビナート数は一九七九年の一〇一から八三年の一三二に増加した(第4-8表)。それらには、東ドイツの国有セクター工業全体(工業省および県評議会直轄下の工業)の経営数のほぼ半数が統合されていた。そうしたなかで注目されるのは、八〇年から八三年までに、コンビナート傘下経営数が二六〇九から一九八一に減少したことである。六二八経営がなくなったのではなく、とくに機械工業や軽工業、県直轄工業・食品工業省傘下において、新たに傘下経営同士が統合して大規模化したことによるものであった。こうした短期の企業集中は、工業省所轄外の工業経営（手工業生産協同組合や私的中小経営）における五六七経営の減少（他の経営との統合）についてもいえる。これについては、さらに国有化の要素も関連していたものと思われる。

この一三二の中央直轄コンビナートは、工業省直轄工業に限ってみると、その総生産高のほぼ一〇〇％を占めた。また、就業者数、国内向け・輸出向け完成品に占めるその割合は九八～一〇〇％に達していた(73)。中央直轄コンビナートに統合されなかった経営には、中央直轄と県評議会直轄のものがあったが、そのほとんどは県評議会の管理下で消費財生産を担う中小経営であった。その多くは一九八一年から新たに設立が開始された県直轄コンビナートに統合された（同年中に一挙に九三に増加）(74)。県直轄コンビナート数は、八三年にピークに達し、県評議会直轄工業の総生産高の九四％、就業者数の九二％、輸出の八五％を占めるまでになった。

この急速な設立運動に併行して、ＳＥＤ・政府は、コンビナート・ゼミナールを通じて、一九七九年政令の構想実現のために各コンビナートの統一的な行動を促した（第4-9表）。

一九八〇年のゼミナール報告では、①部品・半製品の下請供給の遅延・不足の克服、②研究・開発力の向上、③生産過程の合理化の推進に力点が置かれた。とくに、部品供給問題の解決は、最終製品の増産や品質向上のために不可欠とされた(75)。研究・開発については、基礎研究を担う外部組織との協力を強めると同時に、技術系管理スタッフや専門労働者を育成・拡充する必要性が示された。生産の合理化については、補助工程の機械化を通じて人員を削減し、それを主工程の交代制労働に配置転換させ、機械の稼働率を高めることが課題とされた(76)。

一九八一年のゼミナールは、政令の統合課題の実現とともに、ＳＥＤ第一〇回大会で提起された「八〇年代経済戦略(77)」を、すべてのコンビナートに徹底させることを目標に掲げた。同戦略は、マイクロエレクトロニクス技

コンビナートの部門別構成

傘下経営の内訳				労働者・職員（千人）	構成比（%）	工業生産高（十億マルク）	構成比（%）
研究・開発[1)]	貿　易	国内販売	その他				
5	—	—	—	242.0	(9.1)	44.5	(12.4)
1	1	—	—	177.4	(6.7)	36.6	(10.2)
5	4	1	1	314.6	(11.9)	82.6	(23.0)
14	3	12	—	479.6	(18.1)	40.3	(11.2)
11	6	—	—	327.7	(12.4)	28.5	(7.9)
9	3	—	—	135.6	(5.1)	10.9	(3.0)
7	4	25	—	256.7	(9.7)	29.8	(8.3)
11	—	2	1	393.3	(14.8)	40.6	(11.3)
8	2	1	1	111.5	(4.2)	11.2	(3.1)
12	2	8	—	202.0	(7.6)	32.4	(9.0)
6	—	—	—	11.5	(0.4)	1.8	(0.5)
89	25	49	3	2,651.9	(100.0)	359.2	(100.0)

angewandte Wirtschaftsforschung (Hrsg.), *Wirtschaftsreport. Daten und Fakten zur wirtschaftlichen*

術を基盤とする「集約化」を進め、最終的には国民所得成長率の上昇、国内外向けの消費財生産の増加を狙うものであった。政令との関連で、とくに注目されるのは、八一年ゼミナール報告が、前年と同様に部品・半製品の下請供給の組織化を重視している点である。これは、部品・半製品の納入遅延が個々のコンビナートにとって深刻な問題となっていたことをうかがわせるものである。ただし、ゼミナール報告はその具体的解決策を示していなかった。

一九八二年のゼミナールでは、現実の経済的諸問題にいかに対処するかという視点から報告がなされた。先に見てきたように、この年の東ドイツ経済は危機的な状況に直面していた。そのため報告は、すべてのコスト要因の節約・効率利用にもとづく減量生産体制を構築するとともに、輸出品や消費財の供給拡大を重点課題としてあげている。とくに、原燃料の投入を絶対的に削減しつつ増産することが求められた。また、交代制労働や産業ロボットの導入が予定されているコンビナートに投資資金を優先的に振り向ける、といった合理化推進策がとられることになった。

第4-8表　1983年の中央直轄

工業省	1980年		1983年		
	コンビナート数	傘下経営数	コンビナート数	傘下経営数	生産
褐炭・エネルギー	22	49	22	56	51
鉱山・冶金・カリ	7	51	7	53	51
化学	15	123	15	128	117
電機・電子	17	250	17	268	239
重機・設備	13	234	13	233	216
工作機械・加工機械	6	125	6	116	104
汎用機械・農業機械・自動車	9	198	8	202	166
軽工業	14	687	14	403	389
ガラス・セラミック	10	152	11	129	117
県直轄工業・食品	17	732	17	383	361
地質	2	8	2	10	4
小計	132	2,609	132	1,981	1,815
工業省所轄外の経営		2,422		1,855	
合計		5,031		3,826	

1）コンビナート独自の合理化機器製造を含む。
資料：Autorenkollektiv, *Sozialistische Betriebswirtschaft Industrie*, Berlin 1986, S. 43; Institut fü
Lage Ostdeutschlands, Berlin 1990, S. 84.

一九八三年に開催された学術会議では、コンビナート化がほぼ完全に終了したことが宣言された(78)。また、その基調報告では、コンビナート改革の理論的総括を行い、構想の正当性が強調された。しかし、この年までの統合の実態は、一九七九年政令と照らし合わせる限り工業部門ごとに異なる様相を呈した。すでに生産部門の統合については言及してきたので、以下では、「研究・開発」、「国内販売」、「貿易」の順で統合実績について検討しよう。

前掲第4-8表に集計したように一九八三年時点で研究・開発あるいは合理化機器製造工場を統合したのは、八九のコンビナートであった。合理化機器の内部製造は、先端技術を軸とする合理化、弾力的機械化・自動化をコンビナートがイニシアティブをとって推進し、労働生産性と国民所得の増大を図るという、六〇年代以来の科学技術政策に対応した積極的な構想であるように見えた。しかし、現実には、西側技術の導入が困難になっていたこと（貿易圧力、ココム規制の影響）、貿易赤字や対外債務解消に向けて、電子・電機製品（たとえば、NC工作機械、電子部品など）が大量に輸出さ

第4-9表　SED中央委員会主催ゼミナールにおけるコンビナートの捉え方の変化

年	統合戦略の力点			管理組織の在り方		主要な制度変更，政治経済の動きなど	
	生産組織	国内販売・貿易	科学技術	管理形態	その他	業績評価の基本指標	その他
1979	資材・部品工場，修理・補修工場の統合	国内販売経営，貿易経営の統合（前方統合）	外部の研究・開発機関との連携，コンビナート内の研究開発施設，合理化機器の内部製作	主力経営型 本社型 先導経営型	コンビナート総裁の権限引き上げ	工業的商品生産，純利益，商品生産100マルク当たりの原料・資材コスト	第二次オイルショック
1980	資材・部品不足の解消，修理・補修工場の統合，高品質・付加価値製品の生産，運輸・保管部門の合理化	統合課題としての強調はない	外部の研究・開発機関との連携，コンビナート内の研究開発施設，合理化機器の内部製作	言及なし	情報処理装置の導入によるオフィスオートメーション化	工業的商品生産，純利益，商品生産100マルク当たりの原料・資材コスト	GDP成長率の急落，資源節約の励行
1981	品質向上に寄与する部品・付属品生産工場の設置，高品質な消費財の生産，合理化機器製造工場の設置	統合課題としての強調はない	外部の研究・開発機関との連携，コンビナート内の研究開発施設，合理化機器の内部製作，マイクロエレクトロニクス技術の重視	言及なし	党の役割の強調，本部管理スタッフ，経営長の資質の向上	工業的商品生産，純利益，商品生産100マルク当たりの原料・資材コスト	SED第10回大会（81年）における「80年代経済戦略」の程示。ソ連産原油供給の削減，県直轄コンビナートの設立開始
1982	労働生産性の向上によるコスト・人員の節約，原料・資材工業および部品供給工場への労働力の優先的配分，交代制労働の拡大，既存生産設備の利用	統合課題としての強調はない	若い技術者の登用，創意・発明運動の組織化	言及なし	党の役割の強調，本部管理スタッフ，経営長の資質の向上	工業的商品生産，純利益，商品生産100マルク当たりの原料・資材コスト	1982年政令の公布・施行，ソ連との協力関係の強調（資源外交強化），県直轄コンビナートの意義の強調
1983[1]	品質向上に寄与する部品・付属品生産工場の設置，消費財生産の拡充（国内・輸出向け）	貿易経営，国内販売経営の統合の強調	コンビナート内の研究開発施設（人材育成も含めて），合理化機器の内部製作	管理コストおよび人員の節約に向けた主力経営型管理の強調	主力経営と傘下経営の格差の是正	新しい業績評価指標，純生産，純利益，国民向け消費財・サービス供給，輸出	新財務資金運用指針 西ドイツからの10億ドイツマルクの借款（シュトラウス借款），国家計画指標の増大，経済計算制の厳格化
1984	部品・付属品生産工場の統合の強調	再び統合課題としての強調はなくなる	合理化機器の内部製作（具体的には，工具，計器，検査機器）	計画の達成に向けた主力経営型管理の徹底	計画策定・管理システムの改善，経済計算制の部分改正，各種バランス監査の重視	純生産，純利益，国民向け消費財・サービス供給，輸出	国民経済のあらゆる余力の開拓と利用が強調された。とくに国内消費材供給と輸出，西ドイツからの9.5億ドイツマルクの借款
1985	部品・付属品生産工場の統合の強調，製品グループ別経営間分業の重視（先導企業型管理との関連）	資材・部品供給に特化しているコンビナートの輸出を奨励	合理化機器の内部製作をすべてのコンビナートに要請	主力経営型管理と先導経営型管理の重視	各種バランス監査の強化	純生産，純利益，国民向け消費財・サービス供給，輸出	経済計算制の一層の強化，物財バランス，財務バランスの監査の強化

1）この年は，カール・マルクス没後100年を記念して学術会議が開催された年であった。会議のテーマは，「コンビナートの発展における諸経験の理論的一般化」であった。この会議の２つの基調報告（G. ミッタークとH. コツィオレク）は，それまでのSEDゼミナールを総括する意味を持った。

資料：*Mit der Kraft der Kombinate für weiteren hohen Leistungsanstieg (Erfahrungsaustausch des Zentralkomitees der SED mit den Generaldirektoren und Parteiorganisatoren des ZK vom 19. bis 21. März 1980 in Gera)*, Berlin 1980; *Kombinate im Kampf um die Durchführung der Ökonomischen Strategie der X. Parteitages (Seminar des Zentralkomitees der SED mit den Generaldirektoren und Parteiorganisatoren des ZK vom 27. bis 30. April 1981 in Leipzig)*, Berlin 1981; *Kombinate vergrößern ihren Beitrag zur Erfüllung der Beschlüsse des X. Parteitages (Seminar des Zentralkomitees der SED mit den Generaldirektoren und Parteiorganisatoren des ZK vom 5. bis 8. April 1982 in Leipzig)*, Berlin 1982; *Ökonomische Strategie der Partei — klares Konzept für weiteres Wachstum (Wirtschaftswissenschaftliche Konferenz der DDR im Karl-Marx-Jahr am 29. und 30. September 1983 in Berlin)*, Berlin 1983; *Nach neuen Maßstäben die Intensivierung umfassend organisieren (Seminar des Zentralkomitees der SED mit den Generaldirektoren und Parteiorganisatoren des ZK vom 8. bis 9. März 1984 in Leipzig)*, Berlin 1984; *Mit höchsten Leistungen den XI. Parteitag vorbereiten (Seminar des Zentralkomitees der SED mit den Generaldirektoren und Parteiorganisatoren des ZK vom 5. bis 8. April 1982 in Leipzig)*, Berlin 1985.

れねばならなかったことから、国内における生産手段需要の充足が困難となったために、生産手段の内部製造がコンビナートに強く要請されたのである。その最大の問題は、内部製造に先立つ研究・開発が、特殊コンビナート的になされたことにあった。それは、一面では個々のコンビナートに適合的な生産技術を開発することにつながったが、他面では「先端技術の開発に必要な専門化や協力の効果の放棄」、「国際的に見ても、条件付きでしか競争力を示し得ず、技術的にも自給自足的イノベーション」といった性格を持つものでもあった[79]。したがって、先端技術を軸とする合理化・機械化・自動化という政策課題の実現は、当初から問題点を抱えざるを得なかったのである[80]。

この生産手段の内部製造は、コンビナート内の研究・開発に強く依存していた。しかし、研究・開発の分野では、すでにつぎのような分業体制ができあがっていた。すなわち、工業のあらゆる分野に及ぶ基礎技術研究は、科学アカデミー付属研究所や大学が行い、特定部門の生産の技術開発には、各工業省の管轄下に置かれた研究所が行うというものであった。一九七九年政令以後は、研究・開発をより生産現場に近い、コンビナート内部で行うことが要請された。たとえば、電子コンビナート「ロボトロン」は、独自の研究技術センターと技術サービス部を設け、生産技術改良・刷新のための研究・開発、新製品の開発などを担当させた[81]。また、同じく電機・電子工業省管轄下にあったヘルムスドルフ・セラミックコンビナートでも、研究技術センターが新たに設置され、フェライト、点火プラグ、集積回路ボード、変圧器用材等の製品開発や工場内合理化のための設備の開発が行われていた[82]。こうした試みは、以前の状態からすれば肯定的評価の対象となるだろう[83]。しかし、西側との、制約された技術交流のなかで行われた特殊コンビナート的研究・開発は、かえって国際的水準への接近を遅らせる原因になったことも考えられる。

部門別で見ると、褐炭・エネルギー、鉱山・冶金・カリ、化学のコンビナートでは統合件数は少なかったが、傘下経営数に対するその割合はむしろ他部門よりも高かった。電機・電子、機械工業の三部門、軽工業の三部門では、それぞれ七割を超える比率で統合が進んでいた。電機・電子の場合、それ自体が高度な科学技術水準を必要としたこと、機械工業では、重要な輸出業種として国際水準に見合った製品開発が求められたことが、高い統合比率につながったものと思われる。また、部門の性格上、合理化機器製造工場の設置が他部門に比べて容易だったこともその理由としてあげられよう。軽工業では、他部門よりも遅れていた機械化がこの統合によって進む可能性が高かったことが高い統合比率につながったものと考えられる。

つぎに国内販売経営の統合について見よう。ここで注意しなければならないのは、生産財の約七割は、経営間あるいはコンビナート間の契約によって直接取引されていた点である。(84) したがって、販売経営を通じた取引の主要な対象は消費財であった。コンビナートに統合されていた合計四九の国内販売経営の多くが、電機・電子(家電)、一般機械・農業機械・車両(自動車、オートバイ)といった一部の業種に集中していたのはそうした事情による。その観点からすると、軽工業や食品工業部門のコンビナートで販売経営の統合が進んでいないのは奇異に思われよう。しかし、これらの部門の製品販売については、すでに国内の卸売・小売商業経営が一手に請け負っていたので、流通における規模の経済の観点から統合は必要最低限に抑えられたものと考えられる。

最後に貿易経営の統合について確認しておこう。この課題は、一九七〇年代末から八〇年代初頭の経済状況の悪化に対応する極めて重要な項目として位置づけられていた。統合以前には、貿易経営はすべて貿易省の管轄下に置かれていた。貿易経営は、獲得した外貨利益を国庫に納入していた。(85) コンビナートには外貨利益から貿易経営の仲介マージン等を差し引いた金額が国内通貨で支払われた。七八年になると、コンビナートは、貿易省の管轄下に置かれた貿易経営の仲介を受けず、独自に貿易活動を展開することを認められたが、(86) この試みは、コンビナート内で専門販売員が養成されていなかったこと、西側への出張を許可された人材が不足していたことなどもあり積極的に展開されないまま終わった。(87)

一九七九年政令以降は、こうした貿易経営とコンビナートの関係を改めるため、貿易経営のコンビナートへの統合が構想された。統合にあたっては、コンビナートの製造品目と貿易経営の販売品目の一致が条件とされた。ただし、そうした一致があっても、コンビナートの生産量が貿易経営に課された販売量や売上額に満たない場合には、同一製品群を生産するいくつかのコンビナートの販売を、工業省管轄下の貿易経営が一手に請け負うという形がとられた(88)。

貿易経営の統合以前には、それまで貿易を独占していた貿易省の反対があった。その後、貿易省の貿易経営に対する指導・監督権限は維持されるという前提で、工業省と貿易省の間で以下の内容の合意がかわされ、統合が決定された。

①貿易経営が独立した経営としてコンビナートに統合される場合、貿易経営の長はコンビナート総裁の販売に関わる権能を有する。②貿易経営の支店はコンビナートに統合されるが、貿易経営支店長は同時にコンビナート管理本部の構成員となる。その際、貿易経営の管理は工業省の指導・監督下に置かれる。③貿易経営が工業省の指導・監督下に置かれた場合、貿易経営長は外部経営の一員としてコンビナートのトップ・マネジメントの構成員となる(89)。

統合の実施により、一九八一年の時点で合計五一の貿易経営のうち、二四が工業省の管轄下に置かれ、二五がコンビナートに所属し、残りの二つが貿易省の管轄下にとどまった(90)。その内訳は、第4-10表の通りである。二五の貿易経営のうち一六件は「八〇年代経済戦略」で最重視された工業用電機・電子や重機、化学工業に集中していた(91)。統合の効果としては、生産から販売(輸出)までの期間短縮、国際市場の需要動向へのコンビナートの関心の向上が期待された。また、輸出を大幅に拡大するため、輸出計画が超過達成された際に、コンビナート内に超過分の外貨が当該外貨勘定で留保される可能性が与えられた(92)。

しかし、この統合は最初から問題を抱えていた。前述したように、一九七〇年代末から八〇年代初頭には、東ドイツの交易条件が著しく悪化していた。そうしたなかで、輸出に関する責任が二つの省へ分散されたことは、

第4-10表　東ドイツの貿易経営(1981年1月1日時点)

	貿易経営の名称	主要取り扱い品
A.	コンビナート傘下に組み入れられた貿易経営	
1	Baukema Export/Import (K)	建設資材，建設機械
2	VEB Carl Zeiss Jena (K)	光学機器，集積回路
3	Chemieanlagen Export/Import (K)	化学工業用設備
4	Elektronik Export-Import (K)	電子部品
5	Fischimpex Rostock (K)	生鮮魚介類，缶詰
6	FORTSCHRITT LANDMASCHINEN EXPORT-IMPORT (K)	農業用機械
7	GERMED-export-import (K)	医薬品
8	Kali-Bergbau (K)	カリ
9	VE Kombinat Kohleversorgung (K)	褐炭，石炭
10	MLW intermed-export-import (K)	医療用機器
11	ORWO Export-Import (K)	フィルム，溶剤
12	VEB Philatelie Wernsdorf (K)	使用済み切手
13	VEB Petrochemisches Kombinat Schwedt (K)	石油化学製品
14	Pneumant-Bereifungen Export-Import (K)	タイヤ
15	Polygraph-Export/Import (K)	印刷機
16	Robotron Export/Import (K)	電子機器・部品
17	Schinenfahrzeuge Export/Import (K)	機関車，客車
18	Schiffcommerz (K)	輸送船，漁船
19	SKET Export/Import (K)	重機
20	TAKRAF Export/Import (K)	褐炭採掘設備，クレーン
21	Textima-Export/Import (K)	繊維工業用機械
22	VE Kombinat Verbundnetz Energie (K)	電力
23	Verpackung und Burobedarf Export/Import (K)	包装機器，事務用品
24	Walzlager und Normteile Export/Import (K)	ベアリング
25	Zellstoff und Papier Export/Import (K)	紙・パルプ
B.	独立した貿易経営	
1	Berliner Import-Export-Gesellschaft mbH	食品，機械，電機・電子
2	Buchexport	書籍一般
3	Chemie Export-Import	化学原料・化学製品
4	DEFA Aussenhandel	映画配給
5	Desuma	楽器，玩具
6	Elektrotechnik Export-Import	電気，電子製品
7	FURCHTIMEX	果物，野菜
8	GENUSMITTEL IMPORT-EXPORT	嗜好品
9	Glas-Keramik	ガラス製品，陶器
10	Heim-Electric Export-Import	家電
11	Holz und Papier Export-Import	木材，紙
12	Industrieanlagen-Import	工業用設備
13	intercoop	建設資材
14	INTERPELZ	毛皮，皮革製品
15	Intrac Handelsgesellschaft mbH	石油等の鉱産物，証券取引
16	Isocommerz GmbH	アイソトープ，放射線技術
17	LIMEX-BAU-EXPORT-IMPORT	建設資材
18	Metallurgiehandel	金属製品
19	NAHRUNG EXPORT-IMPORT	食品全般
20	Spielwaren und Sportartikel Export-Import	玩具，スポーツ用品
21	Techno Commerz GmbH	排水・換気技術
22	TEXTIL COMMERZ	繊維製品全般
23	TRANSPORTMASCHINEN EXPORT-IMPORT	輸送機械
24	Union Haushaltsgerate export-import	日用品・雑貨
25	WMW EXPORT-IMPORT	工作機械
26	Zimex GmbH	印刷機

注：表中の(K)は，貿易経営がコンビナート傘下に組み入れられていることをさす。これらの貿易経営以外にも，サービス供給会社，代理店などがある。

資料：Haendcke-Hoppe, Maria, Die Umgestaltung des Außenhandelsapparates in der DDR, in: *Deutschland Archiv*, Heft 4, 1981, S. 383の表に加筆・修正を施した。

貿易省の負担軽減にはなったものの、工業省やコンビナートの負担増となった。また、貿易の成果の配分や使途の決定における工業省と貿易省の見解の不一致が、コンビナートの経営方針を消極的なものにしがちであった。さらに実務においても、貿易活動に必要な「キリル文字のタイプライター（コメコン貿易との関連：引用者）、さらには外国語のできる代理店職員、国家保安省から外国出張を許可された海外販売員が不足」[93]していたが、その調達はすべてコンビナートに任され、もともと貿易活動とは無縁であったコンビナート側に負担感が生まれた。そうした負担・責任の増大を回避するために、多くのコンビナートは、貿易経営の統合を先送りにし、国内販売向けの生産に特化しがちであった[94]。また、販売上のスケールメリットや危険回避の観点から見て、輸出入をさまざまな製品を一手に扱う部門別工業省あるいは貿易省管轄下の貿易経営に任せたほうが有利である、という判断もあった。輸出課題に対する責任から逃れるために、貿易経営の統合をできるだけ回避する傾向があったことも否めない。八三年三月にコンビナートの業績評価の基本指標が改定された際に、輸出が新たな項目に付け加えられたことで、そうした傾向はより強められた、という見解も存在する[95]。

第四節　コンビナート構想の見直し

一九八〇年代前半には、コンビナート・ゼミナールの開催と併行して、コンビナートに関する論文が数多く発表された。それらの一部には、一九七九年政令やゼミナールとは趣の異なる論点が見られた。コンビナート内の生産を担う経営をどのように編成するか、という問題がそれである。先に見たフリードリッヒは、七〇年代後半から八〇年代初頭の経済環境の変化を、①最新技術と生産との結合が追求された結果、製品刷新や新製品の市場への登場のテンポが速まった、②そうした製品を大量に生産する必要が生じた、③製品需要が多様化した結果、従来の単一製品(群)に特化した連続生産が見直されねばならなくなった、と捉えた。そして、これらの変化に対処するため、経営の集中やコンビネーションの在り方の再検討を指摘した(96)。

その対象となる部門には、機械や電機・電子があげられた。これらは、先の「八〇年代経済戦略」で、工業の技術水準の引き上げに不可欠とされた部門であった(97)。また、機械、電機・電子の消費財部門(ミシン、アイロン、冷蔵庫、洗濯機、自動車)や軽工業も取り上げられたが、これらも戦略課題である生活水準の向上や輸出拡大に関連するものであった。

以上の部門では、第一に、一コンビナート当たりの傘下経営数が相対的に多く、それらが地域的に分散している、という問題があった。前掲第4-8表の傘下経営数から概算すると、褐炭・エネルギー、鉱山・冶金・カリ、化学といった素材型部門では一コンビナート当たり二から八の経営が統合されていたのに対して、機械や電機・電子などの加工組立型工業では一四から一八、軽工業(ガラス・セラミックを除く)・食品では二〇から二八の経営が統合されていた。このような多数の傘下経営が、地域的に分散していたことは、運輸コストの増加、ロスタイムの発生、管理コストや職員数の増加、といった問題の原因となっていた。それはまた、多様な部品・素材等から成る最終製品を生産工程間の供給バランスを保ちながら生産する必要のある加工組立型工業のコンビナートにとって深刻な問題であった。

第二の問題は、傘下経営間で生産高や従業員数に大きな格差が見られた、という点にある。フリードリッヒによれば、中央直轄コンビナート全体で見た場合、純生産高では大経営と小経営の間に三〇対一の格差があり、従業員数では二〇〇人規模の経営から一万人規模までの開きがあった(一九八三年)(98)。これらの格差は、個々のコンビナートにおける需給のアンバランスにつながる可能性があった。

フリードリッヒに代表される見直し論者は、これらの問題点を解決する方策として、加工組立型工業や軽工業のコンビナートにおける大中小経営間の関係を再編することを主張した。具体的には、地域的に分散して存在する多くの中小経営や小規模な事業所（以下、中小経営と総称する）を、以前のように生産性向上の障害として捉えるのではなく、個々のコンビナートの主要製品の生産あるいは主工程を担う大経営を補完するために積極的に活用するというものであった[99]。その活用の根拠として、見直し論者は、全国に分散する中小経営には、①運輸コストの削減や労働力の調達の条件を提供している、②経営規模が小さいので管理が容易である、③生産ラインや製造品目の転換がしやすい、④統廃合が容易である、といった長所があることを指摘している[100]。

　中小経営の活用領域としては、機械、電機・電子といった加工組立型工業のコンビナートの場合、資材・部品供給、製品開発における試作品の製造、保守・点検サービスといった副次工程や補助工程に関わる分野があげられた。また、最終製品についても、大量生産向けの製品は大経営に任せ、中小経営は需要の限定された少量生産向け製品（特殊機械など）の生産に専門化することが示された[101]。なお、資材・部品供給工場の統合に関連して、コンビナート・ゼミナール（一九八一～八三年）では、製品の品質向上に関わる下請供給（qualitätsbestimmende Zulieferungen）にその範囲が限定されてきたが、ゲーリッシュらは、それをさらに特定製品のための特殊な資材・部品の下請供給（erzeugnisspezifische Zulieferungen）に絞ることを提案した[102]。たとえば、電機・電子工業のコンビナートから供給される制御機器は、機械工業のコンビナートが製造するＮＣ工作機械にとっては重要な付属品である。しかし、前者は、ある特定のＮＣ工作機械のためだけに制御機器を供給しているわけではない。ゲーリッシュらは、特殊コンビナート的な制御機器の製造に限って、コンビナート内の中小経営に任せることを示したのである[103]。また、フリードリッヒは、被服、製靴、皮革といった軽工業の最終生産工程における中小経営の活用を提起した。とくに、需要構造（品質、品種、デザイン）の変動が激しい流行品やオリジナル商品、特殊加工品の生産をその主要な活動領域とした。

　この見直しの提案は、中小経営を計画の策定・管理の単位とするか否か、という問題につながるものでもあった。すでに見てきたように、一九七九年政令は、集権的管理を特徴とする主力経営型と本社型管理を基本としながらも、先導経営型による分権的な管理をも認めていた。ゼミナール報告は、しばらくこの管理形態について言及してこなかった(前掲第4-9表)。しかし、八三年の学術会議では、一九七九年政令以後はじめて管理形態の問題を取り上げ、「主力経営型管理は、すべてのコンビナートの基本原則である」[104]ことが確認された。この会議の参加者であったフリードリッヒは、この見解を認めながらも[105]、中小経営の活用との関連で、先導経営型が必要な部門があることを示したのである。彼は、そうした部門の典型として消費財部門をあげている。そこでは、経営の集中と同時に、コンビナート傘下経営の下位に位置する小規模な事業所(Produktionsstätte)が統合されていく、という状況が見られた[106]。それにより、管理の対象の増加や地域的分散性の問題が拡大していたのである。フリードリッヒは、それらを製品グループごとの先導経営の管理下に置き、その成長を見計らったうえで各先導経営の強化を図り、将来的には主力経営型管理に転換させるという考えを示した。これは、主力経営型を基本としつつも、それに至る段階的道筋を示したという点で一九七九年政令やゼミナールを補完するものであったといえよう。

以上で見てきた見直しの発想は、コンビナート化の完了が宣言された一九八三年の学術会議以前のゼミナール報告にも、八四年のそれにも見られなかった。そこでは、一九七九年政令の統合課題が指摘されるだけで、具体的な改造の方策は示されなかった。また、それまでゼミナール報告で触れられなかった管理形態については、主力経営型管理の徹底にのみ力点が置かれるようになった(八四年)[107]。したがって、ＳＥＤ・政府とフリードリッヒに代表される見直し論者の間には、八〇年代前半を通して見解の相違が存在し続けていたことになる。それは、七〇年代後半のミッタークとフリードリッヒの議論のアナロジーともいえる。この事実は、どのような問題を投げかけているのであろうか？　以下では、もう一度全体を振り返りながら、八〇年代初頭に成立したコンビナート体制の問題点を示すことにしよう。

第五節　新型コンビナート体制の二つの問題点

（一）　集権化と分権化の狭間のコンビナート

一九七九年政令以後、従来の「工業省―経営連合―経営（企業）・コンビナート」の三層縦割り管理は、経営連合の解体、「人民所有コンビナート」の形成によって「工業省―コンビナート」の二層管理へ移行し、より簡素化された管理体制の構築が期待された。この簡素化は、経営間分業をより合理的に組織化するという必要からなされたものであった。克服されるべき経営連合の問題点は、工業省（＝第一の意思決定レベル）と経営との間に経営連合という中間管理機関（＝第二の意思決定レベル）が設けられたことにより、経済計画の策定と実施に関連する権限・指令・報告等のコミュニケーション系統が複雑に分岐していたことにあった。制度的にも、経営連合に課された管理課題（指導・監督・監査）の権限、責任が、当該傘下経営だけに及んだために、異部門間の分業を組織する場合に、その課題・権限・責任の所在が不明瞭になり、各経営連合間の調整が困難になっていたのである(108)。経営連合の解体は、こうした問題点をひとまず解消した。そして、コンビナート再編の際には、異部門経営間の分業に適合的であり、またコンビナート間の調整が迅速かつ容易にできるような管理を目指して、工業省とコンビナートの間の権限・指令・報告等のコミュニケーション系統の整理・統合が図られた(109)。その結果、以前より合理的かつ簡素化された管理体制が作られることになった。

このような管理構造の変化は、対工業省におけるコンビナートの独立性の向上につながった。一九七九年以前のコンビナートは、法律的独立性（法人格）は認められていたが、その管理上の権利と義務は、「人民所有経営連合に割り当てられている工業部門管理」[110]に関連するもの（貸借対照表の策定、製品標準化、価格形成、コメコン諸国との協力、製品グループ別経営間分業など）に限定されていた。また、当時まだ数多く存在していた経営連合傘下コンビナートにおいては、経営に関わる執行権限はすべて経営連合本部に集中していた。七九年以後は、これらの制限が取り除かれ、コンビナートには経営連合に与えられていた権利・義務・執行権限はもとより、管理上の意思決定に関わる「工業省所轄の権利と義務が委譲され」[111]、コンビナートの国家管理機関としての意義は一層高められた。こうした変化とともに、コンビナート内の経済計算制が強化され[112]、コンビナートはその独立性を一層高めたのである。以上見てきたコンビナートの国家管理機関としての地位向上、経済的独立性の強化は、コンビナートの対工業省における「一定の分権化」[113]と評価されている。そしてそれは、コンビナート総裁・本部を頂点とする集権的管理を、コンビナート内で実施するための条件となった。

一九七九年政令は、「コンビナート総裁は傘下経営の機能・任務を変更し、他の傘下経営に委譲する権限、……傘下経営の事業所の設立・解散・併合を指導する権限を有する」（第七条第一項）とし、さらに、「傘下経営長はコンビナート総裁の下位に置かれ……コンビナート総裁によって任命・解任され……基本的に、コンビナート総裁だけが、傘下経営長に対する指令権限を有する」（第二五条第一項）としている。これは、一九七九年以降、傘下経営の組織化全体に関わる意思決定権限が、コンビナート総裁へ集中することを示したものである。また、コンビナート傘下経営が「コンビナートの再生産過程および管理過程の枠内で、法律的かつ経済的に独立した単位」（第六条第一項）と規定されたことは、傘下経営のコンビナート本部への依存を示すものである。したがって、傘下経営の独立性はすでに制度的に有名無実のものとなる可能性があった。とくに、経済計算制に関わる獲得利益からのファンド形成（投資ファンド、各種報奨金など）と使用（固定および流動資産投資など）、生産フォンド使用料や純利益控除納入などの財務に関わる最終決定は、すべてコンビナート総裁が下し、エネルギー・原料・資材・固定設備の配分（「バランス割り当て」と呼ばれる）に関する最終決定も、すべてコンビナート総裁に委ねられていた。したがって、実際の傘下経営の活動は、コンビナート全体の利害に強く制約されていたことが考えられる。

では、なぜこのような制約関係が必要とされたのであろうか。その一つの理由は、より「生産現場に近い」下部の組織による経済運営を前提としながらも、コンビナートの経済活動は、最終的に経済計画に拘束される側面を有していたからである。また、一九七〇年代末から八〇年代初頭の経済環境の急激な悪化に現実的に対処すべく、コンビナートやその傘下経営は、輸出や国内供給に関わる問題を解決する必要に駆られていたことがあげられよう。そうした急務の問題に対処するために、強力な権限を持つコンビナート総裁・コンビナート本部が必要とされたのである。この集権的管理に向け、一九七九年政令は、それに適合的な「主力経営型」あるいは「本社型」管理を個々のコンビナートに採用させ、また、その管理の頂点に立つコンビナート総裁を、「ＳＥＤ中央委員会政治局のノーメンクラツーラの一員」[114]から登用させ、そこにコンビナートの経営に関わる権限・責任を集中させたのである。

以上で見てきたように、コンビナートへの権限委譲や経済的独立性の向上は、対工業省の関係においては「分権化」であった。しかし、この「分権化」は、コンビナート内部での集権的な管理構造の構築を前提条件とするものであった。この構造は、コンビナート本部とコンビナート傘下経営あるいはコンビナート総裁と傘下経営長との間に利害対立の可能性を与えることになる。

（二）　コンビナート一元化の問題

一九五〇年代末から六〇年代初頭にかけて、東ドイツでは部門・業種別に編成された経営連合が、工業における管理と生産の組織化の基軸とされた。しかし、早くも六〇年代半ばには、経営連合の一部解体と中央直轄コンビナートへの再編が提案され、異部門・異業種の工業経営の統合が重視されるようになった。その背景には、産業構造の高度化の要請とともに、新たな重点部門における経営間の関係を製品・生産工程の有機的連関を基準に編成する必要が、ＳＥＤ・政府によって認識されたことがあった。これにより、経営連合と中央直轄コンビナートを中間環とする二元的な工業管理システムが形成されたのである。

しかし、一九七〇年代半ばの資源危機を境に、ＳＥＤ・政府は、経営連合の排除によってそれまでの二元的管理構造を解体し、コンビナートを基軸とする管理システムへの統一を図ろうとした。中央当局による管理の強化がその狙いであった。これに対して、フリードリッヒに代表される一部の学者から工業の部門・業種等の相違を考慮した漸次的組織改革を望む見解が示されたが、この時期にＳＥＤ経済担当書記に返り咲いたミッタークは、一部のコンビナートの成功を根拠にコンビナートへの一元化を進めた。

一九七九年政令を法制度的根拠として、党・労働組合等を動員しながら実施されたコンビナート化は非常に急速に進められた。反面、それは個々の部門・業種に固有の性格を無視するものであったことから、政令で示された統合構想の達成度という点で不十分さを残した。これらを背景に、一九八〇年代前半に、フリードリッヒ、ギュンター・クーシャックといった一部の学者から提案された見直し論は、構想に欠落していた部門・業種の差異に関する視点を改めて前面に押し出すものであった。これに対してＳＥＤ・政府は、そうした細部にわたる見直しではなく、あくまでも構想の実現を要請し続けた。ＳＥＤ・政府は、コンビナート一元化による工業管理システムの統一にとどまらず、集権的な性格の濃い管理形態をすべてのコンビナートに採用させることによって、さらに画一化された体制を構築しようとしたのである。

第六節　電機・電子工業におけるコンビナート改革の実態――ケーススタディ

（一）　一九七九年政令と電機・電子コンビナート

これまで見てきたように、一九七九年政令後の新型コンビナートへの一元化は、当該時期まで存続していたコンビナートを再編すること、そして残存していた経営連合を解体・再編することを意味した。興味深いのは、再統合の過程で、旧型のコンビナートに変化があったのか、旧経営連合傘下の経営がどのように結びつけられたのか、という点である。それを検証するために、以下ではコンビナート改革後にＳＥＤ・政府の経済戦略において最も重視された電機・電子部門について見ることにしよう。

すでに見てきたように、電機・電子部門では、一九六〇年代後半からコンビナート化が始まった。六七年から七〇年にかけて、七つの中央直轄コンビナートと一九の経営連合傘下コンビナートが設立され、それらは、電機・電子部門の総生産高の七七％、総就業者数の七四・二％を占めるようになった（前掲第3-9表）。その後、コンビナートの設立は緩やかに進行したが、一九七九年政令が公布される直前までに、経営連合傘下コンビナートの再編・合併を通じて一一の中央直轄コンビナートが新設された。さらに一九七九年政令公布後の八〇年になると、電機・電子部門には、既存コンビナートを含め一七の中央直轄コンビナートを中心とする生産・管理体制が構築された（第4-11表：八四年からはコンビナート間の合併により一五に減少）。それらは、同部門の全経営数の約六割を傘下に置いていた。

先に投資の分析においても述べたように、電機・電子部門の意義は、一九八一年四月に開催されたＳＥＤ第一

第4-11表　電機・電子部門の中央直轄コンビナート

コンビナート名	傘下経営数		従業員数(人)	
	1980年	1989年	1980年	1989年
1. 電子コンビナート「ロボトロン(Robotron)」(本部：ドレスデン)	21	20	70,000	68,000
2. 光学機器コンビナート「カール・ツァイス・イェーナ(Carl Zeiss Jena)」(本部：ゲーラ県イェーナ)	17	19	46,000	69,000
3. 電装セラミック工場(本部：ゲーラ県ヘルムスドルフ)	22	13	23,000	24,000
4. ケーブル製造コンビナート「ヴィルヘルム・ピーク(Wilhelm Pieck)」(本部：ベルリン=オーバーシュプレー)	13	13	17,000	17,000
5. 電気機械製造コンビナート(本部：ドレスデン)	15	12	26,000	30,000
6. 機関車・電気技術コンビナート「ハンス・バイムラー(Hans Beimler)」(本部：ポツダム県ヘニッヒスドルフ)	8	9	13,000	15,000
7. 自動化設備開発・建造コンビナート(本部：ベルリン)	10	25	28,000	56,000
8. 通信・電気技術コンビナート(本部：ベルリン=ケペニック：1987年までライプツィッヒ)	20	18	38,000	39,000
9. 電子部品コンビナート(本部：ポツダム県テルトウ)	11	11	24,000	28,000
10. 電機コンビナートEAW (本部：ベルリン)	26	19	33,000	32,000
11. ラジオ・テレビ製造コンビナート(本部：マクデブルク県シュタースフルト)	27	18	20,000	22,000
12. 電子部品コンビナート(本部：エルフルト)	22	20	52,000	59,000
13. 照明機器製造コンビナートNARVA (本部：ベルリン)	13	12	15,000	16,000
14. 車両用電気機器製造コンビナート(本部：エルフルト県ルーラ)	10	10	12,000	11,500
15. 家電製造コンビナート(本部：ズール)	14	9	11,500	11,500
16. カメラ・光学機器コンビナート「ペンタコン(Pentacon)」(本部：ドレスデン)：1984年に2に統合	6	—	10,000	—
17. 発電所設備建造コンビナート(本部：ライプツィッヒ)：1984年に7と合併	16	—	28,000	—
合　計	271	228	466,500	498,000

資料：Schwartau, Cord, Die elektrotechnische Industrie in der DDR, in: *Wochenbericht des DIW*, 48. Jg., Nr. 42, 1981, S. 476; Stinglwagner, Wolfgang, *Die zentralgeleiteten Kombinate in der Industrie der DDR* (Manuskript. Nicht im Buchhandel), Bonn 1990, S. 32–118.

〇回大会で提起された「八〇年代経済戦略」によって一層高められた。この戦略は、マイクロエレクトロニクス技術を核とする科学技術の進歩をすべての工業部門の生産技術や製品に応用することにより、資源節約、輸出拡大、住民向け消費財供給の増大を狙ったものであった。この戦略により、電機・電子部門では、国内外の需要に応えるべく、情報処理機器、他工業向けの各種電子制御機器、光学測定機器とともに、それらに必要な部品・半製品の生産が重視されるようになった。また、コメコン諸国向けの輸出拡大、国内消費材供給の拡充のために家電生産にも力が注がれることになった。

これらの「戦略製品」の生産にあたり、同部門のコンビナートの生産はどのように組織されたのだろうか？一九七九年政令において構想された「製品の最終生産」と「部品・半製品供給」の結合の観点から見ることにしよう。

第4-12表は、電機・電子部門の九つのコンビナートを抜粋し、その傘下経営および関連施設(販売・貿易、研究・開発、コンサルティング。以下では、生産を担う傘下経営のみに限定して論述する)、主要製品、従業員数を示したものである。全体の特徴としては、個々のコンビナートを構成する傘下経営の多くが、同一・類似製品の生産に特化し、それをほぼ独占的に供給していたことがあげられる。

たとえば、アイロン、掃除機などの家庭用電化製品(オーディオ機器を除く)、光学機器(カール・ツァイス・イェーナが独占)、情報処理機器(ロボトロンが独占)、測定・誘導・制御機器(数社が独占)、照明機器(NARVAが独占)、電装セラミック部品・素材(一社が独占)などでは、それが顕著であった。また、コンビナート傘下経営の多くは、しばしば個々の最終製品を独占的に生産・供給する大経営であった。五〇〇〇人あるいは一万人以上という特異なものも含めて、傘下経営レベル(さらに複数の事業所に分割されている)での従業員数の多さも特徴的である。加えて、一つのコンビナートを構成する傘下経営の間に、いくつかの例外を除けば、製品間の技術的連関あるいは相互補完性といった関係が少ないといった点も指摘されよう。

第 4-12 表　電機・電子部門のコンビナート（傘下経営の主力製品，立地，従業員規模：1989 年時点）

1. 電子コンビナート Robotron（20 傘下経営）		従業員数
エレクトロニクス	（本部）ドレスデン	8,300
事務機器	エルフルト県ショメルダ	13,000
事務機器 “Optima”	エルフルト	7,000
出納記帳機器・レジスター	K. M. シュタット	9,000
電子測定機器	ドレスデン	4,000
計算機・タイプライター	ドレスデン	4,000
製図機器	コトブス県ホイヤースヴェルダ	1,400
製図機器	コトブス県バート・リーベンヴェルダ	750
大型情報処理装置	ライプツィッヒ	—
家　電	ドレスデン県ラーデベルク	4,500
電子部品	ドレスデン県リーサ	1,400
電子部品・周辺機器	ズール県ツェラ・メーリス	4,000
電気切替機器	K. M. シュタット県アウエルバッハ	1,500
PC 用コネクター	マクデブルク県ハルバーシュタット	—
テープレコーダー用ヘッド	K. M. シュタット県ハルトマンスドルフ	—
合理化機械	エルフルト県ヴァイマール	1,600
軽量建築材	ドレスデン県ピルナ	—
企画・立案	ドレスデン	1,000
販　売	ベルリン	—
輸出入	ベルリン	—

2. 光学機器コンビナート Carl Zeiss Jene（19 傘下経営）		従業員数
Carl Zeiss JENA	（本部）ゲーラ県イェーナ	4,000
電子製品	ドレスデン	4,600
電気・電子部品	ゲーラ県ゴシュニッツ	3,600
精密測定機器	ズール	1,000
精密機器	K. M. シュタット県フライベルク	900
精密機器	ドレスデン県グラースヒュッテ	—
光学測定機器用部品	ドレスデン	—
Pentacon	ドレスデン	6,700
カメラ	ドレスデン県フライタール	300
Carl Zeiss Eisfeld	ズール県アイスフェルト	—
光学製品	ドレスデン県ゲルリッツ	1,400
光学製品・機器	ポツダム県ラーテノウ	5,000
映写機	ベルリン	—
「イェーナ・ガラス」	ゲーラ県イェーナ	4,000
高真空技術	ドレスデン	1,000
プラスチック加工	ドレスデン県フライベルク	—
光学製品	ドレスデン県ヴァイクスドルフ	—
研究センター	ドレスデン	約 3,000
貿易企業	ゲーラ県イェーナ	1,200

3. ケーブル製造コンビナート Wilhelm Pieck（13 傘下経営）		従業員数
ケーブル	（本部）ベルリン	6,000
ケーブル	シュヴェリン	2,700
ケーブル	ベルリン=ケペニック	1,700
ケーブル	ドレスデン県マイセン	1,000
ケーブル	K. M. シュタット県プラウエン	800
ケーブル	エルフルト県ヴァッカ	800
ケーブル	フランクフルト県シェーノウ	500
ケーブル	エルフルト県クラーニッヒフェルト	300
ケーブル	ベルリン=アドラースホーフ	—
ケーブル	ポツダム県ベーリッツ	—
ケーブル	コトブス県ラウジッツ	—
ケーブル	K. M. シュタット県シュレッタウ	—
高速巻き上げ・編み機	ベルリン	500

4. 家電製造コンビナート（9 傘下経営）		従業員数
家　電	（本部）ズール	3,000
家　電	ズール県ゾンネベルク	1,000
家　電	ゲーラ県バート・ブランケンブルク	約 600
家　電	ブランデンブルク	—
電熱機器	ドレスデン県ショルネヴィッツ	2,000
電熱機器	ライプツィッヒ県アルテンブルク	900
電気モーター	ズール県シュロイジンゲン	—
金属加工	エルフルト県ディーツハウゼン	—
エンジニアリング事務所	K. M. シュタット	—

5. 電子部品コンビナート（11 傘下経営）		従業員数
電子部品	（本部）ポツダム県テルトウ	6,000
電子部品	ゲーラ県ゲーラ	7,500
電子部品・特殊装置	K. M. シュタット県ゴルンスドルフ	3,000
テレビ用基板	ポツダム県ノイルピン	約 3,000
コンデンサー	K. M. シュタット県フライベルク	800
コンデンサー	ドレスデン県ゲルリッツ	450
抵　抗	ドレスデン	—
プリント基板	ドレスデン県カメンツ	—
接続部品	ポツダム県ルッケンヴァルデ	—
電子部品	ドレスデン県ドルフハイン	500
電子部品	エルフルト県ルーラ	—

6. 電機コンビナートEAW（19傘下経営）		従業員数
電　子	（本部）ベルリン=トレプトウ	8,500
冷凍・熱工学機器 “Mertik”	ハレ県クエドリンブルク	3,000
工作機器・部品	ベルリン	2,000
測定機器	K. M. シュタット県バイヤーフェルト	1,900
継電器	ズール県グロースブライテンバッハ	1,600
測定機器	マクデブルク	2,600
測定・制御機器 “Junkalor”	ハレ県デッサウ	1,000
測定・制御機器 “Elmet”	ハレ県ヘットシュテット	650
測定・制御機器	ドレスデン	—
変換・制御機器	ドレスデン県オーパッハ	1,100
変換・制御機器	ドレスデン県ゲルリッツ	700
変換・制御機器	ドレスデン	100
変換・制御機器	K. M. シュタット県ロシュリッツ	500
制御機器 “Wetron”	ゲーラ県ヴァイダ	800
地球物理学用機材	ポツダム県ブリーゼラング	200
空気力学制御機器 “NOREMAT”	ドレスデン県ノッセン	150
車両用計器	ズール県メレンバッハ	100
色層分析機器 “Chromatron”	ベルリン	—
プラスチック工場	ベルリン=フリートリッヒスハーゲン	—

7. ラジオ・テレビ製造コンビナート（17傘下経営）		従業員数
テレビ	（本部）マクデブルク県シュタースフルト	4,000
ラジオ Stern	ベルリン	約 3,000
ラジオ Stern	ズール県ゾンネベルク	1,200
音響技術	ドレスデン県ピルナ／ツィッタウ	1,100
通信機器	K. M. シュタット県シュトールベルク	—
無線機器	K. M. シュタット県リムバッハ	—
無線機器	ハレ県エルムスレーベン	—
電子機器	ドレスデン	—
電子機器 “Elektra”	ズール県シャルカウ	—
アンテナ	エルフルト県バート・ブランケンブルク	1,000
集合アンテナ，増幅器	K. M. シュタット県ブルクシュテット	—
電線・ケーブル	K. M. シュタット県ゲイヤー	—
高周波技術	ライプツィッヒ県モイセルヴィッツ	500
電子精密機器	K. M. シュタット県ミットヴァイダ	—
通信機器用外枠ボックス	ドレスデン県タラント	—
木材加工	ドレスデン県ベーレンシュタイン	—
科学・技術センター	ドレスデン	—

8. 照明機器製造コンビナートNARVA（12傘下経営）		従業員数
電　球	（本部）ベルリン	5,000
電　球	K. M. シュタット県プラウエン	1,200
照　明	K. M. シュタット県レンゲフェルト	1,000
照　明	ライプツィッヒ	800
照　明	ドレスデン県アルンスドルフ	300
電　球	ズール県オーバー・ヴァイスバッハ	500
スタジオ照明	ベルリン	600
舞台照明	ベルリン	400
懐中電灯	エルフルト県アルンシュタット	—
照明機器・発光材	K. M. シュタット県ブラント・エルビスドルフ	—
照明機器	K. M. シュタット県ドイチュノイドルフ	—
送　電	ゲーラ県ヴァイダ	—

9. 電子部品コンビナート（20傘下経営）		従業員数
電子部品	（本部）エルフルト	8,500
半導体	フランクフルト・オーダー	8,100
電子部品	エルフルト県ミュールハウゼン	2,500
電子部品	ズール県ノイハウス	2,500
電子部品	ポツダム県シュターンスドルフ	2,600
電子部品 “Secura”	ベルリン	1,900
テレビ部品	ベルリン	8,600
電子部品	コトブス県グロースラッシェン	1,200
電子部品	ポツダム県ツェーデニック	800
時　計	エルフルト県ルーラ	7,500
真空管・電子管	ゲーラ県ルードルシュタット	800
電子機器組立	ドレスデン	200
電子部品	エルフルト県イルメナウ	—
プラスチック加工	エルフルト県アイゼナッハ	—
プラスチック・金属加工	ベルリン	278
微量金属	K. M. シュタット県フライベルク	600
発光物質	ズール県バート・リーベンシュタイン	200
企　画	ドレスデン	—
アプリケーション・センター	ベルリン	—
電子技術研究センター	ドレスデン	—

注：K. M. シュタット＝カール・マルクス・シュタット。

資料：Stinglwagner, Wolfgng, *Die zentralgeleiteten Kombinate in der Industrie der DDR (Manuskript. Nicht im Buchhandel)*, Bonn 1990, S. 32-118.　この資料から本文にあげた9つのコンビナートに限定して，並べ替えや整理統合を行い，上記の表にまとめた。

この特徴を念頭に電機・電子部門のコンビナートを分類すると、第一に、最終製品の製造に特化し、原材料を外部から調達するタイプ、第二に、部品・半製品製造工場の統合が部分的に実現されているタイプ、第三に、部品・半製品の製造に特化しているタイプに分けることができる。

第一のタイプに属するケーブル製造コンビナート「ヴィルヘルム・ピーク」や照明機器製造コンビナート「NARVA」（第4-12表：3、8）においては、傘下経営がいくつかの同一・類似製品の生産に特化していることは一目瞭然である。また、家電分野のラジオ・テレビ製造コンビナート（同上表：7）や家電製造コンビナート（同上表：4）では、テレビ、ラジオ、オーディオ機器、家庭用電化製品の組立が、それぞれの工場に特化されていたことがわかる。最終製品工場の多くが、そうした製品の独占的供給者であることも少なくなかった。これらのコンビナートのうち、家電製造コンビナートを除いて共通しているのは、①コンビナート管理本部のある傘下経営（以下、本社とする）が、ベルリンとブランデンブルクに立地し、従業員規模四〇〇〇～六〇〇〇人の大工場（さらに事業所に分かれるケースもあった）であったこと、②本社以外の傘下経営の大半がザクセンおよびテューリンゲンに集中していたことである。家電製造コンビナートの傘下経営については、一社を除いてすべてザクセンとテューリンゲンに立地していた。

第二のタイプのコンビナートの代表としては、「八〇年代経済戦略」で最重視された情報処理・事務機器ならびに測定・誘導・制御機器（重機・工作機械等の付属品としての数値制御装置、作業場用・オフィス用パーソナルコンピューター）[115]をほぼ独占的に生産していた電子コンビナート「ロボトロン」（第4-12表：1）をあげることができる。そこでは、ロボトロン傘下の大工場が、さまざまな最終製品を機種（群）ごとに特化して生産していた。[116] ただし、このロボトロンと第一のタイプのコンビナートとの違いは、それらの組立に必要とされる部品・半製品の一部、たとえば、キー・ボード、接続備品、半導体基板、電子部品等が、コンビナート内でも生産されていたことであった。こうした内部製造の例は、電気機械用の電子制御装置、冷凍・熱工学機器を内外向けに生産していた電機コンビナート「ＥＡＷ」(同上表：6)[117]や、光学測定機器、実験・医療用精密機器、一般消費者や輸出向けの各種映像機器、顕微鏡、望遠鏡を独占的に生産していたカール・ツァイス・イェーナ(同上表：2)にも見られた。この二つは、ロボトロンとともに東ドイツのハイテク部門を代表するコンビナートであり、先に見た一九七九年政令の構想を部分的に体現するものであった。傘下経営の立地の観点から、上記の三つのコンビナートを見ると、ザクセンにあるものが最も多く、テューリンゲン、ブランデンブルクがそのあとに続いていた。これが、金属切削器・成型機、プラスチック加工機等々の電気工作機械、自動四輪・自動二輪、機関車・客車の生産拠点と重なっていることは偶然ではないだろう。[118]

しかし、これらのコンビナートにおいても、情報処理機器の心臓部をなす集積回路、回路素子等を含め、製品の性能・品質を規定する電子部品の多くは、部品供給に特化した二大コンビナートに依存していた(先にあげた第三のタイプのコンビナート)。ポツダム近郊のテルトウやエルフルトに本部を置く二つの電子部品コンビナート(以下、本部の立地からテルトウ電子部品コンビナートおよびエルフルト電子部品コンビナートとする)では、家電や情報処理機器用の多様な部品・半製品(たとえば、発光ダイオード、トランジスター、コンデンサー、抵抗、半導体基板、集積回路など)が生産されていた(第4-12表：5、9)。テルトウ電子部品は、テレビ・ラジオ、通信機器に必要な部品・半製品を中心に生産し、エルフルト電子部品は、それらとならんで情報処理機器、測定・制御機器用の部品・半製品を生産していた。

この二つのコンビナートの傘下経営は、本社を中心に全国に分散して立地していた。この状況は、コンビナートの形成が、必ずしも経営間の生産技術や生産工程の連関だけに規定されていなかったことを示している。むしろ、その理由は、二つの部品供給を担うコンビナートの傘下経営と、最終製品の組立を担う他のコンビナートの傘下経営の立地が隣接している(生産時間の短縮、運輸コストの削減といった要因をも含意する)、ということによって説明することが可能であろう。[119]

エルフルト電子部品コンビナートの場合、同社のベルリン市内に立地する傘下経営を中心にテレビ・ラジオ・無線機の関連部品を製造していたが、同市内にはラジオ・テレビ製造コンビナートのラジオ工場「シュテルン（Stern）」（組立に特化）があったし、また近隣にはマクデブルク県シュタースフルトのテレビ工場（組立に特化）があった。また、エルフルトの本部を中心にテューリンゲンに分散していたエルフルト電子部品の諸工場からは、同一県内にあるカール・ツァイス・イェーナの光学機器工場に部品供給がなされていた。さらにドレスデン県にある同コンビナートの部品工場からは、同県ならびに隣のカール・マルクス・シュタット県にある情報処理機器、工業用電気機械、家電製造向けの諸工場に、さまざまな部品・半製品が供給されていた。

なお、このような立地の同一性にもとづいた傘下経営間（原材料・部品工程と加工・組立工程）の結合関係は、先に見てきたように、電機・電子部門の内部にだけではなく、同部門と機械製造部門との結びつきのなかにも見受けられた。電機・電子部門のコンビナートの傘下経営が集中するテューリンゲンの諸県（エルフルト県、ゲーラ県、ズール県）、ザクセンの諸県（ライプツィッヒ県、ドレスデン県、カール・マルクス・シュタット県）、ベルリンを含むブランデンブルクの諸県（フランクフルト・オーダー県、ポツダム県）は、機械製造部門の生産拠点（とくにザクセン）と同一の空間にあったからである。

以上で見てきたように、電機・電子部門においては、一九七九年政令が要請した個々のコンビナートへの「資材・部品供給」の統合という課題は、一部のコンビナート（第二のタイプ＝ロボトロン）で部分的に実現されていたにすぎない。個々の傘下経営の編成を実質的に規定していたのは、最終製品の共通性であった。また、資材・部品供給については、傘下経営間の結びつきによってではなく、異種コンビナート間の協力関係によって実現されているケースが多かった。それがなし得たのは、最終製品の組立を担う経営の立地が、部品・半製品の供給工場の立地と同一空間にあったからだといえよう。

（二）電機・電子工業の生産実績

新型コンビナートの設立運動が一巡した一九八三年以降の数年間、東ドイツの工業生産は、それまでに回復した伸び率を維持していた（第4-13表）。しかし、八〇年代後半に入ると、その伸びは減少の一途をたどった。それには、原燃料の調達問題とならんで、八〇年代初頭以来工業投資が頭打ちの状況に陥っていたこと、八四年から八六年にかけて投資が大幅に削減されたこと、などが深く関わっていた。さらに、工作機械を中心とする生産財の輸出攻勢により国内の固定設備の刷新が遅延し、陳腐化した生産技術を基礎に生産が続けられねばならなかったこともその要因としてあげられよう。

この一九八〇年代の状況は、七〇年代後半以来、投資面で他部門に比して優遇されてきた電機・電子部門の生産実績にも見られた。七〇年代に工業全体の伸び率を上回る勢いを見せた電機・電子部門の生産高は、八〇年代に入り、浮き沈みの度合いが強くなり、低下の兆しを見せるようになった。それは、同部門の製品レベルでも確認することができる。

第4-14表にあげた製品のうち、先述した第一のタイプのコンビナートで生産されていたものについては、多少のばらつきはあるものの、一九八〇年代初頭の生産個数ないし生産額の減少や、八〇年代後半の伸び悩みの傾向が見てとれる。照明機器コンビナート「ＮＡＲＶＡ」の場合には、家庭用の電球の生産に翳りがあったし、電線や電話線を排他的に製造していたケーブル製造コンビナートでも、同様の現象が確認できる。さらに、外部のコンビナート（テルトウ電子部品コンビナートやエルフルト電子部品コンビナートの傘下経営）からの部品供給に依存していたラジオ・テレビ製造コンビナートや家電コンビナートの諸製品についても生産台数の伸び率低下は否めない。このことは、第一に、投資の重点が加工組立部門にシフトしたものの、部門内の消費財生産への資金配分が低下

第4-13表　電機・電子部門の工業生産高の対前年比伸び率の推移　[単位：%]

	1970-71	71-72	72-73	73-74	74-75	75-76	76-77	77-78	78-79
電機・電子	9.8	12.6	11.3	10.3	7.8	—	6.9	8.4	10.2
機械製造	5.1	8.0	6.2	6.2	5.3	—	6.9	6.7	9.5
工業全体	5.7	8.6	7.0	7.0	5.9	—	4.9	5.5	5.7

	79-80	80-81	81-82	82-83	83-84	84-85	85-86	86-87	87-88
電機・電子	8.7	—	—	5.9	2.0	11.3	−3.8	9.6	5.0
機械製造	7.1	—	—	2.6	1.7	9.9	6.5	2.1	3.9
工業全体	4.7	—	—	4.2	7.7	12.4	−1.4	2.2	2.2

注1：1975-76年，80-81年，81-82年の数値は，価格ベースの違いにより算定できなかった。いずれも，二度のオイルショックに関連している期間である。

注2：1982年の伸び率は，統一価格ベースでデフレートする前の数値にもとづく参考値。

資料：Staatliche Zentralverwaltung für Statistik (Hrsg.), *Statistisches Jahrbuch der DDR*, Berlin 1980-89 各年版ならびに Statistisches Amt der DDR (Hrsg.), *Statistisches Jahrbuch der DDR 1990*, Berlin 1990 のデータを使用して算定した。

したこと、第二に、傘下経営間の水平的分業と独占的生産に、組織上の問題点あるいは技術的限界が発生したことを推測させる事態であった。

ロボトロンからほぼ独占的に供給されていた情報処理・事務機器の場合、マイクロエレクトロニクス化を柱とした「八〇年代経済戦略」が打ち出された一九八一年から八五年までの動向に比して八六年以降の生産高(額)の伸び率は高かった。それらを生産台数で見た場合、電子タイプライター、コンピューター周辺機器(データ記録機器、プリンター)の生産増とは異なり、大型・小型電算機については、八六年をピークに頭打ち状態に陥っていた。そればかりか、大型電算機は、コメコン域内での輸出製品の一つであったが、生産台数はピーク時に年間一四五台を出荷できたにすぎなかった。オフィス用パーソナルコンピューターについても同年から伸び率が徐々に低下していた。国内生産のフレキシブル・オートメーション化、事務職場のオフィス・オートメーション化に不可欠な汎用コンピューターについては、八六年に大幅な生産増(伸び率)を記録したものの、年間三万〜六万台の出荷にとどまっていた。

電子部品・半製品については、情報処理機器部門への供給に関連する電子部品の生産が順調に伸びていたことを確認できる。この動向は、電機・電子部門全体の伸び率を規定するものであったと考えられる。一九八五年時点における「マルク表示」で示した製品の生産高を比較してみると、「電子部品関連」のそれは三九億七四〇〇マルク、「情報処理装置・コンピューター」では二九億二八〇〇万マルク、「家電」では二三億九五〇〇万マルクであった。この数字からも、部門内に占める「電子部品」の意義の大きさを知ることができよう。ただし、同じ電子部品でも、部門内の大衆消費向け製品であるテレビ・ラジオ、オーディオ機器の生産に関わるトランジスターや発光ダイオードの生産高は、相対的に低い水準で増加していた。工業投資の部門間分析の際に触れた消費財生産の軽視という考え方が、電機・電子部門の内部にも貫かれていたといえよう。

以上、本節では一九七九年以降の新型コンビナートの構造が、電機・電子部門においてどのような具体像をもって立ち現われたかについて検討した。同部門のコンビナートの傘下経営は、新型コンビナート構想に沿って「製品の最終生産」と「資材・部品供給」の結合の観点から編成されるはずであった。しかし、現実には、その課題は、経済危機下の経済政策において最重視された一部のコンビナートで実現されていたにすぎなかった。同部門における大半のコンビナートの編成を実質的に規定していたのは、結局のところ傘下経営の最終製品の共通性であった。その結果生じた資材・部品調達の問題は、電機・電子部門の場合、自部門内のコンビナート間の分業によって、かろうじて解決されていた。それがなし得たのは、最終製品の組立を担う経営の立地が、部品・半製品の供給工場の立地と同一空間にあったからであった。しかし、この事実は、個々の新型コンビナートが、七〇年代末に構想された生産単位としての構造を備えていなかったことの証左であった。

こうして電機・電子部門では、ＳＥＤ・政府が目論んだ「生産力引き上げ」のための体制を整えることができないまま、同部門の生産実績は低迷した。それはさらに、品質向上や製品多角化のための、より現代化された国内技術基盤の創出や、国民の生活需要の充足という課題の実現が遅れる原因にもなったのである。

第4-14表　電機・電子製品の生産高(マルク表示，物量単位)の推移

主要製品	単位	1980年	1981年	1982年	1983年	1984年	1985年	1986年	1987年	1988年	1989年
照明機器(照明機器コンビナートNARVA等)											
大型電球	(百万個)	85	—	—	—	—	135	—	123	124	107
	伸び率(%)	−2.6	—	—	—	—	9.7	—	−4.7	0.8	−13.7
小型電球	(百万個)	111	—	—	—	—	107	—	108	106	101
	伸び率(%)	1.5	—	—	—	—	−0.7	—	0.5	−1.9	−4.7
ハロゲン電球	(千個)	7,997	—	7,966	10,298	13,360	14,573	16,324	18,919	19,177	22,275
	伸び率(%)	22.3	—	−0.2	29.3	29.7	9.1	12.0	15.9	1.4	16.2
電線・送話線(ケーブル製造コンビナート等)											
電線・送話線　(80年価格)	(百万マルク)	2,540	2,588	2,217	2,441	2,426	2,509	—	—	—	—
(85年価格)	(百万マルク)	3,129	—	—	—	—	3,091	3,170	3,333	3,435	3,459
	伸び率(%)	2.4	1.9	−14.3	10.1	−0.6	3.4	2.5	5.1	3.1	0.7
家　電(ラジオ・テレビ製造コンビナート，家電製造コンビナート等)											
家　電　(80年価格)	(百万マルク)	1,676	1,846	1,955	2,087	2,213	2,362	—	—	—	—
(85年価格)	(百万マルク)	1,700	—	—	—	—	2,395	2,562	2,797	2,990	3,192
	伸び率(%)		10.1	5.9	6.8	6.1	6.7	7.0	9.1	6.9	6.8
ラジオカセット	(千台)	281.4	324.6	326.2	346.7	341.0	359.5	342.8	336.9	337.1	331.9
	伸び率(%)	—	15.4	0.5	6.3	−1.6	5.4	−4.6	−1.7	0.1	−1.5
テレビ受像器	(千台)	578.3	618.6	652.3	667.1	639.4	668.1	711.8	723.1	774.1	774.6
	伸び率(%)	2.6	7.0	5.4	2.3	−4.2	4.5	6.5	1.6	7.1	0.1
カラーテレビ	(千台)	263.6	310.4	324.6	321.2	382.8	465.1	502.4	522.0	590.7	614.6
	伸び率(%)	39.3	17.8	4.6	−1.0	19.2	21.5	8.0	3.9	13.2	4.0
洗濯機	(台)	468,049	484,833	485,288	503,573	525,298	502,525	495,037	497,024	503,009	521,101
	伸び率(%)	4.6	3.6	0.1	3.8	4.3	−4.3	−1.5	0.4	1.2	3.6
冷蔵庫	(台)	636,600	654,801	700,446	762,727	895,388	972,557	1,017,752	1,075,006	1,124,014	1,140,188
	伸び率(%)	3.9	2.9	7.0	8.9	17.4	8.6	4.6	5.6	4.6	1.4
情報処理機器・事務機器(電子コンビナートRobotron等)											
情報処理装置・コンピューター　(80年価格)	(百万マルク)	2,521	2,933	3,478	3,974	4,292	4,561	—	—	—	—
(85年価格)	(百万マルク)	1,619	—	—	2,551	2,756	2,928	3,382	4,380	5,516	6,923
	伸び率(%)	9.5	16.3	18.6	14.3	8.0	6.3	15.5	29.5	25.9	25.5
大型電算機 ES1055/1056/1057(コメコン仕様)	(台)	32	—	103	110	128	140	145	142	100	136
	伸び率(%)	—	—	47.6	6.8	16.4	9.4	3.6	−2.1	−29.6	36.0
小型情報処理装置	(台)	*	*	132	245	286	300	346	344	367	539
	伸び率(%)	*	*	—	85.6	16.7	4.9	15.3	−0.6	6.7	46.9
オフィス用パーソナルコンピューター	(台)	—	—	—	—	—	6,899	30,810	49,392	57,366	62,488
	伸び率(%)	—	—	—	—	—	—	346.6	60.3	16.1	8.9
コンピューター記憶装置	(台)	—	—	—	—	13,765	17,365	50,738	91,652	178,703	185,569
	伸び率(%)	—	—	—	—	—	26.2	192.2	80.6	95.0	3.8

シリアル・プリンター		(台)	—	—	—	—	33,665	41,046	56,348	88,500	117,601	150,021
		伸び率(%)	—	—	—	—	—	21.9	37.3	57.1	32.9	27.6
電子タイプライター		(台)	—	—	—	—	10,223	39,676	49,416	94,050	173,131	192,056
		伸び率(%)	—	—	—	—	—	288.1	24.5	90.3	84.1	10.9
測定・制御装置(電機コンビナート EAW 等)												
数値制御装置	(80 年価格)	(百万マルク)	184.9	225.3	298.6	366.0	408.9	494.9	—	—	—	—
	(85 年価格)	(百万マルク)	99.7	—	—	—	—	266.8	282.3	287.8	351.0	406.4
		伸び率(%)	20.2	21.8	32.5	22.6	11.7	21.0	5.8	1.9	22.0	15.8
光学機器(光学機器コンビナート Carl Zeiss Jena 等)												
光学機器	(80 年価格)	(百万マルク)	1,434	1,460	1,520	1,576	1,517	1,586	—	—	—	—
	(85 年価格)	(百万マルク)	1,377	—	—	—	—	1,523	1,608	1,601	1,615	1,623
		伸び率(%)	7.2	1.8	4.2	3.7	−3.8	4.6	5.6	−0.4	0.9	0.5
一眼レフカメラ		(千台)	406.3	385.6	388.7	444.0	456.3	432.0	441.3	411.5	375.9	332.4
		伸び率(%)	3.9	−5.1	0.8	14.2	2.8	−5.3	2.2	−6.8	−8.7	−11.6
電子部品・半製品(テルトウ電子部品コンビナート，エルフルト電子部品コンビナート等)												
電子部品関連	(80 年価格)	(百万マルク)	2,307	2,798	3,314	4,031	4,828	6,248	—	—	—	—
	(85 年価格)	(百万マルク)	1,467	—	—	—	—	3,974	4,601	5,568	6,967	8,036
		伸び率(%)	18.3	21.3	18.4	21.6	19.8	29.4	15.8	21.0	25.1	15.3
半導体回路素子	(80 年価格)	(百万マルク)	986	1,268	1,601	2,116	2,716	3,795	—	—	—	—
	(85 年価格)	(百万マルク)	—	—	—	990	1,271	1,776	2,162	—	—	—
		伸び率(%)	25.1	28.7	26.2	32.2	28.3	39.7	21.8	—	—	—
集積回路		(個)	37,685	47,060	55,412	58,980	72,234	85,830	99,405	120,571	139,113	157,966
		伸び率(%)	—	24.9	17.7	6.4	22.5	18.8	15.8	21.3	15.4	13.6
光電子半導体素子		(百万個)	9.4	—	—	35.3	44.5	62.0	74.6	80.4	103.7	102.9
		伸び率(%)	—	—	—	55.4	26.1	39.3	20.3	7.8	29.0	−0.8
トランジスター		(百万個)	77.4	—	—	113.3	123.5	129.9	144.4	154.7	158.9	167.3
		伸び率(%)	11.4	—	—	13.5	9.0	5.2	11.2	7.1	2.7	5.3
発光ダイオード		(百万個)	78.1	—	—	86.0	98.6	102.7	108.6	113.6	117.0	131.7
		伸び率(%)	−0.2	—	—	3.7	14.7	4.2	5.7	4.6	3.0	12.6

注 1：1980 年までは 75 年価格をベースに計算。
注 2：1980 年以降の動きは，85 年価格をベースとする。
注 3：表中の「＊」は，まだ生産されていなかったことを示す。「—」は，統計年鑑では確認できなかったことを示す。
注 4：大型・小型電球の 1985 年の伸び率は，80 年からの年平均値，87 年の値は 85 年から 87 年の年平均伸び率。光電子半導体素子，トランジスター，発光ダイオードの 83 年の値は 80–83 年の年平均伸び率。
資料：Staatliche Zentralverwaltung für Statistik (Hrsg.), *Statistisches Jahrbuch der DDR*, Berlin 1980–89 各年版ならびに Statistisches Amt der DDR (Hrsg.), *Statistisches Jahrbuch der DDR 1990*, Berlin 1990 の数値を使用した。表中の製品項目は，第 4-11 表であげたコンビナートの主力製品にのみ限定して取り上げた。

(1)　このことに言及する社会主義経済関連の文献は多数存在するが、ここでは経済史の分野に限定して代表的かつ包括的なものを紹介する。ブルス、ヴォジミエシ(鶴岡重成訳)『東欧経済史　一九四五―八〇』岩波書店、一九八四年、第三～四章を参照されたい。

(2)　矢田俊隆『ハンガリー・チェコスロヴァキア現代史』山川出版社、一九七八年、三〇八～三二一頁参照。

(3)　伊東孝之『ポーランド現代史』山川出版社、一九八八年、二六四～二六九頁参照。東ドイツについても、自由ドイツ労働組合同盟の組合史が、一九六〇年代後半から七〇年代初頭の国民経済の窮状について明確に指摘しているが、五三年のときのような暴動や蜂起は起きていない。しかし、ウルブリヒトからホーネッカーへの権力移行があった。Bundesvorstand des FDGB (Hrsg.), *a.a.O.*, S. 599-600.

(4)　このウルブリヒトの主張は、東ドイツの社会主義政治経済学の教科書にも記載されたが、SED中央委員会内でも唯物史観の公式的理解とは異なるものとして波紋を呼んだ。労働大学調査研究所(向坂逸郎監修)『社会主義経済学――ドイツ民主共和国の理論と実践　上』河出書房新社、一九七二年、一四〇～一四四頁(原著：Autorenkollektiv, *Politische Ökonomie des Sozialismus und deren Anwendung auf die DDR*, Berlin 1969, S. 188-194)。同書下巻(日本語版)の「あとがき」(三四三～三四五頁)で、一九七一年のSED第八回大会において、「相対的に自立した社会構成体」論が批判されたことが取り上げられているが、訳者側としてのコメントは控えられている。その後、ドイツ社会主義統一党中央委員会付属マルクス・レーニン主義研究所編(近江谷左馬之助監訳)『ドイツ社会主義統一党史』労働大学、一九八〇年、四六四～四六六頁(原著：Institut für Marxismus-Leninismus beim Zentralkomitee der SED (Hrsg.), *Geschichte der SED. Abriß*, Berlin 1978, S. 555-558)では、ウルブリヒト時代の誤った見解として紹介されている。

(5)　日本の東ドイツ経済論の先駆者の一人である金鍾碩は、ソ連の共産主義の発展段階論に「発達した社会主義」論が入り込んだことにより、共産主義の低次段階と高次段階を内に含む社会構成体という捉え方に修正が施されたのだが、それが低次段階のものなのか、高次段階のそれなのかが不明瞭となった、と指摘している。と同時に、東ドイツの「相対的に自立した社会構成体」論についても「誤り」であると述べているが、その問題提起が「本来の社会主義(共産主義の低い段階)への過渡期の長期連続性を改めて意識させるもの」となったことをポジティブに評価している。おそらく、ソ連共産党の「ソ連は(低次の)共産主義段階にあり、すでに高次段階に着々と向いつつある」という状況認識に、「飛躍がある」(ウルブリヒト支持の改革派の当時の見解と同様に)と感じていたからではないかと思われる。金鍾碩、前掲『過渡期の経済と企業』、四六～五〇頁、二七四～二七七頁。

（6）Steiner, André, *Von Plan zu Plan*, S. 141.

（7）Pirker, Theo/Lepsius, Rainer/Weinert, Rainer/Hertle, Hans-Hermann, *a.a.O.*, S. 296. この発言は、反ウルブリヒト派からは「政治的な離反運動である」と断罪されたが、改革派自身は、改革は東ドイツの社会主義を強化するための前提条件であるとして、それを否定していた。

（8）*Ebenda*, S. 297.

（9）Badstübner, Rolf (Hrsg.), *a.a.O.*, S. 287-288.

（10）Pirker, Theo/Lepsius, Rainer/Weinert, Rainer/Hertle, Hans-Hermann, *a.a.O.*, S. 298.

（11）*Ebenda*, S. 298-299.

（12）その後のＳＥＤの政策の基調となる「経済政策と社会政策の統一」の路線は、生産の量的増大のみならず、消費生活や社会福祉といった経済成長の質的側面を重視するものであった。それを根拠に、住宅建設の促進、最低賃金を含む賃金水準・年金の引き上げ、休暇の拡大、労働力確保のための出産助成、女性労働力確保のための各種優遇措置などが行われた。また、工業においては、従来の重化学工業中心の投資が是正され、軽工業への投資の比重が増加した。Die Sozialistische Einheitspartei Deutschland, *Bericht des Zentralkomitees an den VIII. Parteitag der SED*, Berlin 1971, S. 36-37 und S. 39-43; Badstübner, Rolf (Hrsg.), *a.a.O.*, S. 302-303 ならびに山田徹『東ドイツ・体制崩壊の政治過程』日本評論社、一九九四年、一四〜一五頁参照。この路線は、政治的支配、体制維持という側面を有していたともいわれている。ヴェーバー、ヘルマン、前掲書、一三一頁。

（13）斎藤哲、前掲『消費生活と女性』二八四〜二八八頁、河合信晴、前掲書、六〇〜六三頁、七一頁。

（14）Frerich, Johannes/Frey, Martin, *a.a.O.*, S. 137 und S. 157. なお、有給休暇の増加は、単に時短による労働者の生活条件の改善を目指すものだっただけでなく、「労働時間が多くなっている産業に従事する人々の負担を減少させることを目標にしていた」という河合の指摘は興味深い。河合は、そうした産業として軽工業や小売・サービス業に着目し、それらの業種に数多く従事する女性労働者の有給休暇をめぐる議論を取り上げている。河合信晴、前掲書、一三〇〜一三八頁参照。

（15）河合信晴、前掲書、六三頁、Frerich, Johannes/Frey, Martin, *a.a.O.*, S. 163-164.

（16）Frerich, Johannes/Frey, Martin, *a.a.O.*, S. 164-165.

（17）*Ebenda*, S. 345.

（18）Steiner, André, *Von Plan zu Plan*, S. 172.

(19) Frerich, Johannes/Frey, Martin, *a.a.O.*, S. 415.
(20) Steiner, André, *Von Plan zu Plan*, S. 173.
(21) *Ebenda*, S. 173.
(22) 当時の物財需給バランス表の概要については、たとえば、つぎの計画経済の教科書が参考になる。Kinze, Hans-Heinrich/Knop, Hans/Seifert, Eberhard, *Volkswirtschaftsplanung*, 2., überarbeitete und erweiterte Auflage, 1977, S. 181-189; Kinze, Hans-Heinrich/Knop, Hans/Seifert, Eberhard, *Sozialistische Volkswirtschaft. Hochschullehrbuch*, Berlin 1983, S. 167-177.
(23) Steiner, André, *Von Plan zu Plan*, S. 175. この方向転換は、かつてのような労働力の過剰雇用、原料・資材の過剰在庫といった「不足の経済」の現象をも復活させることになりかねなかった。コルナイ、ヤーノシュ、前掲『「不足」の政治経済学』、第一章を参照されたい。
(24) とくに国家参加経営について、ウルブリヒトは、資本主義からの過渡期における「特殊東ドイツ的なモデルの性格を必然的に有している」と語り、その存在を擁護し続けた。それとは対照的に、ホーネッカーは、国家参加経営をあくまでも「生産手段の社会化」の過渡として捉え、「私的所有下にある生産手段を人民所有に転換する」ことがＳＥＤの戦略目標であることを主張し続けた。Hoffmann, Heinz, *a.a.O.*, S. 122-123, S. 171, S. 173 und S. 176 参照。
(25) Steiner, André, *Von Plan zu Plan*, S. 176.
(26) Hoffmann, Heinz, *a.a.O.*, S. 125-126.
(27) ウルブリヒト時代の東ドイツとソ連の関係は、必ずしも蜜月といえるものではなかった。しかし、ホーネッカー時代に入り、ソ連との関係が急接近した。背景の一つには、プラハの春以降の制限主権論への追従という政治外交上の問題や、これまで以上にソ連からの原材料供給に依存しなければならなかったという事情があげられるであろう。この接近は、東ドイツの憲法の条文改正にも顕著に現われた。一九六八年四月六日公布、同年四月八日発効したばかりの憲法(以下、一九六八年憲法)が、七四年一〇月七日に改正され、その第六条第二項において、ソ連邦との「恒久的に変わることのない同盟」が強調されたのである。一九六八年憲法においては「ドイツ民主共和国は、社会主義的国際主義原則に従って、ソ連邦ならびに他の社会主義諸国との全面的な協力と友好を培い、発展させる」(第六条第二項)と謳っていたのに対して、一九七四年憲法では、すべての社会主義諸国との同盟関係が語られる前に、「ドイツ民主共和国は、ソ連邦と恒久的に変わることなく結びついている」、「ソ連邦との緊密で、兄弟にも等しい同盟は、ドイツ民主共和国人民に、社会主義と平和の道程においてさらなる前進を保証する」ことが指摘されている。高田敏・初宿正典『ドイツ憲法集』信山社、一九九四年、一七五〜一七六頁。Die Verfassung der

Deutschen Demokratischen Republik vom 6. April 1968, in: *GBL. Teil I*, Nr. 8, S. 199ff. ならびに Die Verfassung der Deutschen Demokratischen Republik vom 7. Oktober 1974, in: *GBL. Teil I*, Nr. 47, S. 432ff.

（28） 一九六八年の『シュピーゲル』誌によれば、西ドイツとイスラエルとの関係改善（一九六五年五月一二日の国交回復）に反発した中東諸国やエジプトを含むアフリカ諸国が、東ドイツとの貿易関係を強めていく様子が伝えられている。すでに一九五三～五五年にはエジプトと、五五年からはレバノン、シリアと、五六年にはスーダンとの通商を開始しており、中東諸国との関係は良好であった。ハルシュタイン原則があったにもかかわらず、六二年にはバグダッドに、六四年にはイエメンに、六五年にはダマスカスに総領事館が置かれた。Die Spiegel-Redaktion, *El-Safara el-Almania*, in: *Der Spiegel*, Nr. 48, 25. November 1968.

（29） Haendcke-Hoppe, Maria, DDR-Außenhandel im Zeichen schrumpfender Westimporte, in: *Deutschland Archiv*, Heft 10, 1983, S. 1070.

（30） Stinglwagner, Wolfgang, Genügend Energie für die Zukunft?: Effizienz und Strukturmerkmale des Energieeinsatzes in der DDR, in: *Deutschland Archiv*, Heft 3, 1983, S. 267.

（31） 一九七五年におけるＯＥＣＤ（経済協力開発機構）諸国からの輸入は、機械・設備、金属・非鉄金属製品、軽化学製品が全体の約四分の三、輸出は機械・設備、化学製品が全体の約二分の一強を占めていた。貝出昭「東ドイツのコメコン域内貿易における役割と対西側貿易」（貝出昭編『コメコン諸国の経済発展と対外経済関係』アジア経済研究所、一九八九年所収）、七二～七六頁参照。

（32） それに加えて、ＳＥＤ・政府は、一九七〇年代後半に軍事・安全保障関連費用を確保する必要に迫られていた。七〇年代前半は、東西ドイツ基本条約の締結（七二年）や国連加盟（七三年）のあとに、東ドイツの平和共存の姿勢が強調された時期であり、その限りでは軍事費の引き上げは必要なかったはずである。しかし、奇しくも七五年の全欧安全保障協力会議で最終文書（ヘルシンキ宣言）が採択されたのちに、東ドイツの軍需産業が拡充された。米ソの緊張緩和に反する動きだっただけに、その根拠は明白ではない。国内的には、ＳＥＤ・政府に人権擁護を義務づけたヘルシンキ宣言が、東ドイツからの出国申請者の数を増やすことにつながっていたこと、国境警備をも含む国内の治安維持の必要性が高まっていたことなどが関連していたと思われる。また、国際的には、核兵器削減交渉が進展する一方で、新たにソ連が中距離弾道ミサイルを配備（七七年）し、アメリカが中距離核戦略を西ヨーロッパに展開（七九年）する動きが見られるようになったことが関わっていたであろう。Steiner, André, *Von Plan zu Plan*, S. 180. ヘルシンキ宣言に後押しされた知識人、文化人、環境保護運動が、結局は当局による逮捕・軟禁・国外追放といった事態を引き起こしたことに体制の末期状態を見る研究もある。青木國彦「共産党宣言からヘルシンキ宣言」『カオスとロゴス』第二四号、二〇〇三年。

（33）Die Sozialistische Einheitspartei Deutschlands, *Bericht des Zentralkomitees an den VIII. Parteitag der SED*, S. 45-49.

（34）Steiner, André, *Von Plan zu Plan*, S. 179-180.

（35）*Ebenda*, S. 181-182.

（36）ＫｏＫｏは、一九六六年に貿易省の一部局として外貨獲得のために設置された。七二年からは、党中央委員会直属（とくにホーネッカーと経済担当のミッターク）とし、その活動は国家保安省の通商調整局の作業グループによって監査されていた。ベルリンの壁の崩壊後に、その中心的役割を果たしていたアレクサンダー＝シャルク・ゴロドコフスキーの非合法活動、汚職がらみの取引、職権濫用が明らかにされた。プシビルスキー、ペーター（小阪清行・香月恵里・森田浩子・平田常子訳）『犯行現場は党政治局――ホーネッカー調書』駐文館、一九九六年、七〜一四頁（原著：Przybylski, Peter, *Tatort Politbüro: Die Akte Honecker*, Berlin 1991, S. 12-17）。

（37）Steiner, André, *Von Plan zu Plan*, S. 183.

（38）ミッターク（一九二六年一〇月八日生まれ）は、六二年六月から七三年一〇月までＳＥＤ中央委員会経済担当書記を務め、ウルブリヒト体制下の経済改革の先頭に立った。その後ホーネッカー体制への転換過程が進むなかでＳＥＤ経済担当書記から降板させられ（七三年一〇月）、閣僚評議会副議長に就任した。それは、党決定が閣僚評議会決議に優先されるなかでは、事実上の左遷を意味した。しかし、経済危機が顕著となった七〇年代半ば、ミッタークは経済担当書記（七六年一一月）に返り咲いた。以後、ミッタークは、政治局の諮問機関として新設された経済委員会（七六年）を核に独自の経済路線を強硬に推進した。Spittmann, Ilse, Die NÖS-Mannschaft kehrt zurück, in: *Deutschland Archiv*, Heft 11, 1976, S. 1121; Buch, Günter, *Namen und Daten wichtiger Personen der DDR*, Berlin/Bonn, 1979, S. 211-212：山田徹、前掲書、一六三〜一六四頁を参考とした。

（39）議論の経過については、Schneider, Gernot/Tröder, Manfred, a.a.O., S. 75-91 からも知ることができる。

（40）Gerisch, Rudolf/Friedrich, Gerd, Grundfragen rationeller Leitungsorganisation in den Betrieben und Kombinaten der sozialistischen Industrie, in: Das Zentralinstitut für sozialistische Wirtschaftsführung beim ZK der SED, *Aktuelle Fragen der sozialistischen Wirtschaftsführung*, Berlin 1973, S. 299.

（41）Ebenda, S. 334-339.

（42）改造の方向性として、①化学、燃料・エネルギー、冶金工業において副次・補助工程（保守・点検、修理、在庫管理、道具・装置等々の内部製造)の集中・専門化を強化する、②機械工業において部品・半製品下請供給に専門化した経営を育成し主工程に結合する、③運輸手段、保管施設、販売施設をコンビナートの集中的管理の下に置く、などが主要なポイントとされた。また、経営の統合・再編にあたっては、地域的分散の解消、大中小経営間のバランスが考慮されねばならないとした。Friedrich, Gerd, Die Kombinate und die Vereinigungen Volkseigener Betriebe. . . , S. 407–408.

(43) Ebenda, S. 405. この発想は、のちのコンビナート構想と同一の考え方であった。

(44) Friedrich, Gerd/Schulz, Gerhard, Leitung und Effektivität in der Sicht wirtschaftswissenschaftlicher Forschung, in: *Einheit*, Heft 8, 1977, S. 925.

(45) Friedrich, Gerd, Kombinate: moderne Form der Leitung unserer Industrie, S. 630.

(46) Mittag, Günter, Die große Kraft der Vorzüge des Sozialismus, in: *Einheit*, Heft 5, 1977, S. 575. この論文でミッタークが依拠したSED第五回中央委員会総会の決議(一九七七年三月)は、建設コンビナートの設立を決定するものであった。したがって、工業コンビナートの新設を訴える根拠として同総会決議をあげたことは不適切であったといえよう。

(47) Gehrmann, Achim/Müller, Gerhard/Müller, Hans, Zur Politik der SED im Prozeß der Bildung und Festigung zentralgeleiteter Kombinate in der Industrie der DDR, in: *Jahrbuch für Wirtschaftsgeschichte*, Teil 4, 1984, S. 14–15. これにより、中央直轄コンビナートの新設が再開し、その数は一九七七年の四五から七八年の五四に増加した。

(48) Mittag, Günter, Die große Kraft. . . , S. 574–575.

(49) Mittag, Günter, Zielstrebige Verwirklichung der Hauptaufgabe, in: *Einheit*, Heft 10, 1978, S. 989–1010. これは、一九七八年八月に開催されたコンビナート・ゼミナールにおけるミッタークの総括報告である。

(50) Ebenda, S. 995.

(51) Ebenda, S. 997.

(52) Ebenda, S. 993–995.

(53) Gehrmann, Achim/Müller, Gerhard/Müller, Hans, a.a.O., S. 25.

(54) こうした党主導の急速なコンビナート化は、すでに一九六〇年代末から七〇年代初頭にも見られた。それは、従来の管理方法やスタッフの変更、労働条件・待遇の悪化、転職・出向などを伴ったために、解体される経営連合サイドの反発を受けたといわれている(Breuer, Rainer, a.a.O, S. 30; Roesler, Jörg, Kombinate. . . , S. 256)。七〇年代後半のコンビナート化においても同様の問題が生じたが、それは、東ドイツの文献では、党組織の献身的な活動によって対立なく克服されたと叙述されている

(Gehrmann, Achim/Müller, Gerhard/Müller, Hans, a.a.O., S. 17-18)。しかし、実際には設立を早めるために組織上の規約や懲戒処分が盾として使われた、とするシュナイダー、トリョーダー（両者ともSEDを除名され、八三／八四年に国外退去を命じられた）の研究がある。Schneider, Gernot/Tröder, Manfred, a.a.O., S. 87.

(55) Scherzinger, Angela, a.a.O., S. 172 および Stinglwagner, Wolfgang, *Die zentralgeleiteten Kombinate in der Industrie der DDR* (Manuskript. Nicht im Buchhandel), Bonn 1990, S. 17-21 の比較から確定した。

(56) 邦語論文では、犬飼欽也「新型コンビナート形成による適応――DDR管理計画化の新段階（I）」、『新潟大学商学論集』第一七号、一九八五年、六六～七〇頁がロボトロンの例を詳しく紹介している。

(57) Klein, Werner, Das Kombinat: Eine organisationstheoretische Analyse, in: Gutmann, Gernot, *Das Wirtschaftssystem der DDR*, Schriften zum Systemvergleich von Wirtschaftsordnung (Heft 30), Stuttgart/New York 1983, S. 83.

(58) Autorenkollektiv, *Leitung der sozialistischen Wirtschaft Lehrbuch*, Berlin 1986, S. 217.

(59) *Ebenda*, S. 219.

(60) Autorenkollektiv, *Grundfragen der sozialistischen Wirtschaftsführung*, zweite, völlig überarbeitete und ergänzte Auflage, Berlin 1985, S. 411 参照。なお、同書第一版（1. Auflage, 1979, S. 350）では、「管理者の政治的・イデオロギー的および専門的能力と経験」が、第一の基準とされていた。一九八〇年代前半に、より経済性を重視する考え方が広まったことが読み取れよう。

(61) Melzer, Manfred/Scherzinger, Angela/Schwartau, Cord, a.a.O., S. 375.

(62) Erdmann, Kurt/Melzer, Manfred, Die neue Kombinatsverordnung in der DDR (2. Teil), S. 1050.

(63) 犬飼が指摘するように、この分権化は国家機関の責任転嫁＝分責という側面を有していた。犬飼欽也「新型コンビナート形成による適応――DDR管理計画化の新段階（II）」、『新潟大学商学論集』第一八号、一九八六年、七六頁。とはいえ、そうした責任を最終的に負ったのは工業省だったので（第四条第四項）、コンビナート側には責任回避の可能性もあった。この点は、コルナイがハンガリーの実態を念頭に指摘した国家と企業の間の「温情主義的関係」に関連すると考えられる。コルナイ、ヤーノシュ、前掲『「不足」の政治経済学』、一七一～一九二頁。

(64) Verordnung über die Aufgaben, Rechte und Pflichten der volkseigenen Betriebe, Kombinate und VVB. . ., S. 135（第二四条第一項）。

(65) Verordnung über die volkseigenen Kombinate. . ., S. 355.

(66) たとえば、傘下経営の設立・統合・解散や傘下経営長の任命・解任については、コンビナート総裁の決定に委ねられた

（一九七九年政令第七条第一項、第二五条第一項）。なお、この権限・機能の集中は、巨大な経済単位を統一的な目標や政策に沿って管理していくための妥当な措置であったことも否めない。研究史的に、こうした集権化は、社会主義における党官僚制との関連で常に問題視されてきた。そして批判者の対案は常に分権化であった。しかし、単純に分権化のみを提起することは避けられるべきであろう。まずは、管理の集権化と巨大な経営組織の運営とが、いかなる意味で整合しない（あるいは整合する）のかを実態的に明らかにする必要があろう。

(67) Verordnung über die volkseigenen Kombinate. . . , S. 362（第二六条第一項）。

(68) Ebenda（第二六条第三項）。

(69) Roesler, Jörg, Kombinate. . . , S. 267. なお、他の文献では「本社型はカール・ツァイス・イェーナのみ」という記述が見られたが、レースラー論文が正しいものと思われる。

(70) Kowalski, Roland, Der wissenschaftliche Präzisionsgerätebau der DDR in den 60er Jahren dargestellt am Beispiel des Carl-Zeiss-Unternehmens Jena. in: *Jahrbuch für Wirtschaftsgeschichte*, Teil 4, 1991, S. 59ff.

(71) それにより、一九七〇年代を通じて増加傾向にあった対西側累積債務は、七八年の五五億三〇〇〇万USドルから八〇年には七七億八〇〇〇万USドルに達した。当時の西側先進諸国における高金利政策はこの負担を一層重くした。Haendcke-Hoppe, Maria, Der DDR-Außenhandel im Zeichen. . . , S. 1067.

(72) Haendcke-Hoppe, Maria, DDR-Außenhandel unter dem Zwang zum Erfolg, in: *Deutschland Archiv*, Heft 3, 1982, S. 265. 一九八二年以後、それまでの一九〇〇万トンから一七〇〇万トンに削減されることになった。これは、両国間の軋轢を生み、東ドイツがソ連から一定の距離を置き、代わって西ドイツに接近する原因になったともいわれている。

(73) Staatliche Zentralverwaltung für Statistik（Hrsg.）, *Statistisches Jahrbuch der DDR 1986*, Berlin 1986, S. 139.

(74) 一九八一年末までに、食品工業では、一五の清涼飲料水・酒類製造コンビナートと一二の菓子・パン製造コンビナートがあった。軽工業では、一四の家具用・建材用挽き材コンビナートが設立された。残りの五二は、各種の消費財製造コンビナートや半製品・部品製造コンビナートであった。Autorenkollektiv, *Sozialistische Betriebswirtschaft Industrie*, S. 42.

(75) なお、部品・半製品供給といっても、その内容はさまざまな次元で異なる。国民経済レベルでは、たとえば、冶金工業からの機械工業への半製品供給、化学コンビナートから部門内外への化合物・素材の供給、などがあげられる。また、同一部門内では、機械製造コンビナートへのベアリング・規格部品の供給や電子部品コンビナートからの情報処理機器、家電製造等々への供給、などがあげられる。そうした関係は、さらにコンビナートや傘下経営内にまで及ぶ。各レベルでの部品・半製品供給の遅延や不足、供給される部品・半製品の品質の粗悪さは、後工程における生産リズム、最終製品の品質・技術水準などに悪影響を及ぼす。東ドイツの部品・半製品供給問題が語られる場合には、この点が常に考慮されているといって良いだろう。Weidauer, Rudi/Wetzel, Albert u.a., *Kombinate erfolgreich leiten*, Berlin 1981, S. 139ff.　この問題は、レギュラシオン学派のユルジャンス・グループ（現存社会主義の経済とノルムに関するグルノーブル研究集団）によっても指摘されている。東ドイツの計画経済の問題点を明らかにするためにも、この点は詳細に実証されねばならない。ユルジャンス・グループ「中央計画経済におけるリズムなきテーラー主義」（ボアイエ、ロベール／山田鋭夫共同編集『転換――社会主義』藤原書店、一九九三年所収）。

（76）*Mit der Kraft der Kombinate für weiteren hohen Leistungsanstieg (Erfahrungsaustausch des Zentralkomitees der SED mit den Generaldirektoren und Parteiorganisatoren des ZK vom 19. bis 21. März 1980 in Gera)*, Berlin 1980, S. 45.

（77）「八〇年代経済戦略」は、以下にあげる一〇項目を基本的内容とした。①マイクロエレクトロニクスを核とする科学技術革新の推進（基礎研究、光ファイバー技術・レーザー技術の開発、産業ロボット導入による弾力的機械化システムの開発、コンピューターによる生産制御システムの開発等）、②労働の質の向上を通じた労働生産性の増大（職業教育、再教育、労働組織の再編等）、③原材料の節約および効率利用（高度精製・加工）、新素材の開発、④国内向けおよび輸出向け製品の品質向上、⑤生産国民所得および可処分国民所得の増大、⑥社会主義的合理化の推進、⑦科学技術研究・輸出の拡大・品質向上・消費財生産の拡大等に関連する投資の奨励、⑧大量かつ高品質の消費財の供給、⑨社会的総生産物および国民所得の成長率の増大、⑩拡大再生産の徹底した集約化。Die Sozialistische Einheitspartei Deutschlands, *Bericht des Zentralkomitees der SED an den X. Parteitag der SED*, Berlin 1981, S. 65ff.

（78）*Ökonomische Strategie der Partei — klares Konzept für weiteres Wachstum (Wirtschaftswissenschaftliche Konferenz der DDR im Karl-Marx-Jahr am 29. und 30. September 1983 in Berlin)*, Berlin 1983, S. 38.

（79）Hamel, Hannelore/Leipold, Helmut, a.a.O., S. 36.　同様の指摘は、Gerisch, Rudolf/Hofmann, Willy, Aufgaben und Probleme der Entwicklung in den Kombinaten zur Erhöhung der volkswirtschaftlichen Effektivität, in: *Wirtschaftswissenschaft*, Heft 2, 1979, S. 133 にも見られた。

（80）一九八〇年代の投資政策の基本が「既存設備の近代化」に置かれたことは、さらに問題を深刻なものにした。それは、内部製造の目的が、既存設備の部分改良による生産性の引き上げに終始することにつながった。その結果、改良に比して高くつく最新設備の開発は敬遠されがちであった。Gruhn, Werner/Lauterbach, Günter, Rationalisierungsmittelbau mit neuen

Aufgaben, in: *Deutschland Archiv*, Heft 11, 1984, S. 1180.

（81）詳しくは、犬飼欽也、前掲「新型コンビナート形成による適応（Ⅰ）」、六六〜六八頁参照。

（82）VEB Keramische Werke Hermsdorf, *Ein Jahrhundertwerk: Keramische Werke Hermsdorf — 1890-1990 100 Jahre Technische Keramik*, Hermsdorf 1990. ヘルムスドルフ・セラミック工場の社史パンフレット。

（83）このような肯定的評価は、留保条件はあるものの、犬飼欽也、前掲「新型コンビナート形成による適応（Ⅰ）」、六七〜六八頁にも見られた。Melzer, Manfred/Scherzinger, Angela/Schwartau, Cord, a.a.O., S. 381でも、コンビナート内の研究開発体制が「生産への導入までに至る諸段階の研究・開発の効率を高める」という見解が示されていた。

（84）Autorenkollektiv, *Ökonomisches Lexikon H-P*, S. 739-740. 残りの約三割は、国家商業センター（Staatliche Kontore）と呼ばれる卸売組織を通じて取引されていた。なお、一九八二年までは一三、その後は一一の生産財向けの国家商業センターがあった。Bundesministerium für innerdeutsche Beziehungen, *a,a,O.*, S. 236.

（85）一九六四年に導入された外貨マルク（Valutamark）と外貨との交換比率は製品別・国別で異なり、実際の販売活動、契約締結においてのみ示された。

（86）Erste Durchführungsbestimmung zur Verordnung über die Leitung und Durchführung des Außenhandels — Eigengeschäftstätigkeit — vom 17. November 1978, in: *GBL. Teil I*, Nr. 41, S. 443.

（87）Schneider, Gernot/Tröder, Manfred, a.a.O., S. 120.

（88）この二つの形態については、Autorenkollektiv, *Sozialistische Betriebswirtschaft. . .*, S. 433-434を参考とした。

（89）Schneider, Gernot/Tröder, Manfred, a.a.O., S. 101-102.

（90）Haendcke-Hoppe, Maria, Die Umgestaltung des Außenhandelsapparates in der DDR, in: *Deutschland Archiv*, Heft 4, 1981, S. 381. なお、貿易省管轄下にとどまった貿易経営は、プラント輸出・工業機械輸入、国際見本市に関連するものであった。

（91）Haendcke-Hoppe, Maria, Die Umgestaltung des Außenhandelsapparates in der DDR, S. 383の表を参考とした。Autorenkollektiv, *Sozialistische Betriebswirtschaft. . .*, S. 433.

（92）ただし、留保された外貨は、輸出向けの生産に投入されるという制約があった。Autorenkollektiv, *Stimulierung in Industriebetrieben und Kombinaten*, Berlin 1982, S. 122-123.

（93）Schneider, Gernot/Tröder, Manfred, a.a.O., S. 120.

（94）Ebenda, S. 120-121.

(95) Cornelsen, Doris/Melzer, Manfred/Scherzinger, Angela, a.a.O., S. 204.

(96) Friedrich, Gerd, Kombinat und Kombinatsbetrieb im Vergesellschaftungsprozeß, in: *Wirtschaftswissenschaft*, Heft 6, 1983, S. 802. ほぼ同様の認識は、ゲーリッシュならびにギュンター・クーシャック（ベルリン経済大学付属社会主義経済運営研究所所長）らを中心とする研究者・実務家集団による諸研究にも見られた。Gerisch, Rudolf/Rosenkranz, Rudi/Seifert, Achim, Erzeugnisspezifische Zulieferungen und Flexibilität der Produktion in Kombinaten des Maschinenbaus, in: *Wirtschaftswissenschaft*, Heft 6, 1983, S. 823; Hensel, Dieter/Kuciak, Günter, Zum Einfluß der Reproduktionsbedingungen auf die Rolle kleiner und mittlerer Betriebe und Betriebsteile in Kombinaten der verarbeitenden Industrie, in: *Wirschaftswissenschaft*, Heft 3, 1984, S. 367-368.

(97) Friedrich, Gerd, Kombinat und Kombinatsbetrieb. . ., S. 814-817. なお、見直しの対象とならなかったのは、エネルギー・燃料、冶金、化学工業原料といった原料・資材部門であった。そこでは、従来通り個々の製品に特化した量産化とコスト引き下げを追求するために、さらなる経営の集中と大規模化が進められるべきであるとされた。Hensel, Dieter/Kuciak, Günter, *a.a.O.*, S. 367.

(98) Friedrich, Gerd, Kombinat und Kombinatsbetrieb. . ., S. 811.

(99) クーシャックらによれば、さらなる経営の集中の必要性はすでに一九七〇年代初頭から失われつつあった、労働生産性（工業総生産高／労働者数）の増加率もこの時期から低下局面に入った、としている。Hensel, Dieter/Kuciak, Günter, a.a.O., S. 366ff.

(100) Ebenda, S. 370 ならびに Friedrich, Gerd, Kombinat und Kombinatsbetrieb. . ., S. 818.

(101) Hensel, Dieter/Kuciak, Günter, a.a.O., S. 369 und S. 371.

(102) Gerisch, Rudolf/Rosenkranz, Rudi/Seifert, Achim, a.a.O., S. 826-827.

(103) この構想の背景には、一部のコンビナートにおける成功があった。たとえば、素材加工機製造コンビナートでは、特殊な連結器の生産を他のコンビナート（原動機・連結器製造コンビナート）に委ねず、独自の生産工場（従業員三七七人）の設置によってまかなっていた。Ebenda, S. 834.

(104) *Ökonomische Strategie der Partei*. . ., S. 45.

(105) 学術会議前に発表されたフリードリッヒ論文は、その根拠として主力経営本部のコンビナート本部機能の兼務による管理費用の削減への期待をあげている。また、主力経営の特徴として、①傘下工場の技術水準・生産能力を引き上げることができる、②安定した販売・顧客サービスを提供することができる、③管理者の政治性および専門性が高い、といった点をあげ、それを中心とする管理を積極的に評価している。ただし、それを絶対視していない点にフリードリッヒの独自性があると考えられる。Friedlich, Gert, Kombinat und Kombinatsbetrieb. . . , S. 812ff.

(106) Ebenda, S. 816.

(107) *Nach neuen Maßstäben die Intensivierung umfassend organisieren (Seminar des Zentralkomitees der SED mit den Generaldirektoren und Parteiorganisatoren des ZK vom 8. bis 9. März 1984 in Leipzig)*, Berlin 1984, S. 50. その後、一九八五年のコンビナート・ゼミナール報告では、加工組立型工業の一部のコンビナートで先導経営型システムが実践されたことを確認することができる。しかし、それは例外的なものとされ、主力経営型重視の姿勢は変更されていない。*Mit höchsten Leistungen den XI. Parteitag vorbereiten (Seminar des Zentralkomitees der SED mit den Generaldirektoren und Parteiorganisatoren des ZK vom 5. bis 8. April 1982 in Leipzig)*, Berlin 1985, S. 72-73.

(108) ブーリアン、ヴァルター(百済勇訳)「DDRにおけるコンビナートの発展と経済管理の改善」、『論集』(駒沢大学外国語部)第二二号、一九八五年、一五七～一五八頁参照。このほか、Burian, Walter, Überlegungen zur Stellung und Weiterentwicklung der Zweigleitung im Leitungssystem der sozialistischen Industrie der DDR, in: *Wissenschaftliche Zeitschrift der Hochschule für Ökonomie*, Heft 3, 1978, S. 105; Erdmann, Kurt/Melzer, Manfred, Die neue Kombinatsverordnung in der DDR (1. Teil), S. 937 も併せて参照されたい。

(109) このようなコミュニケーション系統の整理・統合は、管理組織内の職種・職場・職員の削減と結びついた。それは、経営連合からコンビナートへの移行がスムーズにいかなかった一要因となった。また、この簡素化による管理・権限・責任の本部集中は、かえって本部業務を増加させる原因となった。

(110) Verordnung über die Aufgaben, Rechte und Pflichten der volkseigenen Betriebe, Kombinate und VVB. . . , S. 136 (第二六条第一項)参照。

(111) Verordnung über die volkseigenen Kombinate. . . , S. 356 参照。

(112) コンビナートにおける経済計算制(独立採算制)の強化は、まずコンビナート内の財務ファンド循環に関する意思決定・責任をコンビナート側に委譲する形で行われた(最終意思決定・責任は閣僚評議会・工業省にある)。さらにそれは、財務ファンドの形成と使用を生産計画の達成・超過達成とリンクさせることにより、コンビナート、傘下経営、経営内労働集団の収益への関心を高めるためになされた。これらの点については、経営の相対的独立性に関わるものとしてさらに分析が進められねばならない。

(113) コンビナート改革を、その後の経済改革（一九八〇年代前半）と併せて「分権化」とする見解は、西側研究者のなかにも多い。たとえば、Erdmann, Kurt/Melzer, Manfred, Die neue Kombinatsverordnung in der DDR (1. Teil), S. 940; Cornelsen, Doris/Melzer, Manfred/Scherzinger, Angela, a.a.O., S. 202–203; Hamel, Hannelore/Leipold, Helmut, a.a.O., S. 21ff.

(114) Schneider, Gernot/Tröder, Manfred, a.a.O., S. 136.

(115) 東ドイツのコンピューターは、独自に開発したマイクロプロセッサー（CPU）を使用していた。一九八七年頃には、西側先進諸国と同様に三二ビット機の生産が予定されたが、実現の見通しは困難であった。八七年時点で最も演算能力の高かった機種は、IBM PC・XT（一九八三年に販売開始）互換の一六ビット機EC一八三四だったが、その年の生産高は二〇〇台にすぎなかった。技術的遅れとともに、新鋭機の量産化に対応できなかった事例の一つである。Krakat, Klaus, Die DDR auf dem Weg zur computergestützten Fabrik?, in: Forschungsstelle für gesamtdeutsche wirtschaftliche und soziale Fragen (Hrsg.), *Glasnost und Perestrojka auch in der DDR?*, Berlin 1988, S. 247–248 und S. 254：坂本和一『コンピューター産業――ガリヴァ支配の終焉』有斐閣、一九九二年、二二六頁。

(116) Krakat, Klaus, Die DDR auf dem Weg zur computergestützten Fabrik?, S. 250–253.

(117) 第二次世界大戦前の一九二五年に創立していた電機コンビナートEAWの社史を概観するものとして、Kipper, Urlich, Strukurwandel und Innovationsfähigkeit der Ostberliner Elektroindustrie: die Elektro-Aparrate-Werke von den sechziger Jahren bis Ende der achziger Jahre, in: Fischer, Wolfram/Bähr, Johannes (Hrsg.), *Wirtschaft im geteileten Berlin 1945–1990*, München 1994, S. 197–208 がある。

(118) Gebhardt, Fieder, *Wirtschaftsatlas Neue Bundesländer*, Gotha 1994, S. 126–138. 同書の産業立地地図参照。

(119) いまひとつ忘れてならないのは、同一・類似の最終製品を生産する諸経営を一つのコンビナートにまとめることにより、当該製品の生産・販売に関わる情報を集めやすくなり、また計画の作成・管理が容易になる、といった点であろう。これが、コンビナートの傘下経営の編成、生産や販売のフレキシビリティにどのような影響を与えたかについては、今後の実証分析の課題とする。

第五章　経済計算制改革の限界

第一節　危機対応としての経済計算制改革

東西ドイツ間にはすでに建国期から、国民一人当たりＧＤＰの大きな格差が存在していた。その格差は、東ドイツの経済成長が鈍化した一九五〇年代後半から「ベルリンの壁」構築までの時期、そしてまた成長率が回復した経済改革期（六三～七〇年）にも拡大し続けた（前掲第3-4図）。ベルリンの労働者蜂起が発生した五三年に約二・〇倍だった格差は、ホーネッカー政権が誕生した七一年には二・八倍にまで増加したのである。その後、オイルショック時には、東ドイツがソ連からの原油供給に守られていたこともあり七三年から七五年には格差が縮まるかに見えた。西ドイツの一人当たりＧＤＰは、絶対額で縮小傾向にあったし、またその対前年比伸び率も、東ドイツ以上の低落を記録していた（第5-1図）。しかし、七六年以降ソ連からの原油供給条件の悪化に伴い、東ドイツでもまた、一人当たりＧＤＰの伸びが急落した。とくに七九～八〇年と八一～八二年には伸び率が、建国後はじめてのマイナス成長を記録した。

この経済危機は、労働生産性の伸び悩みにも由来するものであった。第5-1表では、生産的分野の就業者一人当たりの生産国民所得が、ベルリンの壁構築からウルブリヒトからホーネッカーへの政権交代直前まで（一九六[1]

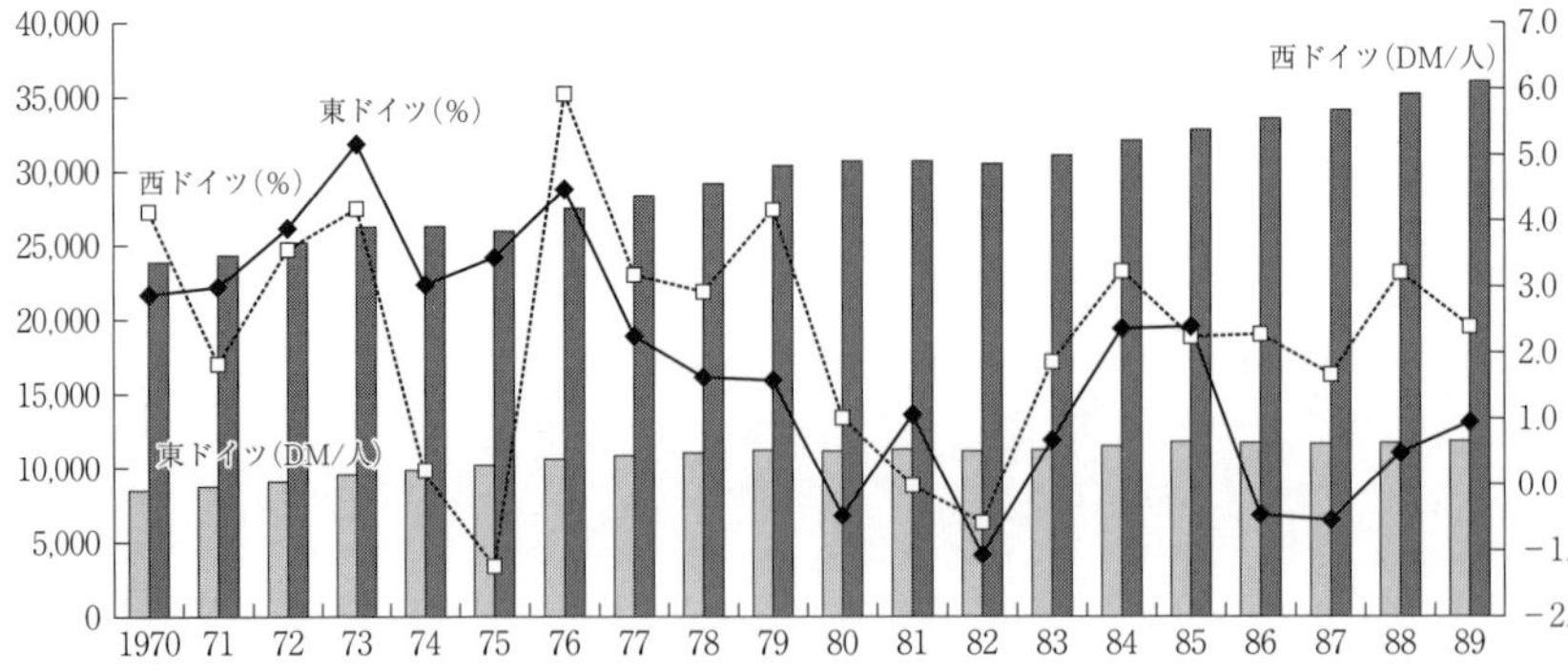

第 5-1 図　国民 1 人当たり GDP の金額と対前年比伸び率の推移（1970-89 年）

注：DM＝ドイツマルク。

資料：Merkel, Wilma/Wahl, Stefanie, *Das geplünderte Deutschland: Die wirtschaftliche Entwicklung im östlichen Teil Deutschlands von 1949 bis 1989*, Bonn 1991, S. 52; Statistisches Amt der DDR (Hrsg.), *Statistisches Jahrbuch der DDR 1990*, Berlin 1990, S. 64; Statistisches Bundesamt (Hrsg.), *Statistisches Jahrbuch für die BRD 1988*, Wiesbaden 1988, S. 64; Statistisches Bundesamt (Hrsg.), *Statistisches Jahrbuch für das vereinte Deutschland*, Wiesbaden 1991, S. 70.

一～七〇年）比較的安定して伸びていたことを確認できる。しかし、第一次オイルショック後の七六から八〇年には、対前年比でも、五ヵ年平均でも、その伸び率は低落し、以後低水準で推移するようになった。また、生産性の上昇を技術的に下支えする固定設備の装備状況（一人当たり固定資本装備）も、ほぼ同時期から徐々に悪化しつつあったことがわかる。それに加えて、固定設備の老朽化は生産性の停滞・低下に拍車をかけていた(2)。

一九七〇年代半ばを境に行き詰まりを見せ始めた東ドイツ経済の立て直しに向けて、SED・政府は、国家機関と人民所有経営の間で生産と管理の中間環として活動してきた経営連合と人民所有コンビナートを、後者への一元化という形で再編した。その際、すべてのコンビナートにおいて垂直統合を実現すること、コンビナート内の生産活動において部門・業種横断的な分業を作り出すこと、コンビナート総裁の権限を強化し、傘下経営の管理を強化することが企図された。

そのコンビナート改革の初期段階となった一九八〇年代初頭に、SED・政府は、完全雇用と社会保障の充実を最優先の目標として掲げ、それを支える生産基盤の創出をア

第 5-1 表　就業者(生産的分野) 1 人当たりの諸指標[1)]

年	生産国民所得[2)]（マルク）	伸び率（%）	5ヵ年平均（%）	固定資本装備[2)]（マルク）	伸び率（%）	5ヵ年平均（%）
1961	12,444	(2.0)		77,022	(4.9)	
1962	12,839	(3.2)		81,085	(5.3)	
1963	13,411	(4.5)	(4.2)	85,772	(5.8)	(5.0)
1964	14,034	(4.6)		89,545	(4.4)	
1965	14,691	(4.7)		93,628	(4.6)	
1966	15,436	(5.1)		97,807	(4.5)	
1967	16,201	(5.0)		100,914	(3.2)	
1968	17,076	(5.4)	(5.3)	105,556	(4.6)	(4.0)
1969	17,945	(5.1)		109,229	(3.5)	
1970	18,953	(5.6)		114,407	(4.7)	
1971	19,815	(4.6)		120,383	(5.2)	
1972	20,955	(5.7)		126,254	(4.9)	
1973	22,125	(5.6)	(5.5)	132,844	(5.2)	(5.4)
1974	23,472	(6.1)		139,519	(5.0)	
1975	24,581	(4.7)		148,340	(6.3)	
1976	25,289	(2.9)		155,369	(4.7)	
1977	26,509	(4.8)		162,554	(4.6)	
1978	27,346	(3.2)	(3.9)	169,645	(4.4)	(4.4)
1979	28,309	(3.5)		176,679	(4.1)	
1980	29,456	(4.1)		184,846	(4.6)	
1981	30,688	(4.2)		192,011	(3.9)	
1982	31,305	(2.0)		200,127	(4.2)	
1983	32,532	(3.9)	(3.9)	207,848	(3.9)	(3.9)
1984	34,188	(5.1)		215,372	(3.6)	
1985	35,837	(4.8)		223,755	(3.9)	
1986	37,410	(4.4)		232,947	(4.1)	
1987	38,648	(3.3)	(2.9)	240,937	(3.4)	(3.7)
1988	39,701	(2.7)		249,419	(3.5)	
1989	40,822	(2.8)		260,292	(4.4)	

注：1985 年以降の数値は，84 年末の固定設備資産価値の評価換え(85 年の恣意的引き上げ)に関する財務省通達の影響で，実際よりも高く計算されている可能性がある。

1）生産的分野の就業人口をベースに算定した。生産的分野の定義は，本章の注 1 を参照されたい。第 5-1 図よりも伸び率の動きが安定しているのは，市場価格ではなく公定価格ベースで経済活動の集計がなされているからである。人為的な介入によって歪められてはいるものの，長期趨勢からは伸び率の鈍化が確認できよう。

2）生産国民所得は 1985 年価格を，固定資本装備は 86 年価格をベースに算定された数値を用いている。いずれも，89 年の数値は暫定値である。

資料：Statistisches Amt der DDR (Hrsg.), *Statistisches Jahrbuch der DDR 1990*, Berlin 1990, S. 13, S. 16 und S. 18; Anordnung über die Umbewertung der Grundmittel vom 14. Dezember 1984, in: *GBL. Teil I*, Nr. 37, S. 450–456.

ピールした。その実現に向けて八一年四月のＳＥＤ第一〇回大会においては、「八〇年代経済戦略」が提起された。この戦略の核心は、マイクロエレクトロニクス技術を基盤とするオートメーション化の推進、コンピューターに支援された生産制御システムの導入等を通じて省力化と高付加価値化を実現し、それを国民所得の増加に結びつける、というものであった[3]。そのために、ホーネッカー時代に入って抑制されてきた新規投資を、研究・開発や設備刷新に優先的に振り向けることが要請された。また、投資資金の節約を目指して既存設備を長期的に利用したり、部分的な改良投資によって生産性を引き上げたりすることも提案された。現実には、国民所得の成長率低下や消費優先の政策が先の経済戦略を制約しかねない状況下で、縮小傾向にあった可処分資金をいかに効果的に投資するかが危機打開の鍵を握っていた[4]。まさしく「ハードな予算制約」の時代の方策が構想されねばならなくなったといえよう。

そうした生産基盤づくりに加えて、ＳＥＤ・政府は、計画策定とその管理の側面からも改革を行った。第5-2表に示したように、コンビナートとその傘下経営の業績評価においては、一九八〇年から八三年までの間に、「粗生産高」指標から、「純生産高」や「純利益」などネットの指標が重視されるようになった。収益を度外視した投入増に歯止めをかけ、原燃料・資材の節約を通じたコスト削減と、それによる収益性の改善へとコンビナートを誘導するための業績評価指標の変更であった。収益拡大に向けては、国内外向けの販売の促進に向けて品質向上や新製品の開発への要求が強くなったことも確認されよう。

さらにＳＥＤ第一〇回大会では、計画経済の運営上の基本路線として「管理、計画策定、経済計算制の一層の完成化（weitere Vervollkommnung der Leitung, Planung und wirtschaftlichen Rechnungsführung）」が打ち出された。この路線は、それまで掲げられてきた「管理と計画策定の完成化」（第八回大会：一九七一年）、「管理、計画策定、経済的刺激付与の完成化」（第九回大会：七六年）を踏襲するものであった。従来は、計画策定やその管理（とくに上記の業績評価指標を実現するための監督と決算）を通じて経済主体を行政的に指導するといった直接的統御がメインであったが、

第5-2表　人民所有コンビナートの業績評価に関する諸指標

	1980年6月	1981年4月	1983年3月
(A) 業績評価のための主要指標	工業生産高	工業生産高	⇒削除
	純生産高[1]	純生産高[1]	純生産高[1]
	原燃料・資材コスト[2]	原燃料・資材コスト[2]	⇒(B)副次的指標への格下げ
	—	—	純利益[3]
	—	—	国民向けの製品・サービス
	—	—	輸出
(B) その他の副次的指標	純利益[3]	営業損益	⇒(A)の主要指標への格上げ
	労働生産性の引き上げ	労働生産性の引き上げ	純生産高ベースの労働生産性
	原価の引き下げ	原価の引き下げ	100マルク当たりの総コスト
	Q商品[4]の割合の増加	Q商品[4]の割合の増加	新開発製品やQ商品[4]の生産
	契約に見合った生産[5]	契約に見合った生産[5]	⇒削除
	—	期限通りの，質の高い投資	⇒削除
	—	—	原燃料・資材コスト[2]

1) 粗生産高から原燃料・資材費用，家賃・使用料，減価償却費，その他の生産的サービスの費用（修理・修繕，運輸，保管など）を差し引いたもの。

2) 100マルクの商品生産にかかった原燃料・資材コスト。

3) 輸出入差額を含む統一的営業損益から生産フォンド使用料，雑収入，労働力計画の超過達成によって生まれた利益，違約金・制裁金を差し引いたもの。1983年以降はそれに収益割増金が加算された。

4) Q商品（Qualitätsware）とは，高品質を保証するマークとして「Q」が付与されている商品のことをさす。

5) 国内外向けの取引における契約が計画通りに履行されているかどうかを確認するために設けられた指標。

資料：Cornelsen, Doris/Melzer, Manfred/Scherzinger, Angela, DDR-Wirtschaftssystem: Reform in kleinen Schritten, in: *Vierteljahrshefte zur Wirtschaftsforschung des DIW*, Heft 2, 1984, S. 204; Anordnung über die Planung und Zuführung des staatlichen Erlöszuschlags vom 2. Juni 1983, in: *GBL. Teil I*, Nr. 11, S. 164-165.

八二年以降は、投資、経済的刺激の付与に関連する経済計算制による間接的制御に力点を置くという点で違いを見せた(5)。

この路線は、コンビナートやその傘下経営の国家からの相対的自立性を高める手法として一九六〇年代の経済改革の主要な課題となったが、集権化の圧力が強まるなかで後退させられた。それから約一五年後の八一年一一月に、SED中央委員会政治局においてコンビナートを基本的単位とする経済計算制の強化が決定されたのは、当時の経済危機を乗り切るために、計画によるマクロレベルの統御のみならず、いま一度コンビナート(および傘下経営)側に権限の一部を与え、ミクロレベルにおいてイニシアティブと改善の動きが生まれることを期待するものであった。

その方向性は、一九八二年一月に公布された「計画を基礎とする経済計算制の一層の改善に関する閣僚評議会令」（以下、一九八二年政令）において示された。(6)この政令は、先の戦略課題達成のために、コンビナートの投資資金調達の枠組みを変更するとともに、物的報奨システムの改良を試みようとするものであった。そこでは、①原材料コスト、管理コストの計画的な削減（第二章）、②国庫納入金や自己ファンドの形成といった利益運用に関わる諸原則（第四章）、といった具体策があげられた。(7)より詳しく見よう。

コスト削減の第一の試みとして、政府はコンビナートに、原材料および管理コストの削減目標を通達することになった。また、コンビナートは上級機関へのコスト削減計画の提案に際して、具体的な解決策を示さねばならなくなった。第二に、コンビナート総裁は、エネルギー・燃料、運搬・運輸、宣伝等の経費項目について独自の削減計画を決定する権限を有することになった。これは、より生産の現場に近いコンビナート本部の判断に拠りながら、コスト削減の可能性を広げようとする試みであった。第三に、計画目標の達成に対するコンビナート本部の責任を高めるため、コスト削減計画の不履行に関するコスト報告書を上級管理機関に提出することが義務づけられた。この処分後も計画が達成されない場合には、コンビナートの自己ファンド（第5-3表）の運用が部分的に凍結されることになった。こうした制裁的な方策とならんで、一九八二年政令は、勤労者や労働集団への物的報奨によってコスト削減を促すことをも規定した。具体的には、コスト削減計画の達成あるいは超過達成を、コンビナートの物的刺激ファンド（報酬割増ファンド、業績ファンド、青年社会主義者口座、自由裁量ファンド）への資金繰り入れにリンクさせる、というものであった。

コスト削減と併行して、一九八二年政令は、コンビナートに留保される利益の運用に関する諸原則も定めた。利益から控除される国庫納入金と、投資や福利厚生関連の自己ファンドへの資金繰り入れについての諸原則がそれであった。国庫納入に関する重要な変化は、政令がコンビナートの利益計画の達成・未達成に関わりなく、国庫納入金の一つである純利益控除（Nettogewinnabführung：企業利潤税に相当）の完全納付を要請したことである。そ

第5-3表　コンビナートと経営における自己ファンドの資金源と使途

	資金源	ファンドの使途	1979年指針 人民所有経営	1979年指針 コンビナート	1982年指針 人民所有経営	1982年指針 コンビナート	1983年指針 人民所有経営	1983年指針 コンビナート	1987年指針 人民所有経営	1987年指針 コンビナート
1. 報酬割増ファンド[1]	純利益	年末手当，イニシアティブ手当，目的別手当	○	○	○	○	○	○	○	—
2. 業績ファンド[2]	純利益	合理化施策(投資ファンドへの繰り入れ)および福利厚生施設の拡充	○	○[6]	○	○[7]	○	○[7]	○	○[11]
3. 青年社会主義者口座[3]	純利益	青年向けの文化・スポーツ・レジャー施設の拡充，投資ファンド繰り入れ	○	○	○	○	○	○	○	—
4. 文化・社会ファンド	原　価	文化・スポーツ・レジャー施設，旅費補助，経営内医療施設の運営	○	○[6]	○	○[7]	○	○[9]	○	○[11]
5. 自由裁量ファンド	純利益	労働者・職員(管理職を除く)ならびに労働集団への物的報奨	—	○	—	○	—	○	—	○
6. 投資ファンド[4]	純利益	固定設備投資	○	○	○	○	○	○	○[10]	○[10]
7. 科学・技術ファンド	原　価	研究・開発課題(基礎・応用研究，試作品の製作，ライセンス・特許)	○	○[6]	○	○	○[8]	○	○[8]	○
8. リスク・ファンド	原　価	新製品開発における危険負担	○	○[6]	○	○	○	○	—	○
9. 修理ファンド[5]	原　価	固定設備の修理・補修，オーバー・ホール	○	—	○	○	○	—	○	—
10. 準備ファンド	純利益	研究・開発，保管，報奨，債務返済，国庫納入の際の資金不足への補助	—	○	—	○	—	○	—	○
11. 特別ファンド	純利益	軽工業のモード商品の生産に限って使用される	—	—	○	—	○	—	○	—
12. 宣伝ファンド	原　価	国内販売・輸出のための宣伝・広告	—	○	—	○	—	○	—	○

注：元資料とは異なり，目的別にファンドを分類した。丸印(○)は，当該ファンドが人民所有経営あるいはコンビナートを単位として形成されることを示す。網掛け部分は，先行する指針から改定されたことを示す。1から5のファンドは，おもに労働条件・生活条件に関連する。6から12のファンドは，投資，研究・開発，宣伝などに使用された。

1）超過純利益からも調達され得る。経営内職業訓練校の生徒のための文化・社会ファンドおよび報奨ファンドは，原価から調達される。

2）超過純利益からのみ形成される。1987年指針からは，計画純利益からも調達されるようになった(ただし，その場合，使途は労働・生活条件の向上に限定される)。

3）超過純利益および業績ファンドからの資金繰り入れによっても形成される。

4）投資ファンドの財源は，純利益のほかに，減価償却資金，国家予算資金，利付き・無利子銀行信用，業績ファンドの一部，青年社会主義者口座の一部などがある。

5）下記の1979年の資料では，修理ファンド(Reparaturfonds)，82年，83年，87年の資料では，維持・補修ファンド(Instandhaltungsfonds)。

6）傘下経営の当該ファンドをコンビナート本部に集中して形成される。

7）傘下経営の当該ファンドは，コンビナート本部に集中することが可能である。

8）コンビナート総裁の決定で，このファンドを形成する傘下経営が指定される。

9）コンビナートを単位として形成される場合にのみ本部に集中することができる。その場合，同ファンドはすべての傘下経営が利用可能な施設に充てられる。投資への転用は禁じられている。

10）この財務指針により，コンビナート独自の責任で獲得・使用される投資ファンドと国家計画に則って形成・使用される投資ファンドに区分された。

11）当該ファンドの形成・使用に関する法文書に則って，コンビナート本部への集中が決定される。

資料：Finanzierungsrichtlinie für die volkseigene Wirtschaft vom 21. August 1979, in: *GBL. Teil I*, Nr. 28, S. 301; Anordnung über die Finanzierungsrichtlinie für die volkseigene Wirtschaft vom 28. Januar 1982, in: *GBL. Teil I*, Nr. 5, S. 113-124; Anordnung über die Finanzierungsrichtlinie für die volkseigene Wirtschaft vom 14. April 1983, in: *GBL. Teil I*, Nr. 11, S. 119-120; Anordnung über die Finanzierungsrichtlinie für die volkseigene Industrie und das Bauwesen vom 27. Februar 1987, in: *GBL. Teil I*, Nr. 9, S. 107-118.　このほか，業績ファンド，青年社会主義者口座，科学・技術ファンド，維持・補修ファンド，宣伝ファンド，リスク・ファンドに関する法令を参照して作成。

れ以前は、純利益計画が未達成の場合、財務省と国家計画委員会が通達するガイドラインにしたがって、純利益控除の減免が認められていた[8]。そうしたいわば政府の温情主義は財政収入の障害となっていたし、またそれ以上に各経営の収益獲得意欲を削ぐことになりかねなかった。一九八二年政令での変更は、控除後の留保純利益の大きさや、その運用に決定的な影響を及ぼすものであった。それは、コルナイの言葉を借りれば、「ソフトな予算制約」から「ハードな予算制約」への転換を意図するものであった[9]。

この一九八二年政令以降、ＳＥＤ・政府は、一九八二年から八七年にかけて、①国庫納入金、②自己ファンドの形成と使用、③銀行信用等に関する政令や省令を「集中豪雨」的に改定していった[10]。それらは、コンビナートの資金循環の在り方を直接的・間接的に左右するものであった。それはまた、「八〇年代経済戦略」が要請する労働生産性や収益性の増大を資金面から支える投資金融制度ならびに、それに物的刺激を与えるために整備されたコンビナート内の福利厚生制度の変更につながるものでもあった。

第二節　コンビナート内の資金循環と国庫納入金制度

（一）　投資ファンドを軸とする資金循環の構造

一九八二年政令に続く諸制度の改定の内容を分析する前に、あらかじめコンビナートの資金循環の基本構造を確認しておくことにしよう。第5-2図に示したように、コンビナートには、傘下経営における各種自己ファンドの形成と使用、傘下経営からのコンビナート本部への資金集中とその後の再配分といった内部的な資金循環があった。傘下経営ないしコンビナート本部の自己ファンドの基本的な資金源は、製品原価（計画額）から回収され

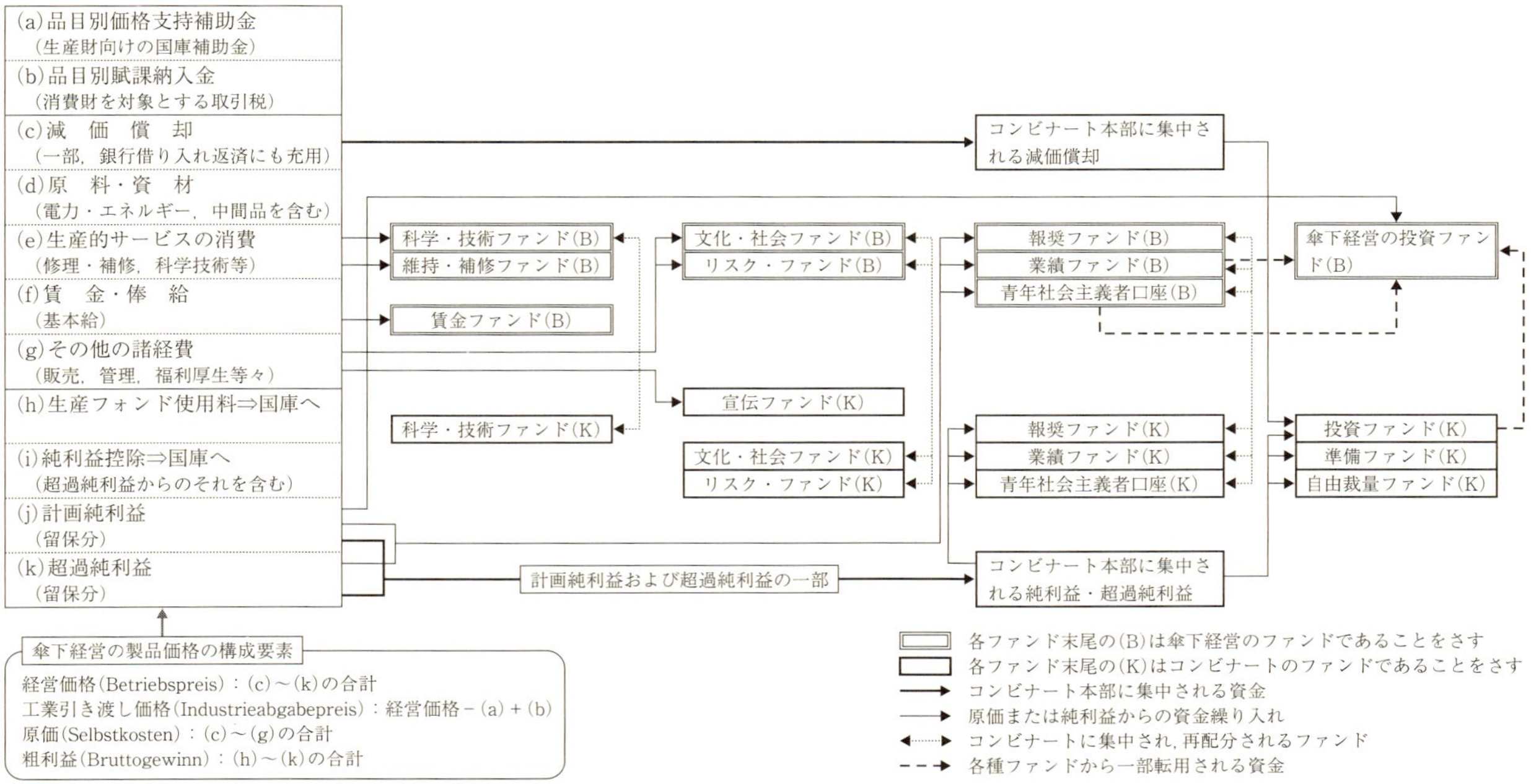

第5-2図　コンビナート内の資金循環(1982年財務指針時点)

資料：Anordnung über die Finanzierungsrichtlinie für die volkseigene Wirtschaft vom 28. Januar 1982, in: *GBL. Teil I*, Nr. 5, S. 113-124; Verordnung über die Kreditgewährung und die Bankkontrolle der sozialistischen Wirtschaft — Kreditverordnung — vom 28. Januar 1982, in: *GBL. Teil I*, Nr. 6, S. 126-133; Autorenkollektiv, *Sozialistische Betriebswirtschaft Industrie*, Berlin 1986, S. 516 und S. 521.　このほか，個々のファンドに関する政令を参照。投資ファンド(傘下経営)の資金源には，さらに，中古設備売却益，損害保険給付金，コンビナート本部から再配分される減価償却資金等がある。

る資金（減価償却を含む）と国庫納入金を控除したのちに得られる純利益であった。

原価回収によって形成される自己ファンドは、各ファンドの計画額を個々の製品価格（公定価格）に比例配分的に組み入れることによって調達されていた。そうした自己ファンドには、労働者・職員の基本給分にあたる賃金ファンド、科学・技術ファンドや維持・補修ファンドのように研究・開発や生産活動に充用されるもの、文化・社会ファンドのように福利厚生施設に充用されるものなどがあった。これらのファンドは、基本的に傘下経営においで形成・使用されたが、コンビナート全体の生産力の引き上げや福利厚生の拡充を目的に、その一部がコンビナート本部のファンドとして徴収され、再配分される場合があった。

他方、純利益（計画純利益および超過純利益）を源泉とする自己ファンドは、傘下経営が獲得した粗利益から国庫納入金（生産フォンド使用料および純利益控除）を差し引いたのちに形成された。報酬割増ファンド、業績ファンド、青年社会主義者口座、コンビナート総裁決定で運用される自由裁量ファンドといった物的刺激ファンドや、傘下経営の設備投資に充用される投資ファンドがそれにあたる。

なお第5-2図には示していないが、これらのうち、投資ファンドには、他のファンドとは異なり、純利益からだけでなく、固定設備投資向け国庫資金（国家の再配分資金として無償で供与）、国立銀行（Die Staatsbank der DDR）から供与される固定設備信用（以下、国立銀行信用）をその主要原資としていた。

固定設備投資向け国庫資金については、もともと「生産的分野」の全投資額の約六割（一九五〇年代後半からは四～五割）に及んでいたが、その割合は経済改革期前半にかけて急速に縮小した（全体の一〇％以下：第5-3図）。経済改革期後半にそれは再び増加したが、以前の水準に達することはなく、七〇年代後半から八〇年代にかけて一〇％台で推移してきた。投資ファンドは、国家予算からではなく、次第に自己資金や国立銀行信用によって調達されるようになったのである。[11]

投資ファンドのもう一つの財源である国立銀行信用には、利付きおよび無利子のものがあった。[12] 後者は、国庫

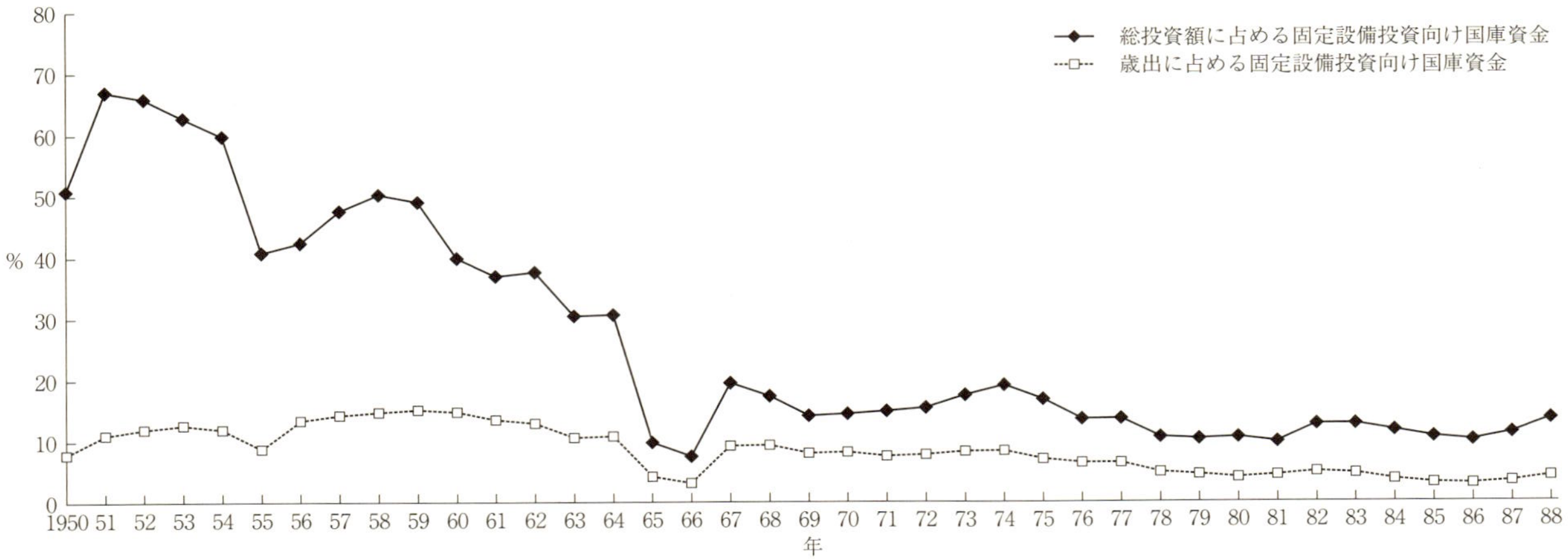

第 5-3 図　国家歳出と投資との関係の推移

資料：Baar, Lothar/Müller, Uwe/Zschaler, Frank, Strukturveränderungen und Wachstumsschwankungen, Investitionen und Budget in der DDR 1949 bis 1989, in: *Jahrbuch für Wirtschaftsgeschichte*, Teil 2, 1995, S. 63-64 und S. 70-71.　なお，同論文の数値は，統一後に閲覧可能となったドイツ連邦公文書館所蔵の国家予算決算書からの抜粋である。ただし，価格ベースは統一されていない（1950-59 年は当年価格，60-67 年は 67 年価格，68-75 年は 75 年価格，76-80 年は 80 年価格，81-88 年は 85 年価格）。

が返済義務を負うことから事実上の補助金であったといえよう。いずれも、個々の事業主体と国立銀行に通達[13]される投資計画にもとづいて供与された。一九七四年以来、利付き国立銀行信用の返済期限は最長五年、基本利子率は年五％であった[14]。投資が合理化目的だったり、事業計画の期限前完了を促すものだったりした場合には、基本利子率は一・八％を下限に引き下げられた。反対に、計画が未達成に終わった場合、利子率は八％を上限に引き上げられた。また、投資の失敗の主因が経営側にあるとされた場合には、最大で年一二％（八二年から：以前は一〇％）の制裁利子が課された。この利子率の操作は、コンビナートを計画に沿った投資活動に誘導する試みであったといえよう。しかし、基本利子率も、元本の返済も、投資計画とともに、すでにコンビナートのコストおよび価格計画、純利益計画の作成段階で考慮されていた。つまり、計画が滞りなく遂行されている限りでは、元利償還は、必ずしもコンビナートの「負担」とはならなかったのである。問題は、投資計画が順調に進まなかったり、利益の獲得が困難に陥ったりした場合に生じた[15]。

以上で見てきた国家財政や国立銀行との関係をも含め、投資ファンドは、コンビナートの資金循環の要となっていた。後述するように、一九八〇年代全体を通して実施された制度改定が、同ファンドの資金調達方法をめぐって変化したこともその重要性を示唆している。以下では、それに言及する前に、投資ファンドを含む自己ファンド（原価回収分を除く）の形成を規定した国庫納入金について確認しておくことにする。

（二）　生産フォンド使用料の改定とその効果

東ドイツの国有セクターから支払われる国庫納入金の約八〇％は、第5-4表に示した生産フォンド使用料（Produktionsfondsabgabe）[16]、純利益控除、品目別賦課納入金（produktgebundene Abgabe）、社会的ファンド分担金（Beitrag für gesellschaftliche Fonds）であった[17]。生産フォンド使用料と純利益控除は、生み出された粗利益が原資で

第 5-4 表　生産的分野[1] のコンビナート・経営からの国庫納入金の変化

［単位：百万マルク，（%）］

年	生産フォンド使用料		純利益控除		品目別賦課納入金		社会的ファンド分担金		国庫納入金（総額）		国庫納入金（総額）	計画達成率
	［実績］	伸び率[2]	［実績］	伸び率[2]	［実績］	伸び率[2]	［実績］	伸び率[2]	［実績］	伸び率[2]	［計画］	［実績］÷［計画］（%）
1971	9,638	(61.3)	11,721	(−10.7)	17,745	(−6.3)	—	(—)	39,104	(13.6)	42,262	92.5
1972	10,149	(5.3)	11,893	(1.5)	20,062	(13.1)	—	(—)	42,104	(7.7)	44,330	95.0
1973	11,343	(11.8)	15,130	(27.2)	25,835	(28.8)	—	(—)	52,307	(24.2)	51,298	102.0
1974	11,393	(0.4)	16,976	(12.2)	25,041	(−3.1)	—	(—)	53,410	(2.1)	57,199	93.4
1975	13,263	(16.4)	26,670	(57.1)	30,278	(20.9)	—	(—)	70,210	(31.5)	64,890	108.2
1976	14,289	(7.7)	22,230	(−16.6)	27,562	(−9.0)	—	(—)	64,081	(−9.0)	70,222	91.3
1977	15,454	(8.2)	22,543	(1.4)	34,735	(26.0)	—	(—)	72,732	(13.5)	77,507	93.8
1978	15,996	(3.5)	26,007	(15.4)	35,314	(1.7)	—	(—)	77,317	(6.3)	82,930	93.2
1979	16,816	(5.1)	32,883	(26.4)	34,976	(−1.0)	—	(—)	84,674	(9.5)	98,429	86.0
1980	18,233	(8.4)	40,095	(21.9)	39,339	(12.5)	—	(—)	97,667	(15.3)	111,402	87.7
1981	19,769	(8.4)	42,082	(5.0)	37,702	(−4.2)	—	(—)	99,554	(1.9)	119,493	83.3
1982	21,533	(8.9)	53,592	(27.4)	38,445	(2.0)	—	(—)	113,569	(14.1)	130,288	87.2
1983	22,911	(6.4)	55,681	(3.9)	39,283	(2.2)	—	(—)	117,874	(3.8)	139,215	84.7
1984	25,090	(9.5)	40,411	(−27.4)	50,242	(27.9)	20,093	(—)	135,836	(15.2)	157,683	86.1
1985	28,784	(14.7)	40,530	(0.3)	46,012	(−8.4)	26,602	(32.4)	141,928	(4.5)	174,012	81.6
1986	29,029	(0.8)	38,664	(−4.6)	43,659	(−5.1)	33,968	(27.7)	145,319	(2.4)	181,061	80.3
1987	28,409	(−2.1)	39,191	(1.4)	42,965	(−1.6)	34,127	(0.5)	144,692	(−0.4)	191,081	75.7
1988	30,031	(5.7)	43,578	(11.2)	43,108	(0.3)	35,194	(3.1)	151,911	(5.0)	193,463	78.5

1）生産的分野：工業，手工業，農林水産業，通信・運輸，商業のほか，クリーニング，印刷・出版，修理・修繕サービス，各種計算機センター，映画製作，住宅関連サービス。

2）対前年比伸び率。1971 年分については，70 年のデータを考慮してある。

資料：1973 年と 75 年の国庫納入金は，Haase, Herwig E., *Grundsätze und Strukturen des Haushaltswesens der DDR*, Berlin（W）1978, S. 102.　70-72 年，74 年，76 年の国庫納入金は，Barthel, Alexander, Betriebssteuern als Lenkungsinstrument in sozialistischen Planwirtschaften: Zur 》wirtschaftlichen Rechnungsführung《 der DDR, in: Gutmann, Gernot/Hamel, Hannelore u.a.（Hrsg.）, *Schriften zum Vergleich von Wirtschaftsordnung*, Band 42, Stuttgart/New Tork 1990, S. 159.　それ以後の数値は，Staatliche Zentralverwaltung für Statistik（Hrsg.）, *Statistisches Jahrbuch der DDR*, Berlin 1982（S. 248）; 1984（S. 258）; 1986（S. 260）; 1988（S. 264）; 1989（S. 264）; Statistisches Amt der DDR（Hrsg.）, *Statistisches Jahrbuch der DDR 1990*, Berlin 1990, S. 299.

あった。それぞれ固定設備・流動資産税、企業利潤税に相当する。また、原価回収方式で調達されていた国庫納入金は、品目別賦課納入金と社会的ファンド分担金であった。前者は、比較的高価な消費財を対象とする取引税であり、それは逆に生活必需品の価格を国家財政が補助するための品目別価格支持補助金（produktgebundene Preisstützung）の資金源となっていた。後者は、一九八三年に公布され翌年から施行された新税で、コンビナートはその賃金ファンドの七〇％を納入するという重い負担を課された。得られた収入は、政府の補助金政策に投入された。これらの国庫納入金は、年度ごとの変動はあったものの国家歳入の約六〇％を構成していた。

これらの国庫納入金全体の計画と実績について、一九七〇年代から八〇年代にかけて比較してみると、七〇年代前半は、七一年、七二年、七四年と未達成の年があったものの、計画を超えて納入金計画を達成できた年もあった。それが七〇年代末から八〇年代に入ると、未達成状態が常態化し、それが年々悪化する傾向にあったことがわかる（前掲第5-4表）。これらの納入金の計画不履行が、東ドイツ財政のマイナス要因であったことはいうまでもない。この状況の改善に向けて、SED・政府は、先述の一九八二年政令以後の政令・省令によって、国庫納入金に関する制度改革を行った。

まず生産フォンド使用料について見てみよう。この国庫納入金は、傘下経営が取得・所持する固定設備資産と流動資産に対して課される国庫納入金の一つであった。その課徴率は、原則的に資産の取得時の価額＝粗価額（Bruttowert）に対して年六％に設定され、傘下経営は獲得した粗利益の一部をその納付に充てた。その使途は、とくに限定されていなかった。課徴の目的は、傘下経営における固定設備の稼働率や資材・製品在庫の回転率の向上、既存固定設備の改良・刷新あるいは売却・廃棄にインセンティブを与えることにあった。生産フォンド使用料は、一九七〇年代半ばから八〇年代前半まで安定的な国庫収入源として推移してきた。その間の固定設備資産総額の伸びがその多くを支えていたものと考えられる(18)。

しかし、既存設備の稼働率やイノベーションの促進という生産フォンド使用料の導入目的に照らし合わせた場合、この安定性は決して肯定評価できるものではなかった。第5-5表は利用期間ごとに分類された工業用設備の構成比を示しているが、そこからは、一九七七年から八五年までに利用年数五年以内の設備の割合が低下し、一一年以上の設備の割合が増加したことを確認できる。[19] 八五年以前には生産フォンド使用料は取得時の粗価額ベースで徴収され、その課徴率は固定設備の耐久年数に関わりなく年六%であったのだから、生産フォンド使用料の伸びはこの老朽設備からの徴収によって納付を堅持してきたものと考えられよう。

それに対して一九八五年に公布された「生産フォンド使用料に関する政令」は、課徴ベースを資産の粗価額から純価額(Nettowert)に変更した。[20] これにより、生産フォンド使用料は減価償却による残存価額の低下に応じて減額され、コンビナートの留保純利益の増大可能性が高まった。それは、後述する投資ファンドへの繰入金の増加につながるものでもあった。

さらに、政令は固定設備に限って一律年六%という課徴率を廃止した。それに代わって、法定納入額がコンビナートないし傘下経営ごとに決定・指令されることになった。[21] この措置には、上述の課徴ベースの変更とならんで、①固定設備の法定耐用年数と法定減価償却率の変更(一九八三年:コンビナート・傘下経営ごと)[22]、②八五年の固定設備資産価値の評価換え(八五年)[23]、③固定設備オーバーホール費用の資産価値への繰り入れ禁止(八五年)[24]、といった要因が関連していた。それらによる減価償却率や固定設備の価値構成の変更は、コンビナートまたは傘

第5-5表　利用年数で見た工業用設備の構成

東ドイツ[1)]　［単位：%］

利用年数	1977年	1985年	1989年
0- 5年	29.3	28.3	27.0
6-10年	28.1	22.3	22.4
11-19年	25.1	28.4	29.2
20年以上	17.5	21.0	21.4
合　計	100.0	100.0	100.0

西ドイツ[2)]　［単位：%］

利用年数	1980年	1985年	1989年
0- 5年	39.3	39.4	40.2
6-10年	31.7	29.3	29.7
11-19年	23.6	25.7	24.7
20-29年	4.3	4.6	4.3
30年以上	1.1	1.0	1.1
合　計	100.0	100.0	100.0

1) 粗価額ベースでの算定にもとづく。
2) 年初の総設備資産(1980年価格)をベースに算定。
資料：Institut für angewandte Wirtschaftsforschung (Hrsg.), *Wirtschaftsreport. Daten und Fakten zur wirtschaftlichen Lage Ostdeutschlands*, Berlin 1990, S. 57.

下経営ごとに異なる影響を及ぼした可能性があったからである。しかし、こうした制度改定は、決定的な効果をあげることはできなかった。上記の政令が発効した八六年以後、生産フォンド使用料の伸び率はたしかに抑制されたものの、評価換えされた老朽設備（以前よりも高価に評価された）の分だけ、その金額は増加したのである（前掲第5-4表）。

（三）純利益控除の改定が自己ファンド形成に与えた影響

つぎに、生産フォンド使用料の控除後に留保される純利益の運用に関する制度改定とその実績を見ることにしよう。コンビナート改革が開始された一九七九年末から一九八二年政令の公布前まで、純利益の運用は、七九年夏に公布された「人民所有経済のための財務資金調達指針」（以下、一九七九年財務指針[25]）によって規制されてきた。一九八二年政令によってコンビナートの資金循環に関する新たな諸原則が定められてから、指針は八二年初頭に「人民所有経済のための財務資金調達指針に関する大蔵省通達」（以下、一九八二年財務指針[26]）と位置づけの変更がなされた。前者は「指針」＝ガイドラインであったが、それが大蔵省通達になったことで、より国家的規制力の強いものとなった。

この大蔵省通達への改定で最も重要だったのは、計画的に獲得された純利益の運用計画において項目の優先順位が変更されたことであった。一九八二年財務指針では、一九八二年政令の規定に準拠して、純利益控除の納付が最優先されるようになった。また、獲得した純利益が計画額を下回った場合の純利益控除に関する規定が新たに設けられた。一九七九年財務指針までは、純利益計画が未達成ながらも純利益控除の納入が部分的に可能である場合には、純利益の計画額と実際に獲得した純利益の差額の五〇％が納入から免除されていた。また、獲得した純利益総額が純利益控除の年間総額に満たない場合には、獲得した純利益のみが納入されるという特例もあった。これらの措置は一九八二年財務指針で廃止され、計画が未達成であっても純利益控除を完全履行することになった[27]。その際、傘下経営の各種自己ファンドやコンビナート本部のファンドの取り崩しが要請されることもあった。前掲第5-4表からは、この変更ののちに、純利益控除が急速に増大したことが確認できる（八二年）。経済実績の悪化という、この時期の状況下では、純利益控除の完全履行の要請は、コンビナートの可処分利益の圧縮につながりかねない事態であった。

一九八二年財務指針から一九八三年財務指針に改定されたのちには、超過純利益の運用計画において純利益控除よりも自己ファンドへの資金繰り入れが優先されるようになった。それを補完すべく、一九八三年財務指針は先の五〇％免除規定を廃止し、超過純利益からの自己ファンドの繰り入れを、純利益控除計画前に策定される法定標準割当額（normative Anteile）[28]にもとづいて計画・運用することとした。これにより、コンビナートには自己ファンドの拡充の可能性が与えられた[29]。これらの変更は、コンビナートを純利益計画の超過達成へ誘導するための対症療法的措置であったともいえる[30]。一九八三年財務指針が発効した八四年の純利益控除の絶対減には、そうした背景があったのである。

その後、一九八六年には自己ファンドの形成を優先するという方向性が再び強調されるようになった。とりわけ注目されるのは、同年一〇月にSED経済担当書記のミッタークによって示された「管理、計画策定および経済計算制の改善」の基本方針であった[31]。それは、「資金自己調達の原則」[32]をコンビナートに徹底させるために、①新しい投資ファンドをコンビナート本部口座に設ける、②特定の投資事業において貸付利子率を引き下げる、というものであった。この路線に沿って、一九八三年財務指針改定の一ヵ月前には「計画外投資ファンド」（企業決定投資）の導入が決定された[33]。コンビナートは、上級機関の計画とは別枠で資金調達ができるようになったのである。

一九八三年財務指針から一九八七年財務指針（八七年二月二七日公布、八八年一月一日発効）への改定後には、「計画外投資ファンド」の形成をも考慮して計画純利益と超過純利益の運用計画が立てられることになった。この改定は純利益控除納付の優先順位を後退させることにつながったが、統計的には純利益控除の増大を確認できる（八八年）。それには、この年の粗利益の増加が関連していたと考えられる。しかし、その増加が財務指針の改定が意図する自己ファンドの増加につながったかどうかは、粗利益の具体的な運用状況をいま少し掘り下げて分析する必要がある。そこで、ここまで確認してきた一連の制度変更が、コンビナートにおける利益の運用、ひいてはその運用の柱となる投資金融に与えた影響について、東西ドイツ統一後にドイツ連邦統計局から入手した東ドイツ時代の非公開データを交えながら見ていくことにしよう。

第三節　コンビナートにおける投資ファンドの調達

（一）　投資ファンドの調達機構とその改定

先述したように、コンビナートとその傘下経営の投資ファンドは、①自己資金（減価償却および留保純利益）、②国立銀行信用、③固定設備投資向け国庫資金を主要な原資として形成された（前掲第5-2図）。国家予算計画で決定される国庫資金供与を除けば、いずれの資金源を重視するのか、という投資政策上の問題は、先の財務指針の改定に伴って変化した。一九七九年財務指針から一九八二年財務指針への改定に際しては、投資資金の調達に直接関わる変更はなかった。変化は、一九八三年財務指針のなかに見られた。投資ファンドの財源として優先順位の高かった減価償却資金[34]や、固定設備の売却・撤去・廃棄に伴う収入[35]、損害保険金収入[36]といった項目については内容的にも大きな変更はなかったが、他の項目では順位の入れ替えと追加があった。それに関連させながら、以下では、同財務指針の改定のポイントを整理しておくことにしよう。

第一の改定点は、それまで補完的な資金源として位置づけられてきた留保純利益（純利益マイナス純利益控除）と利付き国立銀行信用の順位が上昇したことである。これは、投資資金の自己調達が重視されるようになったことを意味した。

第二は、それまで禁じられていた準備ファンドの投資への転用が認められたことである。一時的資金需要の発生への対処という本来の目的を阻害しかねないこの改定は、一九八一年から八二年の国民所得成長率の急落と「消費」優先政策の再提起という矛盾した事態のなかで、幅広い資金源を確保しようとする政策当局の苦肉の策であったと考えられる。[37]

第三の改定点は、投資ファンドへの資金繰り入れ原則のなかに見られた。利益計画の未達成を理由に投資の資金繰りが困難になった場合、一部の自己ファンドの取り崩し、償却前固定設備の売却、国立銀行への救済融資の申請等によってコンビナートや傘下経営が自力で対処することが要請された。これにより、国庫補助に一定の制限が設けられた。

改定の第四の柱は、利付き国立銀行信用の返済に関する規定のなかに見られた。返済資金の主要財源は、従来通り純利益とされたが、期限前の返済については準備ファンドの使用が認められた。他方、固定設備を担保とする資金繰りが禁じられたり、返済計画の不履行に対する制裁措置が設けられたりするなど、コンビナートにはこれまでよりも厳しい返済条件が課された。

以上で見てきた一九八三年財務指針の改定点は、一九八七年財務指針によって補強された。最大の変化は、先述の計画外投資ファンドに関連するものであった。純利益は投資ファンドの資金源の最優先の項目となった。これにより、コンビナートの投資活動は、実際に獲得した利益の大きさに依存する度合いを強めたのである。[38]もう一つの重要な変化は、利付き国立銀行信用が資金源としての優先順位を高めたことである。八三年と八七年の二度の財務指針の改定を通じて国立銀行信用の積極的利用が段階的に強められた。最後に、一九八七年財務指針は、従来認められてきた業績ファンドと青年社会主義者口座からの投資ファンドへの転用を全面的に禁止した。これは、両者の形成目的が、本来の物的刺激や経営内福利厚生施設の改善に特化されたこと、両者の主要源泉が超過純利益から純利益に変更されたことにもとづく。(39) 反対に、超過純利益は福利厚生のためではなく投資を主目的とする資金源としての意義を高めた。

(二)　資金調達の現実

以下では、これまで確認してきた財務指針の改定が、コンビナート内の投資資金源の構成にどのような変化をもたらしたのかを検討しよう。

先に見てきたように、一九六〇年代初頭まで投資金融の主要源泉は国庫資金であった。しかし、その後の経済改革期において、減価償却や純利益などの内部留保と国立銀行からの借入金がそれに取って代わるようになった。構成の変化を国有セクター工業に限ってみると、一九六五年に固定設備投資向け国庫資金は一六・八％、国立銀行信用は四・〇％、自己資金は七九・二％であった。以後七五年までに、それぞれ二一・〇％、三五・〇％、四四・〇％という構成となり、国庫資金の比重が高まったが、(40) 八〇年代初頭にかけて、再び国庫資金の比重が低下した。(41) 工業省直轄の全コンビナート(県・郡直轄コンビナート分を除く)について見ると、八〇年には国庫資金、国立銀行信用、自己資金の比率は、順に一七・一％、四三・八％、三九・一％(第5-6表)という構成比となった。

一九八二年政令および一九八二年財務指針が発効したのちに、国庫資金の比率は一時的な高まりを見せた。その背景には、低成長下で工業省管轄下のコンビナートの粗利益が減少するという事態があった(第5-7表)。そうしたなかで、一九八二年政令による純利益控除の完全納付の要請は留保純利益の減少につながり、自己資金から

第 5-6 表　工業における投資ファンド資金源の構成

［単位：千マルク，(%)］

年	国庫資金			国立銀行信用			自己資金			資金総額		
	総額	構成比	伸び[2]	総額	構成比	伸び[2]	総額	構成比	伸び[2]	実績	伸び[2]	計画達成率
1980	3,984,096	(17.1)	(100)	10,241,686	(43.8)	(100)	9,135,535	(39.1)	(100)	23,361,317	(100)	96.6
1981	4,958,943	(18.6)	(124)	11,266,470	(42.4)	(110)	10,369,060	(39.0)	(114)	26,594,473	(114)	97.6
1982	7,816,443	(26.9)	(196)	11,789,756	(40.5)	(115)	9,486,741	(32.6)	(104)	29,092,940	(125)	97.7
1983	8,531,809	(28.3)	(214)	11,139,455	(37.0)	(109)	10,443,626	(34.7)	(114)	30,114,890	(129)	95.7
1984	5,378,743	(18.7)	(135)	10,902,330	(37.9)	(106)	12,453,701	(43.3)	(136)	28,734,774	(123)	95.0
1985	5,349,490	(17.2)	(134)	12,682,118	(40.7)	(124)	13,095,181	(42.1)	(143)	31,126,789	(133)	93.8
1986	2,499,053	(7.7)	(63)	13,658,984	(42.3)	(133)	16,167,805	(50.0)	(177)	32,325,842	(138)	93.5
1987	3,041,433	(7.5)	(76)	20,468,015	(50.7)	(200)	16,858,046	(41.8)	(185)	40,367,494	(173)	99.9
1988[1]	4,408,120	(8.1)	(111)	29,643,171	(54.7)	(289)	20,114,683	(37.1)	(220)	54,165,974	(232)	100.3
1989	5,089,901	(8.1)	(128)	10,531,663	(54.7)	(103)	39,387,868	(71.6)	(431)	55,009,432	(235)	95.7

注：中央直轄工業のみが集計対象。県直轄工業は一部(食品)のみ集計に加えられている。

1) 1988 年の資料では，はじめて無利子の国立銀行信用の数値が公表された。それは，国庫資金で返済されることから，事実上の国庫資金とみなしてよい。本表の集計にあたっては，同銀行信用を国庫資金として扱った。

2) 1980 年＝100 とする指数。

資料：Staatliche Zentralverwaltung für Statistik Abteilung 4. 3 (1984 年に 4. 10 に変更，89 年に 4. 3 に戻った), Finanzierung der Investition: Vertrauliche Verschlußsache, B6-83/81; B6-36/82; B6-60/83; B6-81/84; B6-903/84; B6-798/85; B6-116/87; B6-45/88; B6-111/89; Investitionsfonds für Vorhaben des Staatsplanes Investitionen (1989); Eigenverantwortlich zu erwirtschafteter und zu verwertender Investitionsfonds — Zuführungen — (nur ausgewählte Kombinate) und (ohne ausgewählte Kombinate). より詳細には本書の「参考資料・文献一覧」を参照されたい。これらは，統一前の国家中央統計局の内部資料であった。秘密保持の度合いは，以下の通り(高い順)。Geheime Verschlußsache, Vertrauliche Verschlußsache, Vertrauliche Dienstsache, Verschlußsache.

第 5-7 表　工業省直轄のコンビナートの粗利益とその運用

［単位：千マルク，(%)］

年	粗利益 (A)	伸び率	運用された純利益 (B)		(B)/(A)	うち，純利益控除 (C)		参考 (C)/(B)	留保純利益 (D)＝(B)－(C)	投資の自己資金分 (E)	両者の差額 (D)－(E)
1980	59,271,008	—	46,537,816	—	78.5	34,644,216	—	74.4	11,893,600	9,135,535	2,758,065
1981	63,358,324	(6.9)	48,892,442	(5.1)	77.2	36,271,261	(4.7)	74.2	12,621,181	10,369,060	2,252,121
1982	57,374,700	(－9.4)	49,928,455	(2.1)	87.0	40,306,002	(11.1)	80.7	9,622,453	9,486,741	135,712
1983	57,628,415	(0.4)	52,249,948	(4.6)	90.7	39,887,817	(－1.0)	76.3	12,362,131	10,443,626	1,918,505
1984	51,618,734	(－10.4)	40,879,421	(－21.8)	79.2	25,719,881	(－35.5)	62.9	15,159,540	12,453,701	2,705,839
1985	54,474,150	(5.5)	46,799,162	(14.5)	85.9	28,600,609	(11.2)	61.1	18,198,553	13,095,189	5,103,364
1986	43,997,866	(－19.2)	37,634,989	(－19.6)	85.5	25,548,185	(－10.7)	67.9	12,086,804	16,167,805	－4,081,001
1987	51,333,013	(16.7)	40,784,073	(8.4)	79.4	30,000,220	(17.4)	73.6	10,783,853	16,858,046	－6,074,193
1988	55,017,501	(7.2)	44,333,528	(8.7)	80.6	27,383,634	(－8.7)	61.8	16,949,894	20,114,683	－3,164,789

注：工業省直轄のコンビナートのみの集計である。

資料：Staatliche Zentralverwaltung für Statistik Abteilung 4. 3 (1984 年以降，部局名の Abteilung 4. 3 が表記されなくなった), Bilanz Industrie: Vertrauliche Verschlußsache, B6-85/81; B6-38/82; B6-62/83; B6-82/84; B6-905/84; B6-800/85; B6-115/87; B6-44/88; B6-249/89. 国家中央統計局の内部資料(中央直轄工業部門の貸借対照表)で，1980 年から 83 年までは「部局 4. 3 (Abteilung 4. 3)」が集計していた。より詳細には本書の「参考資料・文献一覧」を参照されたい。

の資金調達が困難になった。それに加えて、国立銀行からの融資が抑制されたために、政府の財政的梃入れが一層必要とされるようになり、赤字補填や救済融資の形で国庫補填金が大幅に増額されたのである(第5‐4図：八一年二一億マルク、八二年一一五億マルク)。

一九八三年になると、粗利益の伸びが停滞するなかで、純利益控除の減額によって留保純利益の増加が図られ、自己金融の資金基盤や銀行借り入れに対する返済能力が補強された。また、前年に引き続き国庫資金が増額された。しかし、投資資金調達計画の達成率は、前年までの九七％台から九五％台に低下していた(前掲第5‐6表)。一九八三年財務指針が発効した八四年になると、国庫資金は絶対額でも、その構成比においても大幅に減少し(二八・三％から一八・七％)、代わって自己資金の比率が高まった。それには、同財務指針において国庫納入よりも自己ファンドの形成が優先されるようになったこと、投資資金源としてとくに内部留保が以前に比して重視されるようになったことが関連していたといえよう。しかし、この年の動向を評価するにあたっては留意しなければならない点があった。先の第5‐7表に見られるように、八四年にはコンビナートの粗利益は前年の五七六億マルクから五一六億マルクへと減少していた。にもかかわらず自己資金を増額することができたのは、純利益控除の大幅減額(三九八億マルクから二五七億マルクへ)を通じてコンビナートの留保純利益が確保されたからであった。「資金自己調達」を重視するという同財務指針の狙いは、国庫収入の一部を犠牲にすること、したがって国家の補助によってかろうじて達成されたのである。

国立銀行信用については、一九八三年財務指針において合理化投資を促進するために積極的に利用されることが示されたものの、それには返済条件の厳格化、返済の資金源となる利益の減少、といった制約的要因が働いていた。八五年になると、粗利益の増加というポジティブな動向が見られたが、低下傾向にあった投資資金計画の達成率を回復させるには不十分であった。自己資金の確保には、前年と同様に純利益控除の減額や、国庫補填金の増額(前掲第5‐4図)によって対処されねばならなかった。

こうした状況は、「資金自己調達の原則」の強化が謳われた一九八六年以降に一層深刻なものとなった。国家予算からの資金調達は、八六年に前年の五三億マルクから二五億マルクへとほぼ半減し、翌年以降もその意義を高めることはなかった。それに代わって自己資金と国立銀行信用による資金調達が急激な増大を示した。自己資金は八六年に前年比で三〇億マルク増加して一六〇億マルク台となり、以後それが維持、拡大された（八七～八八年）。国立銀行信用はそれ以上の伸びを記録し、八七年と八八年には自己資金を絶対額で凌駕した。「資金自己調達の原則」の強化や一九八七年財務指針は、こうした実績が積み重ねられながら立案・実施された。

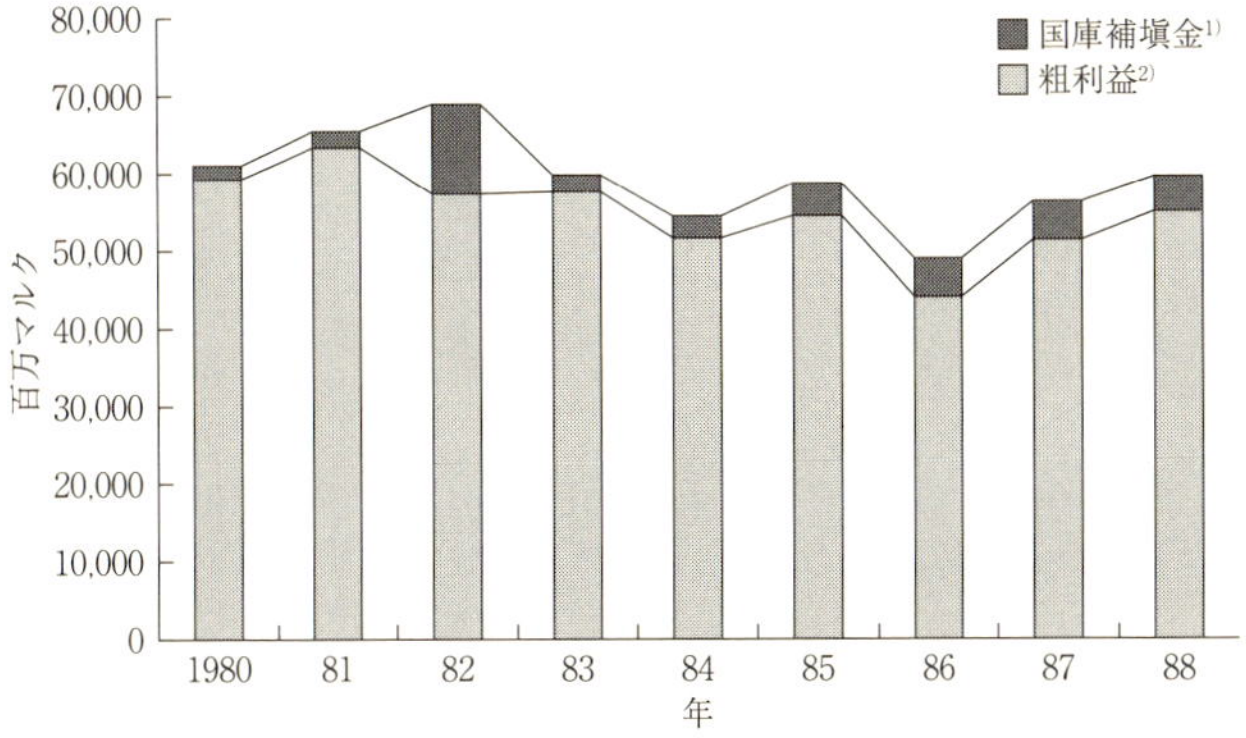

第5-4図　粗利益と国庫補填金の推移

1）中央直轄の工業コンビナートの赤字補填および自己ファンドへの救済的追加繰入金。
2）中央直轄の工業コンビナートの粗利益のみ集計。
資料：Staatliche Zentralverwaltung für Statistik Abteilung 4. 3（1984年以降，部局名のAbteilung 4. 3が表記されなくなった），Bilanz Industrie: Vertrauliche Verschlußsache, B6-85/81; B6-38/82; B6-62/83; B6-82/84; B6-905/84; B6-800/85; B6-115/87; B6-44/88; B6-249/89.　第5-7表と同様に，より詳しくは，「参考資料・文献一覧」を参照されたい。

とはいえ、この状況も一九八六年から八七年の留保純利益の獲得状況を見る限り楽観視できるものではなかった。この間に、粗利益は八六年に急減してからは一転して増加し、純利益もそれに伴って増大した。しかし、留保純利益は投資向けに投入された自己資金額を大きく下回るようになっていたし（前掲第5-7表）、留保純利益を返済の主要財源とする国立銀行信用も急増していた（八六年一三六億マルク、八七年二〇四億マルク）。コンビナートによる「資金自己調達」は、極めて脆弱な資金基盤のうえに立っていたといえよう。このような事態となった背景には、無謀ともいえる資金調達計画（八六年三四〇億マルク、八七年四〇四億マルク）が自己資金からの資金調達額を引き上げていたこと、粗利益の規模が以前の水準に到達していなかったこと、純利益控除比率が増大されたことなどがあった。自己資金による資金調達と国立銀行信用の返済のために、八六年から八七年にはこれまで以上に財政的下支えが必要となっていたのである。この状況は、留保純利益の増加が見られた八八年にも好転することはなかった。資金調達計画が一層引き上げられるなか、獲得した留保純利益は前年と同様に投資向けに投入された自己資金額を下回った。また、国立銀行信用も一九六億マルクに膨れ上がり、コンビナートの返済負担は以前にも増して高まった。

第四節　危機対策のための物的刺激策

（一）　物的刺激ファンドと福利厚生

ＳＥＤ・政府は、国庫納入金や自己ファンド（とりわけ投資ファンド）の形成に関する制度の変更によって、コンビナートやその傘下経営に国民経済計画遂行へのインセンティブを与えようとした。先の一九八二年政令は、その実現主体であるコンビナートや傘下経営の労働者・職員、労働集団に生産性向上、生産計画の完全履行、収益性増大へのモティベーション向上を求めた（第一〇条）。具体的には、前出の第5-3表にあげた、報酬割増ファンド（Prämienfonds）、業績ファンド（Leistungsfonds）、青年社会主義者口座（Konto junger Sozialisten）、文化・社会ファンド（Kultur- und Sozialfonds）、コンビナート総裁の自由裁量ファンド（Verfügungsfonds des Kombinatsdirektors）など、従業員の労働・生活条件に関わる財務ファンド（以下、物的刺激ファンドと総称）の制度変更がなされることになったのである。(42)

以下では、それらの内容と意義を明らかにするため、まずは物的刺激ファンドの設置の歴史を振り返り、そのうえで一九八二年政令以降の変化との比較検討を行うことにしたい。なお分析にあたっては、純利益計画とその実施において、純利益控除に次いで優先された報酬割増ファンドの形成と、計画を超える純利益(以下、超過純利益)の獲得と結びつけられた業績ファンドの形成に焦点をあてることにしよう。また、業績ファンドとともに、コンビナート単位あるいは経営単位の福利厚生の資金源となった文化・社会ファンドと青年社会主義者口座についてもその一部を紹介する。

(A) 物的刺激ファンドの設置

東ドイツにおける報酬割増金制度の始まりは、一九五〇年代初頭にまでさかのぼる(第5-8表)[43]。

一九五一年には、各経営内のエンジニア・技術者、職長、販売・資材調達・営業担当職員(以下、専門スタッフ)に対して、粗生産高計画、原価削減計画、粗利益計画をすべて達成・超過達成することを条件に報酬割増金が支払われる制度が作られた[44]。翌五二年には、一般の労働者・職員向けの報酬割増金の原資として、経営長ファンド(Direktorfonds)が形成されることになった。同ファンドは、計画の達成・超過達成に対する割り増し手当の支給や福利厚生施設の建設・維持・運営のために運用されていた。いずれも、経営内の専門スタッフと一般の労働者・職員あるいは労働集団を、各種計画の達成・超過達成に誘導するという目的で作られた制度であった[45]。その際、一般の労働者・職員よりもエンジニア、職長などの特殊な技能や資格を持った者への支給が高く設定されていた。当時は、そうした地位や機能を担うスタッフへの経済的刺激が、生産力引き上げの第一義的な手段であると考えられていたのである。

一九五七年になると、専門スタッフ向けの割増金支払制度と経営長ファンドを統合した経営報酬割増ファンド(Betriebsprämienfonds)が登場した。このファンドにも経営長ファンドと同様に、粗生産高計画、原価削減計画、

第 5-8 表　物的刺激ファンドの変遷

	資金繰り入れ条件	繰入額	備考
1951-56 年 (専門スタッフ向け)	生産計画，原価削減計画，利益計画をすべて達成または超過達成(四半期ごとに決算)	月額賃金・俸給の 5-20% 1%の超過達成⇒月額賃金・俸給の 1.2-2.8%	産業部門，経営規模，経営内労働集団ごとに異なる繰り入れの割合が決定さらに，工業部門，専門，職場内の地位などにより格差が量的にも，質的にも大きい
1952-54 年 (労働者・職員向け)	生産計画と原価削減計画ないし利益計画を達成 生産計画と原価削減計画ないし利益計画が未達成 生産計画と原価削減計画ないし利益計画を超過達成	賃金・俸給総額の 4.0% 賃金・俸給総額の 2.5%(54 年から 3.0%) 超過分の 30.0-45.0%(54 年から 45.0-60.0%)	使途が合理化投資や発明奨励の場合，賃金・俸給総額の 1.0% 使途が合理化投資や発明奨励の場合，原価削減あるいは利益超過分の 25.0%
1955-56 年 (労働者・職員向け)	生産計画，原価削減計画，利益計画をすべて達成 上記計画のいずれかが未達成 上記計画のすべてが超過達成	賃金ファンド計画額の 4.0% 賃金ファンド計画額の 1.5% 原価削減あるいは利益超過分の 45.0-60.0%	 1.0%の計画超過に対して，賃金ファンドの約 0.04%に相当する
1957-63 年 (専門スタッフと労働者・職員向けとの二本立て)[1]	生産計画の達成 生産計画の超過達成 生産計画の未達成	賃金ファンド計画額の 2.0% 1%の超過達成⇒賃金ファンド計画額の 0.25% 達成の程度に応じ，2%未満で繰り入れされる	支給面で，エンジニア・技術者，職長等に有利な配分が行われた ただし，利益計画が同時に達成されていることが条件
＊文化・社会ファンドの創設	利益計画の達成 利益計画の超過達成 利益計画の未達成	賃金ファンド計画額の 2.0% 利益計画超過額の 60% 繰り入れなし	支給面で，エンジニア・技術者，職長等に有利な配分が行われた ただし，生産計画と原価削減計画も同時に達成されていることが条件
1964-67 年	計画指標「(粗)利益」の達成(67 年から「純利益」) 計画指標「(粗)利益」の達成(67 年から「純利益」)	賃金ファンド計画額の 4.5%が基準額 研究・開発部では，同計画額の 6.5%が基準額	計画指標の達成度によって基準額への繰入金額が増減 計画指標の達成度によって基準額への繰入金額が増減
1968-70 年 (専門スタッフと労働者・職員向けとの統一)	計画指標「純利益」の達成 計画指標「純利益」の達成	純利益に占める割増ファンドの割合 純利益増加額に占める割増ファンド増加分の割合	左記の割合で算定された基準額に，計画指標の達成度に応じて繰入額を増減 左記の割合で算定された基準額に，計画指標の達成度に応じて繰入額を増減
1971 年	計画指標「純利益」の達成	形成基準額が国家機関から指示される	追加的繰入額は，純利益計画の超過達成に応じて増減
1972-82 年 ＊業績ファンドと青年社会主義者口座の新設	計画指標「商品生産高」と「純利益」の達成 計画指標「商品生産高」の超過達成 計画指標「純利益」の超過達成	形成基準額が国家機関から指示される 1%の超過達成⇒報酬割増ファンド額の 1.5%追加 1%の超過達成⇒報酬割増ファンド額の 0.5%追加	 74 年には，報酬割増ファンド額の 2.5%に引き上げ 74 年には，報酬割増ファンド額の 0.8%に引き上げ

1) このほか，研究・開発スタッフ向けの特別割増金ファンドが形成され，賃金・俸給計画額の 6.5%がファンドに繰り入れられた。

資料：Verordnung über die Prämienzahlung für das ingenieurtechnische Personal einschließlich der Meister und für das kaufmännische Personal in den volkseigenen und ihnen gleichgestellten Betrieben vom 21. Juni 1951, in: *GBL.*, Nr. 78; Verordnung über die Bildung und Verwendung des Direktorfonds in den Betrieben der volkseigenen Wirtschaft im Planjahr 1952 vom 25. März 1952, in: *GBL.*, Nr. 38; Verordnung über die Bildung und Verwendung des Direktorfonds in den Betrieben der volkseigenen Wirtschaft im Planjahr 1954 vom 18. März 1954, in: *GBL.*, Nr. 31; Verordnung über den Betriebsprämienfonds sowie den Kultur- und Sozialfonds in den volkseigenen und ihnen gleichgestellten Betrieben vom 11. Mai 1957, in: *GBL. Teil I*, Nr. 36; Beschluß über die Bildung und Verwendung des einheitlichen Prämienfonds in den volkseigenen und ihnen gleichgestellten Betrieben der Industrie und des Bauwesens und in den VVB im Jahre 1964 vom 30. Januar 1964, in: *GBL. Teil II*, Nr. 10; Verordnung über die Bildung und Verwendung des Prämienfonds in den volkseigenen und ihnen gleichgestellten Betrieben und den VVB (Zentrale) für das Jahre 1968 vom 2. Februar 1967, in: *GBL. Teil II*, Nr. 17; Verordnung über die Bildung und Verwendung des Prämienfonds und des Kultur- und Sozialfonds für das Jahre 1971 vom 20. Januar 1971, in: *GBL. Teil II*, Nr. 16; Verordnung über die Planung, Bildung und Verwendung des Prämienfonds und des Kultur- und Sozialfonds für volkseigene Betriebe im Jahre 1972 vom 12. Januar 1972, in: *GBL. Teil II*, Nr. 5; Zweite Verordnung über die Planung, Bildung und Verwendung des Prämienfonds und des Kultur- und Sozialfonds für volkseigene Betriebe vom 21. Mai 1973, in: *GBL. Teil I*, Nr. 30; Anordnung über die Anwendung von Stimulierungssätzen für den Prämienfonds bei Überbietung der staatlichen Aufgaben zur Ausarbeitung der Jahresvolkswirtschaftspläne vom 5. August 1981, in: *GBL. Teil I*, Nr. 25.

粗利益計画の達成状況に応じて、賃金ファンドの一定割合に相当する金額が利益から繰り入れられた。制度の統合により、ファンドの運用も統一化されるかに思われたが、支給時には以前と同様に専門スタッフに有利な配分がなされていた(前掲第５-８表)。また、経営内の研究・開発部の構成員向けには、別立てのファンド形成が認められてもいた。制度全体として、専門スタッフと一般労働者・職員との格差は縮まらなかったのである。(46)

一九五七年からは、さらに文化・社会ファンドが、経営内福利厚生施設の充実に向けて形成されることになった。報酬割増金制度が純利益を原資としていたのに対して、文化・社会ファンドの資金は原価回収方式で調達されていた。また、前者においては割増金の支給を生産高、コスト、利益に関わる計画目標に関連づけることによって専門スタッフ、労働者・職員の労働意欲を刺激する目的があったのに対して、後者には、そうした関連性はなかった。

文化・社会ファンドは、①労働条件の改善に向けては、社員食堂の充実、交代制労働者の優遇、女性労働の軽減などに、②生活条件の改善に向けては、社宅の修繕・補修・増築への補助、保育所・幼稚園・休暇保養施設の充実に使用された。また、労働者教育・再教育、文化施設・文芸クラブ・文化サークルへの助成、経営内図書室の拡充、大衆スポーツ・クラブの奨励、経営内医療施設への助成、病気の予防対策、労働者自衛団・民間防災組織への支援、退職者の扶助活動、冠婚葬祭などの分野にも、文化・社会ファンドが運用された。(47)こうした労働者・職員の日常生活全般に関わる福利厚生施設の拡充は、報酬割り増しとは異なり、間接的に労働意欲の向上を促すものであったといえよう。

(B)　経済改革期の物的報奨制度

一九六四年以降の経済改革期には、それまでとは異なる報酬割増金制度が作られた。(48)第一に、粗利益計画の達成が、資金繰り入れの条件として最優先されるようになったことがあげられる。報酬割増ファンドへの資金繰り入れに際しては、賃金ファンドの計画額に固定された配分比率を乗じた「基準額（Grundbetrag）」があらかじめ設定され、それに粗利益計画の達成度に応じた金額が追加的に繰り入れられた。ただし、一般の労働者・職員と研究・開発部スタッフとの間で基準額の差別化がなされていた。前者のそれが賃金ファンドの四・五％であったのに対して、後者のそれは六・五％に設定されていた（前掲第5-8表）。

経済改革期後半（一九六八〜七〇年）になると、賃金ファンドは、上記の基準額の算定から外された。それに代わって純利益計画額が算定の基礎となった(49)。報酬割増ファンドの形成が、以前より直接的に純利益の獲得とその増大にリンクするようになったのである。この改定の結果、一般労働者・職員と専門スタッフとで分離・差別化して形成・運用されていた報酬割増ファンドは、少なくとも「純利益」という共通の算定ベースを持つことになったのである(50)。

第二の変更点は、一九六四〜六五年から年末報酬割増金（Jahresendprämie：以下、年末手当）が導入され、それが次第に報酬割増金制度の中心に据えられるようになったことである(51)。年末手当が支給される条件は、各経営に課された粗利益計画が達成されていること、年間報酬割増ファンドによってすべての労働者・職員の賃金・俸給（月額）の最低三〇％を支払えることであった。支給額は、最低で賃金・俸給（月額）の三〇％、最高で二倍までとされた(52)。

この年末手当の導入は、一般労働者・職員への報酬割り増しと専門スタッフへの報酬割り増しに二分されていた体系を一本化させる前提となった。また、両者の間にあった格差を是正し、より平等な報酬割増金制度を作ることにもつながった。さらに、全労働者・職員の関心を計画の達成・超過達成に向ける、労働者・職員間の連携を強める、といった効果も年末手当の導入に期待された。

第三の変更点は、国家機関から下達される主要計画指標（粗利益または純利益）を除く追加的な計画指標を、人民所有経営が達成できなかった場合に、ファンド繰入額が削減されるようになったことである。そうした追加的計画指標には、新技術、輸出、契約遵守、品質に関わるものがあり、それらのいずれかの達成が各経営の活動の特殊性に応じて指示されていた。どの指標も達成できなかった場合、その削減率は最大で四〇％から六五％（一九六〇年代後半）にものぼった。

(C)　新たな物的刺激ファンド

(a)　報酬割増ファンドの制度改定

経済改革からの路線変更が行われた一九七〇年代初頭には、再び報酬割増ファンドの繰り入れに関する変更がなされた[53]。この変更は、七一年にはファンドに繰り入れられる基準額は、絶対額で提示されるようになった。七二年以降の制度改定[54]につながるものとなった。改定の第一の柱は、報酬割増ファンドへの資金繰り入れ条件の変更である。それまで資金繰り入れは、計画指標「純利益」にのみリンクしていたが、七二年からは二つの計画指標（「商品生産高」と「純利益」）の超過達成率に応じて、あらかじめ国家機関から提示された基準額（絶対額）に上乗せする方式がとられるようになった。「商品生産高」計画の一％の超過達成に対しては基準額の一・五％が、「純利益」計画の一％の超過達成に対しては基準額の〇・五％が追加的に繰り入れられることになった。計画が未達成の場合には、それぞれ一・五％または〇・五％が基準額から削減された。

こうした「商品生産高」計画に重心を移したファンドへの資金繰り入れ条件の変更は、利益獲得の重視という経済改革期の基本路線を弱めたように見える[55]。コスト削減や「投入―産出」関係の改善の前に、まずは粗生産高を増加させるという考え方が優先されたからである。反面、この変更は、全労働者・職員を対象に支給されていた年末手当中心の報酬割り増しの支給を、多くの経営に拡大するものでもあった。やや誇張していうなら、「投入―産出」関係が十分に改善できなくても、したがって「純利益」計画の達成度が不十分であったとしても、なんらかの方法で中間消費の「水増し」が行われれば「商品生産高」計画（粗生産高）の達成は可能である[56]。そのような計画指標に重心を移したことにより、収益性の問題は棚上げにされたが、報酬割増ファンドの形成はより多くの経営において容易になるはずであった。それは、先述の年末手当の支給対象となった労働者・職員の数の増加に反映された。一九六九年には生産的分野の就業者数の約二七％に相当する一七〇万人に、七二年にはその倍以上の三七〇万人に年末手当が支給されるようになった[57]。これは、ウルブリヒト時代と異なるホーネッカー時代の変化の一つでもあった。

改定の第二の柱は、各経営が、上記の二つの指標が提示する目標を年度途中で変更できるようになったこと、その目標値を上回る実績に対してファンドへの追加的繰入率が引き上げられたことである。変更後は、「商品生産高」計画の一％の超過達成に対しては基準額の二・五％（通常は一・五％）、「純利益」計画の一％の超過達成に対しては基準額の〇・八％（通常は〇・五％）が繰り入れられることになった。この措置は、計画の変更に際して経営側の裁量の幅を広げるものであったと同時に、その積極的行動に追加的な刺激を与えるものでもあった。

第三の柱は、二つの計画指標が未達成だった場合の、報酬割増ファンド（基準額）の削減率が最大で二〇％に設定されたことである[58]。一九六〇年代後半の高い削減率（四〇％から六五％）は廃止され、一気にその縮小が図られたわけである。ここでもまた、経済改革期とは異なり、経営内の労働条件を優先する考え方が重視されるようになったことが確認できる。ウルブリヒト政権からホーネッカー政権への転換と、「経済政策と社会政策の統一」という基本路線の登場が、こうした変化の底流にあったことが考えられる。

（b）　業績ファンドの登場

報酬割増金制度を補完するべく、一九七二年には業績ファンドが新たに設けられた。その背景には、報酬割増ファンドや文化・社会ファンドの導入によっても、期待したほど利益獲得への意欲が高まらなかった、というSED・政府の状況認識があった[59]。七一年のSED第八回大会で「経済政策と社会政策の統一」が喧伝されたことを根拠に労働者・職員の労働・生活条件の急速な改善が求められたのは、その流れを汲んだものだといえよう。

報酬割増ファンドが個々の労働者・職員への手当として支給されたのとは異なり、業績ファンドは、①交代制労働者への優遇、②保養・休暇施設、住宅斡旋などに関連するサービス、③市町村レベルの自治体が建設する保育園・幼稚園への金融支援、④労働者・職員の個人住宅の新設や改修への支援などに運用されるファンドであった。使途の一部は文化・社会ファンドのそれと重複する可能性もあったので、計画作成段階でその調整が行われた。

また、業績ファンドは、報酬割増ファンドや文化・社会ファンドとは違って、一定の制約の下で(ファンドの二五%を上限とする)経営内の合理化諸施策に使用することが認められていた。この点は、のちの経済危機のなかで業績ファンドの形成目的が本来のそれから乖離していく出発点となった[60]。

業績ファンドへの資金繰り入れは、他のファンドと同様にいくつかの条件と結びついていた。第一は、労働生産性の引き上げである。業績ファンド計画の作成時点で、労働生産性を一%超過達成することを目標に掲げた場合、生産労働者の賃金ファンドの一・二%をファンドに入れることが認められた。また、実際に国家計画条項「労働生産性」が一%超過達成された場合には、さらに〇・八%のファンド繰り入れが認められた。第二の条件は、エネルギー、原料・資材の節約である。エネルギー消費の削減によるコスト引き下げが成功した場合には節約額の四〇%が、原料・資材の消費削減によりコスト引き下げが成功した場合には節約額の一五%が繰り入れられた。さらに第三の条件として、高品質製品に対する価格割り増しならびに新製品や改良品によって得られた追加的利益の最大二五%、アフターケアや保証サービスにおけるコスト削減によって生まれた資金の一〇%が業績ファンドに繰り入れられた[61]。

(c) 青年社会主義者口座

一九七〇年代半ばには、報酬割増ファンドや業績ファンドに加えて、青年社会主義者口座を用いた物的刺激の手段が作り出された。この制度は、青少年の活動を生産性向上運動、研究・開発、職場におけるコスト削減運動に結びつけるためのものであった。[62] 口座資金は、青少年が日常的に利用する施設(青年クラブ、ディスコ、ユースホステル等)の整備や、自由ドイツ青年同盟(Die Freie Deutsche Jugend)[63]が主催する各種の行事、文化活動、スポーツ、旅行の助成、表彰活動、記念館・記念室の建築・維持・管理に用いられた。つまり、報酬割増ファンドのような個々の労働者への手当としてではなく、青少年が働く職場、生活する地域、そして公共施設で享受することのできるサービスのために、この口座資金は使われていたのである。経済的刺激という意味では、間接的な作用を狙った制度であるということができよう。

青少年の奨励・育成事業に必要な資金は、各経営の①超過純利益、②業績ファンド、③計画費用の削減によって生じた資金から調達された。これらの源泉から青年社会主義者口座には、つぎの基準が満たされたときに資金が繰り入れられた。

第一に、青年労働者集団・青年研究者が、国家計画条項「労働生産性」(単位：マルク／人数)を一％超過達成するごとに、計画された年間賃金総額(青年労働者集団・青年研究者の賃金総額)の〇・五％が青年社会主義者口座に繰り入れられた。第二に、青年労働者・青年研究者の活動を通じて超過達成された成果の五％が青年社会主義者口座に繰り入れられた。第三は、業績ファンドからの繰り入れである。それについては、業績ファンドに関する財務省令によって規定されていた。[64] このようにして形成された口座資金のうち二五％は当事者が働く経営で用いられ、さらなる二五％は郡や市区の評議会が管理する口座に、そして残りの五〇％は「青年社会主義者中央口座」に納付された。[65]

(二)　経済危機下の物的刺激ファンドの改定

一九八〇年代に入り、それまでに創設されてきた物的刺激ファンドは、経済危機を背景にどのような変化を遂げたのだろう[66]。八二年末に改定された「人民所有経営のための報酬割増ファンドの計画・形成・使用に関する政令」(八三年一月一日発効：以下、報酬割増ファンド令)[67]と「人民所有経営のための業績ファンドの計画・形成・使用に関する政令」(以下、一九八二年業績ファンド令)[68]は、八三年に起きた一九八二年財務指針の突然の改定によって大きく変更された[69]。それぞれの変化の特徴を詳しく検討しよう。

(A)　報酬割増ファンドの変化

ファンドへの資金繰り入れの条件については、一九七二年以降の制度との異同を確認できる。毎年ファンドに繰り入れられる金額の基礎は、以前と同様に「フルタイム雇用の労働者・職員一人当たりの基準額」であり、それに計画された労働者・職員数を乗じて計画指標「報酬割増ファンド」が決定された。またその際、前年の基準額が考慮された(報酬割増ファンド令第三条)。このように、報酬割増ファンドの基礎が経営の業績とは直接関係なく決定されるようになったことで、経営間の相違による格差は事前に調整されることになった。しかし、業績向上への動機づけという観点からは問題が残る措置であったように思われる。

一九五〇年代以来インセンティブ付与に向けて試行されてきたのは、生産高計画や利益計画の達成・超過達成と、報酬割増ファンドへの資金繰り入れとをリンクさせることであった。その形態は変遷し、七〇年代末までに「商品生産高」と「純利益」の二つの計画指標に連動するようになったことは見てきた通りである。その後、経済危機が深化し、コスト削減と生産力基盤の拡充が新たな課題となった八〇年代初頭には、「純生産高」と「輸出(外貨マルク建て)」が追加的資金繰り入れの新たな基準として付け加えられた(第四条第一項)。経営の業績を生産性引き上げの観点から評価するという考え方や、外貨獲得に向けて輸出を拡大すると同時に原燃料輸入を確保するという目的が、この変化の背景にあったといえよう。

この四つの指標のうち二つは国家計画委員会によって毎年選択され、閣僚評議会の承認を得たのちに各経営に指示されることになった。どの指標が指示されるかは各経営の個別事情を考慮して、所轄の国家機関（国家計画委員会、部門別工業省、財務省、労働・賃金庁）と労働組合本部との調整によって決定された。指示された二つの計画指標が超過達成された場合には、前述の計画指標「報酬割増ファンド」に追加的に資金が繰り入れられた（上限二〇〇マルク）。追加的繰り入れの基準額は、以下の通りである。[70]

①「商品生産高」　一％超過達成につき労働者・職員一人当たり一五マルク
②「純利益」　一％超過達成につき労働者・職員一人当たり五マルク
③「純生産高」　一％超過達成につき労働者・職員一人当たり一〇マルク
④「輸出（外貨マルク建て）」一％超過達成につき労働者・職員一人当たり二〇マルク

このように、一九八〇年代に入ってからは、各経営の個別事情に対応して計画指標が提示されるようになったが、指標の最終的選択と承認は、国家計画委員会などの関係省庁の手に委ねられたままであった。しかも、第四条第二項では、一般的には「商品生産高」と「純利益」が想定されねばならない、と規定されている。その意味では、改定前の制度と大きな違いはなかった。

だが、報酬割増ファンド令には新たな規定も盛り込まれた。「コンビナート総裁は、毎年、自由ドイツ労働組合同盟本部の承認を得たうえで、報酬割増ファンド繰り入れのための追加的条件を決定する」ことになったのである（第五条）。その追加的条件とは、「①純生産高、②商品生産一〇〇マルク当たりの原燃料・資材コスト、③社会主義圏・非社会主義圏別に外貨換算される輸出額、④建設業のコンビナート・経営の商品生産高、⑤労働生産性の引き上げ、⑥原価引き下げ、⑦住民向けの完成品生産、⑧高品質製品（Q商品）の生産」である。コンビナート総裁は、これらのうちから二つの指標（重複分は除く）を選び、その達成を傘下の経営に要請することになった。このように報酬割増ファンドの形成に関わる権限の一部が中央省庁からコンビナートに移されたことは、一九七〇年代末のコンビナート改革から八〇年代初頭の経済計算制改革にかけて実施された分権化の流れに合致するものであった。

これに加えて、報酬割増ファンドの削減率にも変化があった。一九八二年の報酬割増ファンド令以前は、「商品生産高」計画と「純利益」計画が未達成の場合にはファンドの基準額から二〇％を上限に削減が認められていたが、それは廃止された。ただし、先の四つの主要指標（そのうち二つ）の超過達成が一％未満だった場合、予定繰入額は上記の基準額を算定ベースに縮小された。たとえば、「純利益」の計画額が〇・五％だけ超過達成された場合には、労働者・職員一人当たり二・五マルクが報酬割増ファンドに追加的に繰り入れられた。また、コンビナート総裁が決定した二つの追加的指標の超過達成率が一％に達しなかった場合には、それぞれの指標について予定繰入額の二五％が削減された[71]。いずれにしても、報酬割増ファンドの基準額は維持されたことから、超過達成への動機づけは曖昧にされたといって良いだろう。

報酬割増ファンドの基準額の形成に必要な資金は、原則的に各経営の純利益から調達された。また、追加的指標の超過達成を前提とする繰入資金は超過純利益から調達された。このうち超過純利益からの資金繰り入れは、一九八三年末までは純利益控除の国庫納入後に行われたが、翌八四年からは、コンビナートや経営の超過純利益からの財務ファンド形成が純利益控除の履行よりも優先されることになった。この変更は、国家歳入を減らすことにつながる措置であったが[72]、その反面でコンビナートや傘下経営における財務ファンド、とりわけ報酬割増ファンド、業績ファンドなどの形成に自由裁量の幅が与えられることになった。

こうしたコンビナートや傘下経営に有利な制度変更は、「純利益」計画が達成できなかったときの救済にも現われた。実際に獲得した純利益がその計画額に満たず、報酬割増ファンドへの繰り入れができなくなった経営には、救済措置としてコンビナート本部に集中された純利益から繰入資金が調達された（第七条第三項）。また、「純利益」計画自体が達成できず、報酬割増ファンドの基準額が確保できなかった場合には、その不足分がコンビナート本部で形成される準備ファンドから調達された（第七条第四項）[73]。

先述の削減率の緩和にも連動する救済の網は、経営内の専門スタッフや労働者・職員に生産性向上のための経済的インセンティブを与える、という報酬割増金制度の本来の目的に反するものであった。ではなぜ、この分野では、「ムチ」ではなく、「アメ」に重点が置かれるようになったのだろうか。

その理由の一つは、報酬割増金の支給が、賃金・俸給とならんで労働者・職員の重要な収入源として固定化していたことが関連していたと考えられる。報酬割増金には、つぎの四種類があった。

① イニシアティブ手当：経営内（職場）の競争を推進するための手当で、そこでのリーダーとしての貢献に対して支給される。

② 目的別手当：管理者と労働者個人（または労働集団）との書式または口頭での約束にもとづき、各種の業績指標ならびに重点課題の達成に結びつけて支給される。

③ 課題別手当：新しく開発された生産方法や新製品の生産に関連させて支給される手当。

④ 年末手当：年間を通して労働者・職員全体の物的関心を高めるための手当。

これらのうち、①〜③は、生産性向上や効率性の追求、科学技術課題の実現、原燃料・資材の節約、輸出拡大、品質向上といった具体的な課題と結びついている手当であり、経済危機下で重視されるべきものであった。しかし、制度的にも実態的にも最も優先されていたのは、経営内の労働者・職員全体に関わる年末手当であった。年末手当は、前年度の実績にもとづき、フルタイム雇用の労働者・職員一人当たりの平均支給額で計画されるが、「交代制勤労者」、「輸出課題の遂行に携わる勤労者」などについては、より高額の支給が認められていた（第九条第二〜三項）。それだけでなく、年末手当が前年水準を下回るケースが生じたとき、先の①〜③への支給がカットされ、それが年末手当の支給に転用されることになっていた。

このように、他の報酬割増金に優先して形成・運用されていた年末手当は、報酬割増ファンド全体の七〇〜八〇％を占めていた。一人当たりの支給額を過去にさかのぼってみると、一九六八年には平均して三九〇マルク

（当時の労働者・職員の平均月収の五六％）、七二年には六五〇マルク（平均月収の七九％）、七五年には七六四マルク（平均月収の八五％）、八一年には八三二マルク（平均月収の七九％）が支払われるまでになっていた。[74]「クリスマス祝い金（Weihnachtsgratifikation）」のように、各家計の定期収入と化していた年末手当の削減は、経営内の労働者・職員の既得権を奪うことになりかねなかった。七〇年代初頭以来の「経済政策と社会政策の統一」の継続を掲げるＳＥＤ・政府そして労働組合にとって、その削減は非常に困難であったに違いない。

（B）　業績ファンドの変化

経済計算制改革が開始された一九八二年一月二八日以降、一九八二年業績ファンド令は翌八三年に改定された。以下では前者の特徴をつかんだうえで、後者と比較することにしよう。

一九八二年六月一一日付け公布の一九八二年業績ファンド令は、生産的消費（エネルギー、原燃料・資材）の削減、労働生産性の向上、製品の品質向上を業績ファンド形成の条件としてあげている（第二～六条参照）。これらのなかで第一の条件としてあげられたのが生産的消費の削減であった（八二年以前は、労働生産性の上昇）。第二条第一項は、四半期ごとに定められたエネルギー源の節約がなされた場合、それに相当する金額の五〇％が業績ファンドに繰り入れられることを認めた。従来の四〇％からの引き上げに象徴されるように、エネルギーや原燃料の節約はこの当時の東ドイツにとって焦眉の課題だったことがわかる。また、第三条第一項では、国家計画条項「商品生産一〇〇マルク当たりの原料・資材コスト」が達成された場合、労働者・職員（フルタイム雇用）一人につき一〇マルクが業績ファンドに繰り入れられることが約束された。さらに第三条第二項は、上記の条項が超過達成（計画額よりも多く節約）された場合、一％の節約がなされるごとに、労働者・職員（フルタイム雇用）一人につき一〇マルクが業績ファンドに繰り入れられることを定めた。従来は、コスト削減額の一五％という経営単位での繰入額の算定が行われていたが、八二年からは労働者・職員一人当たりの基準額としたことにより、個々の労働とその報酬の関係が以前よりもわかりやすくなった。

労働生産性の向上との関連では、つぎのような新しい資金繰り入れ基準が定められた。対前年比で労働生産性が一〇％以上上昇した場合には生産労働者の賃金ファンドの〇・八％が、五％～一〇％未満の場合には〇・四％、五％未満の上昇の場合には〇・二％が業績ファンドに繰り入れられた。八二年以前は、「労働生産性」計画の一・〇％の超過達成に対して〇・八％から一・二％の繰り入れが認められていたのに対して、この改定により労働生産性の伸びに期待が集められることになったのである（一九八二年業績ファンド令第四条および付則一）。それは、当時見られた労働生産性の伸び率の低下（前掲第5-1表）に歯止めをかけるため、計画の達成により大きな刺激を与える措置であったといえよう。

製品の品質向上との関連では、一九八二年の改定前と同様に、品質保証マーク「Q」の付いた製品に価格上乗せがなされること（第五条第一項）、新製品・改良製品に追加利益が認められること（第五条第一項）を条件に、価格上乗せ額あるいは追加利益の最高二五％が業績ファンドに繰り入れられることになった（付則二）[75]。

この一九八二年業績ファンド令から一年もたたないうちに、事態は一変した。以上で確認した業績ファンドの形成に関わる条文の内容は、一九八三年の改定（一九八三年財務指針および一九八三年業績ファンド令）の際にすべて削除されたのである。代わって導入されたのが、超過純利益の事前割当制度であった[76]。先に見てきたように、従来は、超過純利益から純利益控除が差し引かれたあとの留保分が業績ファンドへの資金繰り入れの原資であった。しかし、一九八三年業績ファンド令が発効した八四年以降は、同日公布された一九八三年財務指針の規定にしたがって、純利益控除前の超過純利益（あるいは計画を超えて獲得された輸出収益）が繰り入れの原資となり、その一部が業績ファンドに割り当てられた。また、繰り入れの条件は、以前のような生産的消費の削減、労働生産性の上昇、製品の品質の向上といった基準ではなく、超過純利益の獲得に一本化されることとなった。この変更は、国家歳入（純利益控除）を犠牲にする可能性を含んだものだったが、経営やコンビナートにとっては先の報酬割増ファンドとともに業績ファンドを増やすことにつながる措置でもあった。

第五節　経済計算制改革の帰結

一九八二年一月に始動した一九八二年政令と一九八二年財務指針により、SED・政府は、投資金融の分野においても、物的刺激ファンド形成の分野においても、生産高、コスト（とくに原燃料の投入）削減、純収益に関する計画指標の達成・超過達成がそれらと連動する仕組みを作ろうとした。そして、純利益を増大させながら国庫納入義務を完全履行することをコンビナートに要請した。

しかし、一九八一年から八二年の経済成長の急落とそれに伴うコンビナートの減収は、前掲第5-7表で見てきた留保純利益の約三〇億マルク減の状況を引き起こし、それは双方の分野における緊急の制度改定を要請することとなった。それを受け、一九八三年四月には一九八三年財務指針による改定があり、「国庫納入義務の完全履行」に関する規定の削除を通じて、投資のための自己ファンドや各種物的刺激ファンドへの資金繰り入れが困難になる状況が回避された。コンビナートとその傘下経営の各種福利厚生ファンドの形成については、国庫納入義務の緩和のみならず、当該年度の利益計画が未達成だった場合の救済措置もなされることになり、一九八二年政令と一九八二年財務指針が示した「拘束性」は影をひそめた。

ただし、それは国家財政の負担増につながる可能性があった。第5-5図に示したように、国家歳出は一九七〇年代初頭から増大を続けていたし、また収益性低下に対する間接的な支援として行われてきた価格支持補助金は、八二年以降その増加のスピードを速めていた。経済危機後にさらに上昇を続ける国家歳出にはコンビナートへの赤字補填が含まれていた。コンビナートの収益性引き上げの要請は、制度的にも、実態的にも、国家に保護

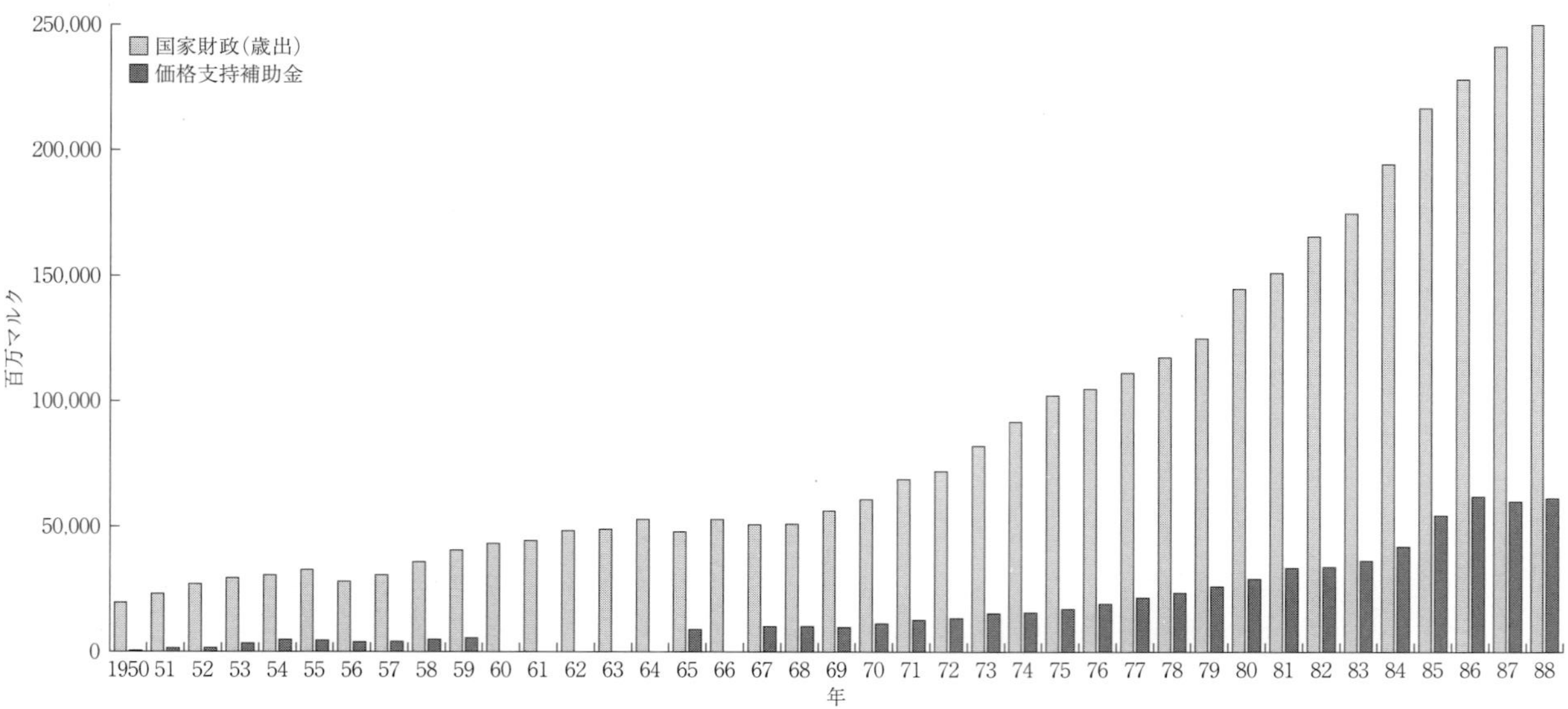

第 5-5 図　国家歳出と価格支持補助金の推移

資料：Baar, Lothar/Müller, Uwe/Zschaler, Frank, Strukturveränderungen und Wachstumsschwankungen, Investitionen und Budget in der DDR 1949 bis 1989, in: *Jahrbuch für Wirtschaftsgeschichte*, Teil 2, 1995, S. 63-64 und S. 70-71.　なお，同論文の数値は，統一後に閲覧可能となったドイツ連邦公文書館所蔵の国家予算決算書からの抜粋である。ただし，価格ベースは統一されていない(1950-59 年は当年価格，60-67 年は 67 年価格，68-75 年は 75 年価格，76-80 年は 80 年価格，81-88 年は 85 年価格)。

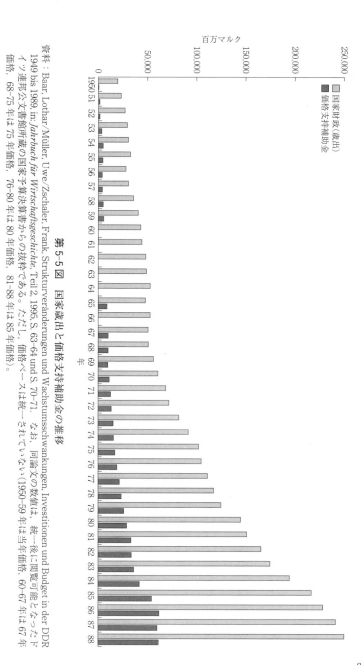

されたうえでなされたものであったといえよう。したがって、計画が要請する目標の拘束力は低いものとならざるを得なかったのである。

この一九八三年財務指針以降の状況は、一時的なものだったのだろうか。投資金融に関する分析、そして八六年のミッターク論文(計画外投資ファンドの形成＝経営決定投資)に象徴されるように、SED・政府は、コンビナートによる「資金自己調達」の方針を変えなかったことがわかる。[77] 八六年から八八年は、まさにその試金石となる期間となった。八六年以降、粗利益の規模は八〇年代中最低の水準を記録した。そうしたなかで、純利益控除の減額を通じてコンビナートの留保純利益の確保が図られたが、野心的ともいえる投資拡張が続けられた結果、投資向け自己資金の投入額はそれを大幅に超えた。また、留保純利益が縮小傾向にあるなかで進められた国立銀行信用の急増は、コンビナートの支払い能力を超えていたことが推測される。そのため、八六年以降は、国庫補塡金の増額によりコンビナートの収益性の低さが補われねばならなかったのである。

この収益性悪化の状況の打開に向けて、物的刺激のための報酬割増ファンドや業績ファンドの形成(とくに後者)は運用されるはずであった。しかし、一九八二年財務指針から一九八三年財務指針への突然の改定により、報酬割増ファンドの一部、とりわけコンビナートの従業員全体の定期収入と化していた年末手当とクリスマス祝い金の確保のためにコンビナート本部のファンドを取り崩すことが可能となった。また、業績ファンドについては、生産性向上、コスト削減、収益性に関する計画指標の「超過達成」とファンド増額を結びつける規定が削除された結果、経営努力へのインセンティブが失われる余地が生まれた。さらに、通常の純利益計画にもとづく業績ファンドの形成に関して、当該計画が未達成であっても従業員の既得権保護のために救済措置がとられたことから、コンビナートの計画課題への拘束力は失われた。

一九八〇年代の経済計算制改革の制度分析から、政策当局が、経済低迷を打開するための活路を、コンビナート一元化に続く、この企業財務の改革に見いだそうとしていたことは明白である。しかし、当初の思惑とは裏腹に、ＳＥＤ・政府は、八二年の経済危機への対応を迫られ、コンビナートの余力を引き出すための制度改造を中断し、可能な限り収益性向上を優先する態勢を作ることに方向転換した。しかし、現実には、計画に必要な収益の増加を見込めず、コンビナートの投資金融も物的刺激ファンドの原資の調達も、国庫資金の支えなしには実現することができなかった。コンビナートの国家からの自立という、経済計算制改革のもう一つの課題もまた、ここにきて潰えたのである。

（1）東ドイツの公式統計で用いられる生産的分野には、工業、手工業、農林水産業、通信・運輸、商業のほか、クリーニング、印刷・出版、修理・修繕サービス、各種計算機センター、映画製作、住宅関連サービスが含まれる。Statistisches Amt der DDR (Hrsg.), *Statistisches Jahrbuch der DDR 1990*, Berlin 1990, S. 97-98.

（2）使用年数一一年以上の固定設備資産（取得価額一〇〇〇マルク以上）の割合は、一九七七年の四二％から八五年の五〇％に増加した。Institut für angewandte Wirtschaftsforschung (Hrsg.), *Wirtschaftsreport. Daten und Fakten zur wirtschaftlichen Lage Ostdeutschlands*, Berlin 1990, S. 57.

（3）Die Sozialistische Einheitspartei Deutschlands, *Bericht des Zentralkomitees der SED an den X. Parteitag der SED*, S. 65ff.

（4）同党大会では、戦略課題がそれまでの経済成長から必然的に生まれたものとして提案された。しかし、先の経済環境の変化を見る限り、それは危機意識の明確な現われであったといえよう。Erdmann, Kurt, Neue betriebswirtschaftliche Grundsatzentscheidungen, S. 404.

（5）一九八〇年代初頭の「新しい施策の重点は、間接的制御、すなわち経済計算制に置かれたことはまったく明白である」という指摘がドイツ経済研究所のコーネルセンによってなされている。Cornelsen, Doris, DDR-Wirtschaft im ersten Halbjahr 1987, in: *Deutschland Archiv*, Heft 9, 1987, S. 955. ここでいう間接的制御とは、「中央機関が基本的生産単位（コンビナートやその傘下経営：引用者）の行動の基準・枠組み、外部的経済条件を定め、それらの規定を操作することによって基本的生産単位が中央の目途する方向に行動するよう仕向ける」ことであった。社会主義企業の財務・会計に関する規定（価格、コスト、利潤、利子、税金に関するもの）がその代表的なものである。他方で、直接的制御は、第5-2表にあげたような国家計画指標を用いて、国家機関が直接的・行政的に指導・監督する。この経済改革や計画管理制度の分権化との関連で用いられてきた二つの概念の理解のために、さしあたりつぎの二つの文献をあげておく。岡稔・山内一男・宮鍋幟・竹浪祥一郎編、前掲書、三二〇〜二五三頁（とくに二二九〜二三〇頁）、野々村一雄編『社会主義経済論』有斐閣、一九八六年、一七三〜一八二頁（宮鍋幟担当）。

（6） Verordnung über die weitere Vervollkommnung der wirtschaftlichen Rechnungsführung auf der Grundlage des Planes vom 28. Januar 1982, in: *GBL. Teil I*, 1982, Nr. 3, S. 85–92. なお、過去にさかのぼってみた場合、経済計算制自体を扱った法令は以下のものしかない。Verordnung über die Maßnahmen zur Einführung des Prinzips der wirtschaftlichen Rechnungsführung in den Betrieben der volkseigenen Wirtschaft vom 20. März 1952, S. 225–226（第一〜七次施行令がこれに続く）。

（7） このほか、一九八二年政令の第三章では、研究・開発の企画、実施、資金調達に関する計画書の作成がコンビナート総裁に義務づけられた。第四章では、合理化機器製造に必要な資材の調達を促進するために、流動資産信用の積極的利用が促された。第五章では、毎年の価格改正にあたり、過剰な利益を含む価格設定をしないこと、技術的に陳腐化した製品の価格を引き下げることが義務づけられ、中間消費の抑制を図ることが要請された。反対に、コンビナートが原料・資材の節約に向けて開発した新製品・改良製品については価格割り増しが認められた。第六章では、輸入節約と輸出奨励に向けて追加的な報奨を与えることが約束された。また、対西側輸出の拡大に強制力を働かせる意味で、外貨収入に対するコンビナート総裁の責任が高められた。

（8） Finanzierungsrichtlinie für die volkseigene Wirtschaft vom 21. August 1979, in: *GBL. Teil I*, Nr. 28, S. 254, IV-4, IV-5, VI-3.

（9） 野々村一雄編、前掲書、五四頁（門脇延行担当）。一九七〇年代末のハンガリーの経済改革にも同様の現象が見られた。なお同書五一頁から七一頁の分析は、体制転換前にソ連・東欧諸国において実施された経済改革に共通する事象を提供している。

（10） Erdmann, Kurt, a.a.O., S. 402. 青木國彦、前掲「東ドイツ経済運営の〝八二年改革〟について」、三一頁、谷江幸雄、前掲書、二〇三頁。

（11） その背景には、政府が国庫を通じた資金面からの統制をやめ、物量指標重視の指令を介して投資活動を管理するようになったことがあげられる。また、返済義務のある国立銀行信用を利用させることで、投資計画への企業の責任を高めようとする政府の狙いがあったともいわれている。Baar, Lothar/Müller, Uwe/Zschaler, Frank, Strukturveränderungen und Wachstumsschwankungen: Investitionen und Budget in der DDR 1949 bis 1989, in: *Jahrbuch für Wirtschaftsgeschichte*, Teil 2, 1995, S. 70–71.

(12)　無利子の国立銀行信用は、一九八八年に固定設備信用全体の約一三%を占めていた。他の年次については不明だが、一割を大きく超えることはなかったと思われる。

(13)　建国前の一九四八年から六七年までは、ドイツ発券銀行(Die Deutsche Notenbank：当時の中央銀行で投資金融を除く商業銀行的機能を兼務)ではなく、ドイツ投資銀行(Die Deutsche Investitionsbank)が投資金融に専門的に携わっていた。六八年から七四年までは、ドイツ発券銀行に代わって中央銀行となった国立銀行が「政府の銀行」として機能し、工業・商業銀行(Die Industrie- und Handelsbank)が投資金融、当座勘定業務、財務管理等の商業銀行的機能を担った。七四年以降は、後者の解体に伴い、その全機能が国立銀行に統合された。Bundesministerium für innerdeutsche Beziehungen (Hrsg.), *a.a.O.*, S. 143-146.

(14)　Verordnung über die Kreditgewährung und Bankkontrolle in der volkseigenen Wirtschaft vom 28. Januar 1982, in: *GBL. Teil I*, Nr. 6, S. 126-133.

(15)　とはいえ、利益率の低下や赤字によって経営が悪化しても、企業は国庫補塡金によって倒産することはなかった。そのため、コンビナートの元利返済に対する責任の付与(=動機づけ)は、十分な効果をもたらし得なかったといわれている。中村靖『計画経済のミクロ分析』日本評論社、一九九二年、一三七～一四二頁。

(16)　生産フォンド使用料が初めて導入されたのは一九六四年のことである。当時は試験的に六つの経営連合から選ばれた約二〇〇経営からのみ使用料が徴収された。その目的は、生産フォンド使用料が固定設備の再生産に与える影響を分析することであった。Langner, Erich/Nick Harry, *Warum Produktionsfondsabgabe?*, Berlin 1965, S. 3.　その後、六六年三月の政令(*GBL. Teil II*, Nr. 42, S. 261-263)、六七年二月に公布された人民議会決議(*GBL. Teil II*, Nr. 9, S. 115)と政令(*GBL. Teil II*, Nr. 9, S. 115)を経て全経営に生産フォンド使用料の納入が義務づけられた。課徴率はコンビナートあるいは経営グループごとに決定されていたが、七一年一月に原則的に年六%に統一された(*GBL. Teil II und Teil III*, Nr. 4, S. 33-36)。Barthel, Alexander, a.a.O., S. 83-94.　その後、八三年に政令の改定がなされたが、それはコンビナート改革に伴う形式的な変更にとどまった。Verordnung über die Produktionsfondsabgabe vom 14. April 1983, in: *GBL. Teil I*, Nr. 11, S. 106-107.

(17)　前掲第5-2図の左側にある製品価格の構成要素も参照されたい。社会的ファンド分担金については、一九八四年からの導入のため、図中には反映されていない。

(18)　Statistisches Amt der DDR (Hrsg.), *a.a.O.*, S. 16.　とはいえ、一九八〇年代初頭から徐々に固定設備資産総額の伸び率の低下が顕著となる。当時の投資活動の減退がそれに関連している。八〇年代後半には投資活動が回復するが、固定設備資産の評価換え、減価償却法の変化等により、固定設備資産総額の増加は抑制された。流動資産に関する分析は、今後の課題とする。

(19)「完全に減価償却ずみの生産設備(家屋、構築物を除く)が一九八〇年には全生産設備の約一四%、一九八八年には約二〇%も占めていた」。中村、前掲書、二二九頁。

(20) Verordnung über die Produktionsfondsabgabe vom 9. Mai 1985, in: *GBL. Teil I*, Nr. 13, S. 158(第四条第一項)。課徴ベースの変更は、設備更新へのインセンティブを与えるとともに、既存設備の長期的利用のメリットをも引き出そうとするものであった。とはいえ、設備の長期利用にのみ力点が置かれた場合、技術刷新のための新規設備投資は抑制されかねない。短期的に変動する需要に技術的に対応できる生産体制の構築という観点からすれば、この変更はマイナスの側面を持つものでもあったといえよう。Barthel, Alexander, a.a.O., S. 250-251.

(21) Verordnung über die Produktionsfondsabgabe vom 9. Mai 1985, S. 161. 同政令の第一次施行令付録2・1を参照されたい。

(22) Anordnung zur Überprüfung und Überarbeitung der normativen Nunzungsdauer und Abschreibungssätze für Grundmittel vom 2. August 1983, in: *GBL. Teil I*, Nr. 23, S. 236.

(23) Anordnung über die Umbewertung der Grundmittel vom 14. Dezember 1984, in: *GBL. Teil I*, Nr. 37, S. 450-456. この大蔵省通達により、従来の「取得価額一〇〇〇マルク以上」に代わって「二〇〇〇マルク以上」の固定設備が評価換えの対象となった(第二条第三項)。

(24) Anordnung über den Fonds für die Instandhaltung vom 19. April 1985, in: *GBL. Teil I*, Nr. 12, S. 155(第四条第四項)。

(25) Finanzierungsrichtlinie für die volkseigene Wirtschaft vom 21. August 1979, S. 253-301.

(26) Anordnung über die Finanzierungsrichtlinie für die volkseigene Wirtschaft vom 28. Januar 1982, in: *GBL. Teil I*, Nr. 5, S. 122-123.

(27) 一九八二年財務指針II.3。これは、一九八三年財務指針第六条第一項、一九八七年財務指針第六条第一項に継承された。

(28) コンビナート・経営が超過純利益から得られる資金の下限のことを指す。Tannert, Karlheinz/Ehlert, Willi/Dietrich, Helmut/Gebhardt, Gerd (Hrsg.), *Lexikon der Wirtschaft Finanzen*, Berlin 1986, S. 224. この法定標準割当額に関する規定は、一九八七年財務指針で廃止された。

(29) とはいえ、割当額の設定は、上級国家機関の裁量に任されていた。場合によっては、金額が国庫納入金を下回る決定がなされる可能性も存在した。政府発表では、一九八四年に法定標準割当額にもとづいて形成された自己ファンド(業績ファンド、報奨ファンド)の総額は、超過純利益の一八~二五%にすぎなかった。残余の超過純利益は、通達通り国庫に納入された。

Autorenkollektiv, *Blickpunkt Wirtschaft: Planungsordnung 1986–1990*, Berlin 1985, S. 86; Anordnung über die Finanzierungsrichtlinie für die volkseigene Wirtschaft vom 14. April 1983, in: *GBL. Teil I*, Nr. 11, S. 110–121.

(30) ただし、つぎの大きな変化を看過してはならない。最大の国庫納入金項目であった純利益控除収入を減少させるため、政府は、新たに社会的ファンド分担金の課徴を決定した。同分担金は賃金税に相当し、原価回収方式で調達される。導入の目的は、合理的な労働力の投入と配分にあった。これにより純利益控除の減少分が補塡され財政収入が確保される反面、それが原価負担で調達されるために価格引き上げ要因となった(八七年まで四度にわたって部分改定された)。Verordnung über den Beitrag für gesellschaftliche Fonds vom 14. April 1983, in: *GBL. Teil I*, Nr. 11, S. 105–106; Erste Durchführungsbestimmung zur Verordnung über den Beitrag für gesellschaftliche Fonds vom 14. April 1983, in: *GBL. Teil I*, Nr. 11, S. 106.

(31) Mittag, Günter, »Leitung, Planung und wirtschaftliche Rechnungsführung in der Volkswirtschaft der DDR«, in: *Einheit*, Heft 10, 1986, S. 876 und S. 881.

(32) この原則が政策的にはじめて強調されたのは一九六〇年代半ばの経済改革期であった。それは、固定設備投資や物的流動資産投資向けの資金を純利益や銀行信用によって調達することを要請するものであった。Hamel, Hannelore/Leipold, Helmut, a.a.O., S. 30–31. 当時の経済改革の急先鋒にいたミッターク(改革が政治的に抹殺された七〇年代前半は第一線から外された)が、八〇年代半ばに再度この原則を採用したことは、六〇年代に展開された計画経済への市場原理の導入に関する議論を再考する手がかりにもなっている。

(33) Anordnung über die Planung, Bildung und Verwendung des eigenverantwortlich zu erwirtschaftenden und zu verwendenden Investitionsfonds vom 29. Januar 1987, in: *GBL. Teil I*, Nr. 3, S. 15.

(34) 減価償却引き当ては、計画にもとづいて傘下経営単位で積み立てられる。その一部は、国庫に納入される。残余は、①傘下経営の投資ファンドへの繰り入れ、②利付き国立銀行信用の計画的返済、③コンビナート本部の「減価償却引当金の再配分」口座への納入に使用される。

(35) 固定設備資産の売却・撤去・廃棄に伴う収入は、固定設備の残存価額の大きさで決まる。それは、一九八五年の生産フォンド使用料の改定の結果、既存設備を早期に撤去・廃棄するよりも、長期間利用するほうが納入金負担が軽減されたことから、その意義を失ったことが考えられる。Institut für angewandte Wirtschaftsforschung (Hrsg.), *a.a.O.*, S. 57；青木國彦『体制転換』有斐閣、一九九二年、五五～五七頁。

(36) 固定設備の損害保険は、その総価額(取得額)が上限となる。ただし、固定設備の純価額が、総価額の四〇%に達しない場合には純価額が上限とされる。流動資産の損害については、損害が発生する直前までに流動資産の生産・運搬・販売にかかった費用が保険の対象となるが、実際には流動資産の販売時の価格が保険金給付の上限となる。強制加入保険の保険料は、各経営のコストとして原価に組み入れられ、任意保険料は企業の純利益から支払われる。

(37) 経済状況の回復を背景に、一九八七年財務指針では再び準備ファンドの転用が禁止された。この措置の一過性がうかがわれる。

(38) 一九八七年財務指針が発効した八八年一月からしばらくの間、計画外投資ファンドは、設備更新や合理化向け固定設備のコンビナート内製造にのみ使用を認められていた。Anordnung über die Finanzierungsrichtlinie für die volkseigene Wirtschaft vom 27. Februar 1987, in: *GBL. Teil I*, Nr. 9, S. 116ff. また、その形成額には最高五〇〇万マルクという上限が設けられた。八九年には、一六コンビナートに限ってこれらの制限が撤廃された。Cornelsen, Doris, Die Wirtschaft der DDR in der Honecker-Ära, in: *Vierteljahrshefte zur Wirtschaftsforschung des DIW*, Heft 1, 1990, S. 76; Cornelsen, Doris, Die Volkswirtschaft der DDR: Wirtschaftssystem-Entwicklung-Probleme, in: Weidefeld, Werner/Zimmermann, Hartmut (Hrsg.), *Deutschland-Handbuch. Eine doppelte Bilanz*, München 1989, S. 273.

(39) Anordnung über den Leistungsfonds zur Verbesserung der Arbeits- und Lebensbedingungen vom 29. Januar 1987, in: *GBL. Teil I*, Nr. 3, S. 13-14. この大蔵省・国家計画委員会通達は、一九八三年財務指針で示された業績ファンドから青年社会主義者口座への資金繰り入れ(福利厚生施設の建設投資向け)に関する規定を削除した。

(40) Autorenkollektiv, *Kredit und Zins im System der Eigenerwirtschaftung der Industrie der Volkswirtschaft*, Berlin 1968, S. 27. 同書の一九六五年の数値は、青木が示した数値に一致する。青木國彦、前掲『体制転換』、五九頁。なお、文献相互の数値の整合性が問題点として残るが、六〇年代経済改革期には国家予算資金の比率が低下したことは、どの分析からも明らかである。たとえば、長谷川信彦「第五章　東欧諸国の産業金融制度」(田中壽雄編『東欧諸国の銀行制度と金融管理』アジア経済研究所、一九七六年所収)、Bundesministerium für innerdeutsche Beziehungen (Hrsg.), *a.a.O.*, S. 674-675.

(41) Ruban, Maria Elisabeth/Vortmann, Heinz, Subvention kontra Investitionen, in: *Deutschland Archiv*, Heft 12, 1980, S. 1278.

(42) なお、これらのうち、業績ファンド、青年社会主義者口座は投資ファンド(Investitionsfonds)に転用が可能なファンドである。本来の使途とは異なる形での資金運用はファンド固有の目的を阻害する可能性もあった。

(43) この分野の先駆となった邦語研究は、正亀芳造「ＤＤＲにおけるプレミアム制度の変遷」、『六甲台論集』第二四巻第一号、一九七七年である。なお、この制度の生成期は、一九四九～五〇年に試験的に行われた二ヵ年計画を受けて、第一次五ヵ年計画（五一～五五年）が始動した頃である。またソ連占領の終了宣言後に、重要工業部門において対ソ賠償の担い手となっていたＳＡＧが人民所有経営に転換された時期でもあった。計画経済の運営に携わる管理スタッフへの優遇や、返還された鉱山・冶金部門、化学部門、機械製造を含む金属加工部門の重点工業化に伴う優遇措置は東ドイツの賃金・俸給制度を強く規定していたものと考えられる。

(44) Verordnung über die Prämienzahlung für das ingenieurtechnische Personal einschließlich der Meister und für das kaufmännische Personal in den volkseigenen und ihnen gleichgestellten Betrieben vom 21. Juni 1951, in: *GBL.*, Nr. 78, S. 625ff.

(45) Verordnung über die Bildung und Verwendung des Direktorfonds in den Betrieben der volkseigenen Wirtschaft im Planjahr 1952 vom 25. März 1952, in: *GBL.*, Nr. 38, S. 229ff. 以後、一九五六年まで毎年ほぼ同様の閣僚評議会令が公布され続けた。なお、専門スタッフと一般の労働者・職員の区別なく、経営内の教育や、事業所内のスポーツ活動、社員食堂、社宅の建設と改修、保育園・幼稚園への補助などのためにも、経営長ファンドは運用されていた。この部分は、後述の「文化・社会ファンド」と重なる。

(46) Verordnung über den Betriebsprämienfonds sowie den Kultur- und Sozialfonds in den volkseigenen und ihnen gleichgestellten Betrieben vom 11. Mai 1957, in: *GBL. Teil I*, Nr. 36, S. 289ff.; Frerich, Johannes/Frey, Martin, *a.a.O.*, S. 134.

(47) その後、文化・社会ファンドは制度的に大きく変更されることはなかった。参考までに、同ファンドは、一九七〇年代半ばには約三〇億マルク、八〇年には三五億マルク（文化向けの国家歳出は二三億五〇〇〇万マルク）が形成・運用され、八三年の計画では三六億マルクが予定されていた。八〇年の金額の内訳は、一四億五〇〇〇万マルクが福利厚生・医療施設向けに、三億五〇〇〇万マルクが休暇・保養への助成に、一億八〇〇〇万マルクが文化的活動の助成に、二億五〇〇〇万円がスポーツ活動や青少年の活動への助成に運用された。Bundesministerium für innerdeutsche Beziehungen（Hrsg.）, *a. a. O.*, S. 776; Staatliche Zentralverwaltung für Statistik（Hrsg.）, *Statistisches Jahrbuch der DDR 1988*, Berlin 1988, S. 261.

(48) Beschluß über die Bildung und Verwendung des einheitlichen Prämienfonds in den volkseigenen und ihnen gleichgestellten Betrieben der Industrie und des Bauwesens und in den VVB im Jahre 1964 vom 30. Januar 1964, in: *GBL. Teil II*, Nr. 10, S. 80ff.; Leipold, Helmut, *Wirtschafts- und Gesellschaftssysteme im Vergleich*, 5. bearbeitete Auflage, Stuttgart 1988, S. 240.

(49) Verordnung über die Bildung und Verwendung des Prämienfonds in den volkseigenen und ihnen gleichgestellten Betrieben und den VVB（Zentrale）für das Jahre 1969 und 1970 vom 26. Juni 1968, in: *GBL. Teil II*, Nr. 67, S. 490ff.

(50) すでに研究・開発部スタッフと一般労働者・職員との間には、賃金等級・賃率上の格差、したがって賃金ファンド額の格差が存在していた。そのうえ、さらに繰入率の格差が加わると、一般労働者・職員のモティベーションは低下する可能性があった。新しい制度では、経営自体の成果(利益)が個々人に還元されるという点がより見えやすくなるような改善策が講じられたといえよう。

(51) Autorenkollektiv, *Die Finanzen der Industrie in der Deutschen Demokratischen Republik*, Berlin 1966, S. 148.

(52) Frerich, Johannes/Frey, Martin, *a.a.O.*, S. 135.

(53) Verordnung über die Bildung und Verwendung des Prämienfonds und des Kultur- und Sozialfonds für das Jahre 1971 vom 20. Januar 1971, in: *GBL. Teil II*, Nr. 16, S. 105(第一条)参照。

(54) Verordnung über die Planung, Bildung und Verwendung des Prämienfonds und des Kultur- und Sozialfonds für volkseigene Betriebe im Jahr 1972 vom 12. Januar 1972, in: *GBL. Teil II*, Nr. 5, S. 49ff.; Zweite Verordnung über die Planung, Bildung und Verwendung des Prämienfonds und des Kultur- und Sozialfonds für volkseigene Betriebe vom 21. Mai 1973, in: *GBL. Teil I*, Nr. 30, S. 293; Anordnung über die Anwendung von Stimulierungssätzen für den Prämienfonds bei Überbietung der staatlichen Aufgaben zur Ausarbeitung der Jahresvolkswirtschaftspläne vom 5. August 1981, in: *GBL. Teil I*, Nr. 25, S. 311ff. このほか、閣僚評議会令の四つの施行令についても参照。

(55) Leipold, Helmut, *a.a.O.*, S. 240-242.

(56) 再び「ソフトな予算制約」論参照。コルナイ、ヤーノシュ、前掲『「不足」の政治経済学』、一八四〜一八六頁。Knauff, Rudolf, Die Funktionsmechanismen der Wirtschaftssysteme, in: Hamel, Hannelore (Hrsg.), *Soziale Marktwirtschaft — Sozialistische Planwirtschaft: Ein Vergleich Bundesrepublik Deutschland-DDR*, München 1989, S. 61ff. も参照されたい。

(57) Staatliche Zentralverwaltung für Statistik (Hrsg.), *Statistisches Jahrbuch der DDR 1988*, S. 19; Frerich, Johannes/Frey, Martin, *a.a.O.*, S. 135.

(58) Bundesministerium für innerdeutsche Beziehungen (Hrsg.), *a.a.O.*, S. 847.

(59) *Ebenda*, S. 826.

(60) この使途に対する要請は以後一層強まり、一九八二年の業績ファンド令(国家計画委員会の長と財務大臣の連名)では、その「基本原則」において労働・生活条件の改善よりも優先して記載されていた。Anordnung über die Planung, Bildung und Verwendung des Leistungsfonds der volkseigenen Betriebe vom 11. Juni 1982, in: *GBL. Teil I*, Nr. 24, S. 429-432. 第一条第三項、第一一条、第一二条を参照されたい。それは八三年の業績ファンド令(財務大臣と国家計画委員会の長の連名。八二年と左右が逆転している)において訂正され、さらに八七年の政令で、業績ファンドは労働・生活条件の改善にのみ運用されることになる。Anordnung über die Planung, Bildung und Verwendung des Leistungsfonds der volkseigenen Betriebe vom 14. April 1983, in: *GBL. Teil I*, Nr. 11, S. 121-123; Anordnung über die Planung, Bildung und Verwendung des Leistungsfonds der volkseigenen Betriebe vom 29. Januar 1987, in: *GBL. Teil I*, Nr. 3, S. 18-19. これらの変化の背景には、「資金自己調達の原則」の強化、財政危機などの問題が関わってくる。

(61) Anordnung über die Planung, Bildung und Verwendung des Leistungsfonds der volkseigenen Betriebe vom 15. Mai 1975, in: *GBL. Teil I*, Nr. 23, S. 416-417.

(62) Horst, Marx/Matho, Fred/Möller, Uwe/Schilling, Gerhard, *Die wirtschaftliche Rechnungsführung*, Berlin 1981, S. 173-174.

(63) 自由ドイツ青年同盟は、ソ連占領下の地方自治体に設置された反ファシズム青少年委員会を母体とし、一九四六年三月七日にホーネッカーを議長に設立された。当初は、選挙権有資格年齢の一八歳への引き下げ、労働現場での安全運動、同一労働・同一賃金、教育を受ける権利など民主的な改革を主張する組織であったが、東ドイツの建国以降は体制内化していった。Bundesministerium für innerdeutsche Beziehungen (Hrsg.), *a.a.O.*, S. 451-452.

(64) 一九七二年の財務省令で初めて導入された業績ファンドであるが、そこから青年社会主義者口座に資金繰り入れが行われるようになったのは、七五年の改定以降である。以後、八二年、八三年の改定時にも、この資金繰り入れに変更はなかった。

(65) Gemeinsamer Beschluß des Ministerrates der Deutschen Demokratischen Republik und des Zentralrates der Freien Deutschen Jugend über die Bildung und Verwendung des "Kontos junger Sozialisten" in volkseigenen Betrieben, Kombinaten, Staatsorganen und staatlichen Einrichtungen vom 21. März 1974, in: *GBL. Teil I*, Nr. 20, S. 191 (第三条第1項)、Anordnung über die Zuführung und Verwendung der Mittel des "Kontos junger Sozialisten" vom 23. Oktober 1975, in: *GBL. Teil I*, Nr. 20, S. 695 (第二条第1項)参照。

(66) 文化・社会ファンドと青年社会主義者口座については、大きな変更点はなかったので、以下では割愛する。

(67) Verordnung über die Planung, Bildung und Verwendung der Prämienfonds für volkseigene Betriebe vom 9. September 1982, in: *GBL. Teil I*, Nr. 34, S. 595ff.; Erste Durchführungsbestimmung zur Verordnung über die Planung, Bildung und Verwendung der Prämienfonds für volkseigene Betriebe vom 9. September 1982, in: *GBL. Teil I*, Nr. 34, S. 598ff.

(68) Anordnung über die Planung, Bildung und Verwendung des Leistungsfonds der volkseigenen Betriebe vom 11. Juni 1982, S. 429ff.

（69） Anordnung über die Finanzierungsrichtlinie für die volkseigene Wirtschaft vom 28. Januar 1982, S. 114; Anordnung über die Finanzierungsrichtlinie für die volkseigene Wirtschaft vom 14. April 1983, S. 111.

（70） 報酬割増ファンド令第四条第六項では、選択された二つの指標が未達成の場合に計画指標「報酬割増ファンド」で与えられている金額を下限に、上記と同じ比率で減らされることになっている。

（71） 報酬割増ファンド令第四条第五項では、その基準額を国家計画委員会などの省庁と自由ドイツ労働組合同盟本部が共同で決定するという規定はあるものの、指標ごとの基準額は、主要指標とは異なり具体的に示されていない。

（72） 一九八一年から八四年にかけて、純利益控除は四二〇億マルク、五三五億マルク、五五六億マルク、四〇四億マルクと推移した。八二年の急増は経済計算制改革（完全履行の要請）の効果であり、八四年の激減は財務ファンド重視の方針転換の結果であると考えられる。

（73） なお、準備ファンドについては、一九八二年の資金運用指針で詳しく規定されている。財務ファンドのうち、準備ファンドによる補塡が認められているのは報酬割増ファンドだけであった。これとは逆に、準備ファンドからの転用が禁止されていたのは、固定設備投資ファンドへのそれであった。Anordnung über die Finanzierungsrichtlinie für die volkseigene Wirtschaft vom 28. Januar 1982, S. 118. 一九八三年財務指針では、合理化機器のコンビナートでの内部製造への転用は認められた。Anordnung über die Finanzierungsrichtlinie für die volkseigene Wirtschaft vom 14. April 1983, S. 119.

（74） Staatliche Zentralverwaltung für Statistik (Hrsg.), *Statistisches Jahrbuch der DDR 1988*, S. 129; Bundesministerium für innerdeutsche Beziehungen (Hrsg.), *a.a.O.*, S. 849. これらの史料の数値から計算した。

（75） さらに、不良品の廃棄・補修・保証サービスコストの引き下げに関する計画指標の達成または超過達成を条件に、コスト引き下げ額の一〇％が業績ファンドに繰り入れられていた（一九八二年業績ファンド令第六条）。

（76） Anordnung über die Finanzierungsrichtlinie für die volkseigene Wirtschaft vom 14. April 1983, S. 111–112（第三条第一項および第五条第一項）。Anordnung über die Planung, Bildung und Verwendung des Leistungsfonds der volkseigenen Betriebe vom 14. April 1983, S. 121（第三条）。

（77） 東西ドイツ統一後、ミッタークに対して行われた『シュピーゲル』誌の編集部インタビュー、そしてハイデルベルク大学の社会学者ライナー・レプシウス（Rainer Lepsius）のインタビューにおいて、ミッタークは東ドイツの経済的破綻は、「一九八一年にはその予兆が、八三年には白日のもとにあった」と述懐している。その直接的な引き金となったのは、ソ連からの原油供給の削減であり、またその決定に至った背景にソ連経済自体の困窮が関連していたとも述べている。破綻の原因としてミッタークがとくに注目していたのは、ソ連からの政治的・イデオロギー的、そして経済的・軍事的圧力、社会政策に偏重した財政および投資政策、技術革新の遅れ、西側諸国との交易拡大と外貨不足などであった。改革の精神や構想は示されても、それが実効を伴わずに進められた背景としては、市場原理の利用、民主化運動、ソ連の権力の動揺といった事態が生み出す可能性のある政情不安(一九五三年の労働者蜂起のトラウマ)と、それによるＳＥＤの権威の失墜への恐れであった。少なくともＳＥＤ中央委員会政治局内では、変化よりも現状維持が求められたということであろう。また、国家保安省によって言論の自由が封殺されていたこと、業績向上よりも党の活動への適応をキャリアアップの手段と考える政治局員が存在していたこと、彼らが改革への敵対者となっていたこと、などもあげられている。詳しくは、Die Spiegel-Redaktion, *Interview mit Günter Mittag: Allein die Statistik im Griff*, in: *Der Spiegel*, Nr. 37, 9. September 1991, S. 80–104; Pirker, Theo/Lepsius, Rainer/Weinert, Rainer/Hertle, Hans-Hermann, *a.a.O.*, S. 19–31. なお、ミッターク自身の回顧録もある。Mittag, Günter, *Um jeden Preis: Im Spannungsfeld zweier Systeme*, Berlin 1991.

終章

本書では、第二次世界大戦後のソ連占領地域、そして建国後の東ドイツで政権を掌握したＳＥＤが、戦後の新しい社会の土台となる社会主義経済の建設を目指して、約四五年間にわたり試行錯誤する姿を浮き彫りにしてきた。考察にあたっては、変化の節目となった出来事として、ソ連占領と賠償、冷戦と建国、一九五三年労働者蜂起、大量出国と「ベルリンの壁」の構築、「新経済システム」による経済改革、ウルブリヒトからホーネッカーへの政権交代、「経済政策と社会政策の統一」、資源危機と「集約化」路線、といった政治・経済・社会の要因を取り上げてきた。

その全過程でＳＥＤが追求し続けたのは、計画経済体制の創出であった。企業の国有化はその前提として行われ、併せて国家的工業管理システムが整備された。その際、国有化された経営は、計画経済の管理・運営上の観点から部門・業種を基準に「経営連合」あるいは「コンビナート」に統合され、それらは管理システムの中間管理機関として機能した。この基本的枠組みは、先の諸要因に左右されながら修正を繰り返してきた。

本書を締めくくるにあたり、この論点に限定して内容を振り返り、諸改革がもたらした成果と問題点を確認することにしよう。

公有化と国有化の開始

国有企業体制の出発点は、一九四六年六月のソ連占領地域における公有化運動であった（第一章）。SMADの指令にもとづいて接収・公有化された経営と、相対的に生産能力の高い、大型の接収経営を統合して設立されたSAGが占領地域の対ソ賠償と復興の両輪になった。公有化されなかった中小・零細規模の私的経営は、そのまま事業を続けるか、廃業するかの選択を迫られたが、前者の道を選んだ経営は、この時点で工業全体の三～四割の生産高を生み出す力を有していた。

公有化の始まった時期には、私的経営の扱いをめぐって、中央主導の経済管理と計画経済の拡大を主張するSEDに対して、地方の私的経営の利害代表であるCDUとLDPDから反発の声があがった（第二章）。しかし、社会主義建設を目指すSEDにとって、公有化は計画経済の構築とならぶ重要課題であり、その流れをさらに推し進める必要があった。

経営連合とコンビナート――経営統合の試行錯誤

建国前の一九四六年に始動した公有化が進むなか、SEDと暫定政府（=ドイツ経済委員会）は、中央の工業管理局ならびに州・プロヴィンツの経済担当省の下級機関として経営連合を設立した。それらの傘下には、部門・業種・製品グループの同一性を基準に多数の経営が統合された。傘下経営には法人格は付与されず、生産活動や経済計算制に関する権限は経営連合本部に集中した。

この経営連合を中間管理機関とする国家的工業管理システムは、一九四九年の東ドイツ建国後の数年間は存続した。しかし、中央政府と州・プロヴィンツ政府の利害対立、上級機関に対する経営連合の自立化傾向、管理組織内の官僚主義の蔓延、収益性の異なる傘下経営を抱える経営連合内の管理の複雑さなど、発足以前から危惧されていた問題を理由に、五〇年から五二年までに経営連合はすべて解体され、傘下にあった経営を「部門別工業省・官房」の関係部局によって直接管理する体制が構築された（第二章）。その根底には、工業管理システム内に存在した二重の「圧力組織」（経営連合ならびに地方政府）を排除して、中央集権を強めるという狙いがあった。州・プロヴィンツ制度の廃止は、その枠組みを創出する重要な前提となった。

この再編過程で、管理上の視点からだけではなく、経営間の技術的関連性や生産性の引き上げを主眼とする新しい生産単位の創出への期待が高まった。一九五一年に開始された第一次五ヵ年計画の重点であった鉱山、冶金、化学などの素材型部門（食品加工を含む）に限定して行われたコンビナートの設立運動がそれであった。これらのコンビナートにおいては、資源立地や輸送の利便性が重視され、県の行政区分内（＝「地域制限原則」）に集積する工場・施設を加工段階（原料―半製品―最終製品）が連続するように結合することが求められた。

この一九五〇年代初頭に始まる計画経済の始動、国家的工業管理システムの創出、素材型部門におけるコンビナートの形成、対ソ賠償政策の終了といった一連の動きは、その途上の社会的・イデオロギー的軋轢に攪乱されながらも、東ドイツの復興と経済成長にポジティブに作用した。この状況に後押しされる形で、ウルブリヒト政権は、五八年に人口一人当たりの消費を「西ドイツに追いつき、追い越す」という野心的スローガンを掲げながら、国家的工業管理システムの再編と新しい産業政策を打ち出した。

国家的工業管理システムの改造の最大の特徴は、それまで人民所有経営の直接管理にあたる権限を有していた工業省・官房を廃止し、それらの上級監督機関である国家計画委員会に管理権限を集中したことであった。

産業政策については、一九五八年に始動した「化学プログラム」の実現に向けて、エネルギー・燃料、カリ、化学（化学繊維を含む）などの素材型部門においてコンビナートが設立された。他方では、この素材型部門の技術刷新に向けて加工組立型工業の育成が重要課題に据えられた。とくに機械製造においては、最終製品の数量や品質を規定する部品・半製品の下請供給に焦点があてられた。

上記の後者の観点から注目されたのは、一九五〇年代初めに廃止された経営連合であった。ＳＥＤと政府は、水平統合が生み出す量産化と規模の経済に期待を寄せるとともに、その生産活動を補完する「製品グループ別経営間分業」を、経営連合を主軸に組織した。そこには、五〇年代半ばに生まれた中小規模の国家参加経営や、零細な私的経営も組み込まれた。所有形態の区別なく組織された協力関係は、中小・零細経営の育成課題だけでなく、私的セクターの積極的活用を承認するものでもあった。

しかし、これらの改造は、東ドイツ経済の業績向上にはつながらなかった。一九五九年以降、経済成長率は低下し続け、先の野心的な目標を含む第一次七ヵ年計画は毎年下方修正を迫られた。また、六〇年の東西ドイツ通商協定(通称「ベルリン通商協定」)の破棄通告により、西側の生産技術を好条件で輸入する道が断たれた。事態打開に向けてSED・政府は水面下でソ連に経済支援を求めたが、ソ連側の対応は冷淡であった。それをきっかけに、東ドイツは、ソ連との政治・外交上の距離を計りながらも独自路線を歩み始めた。

ウルブリヒト政権の「新経済システム」

一九五八年の国家的工業管理システムの改造と新しい産業政策が成果をあげられなかったことを背景に、ウルブリヒト政権は、大胆な改革に乗り出した。労働力の流出を抑えるべく六一年には「ベルリンの壁」が構築され、また六三年には「新経済システム」と呼ばれる経済改革が始動した。その基本目標は、経済再建に向けた管理の分権化と市場経済メカニズムの導入であった(第三章)。

分権化の第一の試みは、それまで国家計画委員会に集中していた工業部門の管理に関する権限と責任を、一九六一年に創設された国民経済評議会(一九六一〜六五年)に移譲することであった。第二の試みは、五八年に復活した経営連合に、傘下経営の行政監督機関として国家的管理機関の手足となるだけでなく、独立採算の単位として自立的に活動することを要請するものであった。

いまひとつの基本目標であった市場メカニズムの導入は、経営連合やその傘下経営に収益性向上へのインセンティブを与えるという発想でなされた。それまでの物量指標重視の計画経済への反省から、価格、コスト、利益といった概念を、経済計画の策定過程や計画の実行主体である経営連合の経済計算（企業会計と業績評価）に組み入れることになったのである。

のちに「市場社会主義」と呼ばれたこれらの改革に対して、ブレジネフ体制に移行したソ連とSED内部の親ソ派から反発が強まった。管理の分権化や市場経済化が「下からの民主化」の流れを引き起こし、将来的に党の指導体制を揺るがしかねないという危機感が広まったからである。それに対する譲歩として、創設されて間もない国民経済評議会が一九六五年に解体され、また国家計画委員会の従来の権限と責任が復活した。六三年改革の分権化路線に揺り戻しが見られたのである。

反対に、改革期にその強化が謳われた電機・電子、精密機器、工作機械、石油化学などへの政策的梃入れについて、ウルブリヒト政権はその継続を主張した。その現われが、一九六一年を境に中断していたコンビナート設立運動であった。五〇年代末からの経営連合による加工組立型部門の育成を布石に、六七年には当該部門のいくつかの経営連合を解体し、実験的にコンビナートへの再編が試行された。その成功を踏まえて、六八年には、前述の「地域制限原則」の撤廃を盛り込んだ「一九六八年コンビナート令」が公布され、コンビナートの新設・再編が加速化した。その範囲は、加工組立型部門にとどまらず、鉱山・冶金・カリ、化学などの素材型部門にも拡大した。また、「一九六九年閣僚評議会決定」により、コンビナートには中間管理機関としての権限と責任が付与され、経営連合とならぶ国家的管理の一翼を担うことになった。中央直轄コンビナート数は、六一年時点の一七から七一年末の三七に増大した。

このコンビナート設立運動は、経営連合の即時廃止を狙ったものではなかった。むしろ部門・業種によっては経営連合を存続させ、その傘下に複数の小規模なコンビナート（経営連合傘下コンビナート）を統合し、それらの生産能力の引き上げや、生産性格差の解消が図られた。それらが実現したのちに、経営連合を解体し、傘下にあったコンビナートを独立させるという段階的な試みだったのである。そうした事例は、中小下請け経営を傘下に多数有する機械工業で特徴的であったが、消費財生産を担う軽化学や軽工業の諸部門にも見られた。

ホーネッカー体制への転換と資源危機

一九七〇年代初頭に誕生したホーネッカー体制は、七〇年代前半と七〇年代後半以降で異なる政策を展開した（第四章）。

一九七一年のウルブリヒトの更迭とホーネッカーの第一書記就任は、「ソ連型社会主義への回帰」を告げるシグナルとなった。その現われは、強制国有化（七二年）と国家的工業管理システムの再集権化であった。当時の国有化の目標は、私有セクターの企業を完全に計画経済のなかに組み込むことであった。対象は、中小規模の国家参加経営や私的経営であった。五〇年代半ば以来多様な所有形態を承認してきたSED・政府の基本路線は反古にされ、私有セクターの中小・零細経営が消費財・サービス供給に果たしてきた利点が急速に失われた。

また、経営統合の分野において、ホーネッカー政権は、新たに国有化された中小・零細経営を経営連合傘下に統合し、製品グループ別経営間分業による育成とそれにもとづく量産化を優先的に実施した。逆に、一九六〇年代末から進行途上にあったコンビナート設立にはブレーキがかけられた。それは一九七三年政令において、国有企業の二本柱として経営連合とコンビナートが併記され前者に重きを置く内容になったこと、ウルブリヒト政権末期に制定された「一九六八年コンビナート令」と「一九六九年閣僚評議会決定」が失効したことに現われた。他方で、国家的工業管理システムについては、目立った変更はなく、国家計画委員会を頂点に、傘下に一〇（七四年から一一）の部門別工業省を置く、一九六六年以来の集権的な体制が堅持された。

この一九七〇年代前半の状況は、二度のオイルショックによる第一次産品価格の高騰とそれに伴う生産財価格の上昇によって大きく変化した。ソ連からの原燃料輸入に支えられてきた東ドイツは、七六年からコメコン域内価格が世界市場価格の影響を受けるようになったこと、西側からの生産財輸入が高価になったことで、コスト削減のための減量経営体制の構築を要請された。ＳＥＤ・政府が構想したのは、徹底的な資源節約、国産代替資源（褐炭）の活用、副産物利用、さらには収益性引き上げに向けた品質やサービスの向上、輸出拡大を内容とする「集約化」路線であった。産業政策的には、原油供給減を補塡する国内産褐炭の増産（国内向け）、石油精製部門の強化（輸出向け）、マイクロエレクトロニクス部門の強化、機械工業全般への投資の梃入れに重点が置かれた。

この「集約化」路線の担い手に選ばれたのがコンビナートであった。その際、従来とは異なる編成基準が付け加えられた。後方、前方への垂直統合とともに、貿易経営の統合、独自の研究・開発体制の構築、合理化機器の内部製造、マーケティング機関の設置などが構想されたのである。この統合の形態は、一九七九年政令において「完結性の高い再生産過程の創出」と表現された。生産工程間のコンビネーションだけでなく、生産と流通（国内販売と輸出）、生産と研究・開発、生産とマーケティングの結合をも意識した組織として再編されたのである。

新しい統合戦略によって部門・業種・製品グループを代表する巨大企業となった新型コンビナートには工業管理の権限が委譲された。とりわけコンビナート総裁の権限が高められたことで、国家的工業管理システム内の分権化に期待が寄せられた。他方で、コンビナート総裁の経済計画の実現に関する責任が重くなり、コンビナートの独立採算強化に向けた準備が整えられた。

この一九七〇年代後半から八〇年代初頭にかけてのコンビナート一元化とならんで、国家的工業管理システムの組織再編も行われた。七五年まで同システムの頂点には国家計画委員会が置かれていたが、それが閣僚評議会に置きかえられたのである。それにより、経済官僚中心の管理・運営ではなく、ＳＥＤ中央委員会政治局メンバーが大半を占める内閣の「政治判断」が最優先される態勢が敷かれた。

一九八〇年代前半の新型コンビナート構想と見直し論

新型コンビナートへの再編の完了宣言が出された一九八三年時点の状況を見る限り、コンビナート構想の達成度は部門ごとに大きなばらつきがあった。生産部門の経営の垂直統合はもとより、研究・開発、貿易経営、国内販売経営の統合は低調に終わった。すべてを「内部化」して巨大企業を形成するよりも、既存の経営間分業や取引関係が優先されたからである。「集約化」路線の牽引車として期待されたマイクロエレクトロニクス部門を有する電機・電子部門のコンビナートの事例分析においては、そのことが如実に現われていた。

そうした状況下で、国内の経済学者・経営学者から、新型コンビナート再編の性急さや、その構想に対する反論が投げかけられた。とくに、経営間の分業と経営統合については、①画一的なモデルにしたがった統合ではなく、部門・業種あるいは地域経済の特性に合わせた経営統合が志向されるべきであること、②大規模化の発想だけでなく、中小経営の特徴を活かしたフレキシブルな生産体制＝経営間分業を構築すること、③部門・業種あるいは生産の在り方に適合的な管理形態を選択することなどの見直しが提案された。

この見直し論は、工業部門・業種の違い、地域の特性などに応じた経営統合の多様性を強調したものであり、また一面的な企業集中に警鐘を鳴らす東ドイツ版の「第二の産業分水嶺」ともいうべき議論でもあった。しかし、一九八三年以降も、ＳＥＤ・政府は新型コンビナート構想の主張を変えることはなかった。過去のさまざまな危機の局面において国有企業体制と国家的工業管理システムの改良に臨んできた東ドイツにおいて、改革の火はこの時点で消えたのである。

以上、本書では、東ドイツ工業における国有企業体制の変遷を、それが組み込まれた国家的工業管理システムとの関連で分析した。そこでは、国有企業体制の生産と管理の組織形態を規定した「経営統合」（＝企業集中）の論理が、コンビナート一元化という画一的な政策に帰着したことの問題点を見いだすことができた。今後は、この国有企業体制の形態の分析から、その内実となる個別経営や経営内の現場に分析の視点を移し、「経営連合」や「コンビナート」の具体像をさらに掘り下げて明らかにしていきたい。

あとがき

本書の始まりは、約二七年前の修士論文にまでさかのぼる。一九八九年一一月九日、ベルリンの壁の開放のニュースを横目に、私は「東ドイツにおける人民所有経営の経済計算制改革と国家管理からの相対的自立性」をテーマに修士論文を執筆していた。その時点では、国有企業の意思決定を重視するボトム・アップ型の管理システムの構築が社会主義に新しい道を拓くのではないか、という淡い期待を抱いていた。研究対象である国や制度がなくなるかもしれない、という恐れが日増しに強まるなかで臨んだ口頭試験では、幸運にも研究に展望を与える有益な質問とコメントをいただくことができた。なかでも「コンビナートとは何か」という問いは、論文の弱点を突くものであったが、それは東ドイツの国有企業体制の具体像を明らかにせよ、というメッセージであったと思っている。

それからしばらくの間、東西統一までのニュースを追跡したり、東ドイツの環境問題について考察したりすることで、体制転換後の移行経済の分析に向かおうとしていた。しかし、当初の目的を捨ててしまうのではないか、という思いに駆られて、東部五州の現状分析に踏み出すか、成立期にさかのぼって東ドイツ経済の歴史を分析するかで迷いは続いていた。

転機となったのは、博士後期課程の半ばに加来祥男先生と出会えたことであった。私にとって一からの出直しであったが、先生には自分の解釈や思い込みに依拠しがちな研究スタイルを改め、歴史の対象を可能な限り具体的に捉えることの大切さを教えていただいた。その際にテーマに選んだのが、東ドイツ工業と国家的管理システムの一翼を担った経営連合とコンビナートの四十数年の展開過程であった。修士論文から約二年間の遍歴を終えたのちの原点回帰であった。

それから四半世紀、私は札幌から秋田へ、秋田から釧路へと研究・教育の場を変えながらこのテーマと向き合ってきた。途中で研究の方向性を見失った時期が幾度かあったが、そのたびにスタート地点に立ち返って論文・研究ノートを積み上げてきた。遅い決断であったが、それらをベースにようやくまとめの段階に入ることができたのは数年前のことである。本来であれば、もっと以前に博士論文の形にしてひと区切りをつけ、自身の研究を世に問うべきであったのだが、「臆病な自尊心と尊大な羞恥心」がそれを阻んできた。それでも本書にまでこぎ着くことができたのは、恩師や同僚・友人たちの叱咤激励のお蔭である。少し長くなるが、謝辞を述べさせていただきたい。

本書で触れた一九六〇年代の経済改革期に東ドイツに留学しておられた百濟勇先生と村田雅威先生は、傘寿を過ぎた現在も、東ドイツ(統一後の東部ドイツ)の政治・経済・社会に関する弛まぬ探究心を、身をもって示して下さっている。お二人以降の留学生で、帰国後に教育、医療、報道、社会運動などの分野で活躍してこられた諸先輩方との交流は、「東ドイツ時代への郷愁(Ostalgie)」だけでなく、東ドイツ研究への興味をもかき立ててくれる。

留学から帰国後に編入した東北大学経済学部では、財政学ゼミの故吉田震太郎先生と社会主義経済論の青木國彦先生にお世話になった。吉田先生からは、東ドイツの一九六〇年代改革に関する貴重な文献をいただくことができた。就職か進学かで迷っていたときに大学院への進学を勧めて下さったのは吉田先生である。ベルリンでお会いしたことのあった青木先生の講義では、すでに八〇年代半ばの時点で、計画経済の理論的問題点と現状批判の論点が整理されていたことが思い出される。

北海道大学大学院の修士課程に進んでからは、二人の先生にご指導いただいた。故是永純弘先生からは、ソ連のゴルバチョフ改革を素材に社会主義の可能性と問題点についてご教示いただいた。吉野悦雄先生には、法令集を使った経済・社会制度分析の重要性を教えていただいた。それらは、いまだに私の研究の土台の一部を成している。

博士後期課程に入ってからは、『資本論』勉強会でお世話になっていた牛山敬二先生からの推薦で、加来祥男先生の研究室の門を叩くことができた。西洋経済史に縁もゆかりもなかった私の指導教授を引き受けていただけたことは、行き場を失っていた私にとっての救いであった。以来、二四年以上の長きにわたり、不肖の弟子の研究を見守り続け、また懇切丁寧にご指導いただいてきた。ここ数年間も博士論文から本書の最終的なまとめに至るまで、加来先生には言葉に言い表わせないほど多くのご助言を賜った。妥協を許さない先生の研究姿勢は、私の目標であり続けている。心から感謝申し上げたい。

ほぼ同時期には、石坂昭雄先生に大学院の講義とともに、経済史研究会や古典講読会などで教えを乞う機会を得ることができた。石坂先生には、助手ならびに研究生時代の指導教授を引き受けていただいただけでなく、本書のベースとなった博士論文の作成や本書の刊行助成申請を後押ししていただいた。先生のお声掛けがなければ、本書は日の目を見ることがなかったであろう。西洋経済史の本流から離れたところで細々と研究していた私を、いつも温かい目で見守って下さった先生には感謝の気持ちに堪えない。

アジア経済史の宮本謙介先生には、大学院・助手時代を終えたのちに十数年以上が経過していたにもかかわらず、博士論文作成にあたりご指導いただくことができた。大学院時代の恩師との「絆」を感じた瞬間であった。出版に向けた申請作業などでも親身になってご支援いただいた。

北海道をあとにし、最初の就職先となった秋田経済法科大学（現ノースアジア大学）では、歴代の理事長・学長に、良き研究・教育環境と格段のご配慮を賜った。また、経済学部ならびに法学部の諸先生方、さらには理事長総室・法人事務局の皆様にいただいた御恩も忘れることはできない。

二〇一二年春からは、再び北海道に「上陸」し、道東の釧路公立大学のお世話になっている。博士論文をまとめあげ、また本書の刊行にこぎ着けたのは、この大学の自由な校風と充実した研究環境のお蔭である。釧路公立大学の全教職員にお礼申し上げたい。同大学の萩原充先生（アジア経済史）と宮下弘美先生（日本経済史・経営史）は、新参者の私の良き相談相手となって下さっている。

このほかにも多くの恩師、先輩・友人たちが、本書完成までの私の研究生活を支えてくれた。経済史研究会や古典講読会で出会い、現在も研究会で交流のある太田和宏先生と齋藤英里先生は、先生方のご論考によって、そしてまた不勉強な私の研究報告に対するコメントを通して知的刺激を与え続けて下さっている。

大学院時代にお世話になった吉田文和先生には、東ドイツの環境汚染の実態を分析したドイツ語文献の翻訳にお誘いいただき、社会主義工業化の「負の遺産」の一端を知ることができた。また、日本比較経営学会が縁で知り合うことができた林昭先生には、ドイツ統一後の国有企業の私有化や、東ドイツの電機・電子工業のコンビナート化について論文を書くきっかけを与えていただいた。

院生時代に苦楽を共にした杉本龍紀氏には、さまざまな社会主義論の存在やロシア革命からゴルバチョフ改革に至るソ連の歴史について教えていただいた。清水一史氏は世界経済論の立場からだけでなく、精神面からも私をサポートし続けてくれている。

さらに、私の東ドイツ工業史研究に、経済史・経営史、社会史、日常史研究の立場から数多くの知見を与え続けて下さっている加藤浩平先生、星乃治彦先生、足立芳宏先生、石井聡先生、河合信晴先生にも、この場を借りてお礼申し上げたい。

加えて、留学時代以来の親友であるフォルクマー・ヘードリッヒ氏（Volkmar Hädrich）ならびに大学院時代の同僚のヴォルフガング・バウアー（Wolfgang Bauer）氏には、本書の分析に関連する資料・文献の入手にあたってご協力いただいた。Ich danke Euch aus tiefstem Herzen!

本書の出版にあたっては、平成二八年度国立大学法人北海道大学「学術成果刊行助成」を賜ることができた。

索　引

アルファベット

ア　行

カ　行

サ　行

タ　行

ナ　行

ハ　行

マ　行

ヤ　行

ラ　行

参考資料・文献一覧

I. ドイツ民主共和国の政府・党関連資料

A. ドイツ中央統計局内部資料

(1) 投資ファンド関連

a) Staatliche Zentralverwaltung für Statistik Abteilung 4. 3, Finanzierung der Investition: Vertrauliche Verschlußsache, Berichtszeitraum: 1. 1. bis 31. 12. 1980, B6-83/81, Blatt 171-203

b) Staatliche Zentralverwaltung für Statistik Abteilung 4. 3, Finanzierung der Investition: Vertrauliche Verschlußsache, Berichtszeitraum: 1. 1. bis 31. 12. 1981, B6-36/82, Blatt 171-204

c) Staatliche Zentralverwaltung für Statistik Abteilung 4. 3, Finanzierung der Investition: Vertrauliche Verschlußsache, Berichtszeitraum: 1. 1. bis 31. 12. 1982, B6-60/83, Blatt 188-221

d) Staatliche Zentralverwaltung für Statistik Abteilung 4. 3, Finanzierung der Investition: Vertrauliche Verschlußsache, Berichtszeitraum: 1. 1. bis 31. 12. 1983, B6-81/84, Blatt 188-221

e) Staatliche Zentralverwaltung für Statistik Abteilung 4. 10, Finanzierung der Investition: Vertrauliche Verschlußsache, Berichtszeitraum: 1. 1. bis 31. 12. 1984, B6-903/84, Blatt 188-221　＊この年から部局名が「4. 3」から「4. 10」に変更。この年と翌年については資料番号も，1984 年分については「84」と表記されるようになった。

f) Staatliche Zentralverwaltung für Statistik Abteilung 4. 10, Finanzierung der Investition: Vertrauliche Verschlußsache, Berichtszeitraum: 1. 1. bis 31. 12. 1985, B6-798/85, Blatt 179-210

g) Staatliche Zentralverwaltung für Statistik Abteilung 4. 10, Finanzierung der Investition: Vertrauliche Verschlußsache, Berichtszeitraum: 1. 1. bis 31. 12. 1986, B6-116/87, Blatt 199-234　＊資料番号表記が，1983 年以前に戻った。

h) Staatliche Zentralverwaltung für Statistik Abteilung 4. 10, Finanzierung der Investition: Vertrauliche Verschlußsache, Berichtszeitraum: 1. 1. bis 31. 12. 1987, B6-45/88, Blatt 177-

i) Staatliche Zentralverwaltung für Statistik Abteilung 4. 3, Finanzierung der Investition: Vertrauliche Verschlußsache, Berichtszeitraum: 1. 1. bis 31. 12. 1988, B6-111/89, Blatt 471-574　*なおこの資料には，さらにコンビナートの投資ファンド形成の詳細について別資料が掲載されていた。Investitionsfonds für Vorhaben des Staatsplanes Investitionen (1989), Blatt 545-574; Eigenverantwortlich zu erwirtschafteter und zu verwertender Investitionsfonds — Zuführungen — (nur ausgewählte Kombinate) und (ohne ausgewählte Kombinate), Blatt 653-682　*この年から部局名が「4. 10」から「4. 3」に戻った。

(2) 中央直轄工業部門の貸借対照表(部門別集計値)

a) Staatliche Zentralverwaltung für Statistik Abteilung 4. 3, Bilanz zum 31. 12. 1980, Industrie: Vertrauliche Verschlußsache, B6-85/81, Formblatt 69, Blatt 1-13
b) Staatliche Zentralverwaltung für Statistik Abteilung 4. 3, Bilanz zum 31. 12. 1981, Industrie: Vertrauliche Verschlußsache, B6-38/82, Blatt 1-15　*Formblatt 69 の表記はなくなった。
c) Staatliche Zentralverwaltung für Statistik Abteilung 4. 3, Bilanz zum 31. 12. 1982, Industrie: Vertrauliche Verschlußsache, B6-62/83, Blatt 1-15
d) Staatliche Zentralverwaltung für Statistik Abteilung 4. 3, Bilanz zum 31. 12. 1983, Industrie: Vertrauliche Verschlußsache, B6-82/84, Blatt 1-11
e) Staatliche Zentralverwaltung für Statistik, Bilanz zum 31. 12. 1984, Industrie: Vertrauliche Verschlußsache, B6-905/84, Blatt 1-12　*この年から部局名が表記されなくなった。この年と翌年については資料番号も，1984 年分については「84」と表記されるようになった。
f) Staatliche Zentralverwaltung für Statistik, Bilanz zum 31. 12. 1985, Industrie: Vertrauliche Verschlußsache, B6-800/85, Blatt 1-12
g) Staatliche Zentralverwaltung für Statistik, Bilanz zum 31. 12. 1986, Industrie: Vertrauliche Verschlußsache, B6-115/87, Blatt 1-12　*資料番号表記が，1983 年以前に戻った。
h) Staatliche Zentralverwaltung für Statistik, Bilanz zum 31. 12. 1987, Industrie: Vertrauliche Verschlußsache, B6-44/88, Blatt 1-12
i) Staatliche Zentralverwaltung für Statistik, Bilanz zum 31. 12. 1988, Industrie: Vertrauliche Verschlußsache, B6-249/89, Blatt 1-12

注）上記の統計資料の入手にあたっては，ドイツ連邦統計局ベルリン支局(Statistisches Bundesamt Zweigstelle Berlin)のラハニット博士(Dr. Lachnit)の協力を得た。

B. 国家財政金融会計監査院内部資料(「取り扱い注意(Nur für den Dienstgebrauch)」文書)

a) Ein Jahrhundertwerk-Keramische Werke Hermsdorf, Hermsdorf 1990
b) Ministerium der Finanzen, Staatliche Finanzrevision Inspektion Gera, 18. Oktober 1984, Information über die komplexe Finanzrevision im Kombinat VEB Keramische Werke Hermsdorf
c) Ministerrat der Deutschen Demokratischen Republik, Ministerium der Finanzen, Staatliche Finanzrevision Inspektion Erfurt, Revisionsprotokoll vom 2. Mai 1986: Prüfungsobjekt VEB Elektroinstallation Oberweimar

注) 上記の資料の入手にあたっては, 元東ドイツ国家財政金融会計監査院職員のフォルクマー・ヘードリッヒ(Volkmar Hädrich)氏の協力を得た。

＊国家秘密の度合い(東ドイツの場合)

日本	機　密	極　秘	秘	取り扱い注意
東ドイツ(国務・外交)	Geheime Verschlußsache (GVS)		Vertrauliche Verschlußsache (VVS)	Verschlußsache (VS)
東ドイツ(実務一般)	Besondere Dienstsache (1989-90年のみ)		Vertrauliche Dienstsache (VD)	Nur für den Dienstgebrauch (ND)

C. ドイツ社会主義統一党(SED)資料

(1) *Mit der Kraft der Kombinate für weiteren hohen Leistungsanstieg (Erfahrungsaustausch des Zentralkomitees der SED mit den Generaldirektoren und Parteiorganisatoren des ZK vom 19. bis 21. März 1980 in Gera)*, Berlin 1980. (Das Bundesarchiv: SAPMO, DY30/21089)
(2) *Kombinate im Kampf um die Durchführung der Ökonomischen Strategie der X. Parteitages (Seminar des Zentralkomitees der SED mit den Generaldirektoren und Parteiorganisatoren des ZK vom 27. bis 30. April 1981 in Leipzig)*, Berlin 1981. (Das Bundesarchiv: SAPMO, DY30/21087)
(3) *Kombinate vergrößern ihren Beitrag zur Erfüllung der Beschlüsse des X. Parteitages (Seminar des Zentralkomitees der SED mit den Generaldirektoren und Parteiorganisatoren des ZK vom 5. bis 8. April 1982 in Leipzig)*, Berlin 1982. (Das Bundesarchiv: SAPMO, DY30/21089)

(4) *Ökonomische Strategie der Partei — klares Konzept für weiteres Wachstum (Wirtschaftswissenschaftliche Konferenz der DDR im Karl-Marx-Jahr am 29. und 30. September 1983 in Berlin)*, Berlin 1983. (Das Bundesarchiv: SAPMO, DY30/21140)
(5) *Nach neuen Maßstäben die Intensivierung umfassend organisieren (Seminar des Zentralkomitees der SED mit den Generaldirektoren und Parteiorganisatoren des ZK vom 8. bis 9. März 1984 in Leipzig)*, Berlin 1984. (Das Bundesarchiv: SAPMO, DY30/21090)
(6) *Mit höchsten Leistungen den XI. Parteitag vorbereiten (Seminar des Zentralkomitees der SED mit den Generaldirektoren und Parteiorganisatoren des ZK vom 5. bis 8. April 1982 in Leipzig)*, Berlin 1985. (Das Bundesarchiv: SAPMO, DY30/21091)

注）筆者は，これらの資料を留学中に購入することができたが，現在は入手が困難である。管見の限りでは，上記資料(1980–85年)のうち1982年版のみが日本(関西学院大学附属図書館)あるいはベルリンの国立図書館で閲覧可能である。ベルリンの連邦公文書館ではすべて入手可能である。上記の文献名のあとの（　）内がBundesarchiv Berlin-Lichterfeldeの資料番号である。

II. 法　文　書(在独ソビエト軍政部(SMAD)指令および官報)

A. ソ連占領期

(1) Befehl der SMAD Nr. 17 des Obersten Chefs der Sowjetischen Militäradministration in Deutschland über die Bildung von Zentralverwaltungen in der Sowjetischen Besatzungszone Deutschlands vom 27. Juli 1945, in: Ministerium für Auswärtige Angelegenheiten, *Dokumente aus den Jahren 1945–1949: um ein antifaschistisch-demokratischen Deutschland*, Berlin 1968, S. 100–102
(2) Befehl der SMAD Nr. 110 des Obersten Chefs der Sowjetischen Militäradministration in Deutschland über das Recht der Landes- und Provinzialverwaltungen Gesetze und Verordnungen mit Geseteskraft zu erlassen vom 22. Oktober 1945, in: Ministerium für Auswärtige Angelegenheiten, *Dokumente aus den Jahren 1945–1949: um ein antifaschistisch-demokratischen Deutschland*, Berlin 1968, S. 183–184
(3) Befehl der SMAD Nr. 124 des Obersten Chefs der Sowjetischen Militäradministration in Deutschland über die Beschlagnahme und die Übernahme einiger Eigentumskategorie vom 30. Oktober 1945, in: Ministerium für Auswärtige Angelegenheiten, *Dokumente aus den Jahren 1945–1949: um ein antifaschistisch-demokratischen Deutschland*, Berlin 1968, S. 189–192
(4) Befehl der SMAD Nr. 126 des Obersten Chefs der Sowjetischen Militäradministration in Deutschland zur Konfiskation des Eigentums der nationalsozialistischen Partei, ihrer

Organe und der ihr angeschlossenen Organisationen vom 31. Oktober 1945, in: Ministerium für Auswärtige Angelegenheiten, *Dokumente aus den Jahren 1945-1949: um ein antifaschistisch-demokratischen Deutschland*, Berlin 1968, S. 194-196

(5) Befehl der SMAD Nr. 97 des Obersten Chefs der Sowjetischen Militäradministration in Deutschland über die Schaffung einer Deutschen Zentralkommission für Beschlagnahme und Sequestrierung mit Ausführungsbestimmung vom 29. März 1946, in: Ministerium für Auswärtige Angelegenheiten, *Dokumente aus den Jahren 1945-1949: um ein antifaschistisch-demokratischen Deutschland*, Berlin 1968, S. 252-253

(6) Befehl der SMAD Nr. 138 des Obersten Chefs der Sowjetischen Militäradministration in Deutschland zur weiteren Entwicklung der Wirtschaft vom 4. Juni 1947, in: Ministerium für Auswärtige Angelegenheiten, *Dokumente aus den Jahren 1945-1949: um ein antifaschistisch-demokratischen Deutschland*, Berlin 1968, S. 467-468

(7) Befehl der SMAD Nr. 64 über die Beendigung der Sequesterverfahren in der sowjetischen Besatzungszone Deutschlands vom 17. April 1948, in: Die Deutsche Justizverwaltung der Sowjetischen Besatzungszone in Deutschland (Hrsg.), *Zentralverordnungsblatt*, Nr. 15 vom 21. 5. 1948, S. 140-141

(8) Befehl der SMAD Nr. 32 über die Zusammensetzung und Vollmachten der Deutschen Wirtschaftskommission vom 12. Februar 1948, in: Die Deutsche Justizverwaltung der Sowjetischen Besatzungszone in Deutschland (Hrsg.), *Zentralverordnungsblatt*, Nr. 15 vom 21. 5. 1948, S. 138

(9) Beschluß über die Beendigung der Tätigkeit der Sequesterkommission vom 31. März 1948, in: Die Deutsche Justizverwaltung der Sowjetischen Besatzungszone in Deutschland (Hrsg.), *Zentralverordnungsblatt*, Nr. 15 vom 21. 5. 1948, S. 139-140

(10) Befehl der SMAD Nr. 76 des Obersten Chefs der Sowjetischen Militäradministration in Deutschland über die Bestätigung des Vorschlages der Deutschen Wirtschaftskommission zur Schaffung von Vereinigungen Volkseigener Betriebe und Instruktion über das Verfahren der gerichtlichen Eintragung von Betrieben, die in Volkseigentum übergegangen sind vom 23. April 1948, in: Ministerium für Auswärtige Angelegenheiten, D*okumente aus den Jahren 1945-1949: um ein antifaschistisch-demokratischen Deutschland*, Berlin 1968, S. 624-630

注）上記の資料のうち，*Zentralverordnungsblatt* は日本での所蔵は確認できなかった。ベルリン国立図書館（die Staatsbibliothek zu Berlin）にて入手した。Ministerium für Auswärtige Angelegenheiten, *Dokumente aus den Jahren 1945-1949: um ein antifaschistisch-demokratischen Deutschland*, Berlin 1968 は，日本でも入手可能である。

B. ドイツ民主共和国建国後の官報

(1) Verordnung über die Reorganisation der volkseigenen Industrie vom 22. Dezember 1950, *Gesetzblatt der Deutschen Demokratischen Republik* (以下，*GBL.*), Nr. 148, S. 1233-1235

(2) Verordnung über die Prämienzahlung für das ingenieurtechnische Personal einschließlich der Meister und für das kaufmännische Personal in den volkseigenen und ihnen gleichgestellten Betrieben vom 21. Juni 1951, in: *GBL.*, Nr. 78, S. 625ff.

(3) Verordnung über die Maßnahmen zur Einführung des Prinzips der wirtschaftlichen Rechnungsführung in den Betrieben der volkseigenen Wirtschaft vom 20. März 1952, in: *GBL. Teil II*, Nr. 38, S. 225-226

(4) Verordnung über die Bildung und Verwendung des Direktorfonds in den Betrieben der volkseigenen Wirtschaft im Planjahr 1952 vom 25. März 1952, in: *GBL.*, Nr. 38, S. 229ff.

(5) Verordnung über die Bildung und Verwendung des Direktorfonds in den Betrieben der volkseigenen Wirtschaft im Planjahr 1954 vom 18. März 1954, in: *GBL.*, Nr. 31, S. 305ff.

(6) Verordnung über den Betriebsprämienfonds sowie den Kultur- und Sozialfonds in den volkseigenen und ihnen gleichgestellten Betrieben vom 11. Mai 1957, in: *GBL. Teil I*, Nr. 36, S. 289ff.

(7) Gesetz über die Vervollkommnung und Vereinfachung der Arbeit des Staatsapparates in der Deutschen Demokratischen Republik vom 11. Februar 1958, in: *GBL.*, Nr. 11, S. 117ff.

(8) Richtlinie für das neue System der Planung und Leitung der Volkswirtschaft vom 11. Juli 1963, in: *GBL. Teil II*, Nr. 64, S. 453ff.

(9) Beschluß über die Bildung und Verwendung des einheitlichen Prämienfonds in den volkseigenen und ihnen gleichgestellten Betrieben der Industrie und des Bauwesens und in den VVB im Jahre 1964 vom 30. Januar 1964, in: *GBL. Teil II*, Nr. 10, S. 80ff.

(10) Verordnung über die Bildung und Verwendung des Prämienfonds in den volkseigenen und ihnen gleichgestellten Betrieben und den VVB (Zentrale) für das Jahre 1968 vom 2. Februar 1967, in: *GBL. Teil II*, Nr. 17, S. 103

(11) Verordnung über die Aufgaben, Rechte und Pflichten des volkseigenen Produktionsbetriebes vom 9. Februar 1967, in: *GBL. Teil II*, Nr. 21, S. 121-134

(12) Die Verfassung der Deutschen Demokratischen Republik vom 6. April 1968, in: *GBL. Teil I*, Nr. 8, S. 199ff.

(13) Verordnung über die Bildung und Verwendung des Prämienfonds in den volkseigenen und ihnen gleichgestellten Betrieben und den VVB (Zentrale) für das Jahre 1969 und 1970 vom 26. Juni 1968, in: *GBL. Teil II*, Nr. 67, S. 490ff.

(14) Verordnung über die Bildung und Rechtsstellung von volkseigenen Kombinaten vom 16. Oktorber 1968, in: *GBL. Teil II*, Nr. 121, S. 963-965

(15) Beschluß zur weiteren Gestaltung der Aufgaben, Rechte und Pflichten der volkseigenen Kombinate im Planjahr 1970 vom 10. Dezember 1969, in: *GBL. Teil II*, Nr. 5, S. 19

(16) Verordnung über die Bildung und Verwendung des Prämienfonds und des Kultur- und Sozialfonds für das Jahre 1971 vom 20. Januar 1971, in: *GBL. Teil II*, Nr. 16, S. 105ff.

(17) Verordnung über die Planung, Bildung und Verwendung des Prämienfonds und des Kultur- und Sozialfonds für volkseigene Betriebe im Jahr 1972 vom 12. Januar 1972, in: *GBL. Teil II*, Nr. 5, S. 49ff.

(18) Zweite Verordnung über die Planung, Bildung und Verwendung des Prämienfonds und des Kultur- und Sozialfonds für volkseigene Betriebe vom 21. Mai 1973, in: *GBL. Teil I*, Nr. 30, S. 293

(19) Verordnung über die Aufgaben, Rechte und Pflichten der volkseigenen Betriebe, Kombinate und VVB vom 28. März 1973, in: *GBL. Teil I*, Nr. 15, S. 129ff.

(20) Gemeinsamer Beschluß des Ministerrates der Deutschen Demokratischen Republik und des Zentralrates der Freien Deutschen Jugend über die Bildung und Verwendung des "Kontos junger Sozialisten" in volkseigenen Betrieben, Kombinaten, Staatsorganen und staatlichen Einrichtungen vom 21. März 1974, in: *GBL. Teil I*, Nr. 20, S. 191ff.

(21) Die Verfassung der Deutschen Demokratischen Republik vom 7. Oktober 1974, in: *GBL. Teil I*, S. 432ff.

(22) Anordnung über die Planung, Bildung und Verwendung des Leistungsfonds der volkseigenen Betriebe vom 15. Mai 1975, in: *GBL. Teil I*, Nr. 23, S. 416-417

(23) Anordnung über die Zuführung und Verwendung der Mittel des "Kontos junger Sozialisten" vom 23. Oktober 1975, in: *GBL. Teil I*, Nr. 20, S. 695ff.

(24) Erste Durchführungsbestimmung zur Verordnung über die Leitung und Durchführung des Außenhandels — Eigengeschäftstätigkeit — vom 17. November 1978, in: *GBL. Teil I*, Nr. 41, S. 443

(25) Finanzierungsrichtlinie für die volkseigene Wirtschaft vom 21. August 1979, in: *GBL. Teil I*, Nr. 28, S. 253-301

(26) Verordnung über die volkseigenen Kombinate, Kombinatsbetriebe und volkseigenen Betriebe vom 8. November 1979, in: *GBL. Teil I*, Nr. 38, S. 355-366

(27) Anordnung über die Anwendung von Stimulierungssätzen für den Prämienfonds bei Überbietung der staatlichen Aufgaben zur Ausarbeitung der Jahresvolkswirtschaftspläne vom 5. August 1981, in: *GBL. Teil I*, Nr. 25, S. 311ff.

(28) Verordnung über die weitere Vervollkommnung der wirtschaftlichen Rechnungsführung auf der Grundlage des Planes vom 28. Januar 1982, in: *GBL. Teil I*, Nr. 3, S. 85-92

(29) Anordnung über die Finanzierungsrichtlinie für die volkseigene Wirtschaft vom 28. Januar 1982, in: *GBL. Teil I*, Nr. 5, S. 113-124

(30) Verordnung über die Kreditgewährung und Bankkontrolle in der sozialistischen Wirtschaft — Kreditverordnung — vom 28. Januar 1982, in: *GBL. Teil I*, Nr. 6, S. 126-133

(31) Anordnung über die Planung, Bildung und Verwendung des Leistungsfonds der

volkseigenen Betriebe vom 11. Juni 1982, in: *GBL. Teil I*, Nr. 24, S. 429ff.
(32) Verordnung über die Planung, Bildung und Verwendung der Prämienfonds für volkseigene Betriebe vom 9. September 1982, in: *GBL. Teil I*, Nr. 34, S. 595ff.
(33) Erste Durchführungsbestimmung zur Verordnung über die Planung, Bildung und Verwendung der Prämienfonds für volkseigene Betriebe vom 9. September 1982, in: *GBL. Teil I*, Nr. 34, S. 598ff.
(34) Anordnung über die Planung, Bildung und Verwendung des Leistungsfonds der volkseigenen Betriebe vom 14. April 1983, in: *GBL. Teil I*, Nr. 11, S. 121ff.
(35) Anordnung über die Planung und Zuführung des staatlichen Erlöszuschlags vom 2. Juni 1983, in: *GBL. Teil I*, Nr. 11, S. 164-165
(36) Anordnung über die Finanzierungsrichtlinie für die volkseigene Wirtschaft vom 14. April 1983, in: *GBL. Teil I*, Nr. 11, S. 110-121
(37) Verordnung über die Produktionsfondsabgabe vom 14. April 1983, in: *GBL. Teil I*, Nr. 11, S. 106-107
(38) Verordnung über den Beitrag für gesellschaftliche Fonds vom 14. April 1983, in: *GBL. Teil I*, Nr. 11, S. 105-106
(39) Erste Durchführungsbestimmung zur Verordnung über den Beitrag für gesellschaftliche Fonds vom 14. April 1983, in: *GBL. Teil I*, Nr. 11, S. 106
(40) Anordnung über die Planung, Bildung und Verwendung des Leistungsfonds der volkseigenen Betriebe vom 14. April 1983, in: *GBL. Teil I*, Nr. 11, S. 121ff.
(41) Anordnung zur Überprüfung und Überarbeitung der normativen Nunzungsdauer und Abschreibungssätze für Grundmittel vom 2. August 1983, in: *GBL. Teil I*, Nr. 23, S. 236ff.
(42) Anordnung über die Umbewertung der Grundmittel vom 14. Dezember 1984, in: *GBL. Teil I*, Nr. 37, S. 450-456
(43) Anordnung über den Fonds für die Instandhaltung vom 19. April 1985, in: *GBL. Teil I*, Nr. 12, S. 155ff.
(44) Verordnung über die Produktionsfondsabgabe vom 9. Mai 1985, in: *GBL. Teil I*, Nr. 13, S. 158ff.
(45) Anordnung über die Planung, Bildung und Verwendung des eigenverantwortlich zu erwirtschaftenden und zu verwendenden Investitionsfonds vom 29. Januar 1987, in: *GBL. Teil I*, Nr. 3, S. 15ff.
(46) Anordnung über den Leistungsfonds zur Verbesserung der Arbeits- und Lebensbedingungen vom 29. Januar 1987, in: *GBL. Teil I*, Nr. 3, S. 13-14
(47) Anordnung über die Planung, Bildung und Verwendung des Leistungsfonds der volkseigenen Betriebe vom 29. Januar 1987, in: *GBL. Teil I*, Nr. 3, S. 18-19
(48) Anordnung über die Finanzierungsrichtlinie für die volkseigene Industrie und das Bauwesen vom 27. Februar 1987, in: *GBL. Teil I*, Nr. 9, S. 107-118

III. 外国語文献

A. 統 計 年 鑑

発行年順に並べた。

Statistisches Reichsamt (Hrsg.), *Statistisches Jahrbuch für das Deutsche Reich 1938*, Berlin 1938

Statistisches Reichsamt (Hrsg.), *Statistisches Jahrbuch für das Deutsche Reich 1943*, Berlin 1943

Länderrat des Amerikanischen Besatzungsgebiets (Hrsg.), *Statistisches Handbuch von Deutschland 1928-1944*, München 1949

Staatliche Zentralverwaltung für Statistik (Hrsg.), *Statistisches Jahrbuch der DDR 1956*, Berlin 1957

Staatliche Zentralverwaltung für Statistik (Hrsg.), *Statistisches Jahrbuch der DDR 1958*, Berlin 1959

Statistische Zentralverwaltung für Statistik (Hrsg.), *Statistisches Jahrbuch der DDR 1960/61*, Berlin 1961

Staatliche Zentralverwaltung für Statistik (Hrsg.), *Statistisches Jahrbuch der DDR 1973*, Berlin 1973

Staatliche Zentralverwaltung für Statistik (Hrsg.), *Statistisches Jahrbuch der DDR 1980*, Berlin 1980

Staatliche Zentralverwaltung für Statistik (Hrsg.), *Statistisches Jahrbuch der DDR 1981*, Berlin, 1981

Staatliche Zentralverwaltung für Statistik (Hrsg.), *Statistisches Jahrbuch der DDR 1982*, Berlin, 1982

Staatliche Zentralverwaltung für Statistik (Hrsg.), *Statistisches Jahrbuch der DDR 1983*, Berlin, 1983

Staatliche Zentralverwaltung für Statistik (Hrsg.), *Statistisches Jahrbuch der DDR 1984*, Berlin, 1984

Staatliche Zentralverwaltung für Statistik (Hrsg.), *Statistisches Jahrbuch der DDR 1985*, Berlin, 1985

Staatliche Zentralverwaltung für Statistik (Hrsg.), *Statistisches Jahrbuch der DDR 1986*, Berlin, 1986

Staatliche Zentralverwaltung für Statistik (Hrsg.), *Statistisches Jahrbuch der DDR 1987*, Berlin 1987

Staatliche Zentralverwaltung für Statistik (Hrsg.), *Statistisches Jahrbuch der DDR 1988*, Berlin 1988

Statistisches Bundesamt (Hrsg.), *Statistisches Jahrbuch für die BRD 1988*, Wiesbaden 1988
Staatliche Zentralverwaltung für Statistik (Hrsg.), *Statistisches Jahrbuch der DDR 1989*, Berlin 1989
Statistisches Amt der DDR (Hrsg.), *Statistisches Jahrbuch der DDR 1990*, Berlin 1990
Statistisches Bundesamt (Hrsg.), *Statistisches Jahrbuch für das vereinte Deutschland*, Wiesbaden 1991
Economic Commission for Europe, *Economic Survey of Europe*, New York, 1966; 1992

B. 著書，論文

著者または編集代表者の姓をアルファベット順に並べた。Autorenkollektiv（共同執筆）については，そのままの表記で分類した。

［ A ］

Abelshauser, Werner, *Wirtschaftsgeschichte der Bundesrepublik Deutschland 1945-1980*, Frankfurt am Main 1983
Abelshauser, Werner, *Deutsche Wirtschaftsgeschichte seit 1945*, München 2004
Ahlefeld, Gabriele/Molder, Astrid/Werner, Rudolf, *Plaste und Elaste aus Schkopau: 60 Jahre Buna-Werke*, Pinneberg 1996
Andert, Rainhold/Herzberg, Wolfgang, *Der Sturz: Erich Honecker im Kreuzverhör*, Berlin/Weimar 1990
Arnold, Hans/Borchert, Hans/Schmidt, Johannes, *Ökonomik der sozialistischen Industrie in der DDR*, 7. Auflage, Berlin 1961
Arnold, Klaus Jochen, *Demontagen in der Sowjetischen Besatzungszone und Berlin 1945 bis 1948: Sachthematisches Inventar*, Potsdam 2007
Autorenkollektiv, *Die Finanzen der Industrie in der Deutschen Demokratischen Republik*, Berlin 1966
Autorenkollektiv, *Kredit und Zins im System der Eigenerwirtschaftung der Industrie der Volkswirtschaft*, Berlin 1968
Autorenkollektiv, *Politische Ökonomie des Sozialismus und deren Anwendung auf die DDR*, Berlin 1969
Autorenkollektiv, *Ökonomisches Lexikon H-P*, 3., neu bearbeitete Auflage, Berlin 1978
Autorenkollektiv, *Geschichte der Sozialistischen Einheitspartei Deutschlands. Abriß*, Berlin 1978
Autorenkollektiv, *Wirtschaftsgeschichte. Ein Leitfaden*, 2. Auflage, Berlin 1980
Autorenkollektiv, *Wirtschaftliche Rechnungsführung*, 2., wesentlich überarbeitete Auflage, Berlin 1981
Autorenkollektiv, *Stimulierung in Industriebetrieben und Kombinaten*, Berlin 1982
Autorenkollektiv, *DDR Bürgerinteresse als Staatspolitik*, Berlin 1984

Autorenkollektiv, *Grundfragen der sozialistischen Wirtschaftsführung*, zweite, völlig überarbeitete und ergänzte Auflage, Berlin 1985

Autorenkollektiv, *Blickpunkt Wirtschaft: Planungsordnung 1986–1990*, Berlin 1985

Autorenkollektiv, *Leitung der sozialistischen Wirtschaft Lehrbuch*, Berlin 1986

Autorenkollektiv, *Sozialistische Betriebswirtschaft Industrie*, Berlin 1986

[B]

Baar, Lothar, Zur ökonomischen Strategie und Investitionsentwicklung in der Industrie der DDR in den fünfziger und sechziger Jahren, in: *Jahrbuch für Wirtschaftsgeschichte*, Heft 2, 1983

Baar, Lothar/Karlsch, Rainer/Matschke, Werner, Kriegsschäden, Demontagen und Reparationen, in: Der Deutsche Bundestag (Hrsg.), *Materialien der Enquete-Kommission "Aufarbeitung von Geschichte und Folgen der SED-Diktatur in Deutschland" (12. Wahlperiode des Deutschen Bundestages) Band V/2: Deutschlandpolitik, innerdeutsche Beziehungen und internationale Rahmenbedingungen*, Baden-Baden 1995

Baar, Lothar/Müller, Uwe/Zschaler, Frank, Strukturveränderungen und Wachstumsschwankungen: Investitionen und Budget in der DDR 1949 bis 1989, in: *Jahrbuch für Wirtschaftsgeschichte*, Teil 2, 1995

Badstübner, Rolf (Hrsg.), *Geschichte der Deutschen Demokratischen Republik*, Berlin 1981

Bahrmann, Hannes/Links, Christoph, *Chronik der Wende*, Berlin 1999

Barth, Bernhard-Rainer/Links, Christoph/Müller-Enbergs, Helmut/Wielgohs, Jan (Hrsg.), *Wer war Wer in der DDR: Ein Biographisches Handbuch*, Frankfurt am Main 1995

Barthel, Alexander, Betriebssteuern als Lenkungsinstrument in sozialistischen Planwirtschaften: Zur »wirtschaftlichen Rechnungsführung« der DDR, in: Gutmann, Gernot/Hamel, Hannelore u.a. (Hrsg.), *Schriften zum Vergleich von Wirtschaftsordnung*, Band 42, Stuttgart/New York 1990

Barthel, Horst, *Die wirtschaftlichen Ausgangsbedingungen der DDR: Zur Wirtschaftsentwicklung auf dem Gebiet der DDR 1945–1949/50*, Berlin 1979

Bauerfeind, Alfred/Buske, Heinz/Hümmler, Heinz, Die Bündnispolitik der SED mit Komplementären, privaten Unternehmen, Handwerkern und Gewerbtreibenden (1968 bis 1973), in: *Jahrbuch für Wirtschaftsgeschichte*, Teil 2, 1978

Baumgartner, Gabriele/Hebig, Dieter, *Biographisches Handbuch der SBZ.DDR*, München 1995 (2 Bände)

Becher, Johannes R., *Walter Ulbricht: Ein deutscher Arbeitersohn*, Berlin 1967

Benz, Wolfgang, Vierzig Jahre nach der Vertreibung: Einleitende Bemerkungen, in: Benz, Wolfgang (Hrsg.), *Die Vertreibung der Deutschen aus dem Osten: Ursachen, Ereignisse, Folgen*, Frankfurt am Main 1988

Berghoff, Hartmut/Balbier, Uta Andrea, *The East German Economy, 1945–2010: Falling*

Behind or Catching Up?, Washington/London 2013

Bertram, Mathias (Projektleiter), *Enzyklopädie der DDR: Personen, Institutionen und Strukturen in Politik, Wirtschaft, Justiz, Wissenschaft und Kultur, (Degitalbibliothek, Band 32)*, Berlin 2000

Billing, Gert, *Walter Ulbricht. Biographischer Bericht*, Hamburg 1968

Blumtritt, Herbert, *Geschichte der Dresdner Fotoindustrie*, zweite Auflage, Stuttgart 2001

Bress, Ludwig/Hensel, Karl Paul, *Wirtschaftssysteme des Sozialismus im Experiment: Plan oder Markt?*, Frankfurt am Main 1973

Breuer, Rainer, Zum Prozeß der Kombinatsbildung in der Industrie der DDR am Ende der sechziger Jahre, in: *Jahrbuch für Wirtschaftsgeschichte*, Teil 4, 1983

Brockhoff, Klaus/Buck, Hansjörg F., Wirtschaftliche Konzentration und Betriebsgrößenoptimierung in sozialistischen Wirtschaften, in: *Deutschland Archiv*, Heft 4, 1970

Broszat, Martin/Weber, Hermann (Hrsg.), *SBZ-Handbuch: Staatliche Verwaltungen, Parteien, gesellschaftliche Organisationen und ihre Führungskräfte in der Sowjetischen Besatzungszone Deutschlands 1945–1949*, 2. Auflage, München 1993

Buch, Günter, *Namen und Daten wichtiger Personen der DDR*, Berlin/Bonn, 1979

Buchheim, Christoph, Kriegsschäden, Demontagen und Reparationen: Deutschland nach dem Zweiten Weltkrieg, in: Der Deutsche Bundestag (Hrsg.), *Materialien der Enquete-Kommission "Aufarbeitung von Geschichte und Folgen der SED-Diktatur in Deutschland" (12. Wahlperiode des Deutschen Bundestages) Band V/2: Deutschlandpolitik, innerdeutsche Beziehungen und internationale Rahmenbedingungen*, Baden-Baden 1995

Buchheim, Christoph (Hrsg.), *Wirtschaftliche Folgelasten des Krieges in der SBZ/DDR*, Baden-Baden 1995

Buchheim Christoph, Wirtschaftliche Folgen der Integration der DDR in den RGW, in: Buchheim, Christoph (Hrsg.), *Wirtschaftliche Folgelasten des Krieges in der SBZ/DDR*, Baden-Baden 1995

Buck, Hansjörg F., Formen, Instrumente und Methoden zur Verdrängung, Einbeziehung und Liquidierung der Privatwirtschaft in der SBZ/DDR, in: Der Deutsche Bundestag (Hrsg.), *Materialien der Enquete-Kommission "Aufarbeitung von Geschichte und Folgen der SED-Diktatur in Deutschland" (12. Wahlperiode des Deutschen Bundestages) Band V/2: Deutschlandpolitik, innerdeutsche Beziehungen und internationale Rahmenbedingungen*, Baden-Baden 1995

Bundesanstalt für vereinigungsbedingte Sonderaufgaben Leuna Werk GmbH (Hrsg.), *Leuna: Metamorphosen eines Chemiewerks*, Halle an der Saale 1997

Bundesministerium für gesamtdeutsche Fragen (Hrsg.), *SBZ von 1945 bis 1954*, 3., durchgesehene Auflage, Bonn/Berlin 1961

Bundesministerium für gesamtdeutsche Fragen (Hrsg.), *SBZ von A bis Z*, zehnte,

überarbeitete und erweiterte Auflage, Bonn 1966

Bundesministerium für innerdeutsche Beziehungen (Hrsg.), *DDR Handbuch*, 2., völlig überarbeitete und erweiterte Auflage, Köln 1979

Bundesministerium für innerdeutsche Beziehungen (Hrsg.), *DDR Handbuch Band A-L*, 3., überarbeitete und erweiterte Auflage, Köln 1985

Bundesvorstand des FDGB (Hrsg.), *Geschichte des Freien Deutschen Gewerkschaftsbundes*, 2. Auflage, Berlin 1983

Burian, Walter, Überlegungen zur Stellung und Weiterentwicklung der Zweigleitung im Leitungssystem der sozialistischen Industrie der DDR, in: *Wissenschaftliche Zeitschrift der Hochschule für Ökonomie*, Heft 3, 1978

Das Büro für Industrie und Bauwesen beim Politbüro des Zentralkomitees der SED, *Das funktionelle Wirken der Bestandteile des Neuen Ökonomischen Systems der Planung und Leitung der Volkswirtschaft*, Berlin 1964

[C]

Černý, Jochen (Hrsg.), *Wer war wer — DDR. ein biographisches Lexikon*, Berlin 1992

Childs, David, *The Fall of the GDR, Germany's Road to Unity*, London 2001

Ciesla, Burghard, Die Ausgangslage und Entwicklung der zentralgeleiteten Fischindustrie in der SBZ/DDR von 1945 bis 1989, in: Plumpe, Werner/Kleinschmidt, Christian (Hrsg.), *Unternehmen zwischen Markt und Macht: Aspekte deutscher Unternehmens- und Industriegeschichte im 20. Jahrhundert*, Essen 1992

Ciesla, Burghard, "Intellektuelle Reparation" der SBZ an die allierten Siegermächte? Begriffsgeschichte, Diskussionsaspekte und ein Fallbeispiel: Die deutsche Flugzeugindustrie 1945-1946, in: Buchheim, Christoph (Hrsg.), *Wirtschaftliche Folgelasten des Krieges in der SBZ/DDR*, Baden-Baden 1995

Cornelsen, Doris/Ruban, Maria Elisabeth/Teichmann, Dieter, *Kriegsshäden und Nachkriegsbelastung in der Bundesrepublik Deutschland und in der DDR, Gutachten im Auftrag des Bundesministeriums für Finanzen*, Berlin(W) 1972

Cornelsen, Doris/Melzer, Manfred/Scherzinger, Angela, DDR-Wirtschaftssystem: Reform in kleinen Schritten, in: *Vierteljahrshefte zur Wirtschaftsforschung des DIW*, Heft 2, 1984

Cornelsen, Doris, DDR-Wirtschaft im ersten Halbjahr 1987, in: *Deutschland Archiv*, Heft 9, 1987

Cornelsen, Doris, Die Volkswirtschaft der DDR: Wirtschaftssystem-Entwicklung-Probleme, in: Weidefeld, Werner/Zimmermann, Hartmut (Hrsg.), *Deutschland-Handbuch. Eine doppelte Bilanz*, München 1989

Cornelsen, Doris, Die Wirtschaft der DDR in der Honecker-Ära, in: *Vierteljahrshefte zur Wirtschaftsforschung des DIW*, Heft 1, 1990

[D]

Die Deutsche Bundesbank, *Die Zahlungbilanz der ehemaligen DDR 1975 bis 1989*, Frankfurt

am Main 1999
Der Deutsche Bundestag (Hrsg.), *Materialien der Enquete-Kommission "Aufarbeitung von Geschichte und Folgen der SED-Diktatur in Deutschland" (12. Wahlperiode des Deutschen Bundestages) Band V/2: Deutschlandpolitik, innerdeutsche Beziehungen und internationale Rahmenbedingungen*, Baden-Baden 1995

[E]

Eckart, Karl, *Die Eisen- und Stahlindustrie in den beiden deutschen Staaten*, Stuttgart 1988
Eckart, Karl, *DDR*, 3., überarbeitete Auflage, Stuttgart 1989
Eichholz, Dieter, *Geschichte der Deutschen Kriegswirtschaft 1939-1945 Band II: 1941-1943*, Berlin 1985
Eppelmann, Rainer/Möller, Horst/Nooke, Günter/Wilms, Dorothee (Hrsg.), *Lexikon des DDR-Sozialismus Band 1: A-M*, 2., aktualisierte und erweiterte Auflage, Paderborn 1997
Eppelmann, Rainer/Möller, Horst/Nooke, Günter/Wilms, Dorothee (Hrsg.), *Lexikon des DDR-Sozialismus Band 2: N-Z*, 2., aktualisierte und erweiterte Auflage, Paderborn 1997
Erdmann, Kurt/Melzer, Manfred, Die neue Kombinatsverordnung in der DDR (1. Teil), in: *Deutschland Archiv*, Heft 9, 1980
Erdmann, Kurt/Melzer, Manfred, Die neue Kombinatsverordnung in der DDR (2. Teil), in: *Deutschland Archiv*, Heft 10, 1980
Erdmann, Kurt, Neue betriebswirtschaftliche Grundsatzentscheidungen, in: *Deutschland Archiv*, Heft 4, 1982

[F]

Falk, Waltraud/Richter, Gerhard/Schmidt, Willhelm, *Wirtschaft, Wissenschaft, Welthöchststand*, Berlin 1969
Fisch, Jörg, *Reparationen nach dem Zweiten Weltkrieg*, München 2001
Fischer, Wolfram/Bähr, Johannes (Hrsg.), *Wirtschaft im geteileten Berlin 1945-1990*, München 1994
Foitzik, Jan/Zarewskaja-Diakina, Tatjane W./Möller, Horst/Tschubarjan, O. Alexandr/Weber, Hartmut (Hrsg.), *SMAD-Handbuch: Die Sowjetische Militäradministration in Deutschland 1945-1949*, München 2009
Frank, Mario, *Walter Ulbricht: Eine deutsche Biographie*, Berlin 2001
Frerich, Johannes/Frey, Martin, *Handbuch der Geschichte der Sozialpolitik in Deutschland Band 2: Sozialpolitik in der Deutschen Demokratischen Republik*, 2. Auflage, München 1996
Fricke, Karl Wilhem, *MfS intern. Macht, Strukturen, Auflösung der DDR-Staatssicherheit. Analyse und Dokumentation*, Köln 1991
Friedrich, Gerd/Schulz, Gerhard, Effektivität, wissenschaftlich-technische Revolution und sozialistische Wirtschaftsführung, in: *Einheit*, Heft 2, 1973
Friedrich, Gerd, Die Kombinate und die Vereinigungen Volkseigener Betriebe als wichtige

Formen der gesellschaftlichen Organisation der Produktion in der Industrie der DDR und der weitere Prozeß der Intensivierung der Produktion, in: *Wirtschaftswissenschaft*, Heft 3, 1977

Friedrich, Gerd/Schulz, Gerhard, Leitung und Effektivität in der Sicht wirtschaftswissenschaftlicher Forschung, in: *Einheit*, Heft 8, 1977

Friedrich, Gerd, Kombinate: moderne Form der Leitung unserer Industrie, in: *Einheit*, Heft 6, 1978

Friedrich, Gerd, Kombinat und Kombinatsbetrieb im Vergesellschaftungsprozeß, in: *Wirtschaftswissenschaft*, Heft 6, 1983

Fulbrook, Mary, *The Two Germanies, 1945-1990: problems of interpretation*, London 1992

Fulbrook, Mary, *Anatomy of Dictatorship: Inside the GDR 1949-1989*, Oxford 1995

[G]

Gebhardt, Fieder, *Wirtschaftsatlas Neue Bundesländer*, Gotha 1994

Gehrmann, Achim/Müller, Gerhard/Müller, Hans, Zur Politik der SED im Prozeß der Bildung und Festigung zentralgeleiteter Kombinate in der Industrie der DDR, in: *Jahrbuch für Wirtschaftsgeschichte*, Teil 4, 1984

Geißler, Rainer, *Die Sozialstruktur Deutschlands*, Opladen 1992

Gerisch, Rudolf/Friedrich, Gerd, Grundfragen rationeller Leitungsorganisation in den Betrieben und Kombinaten der sozialistischen Industrie, in: Das Zentralinstitut für sozialistische Wirtschaftsführung beim ZK der SED, *Aktuelle Fragen der sozialistischen Wirtschaftsführung*, Berlin 1973

Gerisch, Rudolf/Hofmann, Willy, Aufgaben und Probleme der Entwicklung in den Kombinaten zur Erhöhung der volkswirtschaftlichen Effektivität, in: *Wirtschaftswissenschaft*, Heft 2, 1979

Gerisch, Rudolf/Rosenkranz, Rudi/Seifert, Achim, Erzeugnisspezifische Zulieferungen und Flexibilität der Produktion in Kombinaten des Maschinenbaus, in: *Wirtschaftswissenschaft*, Heft 6, 1983

Gleitze, Bruno, *Die Wirtschaftsstruktur der Sowjetzone und ihre gegenwärtigen sozial- und wirtschaftsrechtlichen Tendenzen*, Bonn 1951

Gleitze, Bruno, *Ostdeutsche Wirtschaft: Industrielle Standorte und volkswirtschaftliche Kapazitäten des ungeteilten Deutschland*, Berlin(W) 1956

Gleitze, Bruno, *Wirtschafts- und sozialstatistisches Handbuch*, Köln 1960

Gleitze, Bruno/Ludz, Konrad Peter/Merkel, Christian/Pleyer, Klemens/Thalheim, Karl C., *Die DDR nach 25 Jahren*, Berlin 1975

Gradl, Johann Baptist, CDU gegen entschädigungslose Enteignung: SMAD erzwingt Führungswechsel, in: Spittmann, Ilse/Helwig, Gisela (Hrsg.), *DDR Lesebuch von der SBZ zur DDR 1945-1949*, Köln 1989

Größmann, Wolfgang, *Die Kombinate in der DDR: Eine wirtschaftsrechtliche Untersuchung*,

Berlin(W) 1987

Gruhn, Werner/Lauterbach, Günter, Rationalisierungsmittelbau mit neuen Aufgaben, in: *Deutschland Archiv*, Heft 11, 1984

Gutmann, Gernot, *Das Wirtschaftssystem der DDR, Schriften zum Systemvergleich von Wirtschaftsordnung (Heft 30)*, Stuttgart/New York 1983

[H]

Haase, Herwig E., *Grundsätze und Strukturen des Haushaltswesens der DDR*, Berlin(W) 1978

Haendcke-Hoppe, Maria, Die Umgestaltung des Außenhandelsapparates in der DDR, in: *Deutschland Archiv*, Heft 4, 1981

Haendcke-Hoppe, Maria, DDR-Außenhandel unter dem Zwang zum Erfolg, in: *Deutschland Archiv*, Heft 3, 1982

Haendcke-Hoppe, Maria, DDR-Außenhandel im Zeichen schrumpfender Westimporte, in: *Deutschland Archiv*, Heft 10, 1983

Haendcke-Hoppe Arndt, Maria, Interzonenhandel/Innerdeutscher Handel, in: Der Deutsche Bundestag (Hrsg.), *Materialien der Enquete-Kommission "Aufarbeitung von Geschichte und Folgen der SED-Diktatur in Deutschland" (12. Wahlperiode des Deutschen Bundestages) Band V/2: Deutschlandpolitik, innerdeutsche Beziehungen und internationale Rahmenbedingungen*, Baden-Baden 1995

Hamel, Hannelore/Leipold, Helmut, Wirtschaftsreformen in der DDR: Ursachen und Wirkungen, in: Forschungsstelle zum Vergleich wirtschaftlicher Lenkungssysteme (Hrsg.), *Arbeitsberichte zum Systemvergleich*, Nr. 10, 1987

Hamel, Hannelore (Hrsg.), *Soziale Marktwirtschaft — Sozialistische Planwirtschaft: Ein Vergleich Bundesrepublik Deutschland-DDR*, München 1989

Hardach, Karl, *Wirtschaftsgeschichte Deutschlands im 20. Jahrhundert*, 2., durchgesehene Auflage, Göttingen 1976

Harmssen, Gustav-Wilhelm, *Reparationen, Sozialprodukt, Lebensstandard. Versuch einer Wirtschaftsbilanz*, Bremen 1948

Harmssen, Gustav-Wilhelm, *Am Abend der Demontage*, Bremen 1951

Heins, Cornelial, *The Wall Falls: Oralhistory of the Reunification of the Two Germanies*, London 1994

Henning, Friedrich-Wilhelm, *Die Industrialisierung in Deutschland 1800 bis 1914*, 8. Auflage, Paderborn 1973

Henning, Friedrich-Wilhelm, Strukturbeeinträchtigungen unter dem Einfluß der Einengung oder der Beseitigung der unternehmerischen Freiheit im Gebiet der neuen Bundesländer von 1914 bis 1990, in: Feldenkirchen, Wilfried/Schönert-Röhlk, Frauke/Schulz, Günther (Hrsg.), *Wirtschaft, Gesellschaft, Unternehmen: Festschrift für Hans Pohl zum 60. Geburtstag (Vierteljahrschrift für Sozial- und Wirtschaftsgeschichte: Beihefte; Nr. 120a)*, Stuttgart 1995

Hensel, Dieter/Kuciak, Günter, Zum Einfluß der Reproduktionsbedingungen auf die Rolle kleiner und mittlerer Betriebe und Betriebsteile in Kombinaten der verarbeitenden Industrie, in: *Wirschaftswissenschaft*, Heft 3, 1984

Herbst, Andreas/Ranke, Winfried/Winkler, Jügen, *So funktionierte die DDR: Lexikon der Organisationen und Institutionen*, Reinbek 1994 (2 Bände)

Hermann, Armin, *Nur der Name war geblieben: Die abenteuerliche Geschichte der Firma Carl Zeiss*, Stuttgart 1989

Hermann, Armin, *Carl Zeiss: Die abenteuerliche Geschichte der Firma Carl Zeiss*, München 1995

Heymann, Hans Gideon, *Die gemischten Werke im deutschen Großeisengewerbe*, Stuttgart/Berlin 1904

Historische Gedenkstätte des Potsdamer Abkommens Cecilienhof (Hrsg), *Das Potsdamer Abkommen. Dokumentensammlung*, Berlin 1984

Hoffmann, Direk, *Die DDR unter Ulbricht: Gewaltsame Neuordnung und gescheiterte Modernisierung*, Zürich 2003

Hoffmann, Heinz, *Die Betriebe mit staatlicher Beteiligung im planwirtschaftlichen System der DDR 1956–1972*, Stuttgart 1999

Horlamus, Wolfgang, *Deutsche Ingenieure und Wissenschaftler zwischen Gleichschaltung, Weltkrieg und kaltem Krieg (1933–1948): Ein Beitrag zur historischen Friedens- und Konfliktforschung — Das Verantwortungsproblem*, München 2008

Horst, Marx/Matho, Fred/Möller, Uwe/Schilling, Gerhard, *Die wirtschaftliche Rechnungsführung*, Berlin 1981

Hürtgen, Renate, Der Streik in der DDR, in: *Horch und Guck*, Heft 43, 2003

[I]

Industriemuseum Brandenburg an der Havel, *Dokumentation zur Dauerausstellung: Ein Jahrhundert Stahl aus Brandenburg im sozialen und politischen Umfeld*, Brandenburg an der Havel 2000

Institut für angewandte Wirtschaftsforschung (Hrsg.), *Wirtschaftsreport. Daten und Fakten zur wirtschaftlichen Lage Ostdeutschlands*, Berlin 1990

Institut für Marxismus-Leninismus beim Zentralkomitee der SED (Hrsg.), *Geschichte der SED. Abriß*, Berlin 1978

[J]

Jeffries, Ian/Melzer, Manfred (ed.), *The East German Economy*, London/New York/Sydney 1987

Judt, Matthias, Die Deutsche Nutzung des Produktions- und Wissenschaftspotentials der ostdeutschen elektrotechnischen und feinmechanisch-optischen Industrie 1945–1955, in: Buchheim, Christoph (Hrsg.), *Wirtschaftliche Folgelasten des Krieges in der SBZ/DDR*, Baden-Baden 1995

Judt, Matthias/Ciesla, Burghard, *Technology Transfer Out of Germany After 1945*, Amsterdam 1996

[K]

Kaelble, Hartmut/Kocka, Jürgen/Zwar, Hartmut (Hrsg.), *Sozialgeschichte der DDR*, Stuttgart 1994

Kaiser, Monika, *1972-Knockout für den Mittelstand: Zum Wirken von SED, CDU, LDPD und NDPD für die Verstaatlichung der Klein- und Mittelbetriebe*, Berlin 1990

Karlsch, Rainer, *Allein bezahlt?: Die Reparationsleistungen der SBZ/DDR 1945-53*, Klitzschen 2004 (Erstdruck: Berlin 1993)

Karlsch, Rainer/Bähr, Johannes, Die Sowjetische Aktiengesellschaften (SAG) in der SBZ/DDR: Bildung, Struktur und Probleme ihrer inneren Entwicklung, in: Lauschke, Karl/Welskopp, Thomas (Hrsg.), *Mikropolitik im Unternehmen: Arbeitsbeziehungen und Machtstruktoren in industriellen Großbetrieben des 20. Jahrhunderts*, Essen 1994

Karlsch, Rainer/Stokes, Raymond G., *Die Chemie muss stimmen*, Berlin 2000

Karlsch, Rainer, Capacity losses, reconstruction, and unfinished modernization: The chemical industry in the Soviet Zone of Occupation (SBZ) /GDR, in: Lesch, John E. (ed.), *The German Chemical Industry in the Twentieth Century*, Dordrecht/Boston/London 2000

Karlsch, Rainer/Laufer, Jochen (Hrsg.), *Sowjetische Demontagen in Deutschland 1944-1949: Hintergründe, Ziele und Wirkungen*, Berlin 2002

Kalrsch, Rainer, "Rüstungsprovinz" und Reparationsressoure. Die Demontagen in Sachsen-Anhalt, in: Karlsch, Rainer/Laufer, Jochen (Hrsg.), *Sowjetische Demontagen in Deutschland 1944-1949: Hintergründe, Ziele und Wirkungen*, Berlin 2002

Karlsch, Rainer/Zeman, Zbynek, *Uranegheimnisse: Erzgebirge im Brennpunkt der Weltpolitik 1933-1960*, 2. Auflage, Berlin 2003

Karlsch, Rainer/Stokes, Raymond G., *Faktor Öl: Die Mineralölwirtschaft in Deutschland 1859-1974*, München 2003

Karlsch, Rainer, *Vom Licht zur Wärme: Geschichte der ostdeutschen Gaswirtschaft 1855-2008*, Berlin 2008

Kinne, Helmut, *Die Geschichte der Stahlindustrie der Deutschen Demokratischen Republik*, Düsseldorf 2002

上記資料の本文についてはCD-ROM版(ベルリン国立図書館所蔵)でのみ閲覧できる。同書の引用文献集は別冊。Kinne, Helmut, *Die Geschichte der Stahlindustrie der Deutschen Demokratischen Republik. Bibliographie mit Autorenverzeichnis*, Düsseldorf 2002: 計229頁)として刊行されている。いずれも，デュッセルドルフのドイツ鉄鋼協会(Der Verein Deutscher Eisenhüttenleute)の委託による研究。なお，著者は，東ドイツの1960年代経済改革期に国民経済評議会副議長(鉱山・冶金・カリ担当)として活躍した人物でもある。

Kinze, Hans-Heinrich/Knop, Hans/Seifert, Eberhard, *Volkswirtschaftsplanung*, 2., überarbeitete und erweiterte Auflage, 1977

Kinze, Hans-Heinrich/Knop, Hans/Seifert, Eberhard, *Sozialistische Volkswirtschaft. Hochschullehrbuch*, Berlin 1983

Kipper, Urlich, Strukurwandel und Innovationsfähigkeit der Ostberliner Elektroindustrie: die Elektro-Aparrate-Werke von den sechziger Jahren bis Ende der achziger Jahre, in: Fischer, Wolfram/Bähr, Johannes (Hrsg.), *Wirtschaft im geteileten Berlin 1945–1990*, München 1994

Klein, Werner, Das Kombinat: Eine organisationstheoretische Analyse, in: Gutmann, Gernot, *Das Wirtschaftssystem der DDR*, Schriften zum Systemvergleich von Wirtschaftsordnung (Heft 30), Sttutgart/New York 1983

Klemm, Volker, *Von den bürgerlichen Agrarreformen zur sozialistischen Landwirtschaft in der DDR*, Berlin 1978

Kleßmann, Christoph/Wagner, Georg, *Das gespaltene Land: Leben in Deutschland 1945 bis 1990*, München 1993

Knauff, Rudolf, Die Funktionsmechanismen der Wirtschaftssysteme, in: Hamel, Hannelore (Hrsg.), *Soziale Marktwirtschaft — Sozialistische Planwirtschaft: Ein Vergleich Bundesrepublik Deutschland-DDR*, München 1989

Kocka, Jürgen/Sabrow, Martin, *Die DDR als Geschichte: Fragen-Hypothesen-Perspektiven*, Berlin 1994

Kocka, Jürgen, Zur Lage der historischen DDR-Forschung, in: Kocka, Jürgen/Sabrow, Martin, *Die DDR als Geschichte: Fragen-Hypothesen-Perspektiven*, Berlin 1994

Kohl, H./Jacob, G./Kramm, H. J./Roubitschek, W./Schmidt-Rennert, G., *Ökonomische Geographie der Deutschen Demokratischen Republik: Bevölkerung, Siedelungen, Wirtschaftsbereiche*, Band 1, Gotha/Leipzig 1978

Kowalski, Roland, Der wissenschaftliche Präzisionsgerätebau der DDR in den 60er Jahren dargestellt am Beispiel des Carl-Zeiss-Unternehmens Jena, in: *Jahrbuch für Wirtschaftsgeschichte*, Teil 4, 1991

Krakat, Klaus, Die DDR auf dem Weg zur computergestützten Fabrik?, in: Forschungsstelle für gesamtdeutsche wirtschaftliche und soziale Fragen (Hrsg.), *Glasnost und Perestrojka auch in der DDR?*, Berlin 1988

Krause, Werner, *Die Entstehung des Volkseigentums in der Industrie der DDR*, Berlin 1958

Krenz, Egon, *Wenn Mauern fallen*, Wien 1990

Krienen, Dag/Prott, Stefan, Demontage, Konversion und Arbeitsmarkt in der SBZ 1945–1950, in: Karlsch, Rainer/Laufer, Jochen (Hrsg.), *Sowjetische Demontagen in Deutschland 1944–1949: Hintergründe, Ziele und Wirkungen*, Berlin 2002

Krömke, Claus/Lothar, Rouscik, *Konzentration, Spezialisierung, Kooperation, Kombination in der Industrie der DDR*, 2., überarbeitete und erweiterte Auflage, Berlin 1961

Kühr, Rüdiger, Die Folgen der Demontagen bei der Deutschen Reichsbahn (DR), in: Karlsch, Rainer/Laufer, Jochen (Hrsg.), *Sowjetische Demontagen in Deutschland 1944–1949:*

Hintergründe, Ziele und Wirkungen, Berlin 2002

[L]

Langner, Erich/Nick, Harry, *Warum Produktionsfondsabgabe?*, Berlin 1965

Laufer, Jochen, Die Reparationsplanungen im sowjetischen Außenministerium während des Zweiten Weltkrieges, in: Buchheim, Christoph (Hrsg.), *Wirtschaftliche Folgelasten des Krieges in der SBZ/DDR*, Baden-Baden 1995

Leipold, Helmut, *Wirtschafts- und Gesellschaftssysteme im Vergleich*, 5., bearbeitete Auflage, Stuttgart 1988

Leonhard, Wolfgang, *Die Revolution entläßt ihre Kinder*, Leipzig 1990

Leptin, Gert, *Deutsche Wirtschaft nach 1945*, Opladen 1980

Leutwein, Alfred, *Die "Technische Intelligenz" in der sowjetischen Besatzungszone*, Bonn 1953

Levy, Hermann, *Die Stahlindustrie der USA in ihren heutigen Produktions- und Absatzverhältnissen*, Berlin 1905

Liessmann, Wilfried, *Historischer Bergbau im Harz*, 3., vollständig neu bearbeitete Auflage, Heidelberg 2010

Lippe (von der), Peter, Die politische Rolle der amtlichen Statistik in der ehemaligen DDR, in: *Jahrbuch für Nationalökonomie und Statistik*, Band 215, Heft 6, 1996

[M]

Maier, Harry/Maier, Siegrid, *Vom innerdeutschen Handel zur deutsch-deutschen Wirtschafts- und Währungsgemeinschaft*, Köln 1990

Martin, Thomas, *Systemimmanente Funktionsmängel der sozialistischen Zentralplanwirtschaft in der SBZ/DDR: Am Beispiel des volkseigenen industriellen Sektors*, Inaugural-Dissertation in der Fakultät Geschichts- und Geowissenschaften der Otto-Friedrich-Universität Bamberg, 2001

Matschke, Werner, *Die industrielle Entwicklung in der Sowjetischen Besatzungszone Deutschlands (SBZ) von 1945 bis 1948*, Berlin(W) 1988

Matschke, Werner, Die wirtschaftliche Entwicklung in der SBZ: Vorgeschichte-Weichenstellungen-Bestimmungsfaktoren, in: Fischer, Alexander (Hrsg.), *Studien zur Geschichte der SBZ/DDR*, Berlin 1993

Matthias, Peter, *Die KSZE im Ost-West-Konflikt: Internationale Politik und gesellschaftliche Transformation 1975–1990*, München 2011

Melzer, Manfred/Scherzinger, Angela/Schwartau, Cord, Wird das Wirtschaftssystem der DDR durch vermehrte Kombinatsbildung effizienter?, in: *Vierteljahrshefte zur Wirtschaftsforschung des DIW*, Heft 4, 1979

Melzer, Manfred, Anlagevermögen, Produktion und Beschäftigung der Industrie im Gebiet der DDR von 1936 bis 1978 sowie Schätzung des künftigen Angebotspotentials, in: Deutsches Institut für Wirtschaftsforschung (Hrsg.), *Beiträge zur Strukturforschung*, Heft 59, Berlin(W) 1980

Merkel, Wilma/Wahl, Stefanie, *Das geplünderte Deutschland: Die wirtschaftliche Entwicklung im östlichen Teil Detschlands von 1949 bis 1989*, Bonn 1991

Merker, Wolfgang, Landes- und Zentralverwaltungen: Konstituierung und Ausrichtung der SBZ-Verwaltungsspitze durch die SMAD, in: Mehringer, Hartmut/Schwartz, Michael/Wentker, Hermann (Hrsg.), *Erobert oder befreit?: Deutschland im internationalen Kräftefeld und die Sowjetische Besatzungszone (1945/46)*, München 1999

Minjuk, Andrej, Deutsche Betriebsanlagen in der sowjetischen Automobilindustrie, in: Karlsch, Rainer/Laufer, Jochen (Hrsg.), *Sowjetische Demontagen in Deutschland 1944-1949: Hintergründe, Ziele und Wirkungen*, Berlin 2002

Mittag, Günter, Die große Kraft der Vorzüge des Sozialismus, in: *Einheit*, Heft 5, 1977

Mittag, Günter, Zielstrebige Verwirklichung der Hauptaufgabe, in: *Einheit*, Heft 10, 1978

Mittag, Günter, 》Leitung, Planung und wirtschaftliche Rechnungsführung in der Volkswirtschaft der DDR《, in: *Einheit*, Heft 10, 1986

Mittag, Günter, *Um jeden Preis: Im Spannungsfeld zweier Systeme*, Berlin 1991

Modrow, Hans, *Aufbruch und Ende*, Hamburg 1991

Mühlfriedel, Wolfgang, SAG-Betriebe: Schulen des Sozialismus, in: *Jahrbuch für Wirtschaftsgeschichte*, Teil 4, 1980

Mühlfriedel, Wolfgang/Wießner, Klaus, *Die Geschichte der Industrie der DDR bis 1965*, Berlin 1989

Mühlfriedel, Wolfgang/Hellmuth, Edith, *Carl Zeiss in Jena 1945-1990*, Köln/Weimar/Wien 2004

Mühlhans, Karl Heinz, *Die Anschlußbahn des VEB Kaliwerk in Dorndorf/Rhön*, Bad Langensalza 2005

Müller, Hans/Rießig, Karl, *Wirtschaftswunder DDR: Ein Beitrag zur Geschichte der ökonomischen Politik der sozialistischen Einheitspartei Deutschlands (Institut für Gesellschaftswissenschaften beim ZK der SED)*, Berlin 1968

[N]

Nakath, Detlef, Zur poltischen Bedeutung des Innerdeutschen handles in der Nachkriegszeit (1948/49-1960), in: Buchheim, Christoph (Hrsg.), *Wirtschaftliche Folgelasten des Krieges in der SBZ/DDR*, Baden-Baden 1995

Nettl, J. Peter, *Die deutsche Sowjetzone bis heute: Politik, Wirtschaft, Gesellschaft*, Frankfurt am Main 1953

Neumann, Gert, Das Chemieprogramm der DDR, in: *Jahrbuch für Wirtschaftsgeschichte*, Teil 2, 1972

[P]

Pirker, Theo/Lepsius, Rainer/Weinert, Rainer/Hertle, Hans-Hermann, *Der Plan als Befehl und Fiktion*, Opladen 1995

Plumpe, Werner/Kleinschmidt, Christian (Hrsg.), *Unternehmen zwischen Markt und Macht:*

Aspekte deutscher Unternehmens- und Industriegeschichte im 20. Jahrhundert, Essen 1992

Pohl, Manfred, *Die Finanzierung der Russischengeschäfte zwischen den beiden Weltkriegen: Die Entwicklung der 12 großen Rußlandkonsortien*, Frankfurt am Main 1975

Przybylski, Peter, *Tatort Politbüro: Die Akte Honecker*, Berlin 1991

Przybylski, Peter, *Tatort Politbüro: Honecker, Mittag und Schlack-Golodkowski*, Hamburg 1992

[R]

Riess, Curt, *Sie haben es noch einmal geschafft: schicksale im Nachkriegsdeutschland*, Berlin/Frankfurt am Main 1955

Roesler, Jörg, *Die Herausbildung der sozialistischen Planwirtschaft in der DDR*, Berlin 1978

Roesler, Jörg, Organisationsstruktur und Wirtschaftsentwicklung: Zur Geschichte der Organisationsstruktur der Industrie in sozialistischen Ländern 1917 bis 1975, in: *Jahrbuch für Wirtschaftsgeschichte*, Teil 1, 1978

Roesler, Jörg, Die Beziehungen zwischen wirtschaftsleitenden Organen und Industriebetrieben im Osten Deutschlands von der Befreiung vom Faschismus bis zur Gründung der DDR (1945-1949), in: *Jahrbuch für Wirtschaftsgeschichte*, Teil 4, 1984

Roesler, Jörg, Kombinate in der Geschichte der DDR: Von den ersten VVB bis zur durchgängigen Kombinatsbildung, in: *Jahrbuch für Geschichte*, Band 31, 1984

Roesler, Jörg/Siedt, Veronika/Elle, Michael, *Wirtschaftswachstum in der Industrie der DDR 1945-1970*, Berlin 1986

Roesler, Jörg, Handelsgeschäfte im Kalten Krieg: Die wirtschaftlichen Motivationen für den deutsch-deutschen Handel zwischen 1949 und 1961, in: Buchheim, Christoph (Hrsg.), *Wirtschaftliche Folgelasten des Krieges in der SBZ/DDR*, Baden-Baden 1995

Roesler, Jörg, *Momente deutsch-deutscher Wirtschafts- und Sozialgeschichte 1945 bis 1990: Eine Analyse auf gleicher Augenhöhe*, Leipzig 2006

Roesler, Jörg, *Geschichte der DDR*, Köln 2012

Ruban, Maria Elisabeth/Vortmann, Heinz, Subvention kontra Investitionen, in: *Deutschland Archiv*, Heft 12, 1980

Rupp, Franz, Reparationsleistungen der Sowjetischen Besatzungszone Deutschlands, in: *Bonner Berichte aus Mittel- und Ostdeutschland*, Bonn 1953

[S]

Sarotte, M. E., *East Germany, Détente, and Ostpolitik, 1969-1973*, London 2001

Sattler, Friederike, Demontagen und Reparationsentnahmen als Problem der beginnenden Wirtschaftsplanung in der SBZ: Das Beispiel der Provinz Brandenburg 1945-1947, in: Karlsch, Rainer/Laufer, Jochen (Hrsg.), *Sowjetische Demontagen in Deutschland 1944-1949: Hintergründe, Ziele und Wirkungen*, Berlin 2002

Sattler, Friederike, Unternehmensstrategien und Politik: Zur Entwicklung der mittel-

deutschen Chemieindustrie im 20. Jahrhundert, in: Rupieper, Hermann-J./Sattler, Friederike/Wagner-Kyora, Georg (Hrsg.), *Die Mitteldeutsche Chemieindustrie und ihre Arbeiter im 20. Jahrhundert*, Halle (Saale) 2005

Schabowski, Günter, *Der Absturz*, Berlin 1991

Scherzinger, Angela, Konzentrationsreformen in der DDR-Industrie, in: *Vierteljahrshefte zur Wirtschaftsforschung des DIW*, Heft 3, 1976

Schneider, Gernot/Tröder, Manfred, Zur Genesis der Kombinate der zentralgeleiteten Industrie in der Deutschen DR, in: *Berichte des Osteuropainstituts an der Freien Universität Berlin*, Heft 137 (Reihe Wirtschaft und Recht), 1985

Schroeder, Klaus, *Der SED-Staat*, München 2000

Schwartau, Cord, Die elektrotechnische Industrie in der DDR, in: *Wochenbericht des DIW*, 48. Jg., Nr. 42, 1981

Schwartz, Michael, Umsiedlerpolitik in der Krise?: Das Vertriebenenproblem in der Gründungsphase der DDR 1948–1950, in: Hoffmann, Direk/Wentker, Hermann (Hrsg.), *Das letzte Jahr der SBZ*, München 2000

Siedt, Veronika, Die Wiederherstellung der Chemieindustrie in der SBZ/DDR 1945 bis 1949/50, in: *Jahrbuch für Wirtschaftsgeschichte*, Teil 3, 1990

Sommer, Stefan, *Das große Lexikon des DDR-Alltags*, Berlin 1999

Die Sozialistische Einheitspartei Deutschlands, *Bericht des Zentralkomitees an den VIII. Parteitag der SED*, Berlin 1971

Die Sozialistische Einheitspartei Deutschlands, *Bericht des Zentralkomitees der SED an den IX. Parteitag*, Berlin 1976

Die Sozialistische Einheitspartei Deutschlands, *Bericht des Zentralkomitees der SED an den X. Parteitag der SED*, Berlin 1981

Die Spiegel-Redaktion, *El-Safara el-Almania*, in: *Der Spiegel*, Nr. 48, 25. November 1968

Die Spiegel-Redaktion, *Interview mit Günter Mittag: Allein die Statistik im Griff*, in: *Der Spiegel*, Nr. 37, 9. September 1991

Spittmann, Ilse, Die NÖS-Mannschaft kehrt zurück, in: *Deutschland Archiv*, Heft 11, 1976

Staritz, Dietrich, *Die Gründung der DDR*, 3., überarbeitete und erweiterte Neuauflage, München 1995

Staritz, Dietrich, *Geschichte der DDR*, erweiterte Neuausgabe, Frankfurt am Main 1996

Steiner, André, *Die DDR-Wirtschaftsreform der sechziger Jahre: Konflikt zwischen Effizienz- und Machtkalkül*, Berlin 1999

Steiner, André, *Von Plan zu Plan: Eine Wirtschaftsgeschichte der DDR*, München 2004 (aktualisierte und bearbeitete Neuausgabe, Berlin 2007)

Steiner, André (Hrsg.), *Überholen ohne einzuholen: Die DDR-Wirtschaft als Fußnote der deutschen Geschichte?*, Berlin 2006

Stinglwagner, Wolfgang, Genügend Energie für die Zukunft?: Effizienz und Struktur-

merkmale des Energieeinsatzes in der DDR, in: *Deutschland Archiv*, Heft 3, 1983
Stinglwagner, Wolfgang, *Die zentralgeleiteten Kombinate in der Industrie der DDR* (Manuskript. Nicht im Buchhandel), Bonn 1990
Stolper, F. Wolfgang, *The Structure of the East German Economy*, London 1960
[T]
Tannert, Karlheinz/Ehlert, Willi/Dietrich, Helmut/Gebhardt, Gerd (Hrsg.), *Lexikon der Wirtschaft Finanzen*, Berlin 1986
Teltschik, Horst, *329 Tage: Innenansichten der Einigung*, Berlin 1991
Turner, Henry Ashby, *Two Germanies since 1945*, London 1987
[U]
Uhl, Matthias, Demontage der Carl Zeiss Werke in Jena, in: Karlsch, Rainer/Laufer, Jochen (Hrsg.), *Sowjetische Demontagen in Deutschland 1944-1949: Hintergründe, Ziele und Wirkungen*, Berlin 2002
Ulbricht, Walter, *Probleme des Perspektivplanes, 11. Tagung des ZK der SED 15.-18. Dezember 1965*, 2. Auflage, Berlin 1966
Ulbricht, Walter, *Probleme des Perspektivplanes bis 1970*, Berlin, 1966
Unger, Stefan, *Eisen und Stahl für den Sozialismus: Modernisierungs- und Innovationsstrategien der Schwarzmetallurgie in der DDR von 1949 bis 1971*, Berlin 2008
[V]
VEB Fischkombinat Rostock (Hrsg.), *Die Entwicklung zum sozialistischen Großbetrieb: Betriebsgeschichte des VEB Fischkombinat Rostock*, Rostock 1974
VEB Keramische Werke Hermsdorf, *Ein Jahrhundertwerk: Keramische Werke Hermsdorf— 1890-1990 100 Jahre Technische Keramik*, Hermsdorf 1990
Verein Mansfelder Berg- und Hüttenleute e.V., Lutherstadt Eisleben und Deutsches Bergbau Museum Bochum (Hrsg.), *Mansfeld: Die Geschichte des Berg- und Hüttenwesens*, Eisleben/Bochum 1999
Vorstand der Sozialdemokratischen Partei Deutschland (Hrsg.), Die Reparationen in der Sowjetzone von 1945 bis 1952, in: *Sopade-Informationsdienst*, Denkschriften 51, Bonn 1953
Voßke, Heinz, *Walter Ulbricht. biographischer Abriß*, Berlin 1983
[W]
Wagenführ, Rolf, *Die deutsche Industrie im Kriege 1939-1945*, Dritte Auflage, unveränderter Nachdruck der 1954 erschienenen 1. Auflage, Berlin 2006
Walluhn, Ulrich, *Lokomotiven und Triebwagen in der SBZ/DDR 1945-1950*, Stuttgart 2004
Weber, Hermann, *Von der SBZ zur 'DDR' (Band 1: 1945-1955)*, Hannover 1966
Weber, Hermann, *Geschichte der DDR 1945-1986*, München 1988
Weber, Hermann, *Geschichte der DDR*, München 1999
Weidauer, Rudi/Wetzel, Albert u.a., *Kombinate erfolgreich leiten*, Berlin 1981

Weidefeld, Werner/Zimmermann, Hartmut (Hrsg.), *Deutschland-Handbuch. Eine doppelte Bilanz*, München 1989

Wentker, Hermann, *Außenpolitik in engen Grenzen: Die DDR im internationalen System 1949–1989*, München 2007

Wienert, Helmut, *Die Stahlindustrie in der DDR*, Berlin 1992

Wießner, Klaus, Aspekte der sozialistischen Rationalisierung im Werkzeugmaschinenbau der DDR nach der Bildung sozialistischer Industriekombinate: VEB Werkzeugmaschinenbau-kombinat "Fritz Heckert" Karl-Marx-Stadt 1970 bis 1978, in: *Jahrbuch für Wirtschaftsgeschichte*, Teil 3, 1983

Will, Rosemarie, Eigetumsordnung der DDR, in: Bender, Gerd/Falk, Ulrich (Hrsg.), *Recht im Sozializmus: Analysen zur Normdurchsetzung in osteuropäschen Nachkriegs-gesellschaften (1944/45–1989)*, Frankfurt am Main 1999

Wolle, Stefan, *Die heile Welt der Diktatur: Alltag und Herrschaft in der DDR 1949–1989*, Berlin 2013

[Z]

Zank, Wolfgang, *Wirtschaft und Arbeit in Ostdeutschland 1945–1949: Probleme des Wiederaufbaus in der Sowjetischen Besatzungszone Deutschlands*, München 1987

Zatlin, Jonathan R., *The Currency of Socialism: Money and Political Culture in East Germany*, Boston 2007

Zumpe, Lotte, *Wirtschaft und Staat in Deutschland 1933 bis 1945*, Berlin 1980

IV. 日本語文献

[あ行]

青木國彦「東ドイツ経済運営の〝82年改革〟について」，社会主義研究会編『社会主義経済研究』第2号，1984年

青木國彦『壁を開いたのは誰か』化学工業日報社，1991年

青木國彦『体制転換』有斐閣，1992年

青木國彦「共産党宣言からヘルシンキ宣言」，『カオスとロゴス』第24号，2003年

足立芳宏『東ドイツ農村の社会史——「社会主義」経験の歴史化のために』京都大学学術出版会，2011年

アーベルスハウザー，ヴェルナー（酒井昌美訳）『現代ドイツ経済論——1945-80年代にいたる経済史的構造分析』朝日出版，1994年

アンデルト，ラインホルト／ヘルツベルク，ウォルフガンク（佐々木秀訳）『転落者の告白』時事通信社，1991年

安野正明「ドイツ連邦共和国成立前史におけるドイツ内対立関係の一側面——1946年6月ミュンヘン州首相会議をめぐって」，『史學雜誌』第93編第7号，1984年

石井聡『もう一つの経済システム――東ドイツ計画経済下の企業と労働者』北海道大学出版会，2011 年
伊東孝之「X　ドイツ民主共和国の歩み」(成瀬治・黒川康・伊東孝之『ドイツ現代史』山川出版社，1987 年，1990 年第 1 版 3 刷で東ドイツ部分が増訂)
伊東孝之『ポーランド現代史』山川出版社，1988 年
伊藤誠『現代の社会主義』講談社，1992 年
犬飼欽也「東ドイツ――正統のひかりとかげ」(岩田昌征編『ソ連・東欧経済事情』有斐閣，1983 年所収)
犬飼欽也「新型コンビナート形成による適応――DDR 管理計画化の新段階(I)，(II)」『新潟大学商学論集』第 17 号，1985 年，第 18 号，1986 年
岩崎俊夫「ソ連における国民経済計算体系の方向転換」，『経済学研究』(北海道大学) 第 41 巻第 4 号，1992 年
岩田昌征編『現代社会主義』(比較体制論第 IV 巻) 東洋経済新報社，1979 年
岩田昌征編『ソ連・東欧経済事情』有斐閣，1983 年
ヴェーバー，ヘルマン(斎藤哲・星乃治彦共訳)『ドイツ民主共和国史』日本経済評論社，1991 年(原著：Weber, Hermann, *Geschichte der DDR 1945-1986*, München 1988)
ヴェントカー，ヘルマン(岡田浩平訳)『東ドイツ外交史　1949-1989』三元社，2013 年
大橋昭一「DDR の工業コンビナート」，『国民経済雑誌』(神戸大学) 第 154 巻第 5 号，1986 年
岡稔・山内一男・宮鍋幟・竹浪祥一郎編『社会主義経済論』筑摩書房，1976 年
小田福男『ソビエト独立採算制理論の展開』千倉書房，1982 年
［か行］
貝出昭「東ドイツのコメコン域内貿易における役割と対西側貿易」(貝出昭編『コメコン諸国の経済発展と対外経済関係』アジア経済研究所，1989 年所収)
加来祥男『ドイツ化学工業史序説』ミネルヴァ書房，1986 年
加藤浩平「ドイツ分割と東西ドイツの経済関係」，『専修経済学論集』第 27 巻第 1 号，1992 年
加藤浩平「戦後東ドイツの賠償負担問題」，『社会科学年報』(専修大学) 第 36 号，2002 年
河合信晴『政治がつむぎだす日常――東ドイツの余暇と「普通のひとびと」』現代書館，2015 年
川喜田敦子「東西ドイツにおける「被追放民」の統合」，『現代史研究』第 47 巻，2001 年
川喜田敦子『ドイツの歴史教育』白水社，2005 年
川喜田敦子「第二次世界大戦後の西ドイツ賠償問題とヨーロッパ地域秩序形成」，『名古屋大學法政論集』第 260 号，2015 年
上林貞治郎編著『ドイツ社会主義の発展過程』ミネルヴァ書房，1969 年
カンペーター，ヴェルナー(加来祥男訳)「統一後の東ドイツ経済の崩壊――原因・挑戦・展望(上)，(下)」，『経済セミナー』第 445 号，第 446 号，1992 年
北村喜義『旧東独の企業システムと鉄鋼業――体制の崩壊と再建の政治経済過程』御茶の水

書房，2000 年
金鍾碩『東ドイツ経済の構造』ミネルヴァ書房，1973 年
金鍾碩『過渡期の経済と企業』同文舘，1993 年
金鍾碩「過渡期経済論の研究――旧東ドイツを中心として」，『熊本商大論集』第 40 巻第 3 号，1994 年
クチンスキー，ユルゲン（照井日出喜訳）『クチンスキー回想録　1945-1989　正統派の異端者』大月書店，1998 年
工藤章『現代ドイツ化学企業史――IG ファルベンの成立・展開・解体』ミネルヴァ書房，1999 年
工藤章『20 世紀ドイツ資本主義――国際定位と大企業体制』東京大学出版会，1999 年
栗原優『第二次世界大戦の勃発』名古屋大学出版会，1994 年
クレスマン，クリストフ（石田勇治・木戸衛一共訳）『戦後ドイツ史　1945-1955　【二重の建国】』未來社，1995 年
クレンツ，エゴン（佐々木秀訳）『国家消滅』徳間書店，1990 年
小嶋栄一『アデナウアーとドイツ統一』早稲田大学出版部，2001 年
コッカ，ユルゲン（加来祥男編訳）『工業化・組織化・官僚制――近代ドイツの企業と社会』名古屋大学出版会，1992 年
コッカ，ユルゲン（松葉正文・山井敏章訳）『市民社会と独裁制――ドイツ近現代史の経験』岩波書店，2011 年
コッケル，クラウス（濱砂敬郎訳）「旧ドイツ民主共和国における政府統計の若干の問題点」（九州大学ドイツ経済研究会編『統合ドイツの経済的諸問題』九州大学出版会，1993 年所収）
コルナイ，ヤーノシュ（盛田常夫・門脇延行訳）『反均衡と不足の経済学』日本評論社，1983 年
コルナイ，ヤーノシュ（盛田常夫編訳）『「不足」の政治経済学』岩波書店，1984 年
コルナイ，ヤーノシュ（盛田常夫訳）『コルナイ・ヤーノシュ自伝――思索する力を得て』日本評論社，2006 年
近藤潤三『統一ドイツの変容――心の壁・政治倦厭・治安』木鐸社，1998 年
近藤潤三『東ドイツ（DDR）の実像――独裁と抵抗』木鐸社，2010 年
［さ行］
斎藤哲「東ドイツにおける消費生活の変化――ウルブリヒト時代」，『政経論叢』（明治大学）第 72 巻第 6 号，2004 年
斎藤哲『消費生活と女性――ドイツ社会史（1920～70 年）の一側面』日本経済評論社，2007 年
坂本和一『コンピューター産業――ガリヴァ支配の終焉』有斐閣，1992 年
桜井健吾『近代ドイツの人口と経済――1800-1914 年』ミネルヴァ書房，2001 年
笹川儀三郎・海道進・林昭編『社会主義企業の構造』ミネルヴァ書房，1985 年
佐藤成基『ナショナル・アイデンティティと領土――戦後ドイツの東方国境をめぐる論争』

新曜社，2008 年
清水聡「「スターリン・ノート」と冷戦　1950-1952 年――ドイツ統一問題をめぐるドイツ社会主義統一党（SED）の動向」，『ロシア・東欧研究』第 37 号，2008 年
清水聡『東ドイツと「冷戦の起源」 1949～1955 年』法律文化社，2015 年
社会主義経営学会編『社会主義企業経営論』法律文化社，1987 年
シャヴァンス，ベルナール（斉藤日出治訳）『社会主義のレギュラシオン理論――ソ連経済システムの危機分析』大村書店，1992 年
ジャット，トニー（森本醇訳）『ヨーロッパ戦後史　上　1945-1971』みすず書房，2008 年
ジャット，トニー（浅沼澄訳）『ヨーロッパ戦後史　下　1971-2005』みすず書房，2008 年
シュトルパー，グスタフ（坂井榮八郎訳）『現代ドイツ経済史』竹内書店，1969 年
［た行］
高田敏・初宿正典『ドイツ憲法集』信山社，1994 年
谷江幸雄『東ドイツの農産物価格政策』法律文化社，1989 年
谷口信和『二十世紀社会主義農業の教訓――二十一世紀日本農業へのメッセージ』農山漁村文化協会，1999 年
出水宏一『戦後ドイツ経済史』東洋経済新報社，1978 年
テルチク，ホルスト（三輪晴啓・宗宮好和訳）『歴史を変えた 329 日』NHK 出版，1992 年
ドイツ社会主義統一党中央委員会付属マルクス・レーニン主義研究所編（近江谷左馬之助監訳）『ドイツ社会主義統一党史』労働大学，1980 年（原著：Institut für Marxismus-Leninismus beim Zentralkomitee der SED (Hrsg.), *Geschichte der SED. Abriß*, Berlin 1978）
ドップ，モーリス（佐藤経明訳）『社会主義計画経済論――集権化・分権化・民主化』合同出版，1973 年
戸原四郎・加藤榮一編『現代のドイツ経済――統一への経済過程』有斐閣，1992 年
戸原四郎・加藤榮一・工藤章編『ドイツ経済――統一後の 10 年』有斐閣，2003 年
［な行］
永井清彦『現代史ベルリン』（増補），朝日新聞社，1990 年
永岑三千輝『ドイツ第三帝国のソ連占領政策と民衆　1941-1942』同文舘，1994 年
永岑三千輝「疎開と逃避行，追放による難民化――敗戦前後の東部地域のドイツ人民衆」，『經濟學季報』（立正大学経済学会編）第 45 巻第 1 号，1995 年
永岑三千輝「ヴェルサイユ体制下ドイツ航空機産業と秘密再軍備（1），（2），（3）」，『横浜市立大学論叢　人文科学系』第 65 巻第 1・2・3 合併号，2014 年，第 66 巻第 1 号，同第 2 号，2015 年
中村靖『計画経済のミクロ分析』日本評論社，1992 年
成瀬治・山田欣吾・木村靖二編『ドイツ史 3』山川出版社，1997 年
西部忠『市場像の系譜学――「経済計算論争」をめぐるヴィジョン』東洋経済新報社，1996 年
西村可明「ソ連・東欧の経済改革と企業連合」，『経済研究』（一橋大学）第 27 巻第 1 号，1976

年
野々村一雄編『社会主義経済論』有斐閣，1986 年
仲井太一(柳原伸洋)『ニセドイツ〈1〉≒東ドイツ製工業品(共産趣味インターナショナル VOL 2)』社会評論社，2009 年
仲井太一(柳原伸洋)『ニセドイツ〈2〉≒東ドイツ製生活用品(共産趣味インターナショナル VOL 3)』社会評論社，2009 年
野藤忠『ツァイス企業家精神』九州大学出版会，1998 年
［は行］
ハーヴェマン，ロベルト(篠原正瑛訳)『ドグマなき弁証法』弘文堂新社，1967 年
橋本努編『現代思想⑧　20 世紀の経済学の諸潮流』日本経済評論社，2006 年
長谷川信彦「第五章　東欧諸国の産業金融制度」(田中壽雄編『東欧諸国の銀行制度と金融管理』アジア経済研究所，1976 年所収)
林昭『現代ドイツ企業論』ミネルヴァ書房，1972 年
林昭「東ドイツの社会主義工業コンビナートと管理」(大島國雄・野崎幸雄・井上照幸編『国有企業の経営』白桃書房，1983 年所収)
原輝史・工藤章編『現代ヨーロッパ経済史』有斐閣，1996 年
バール，ローター編著(諫山正・百濟勇・村田雅威訳)『東欧社会主義経済史』ありえす書房，1979 年
ヒルファディング，ルドルフ(岡崎次郎訳)『金融資本論(下)』岩波書店，1982 年(原著：Hilferding, Rudolf, *Das Finanzkapital: Eine Studie über die jungste Entwicklung des Kapitalismus*, Wien 1910)
広渡清吾『統一ドイツの法変動』有信堂高文社，1996 年
フォーゲルシュタイン，テオドーア(寺村鉄三・山本道雄共訳)『独占理論の展開――工業における金融と独占の形成』慶應書房，1942 年(原著：Vogelstein, Theodor, *Die finanzielle Organisation der kapitalistischen Industrie und Monopolbildungen* (Grundriss der Sozialökonomik: VI. Abteilung Industrie, Bauwesen, Bergwesen), Zweite, neubearbeitete Auflage, Tübingen 1923.　初版は第四章の補遺部分を除いて刊行された 1914 年版)
福田敏浩『体制移行の経済学――理論と政策』晃洋書房，2001 年
プシビルスキー，ペーター(小阪清行・香月恵里・森田浩子・平田常子訳)『犯行現場は党政治局――ホーネッカー調書』駐文館，1996 年(原著：Przybylski, Peter, *Tatort Politbüro: Die Akte Honecker*, Berlin 1991)
ブーリアン，ヴァルター(百濟勇訳)「DDR におけるコンビナートの発展と経済管理の改善」，『論集』(駒沢大学外国語部)第 22 号，1985 年
イ・ブリューミン(松崎敏太郎訳)『多角形企業論』叢文閣，1937 年
ブルス，ヴォジミエシ(鶴岡重成訳)『社会主義の機能モデル』合同出版，1971 年
ブルス，ヴォジミエシ(佐藤経明訳)『社会主義における政治と経済』岩波書店，1978 年
ブルス，ヴォジミエシ(鶴岡重成訳)『東欧経済史　1945-80』岩波書店，1984 年
フルブルック，メアリー(芝健介訳)『二つのドイツ　1945-1990』岩波書店，2009 年(原著：

Fulbrook, Mary, *Interpretation of The Two Germanies: 1945-1990*, second Edition, London 2000)
フンメル，リヒァルト／クー，リチャード／村田昇作共著『東ドイツカメラの全貌——一眼レフカメラの源流を訪ねて』朝日ソノラマ，1998年
ヘニング，フリードリヒ=ヴィルヘルム（林達・柴田英樹訳）『ドイツの工業化　1800-1914』学文社，1997年
ヘルマン，アーミン（中野不二男訳）『ツァイス——激動の100年』新潮社，1995年（原著：Hermann, Armin, *Nur der Name war geblieben: Die abenteuerliche Geschichte der Firma Carl Zeiss*, Stuttgart 1989）
ベーレンス，フリッツ（相原文夫訳）『経済学の方法』東洋経済新報社，1957年
ベンダー，ペーター（永井清彦・片岡哲史共訳）『ドイツの選択——分断から統一へ』小学館，1990年
ベンディクス，ラインハルト（大東英祐・鈴木良隆訳）『産業における労働と権限』東洋経済新報社，1980年
星乃治彦『東ドイツの興亡』青木書店，1991年
星乃治彦「東ドイツにおける1953年6月17日事件——カール・ツァイス・イエナ社の場合」，『社会経済史学』第58巻第6号，1993年
星乃治彦『社会主義における民衆の歴史——1953年6月17日東ドイツの情景』法律文化社，1994年
堀江英一「巨大企業の生産構造(1)——序説」，『經濟論叢』第106巻第6号，1970年
堀江英一「結合企業の重層性——巨大企業の生産構造(2)」『經濟論叢』第108巻第1号，1971年
［ま行］
マイヤー，ハンス（宇京早苗訳）『バベルの塔——ドイツ民主共和国の思い出』法政大学出版局，1993年
正亀芳造「DDRにおけるプレミアム制度の変遷」，『六甲台論集』第24巻第1号，1977年
三島憲一『戦後ドイツ』岩波書店，1991年
三ツ石郁夫「ナチ期ドイツの外貨不足問題と輸出促進策の展開」，『滋賀大学経済学部研究年報』第16号，2009年
溝端佐登史『ロシア経済・経営システム研究——ソ連邦・ロシア企業・産業分析』法律文化社，1996年
宮脇昇『CSCE人権レジームの研究——「ヘルシンキ宣言」は冷戦を終わらせた』国際書院，2003年
モドロウ，ハンス（宮川彰監訳）『ドイツ，統一された祖国——旧東独首相回想録』八朔社，1994年
百濟勇「ドイツ民主共和国の経済管理制度および経済発展の現状——1971年以降，とくにSED第9回党大会(1976)を中心として」（斎藤稔編『東欧諸国の経済政策的課題——70年代から80年代へ』アジア経済研究所，1979年所収）

百濟勇『ドイツの民営化』共同通信社，1993 年
諸田實・松尾展成・小笠原茂・柳澤治・渡辺尚・E. シュレンマー著『ドイツ経済の歴史的空間――関税同盟・ライヒ・ブント』昭和堂，1994 年
［や行］
矢田俊隆『ハンガリー・チェコスロヴァキア現代史』山川出版社，1978 年
柳澤治『ナチス・ドイツと資本主義――日本のモデルへ』日本経済評論社，2013 年
山田昭夫「戦後日本におけるコンビナート論の系譜――「コンビナート関連邦語文献リストの解題として」(野口雄一郎・青野壽彦・水口和寿・賀村進一編『コンビナートと現代産業・地域』御茶の水書房，1997 年所収)
山田昭夫「コンビナート関連邦語文献リスト」(野口雄一郎・青野壽彦・水口和寿・賀村進一編『コンビナートと現代産業・地域』御茶の水書房，1997 年所収)
山田晟『東西両ドイツの分裂と再統一』有信堂高文社，1995 年
山田徹『東ドイツ・体制崩壊の政治過程』日本評論社，1994 年
ユルジャンス・グループ「中央計画経済におけるリズムなきテーラー主義」(ボアイエ，ロベール／山田鋭夫共同編集『転換――社会主義』藤原書店，1993 年所収)
吉田敬一「東ドイツにおける 1972 年の中小経営の国有化政策(上)，(下)」，『経済論集』(東洋大学)第 16 巻第 1 号，1990 年，同第 2 号，1991 年
［ら行］
リース，クルト(山下肇・土方学共訳)『廃墟からの再生――戦後ドイツの企業家たち』平凡社，1958 年(原著：Riess, Curt, *Sie haben es noch einmal geschafft: Schicksale im Nachkriegsdeutschland*, Berlin/Frankfurt am Main 1955)
龍谷大学社会科学研究所市場経済研究会「東ドイツ地域の市場経済化・民営化の現状――1994 年 3 月　現地調査報告」，『社会科学研究年報別冊シリーズ』第 5 号，1994 年
レオンハルト，ヴォルフガング(髙橋正雄・渡辺文太郎訳)『戦慄の共産主義――ソ連・東独からの脱出』月刊ペン社，1975 年
レーニン，ウラジミール・イリィチ(宇高基輔訳)『帝国主義論――資本主義の最高の段階としての』岩波書店，1956 年
労働大学調査研究所(向坂逸郎監修)『社会主義経済学――ドイツ民主共和国の理論と実践上・下』河出書房新社，1972 年(原著：Autorenkollektiv, *Politische Ökonomie des Sozialismus und deren Anwendung auf die DDR*, Berlin 1969)
［わ行］
渡辺尚・作道潤編『現代ヨーロッパ経営史――「地域」の視点から』有斐閣，1996 年

V. 筆者の既発表論文(研究ノート，文献解題を含む)

① 「東ドイツにおける工業企業の国家管理(1945-79 年)――人民所有企業連合とコンビナート」，『経済学研究』(北海道大学)第 43 巻第 2 号，1993 年 9 月

② 「東ドイツにおけるコンビナート改革(1976-85年)——工業組織改革の構想と問題点」,『土地制度史学』第152号, 1996年7月
③ 「東ドイツにおける投資金融改革——「資金自己調達」とその限界」,『経済学研究』(北海道大学)第47巻第4号, 1998年3月
④ 「東ドイツ工業コンビナートの構造的特質と問題点——電機・電子工業の事例から」,『龍谷大学経営学論集』第40巻第1号, 2000年7月
⑤ 「東ドイツ経済の崩壊と東西統一後の市場経済化」, 門脇延行・酒井正三郎・林昭編著『体制転換と企業・経営』(叢書『現代経営学』第20巻, 第7章), ミネルヴァ書房, 2001年
⑥ 「東ドイツにおける物的刺激ファンドの改革——報酬割増金制度と福利厚生ファンドを中心に」『經濟學研究』(九州大学経済学会)第70巻第4・5合併号(荻野喜弘教授・加来祥男教授還暦記念論文集), 2004年4月
⑦ 「ソ連占領期の東ドイツにおける労働力事情」,『経済学部紀要』(秋田経済法科大学)第38号, 2003年9月　＊研究ノート
⑧ 「ソ連占領下の東ドイツの経済構造——解体と賠償の影響」,『経済学部紀要』(秋田経済法科大学)第39号, 2004年3月　＊研究ノート
⑨ 「ソ連占領下の東西ドイツ間交易の成立」,『経済学部紀要』(秋田経済法科大学)第41号, 2005年3月
⑩ 「ソ連占領地域における戦後賠償(1)——デモンタージュと工業の再編」,『経済論集』(ノースアジア大学)第4号, 2008年3月
⑪ 「ソ連占領地域における戦後賠償(2)——デモンタージュと工業の再編」,『経済論集』(ノースアジア大学)第5号, 2008年10月
⑫ 「東ドイツにおける計画経済の盛衰(1)——アンドレ・シュタイナーの著作の紹介と解説」,『経済論集』(秋田経済法科大学)創刊号, 2006年3月　＊文献解題
⑬ 「東ドイツにおける計画経済の盛衰(2)——アンドレ・シュタイナーの著作の紹介と解説」,『経済論集』(秋田経済法科大学)第2号, 2007年3月　＊文献解題
⑭ 「東ドイツにおける計画経済の盛衰(3)——アンドレ・シュタイナーの著作の紹介と解説」,『経済論集』(ノースアジア大学)第6号, 2009年3月　＊文献解題
⑮ 「東ドイツにおける計画経済の盛衰(4)——アンドレ・シュタイナーの著作の紹介と解説」,『経済論集』(ノースアジア大学)第7号, 2009年10月　＊文献解題
⑯ 「東ドイツにおける計画経済の盛衰(5)——アンドレ・シュタイナーの著作の紹介と解説」,『経済論集』(ノースアジア大学)第8・9合併号, 2010年12月　＊文献解題
⑰ 「第二次世界大戦後の東西ドイツ鉄鋼業(1)」,『教養・文化論集』(ノースアジア大学)第6巻第2号, 2011年3月　＊研究ノート
⑱ 「第二次世界大戦後の東西ドイツ鉄鋼業(2)」,『教養・文化論集』(ノースアジア大学)第7巻第1号, 2012年3月　＊研究ノート
⑲ 「建国前の東ドイツにおける工業経営の公有化と国家管理システムの生成——鉄鋼業における工場接収・没収の事例を交えて」,『釧路公立大学地域研究』第22号, 2013年12

月　＊研究ノート

上記の論文・研究ノート，文献解題のうち，②は1994(平成6)年度独立行政法人日本学術振興会科学研究費補助金(奨励研究A，課題番号06730037：研究課題名：旧東ドイツにおける企業システム改革——1980年代コンビナート体制の諸問題)の成果の一部として，⑨，⑫，⑬は2004(平成16)年度～2005(平成17)年度独立行政法人日本学術振興会科学研究費補助金(基盤研究C，課題番号16530233：研究課題名：ドイツ史における東ドイツの特殊性と歴史貫通的一般性に関する地域経済史的分析)の成果の一部として，⑩，⑪，⑭，⑮，⑯は2007(平成19)年度～2008(平成20)年度独立行政法人日本学術振興会科学研究費補助金(基盤研究C，課題番号19530315：研究課題名：東ドイツにおける素材型及び加工組立型工業の産業史・企業史的分析)の成果の一部として発表してきたものである。

本書のベースとなったのは，2014(平成26)年度北海道大学大学院経済学研究科博士学位論文「ドイツ民主共和国における国家的工業管理と巨大企業体制の展開——社会主義における生産と管理の組織化とその生産力的限界」である。同論文の執筆にあたっては，①～④，⑥～⑯および⑲の論考を利用し，削除，修正，加筆，組み換えなどを行った。

本書の作成にあたっては，学位審査時にいただいたコメントを参考に，博士学位論文の序章ならびに終章を全面的に加筆・修正した。また各章についても随所で段落の組み換え，図表の削除・変更を施し，必要に応じて書き下ろし作業も行った。

各章と既発表論文との対応関係は，学位論文時点から以下の通り変更した。

序　章　全面的に加筆・修正。
第一章　⑦，⑧，⑨，⑩，⑪，⑰をベースに書き下ろし。
第二章　①，⑧，⑫，⑲をベースに加筆・修正。書き下ろし部分あり。
第三章　①，②，⑬，⑭をベースに加筆・修正。書き下ろし部分あり。
第四章　①，②，④をベースに加筆・修正。書き下ろし部分あり。
第五章　③，⑥，⑮，⑯をベースに加筆・修正。
終　章　全面的に加筆・修正。

大学法人ならびに審査や事務手続きをご担当いただいた関係各位に感謝申し上げたい。

また、北海道大学出版会の今中智佳子氏ならびに円子幸男氏には、私の原稿提出を忍耐強く待っていただいただけではなく、私の悪文の校正作業において数々の有益なコメントを下さった。心からお礼申し上げたい。

最後に、私事にわたるが、東ドイツ留学から今日に至るまで物心両面から支えてくれた両親、視覚障がいを抱えながらも愚兄を明るく励まし続けてくれる双子の妹たち、さらには私の研究を長きにわたり応援し続けて下さった義父(故人)と義母に感謝の気持ちを伝えたい。そして、私の教育・研究生活を見守り続けてくれている妻雅子には、月並みではあるが「ありがとう」という言葉を贈りたい。

二〇一六年一一月

白川欽哉

白川欽哉（しらかわ　きんや）

1961年3月　青森県金木町（現五所川原市）に生まれる
1979年9月から　ドイツ民主共和国カール・マルクス大学（現ライプチッヒ大学）附属ヘルダー・インスティテュート
1980年9月から　ドイツ民主共和国ベルリン経済大学（現ベルリン技術経済大学）
1986年4月から　東北大学経済学部（3年次編入学）
1988年4月から　北海道大学大学院経済学研究科経済学専攻修士課程
1990年4月から　北海道大学大学院経済学研究科経済学専攻博士後期課程
1993年7月から　北海道大学助手（96年3月まで）
1998年4月から　秋田経済法科大学（現ノースアジア大学）経済学部専任講師，助教授（准教授），教授を歴任
2012年4月から　釧路公立大学経済学部教授　博士（経済学）（北海道大学）

主要業績
白川欽哉・吉田文和・寺西俊一共訳『統合ドイツとエコロジー』古今書院，1994年
「東ドイツ経済の崩壊と東西統一後の市場経済化」（門脇延行・酒井正三郎・林昭編著『体制転換と企業・経営』ミネルヴァ書房，2001年所収）
「建国前の東ドイツにおける工業経営の公有化と国家管理システムの生成——鉄鋼業における工場接収・没収の事例を交えて」（『釧路公立大学地域研究』第22号，2013年）
「ドイツ民主共和国における国家的工業管理と巨大企業体制の展開——社会主義における生産と管理の組織化とその生産力的限界」2014（平成26）年度北海道大学大学院経済学研究科博士学位取得論文
＊上記以外の論文・研究ノート等については、本書「参考資料・文献一覧」を参照されたい。

東ドイツ工業管理史論

2017年1月25日　第1刷発行

著　者　白　川　欽　哉
発行者　櫻　井　義　秀

発行所　北海道大学出版会
札幌市北区北9条西8丁目北海道大学構内（〒060-0809）
Tel. 011（747）2308・Fax. 011（736）8605・http://www.hup.gr.jp

アイワード／石田製本

ISBN978-4-8329-6828-8